U0513009

中華要籍集釋叢書

論衡校注

【漢】王　充　著
張宗祥　校注
鄭紹昌　標點

上海古籍出版社

圖書在版編目(CIP)數據

論衡校注 /（漢）王充著；張宗祥校注；鄭紹昌標點．—上海：上海古籍出版社，2013.12（2024.3重印）
（中華要籍集釋叢書）
ISBN 978-7-5325-7010-2

Ⅰ.①論… Ⅱ.①王… ②張… ③鄭… Ⅲ.①《論衡》—注釋 Ⅳ.①B223.82

中國版本圖書館CIP數據核字（2013）第217528號

本書出版得到國家古籍整理出版專項經費資助
本叢書由上海市古籍整理出版規劃小組主持并資助出版

中華要籍集釋叢書
論衡校注
[漢]王充 著
張宗祥 校注 鄭紹昌 標點
上海古籍出版社出版發行
(上海市閔行區號景路159弄1-5號A座5F 郵政編碼201101)
(1) 網址：www.guji.com.cn
(2) E-mail：gujil@guji.com.cn
(3) 易文網網址：www.ewen.co
上海展强印刷有限公司印刷
開本 850×1168 1/32 印張 20.125 插頁 2 字數 480,000
2013 年 12 月第 1 版 2024 年 3 月第 7 次印刷
印數：6,801-7,850
ISBN 978-7-5325-7010-2

B・841 定價：72.00 元

如發生質量問題，請與承印公司聯系
電話：021-66366565

《中華要籍集釋叢書》出版説明

中華文化博大精深，源遠流長。在中華民族發展的歷史長河中，代有英傑，人才輩出，曾經出現過許多堪稱經典的著作，涉及傳統文化的各個方面，包括哲學、政治、經濟、軍事、歷史、文學等各個學科。這些著作不僅在當時產生過巨大的作用，而且對後世產生了深遠的影響，已經成爲中華民族文化的瑰寶，其中藴含的思想智慧已經成爲中華民族文化精神的體現。歷朝歷代的學者俊彦，或身體力行，或著書立説，爲之闡釋發揮，形成更爲豐富的思想文化寶庫。

由于年代久遠，這些經典連同歷朝歷代積累下來的注釋，對于現代的讀者來説，在時代背景和語言叙述方面都存在着不小的距離。隨着時代的發展，現代的學人也有義務有責任要爲這些經典及其注釋加以整理總結，爲新時期讀者所用。爲此，經王元化先生倡議策劃，上海市古籍整理出版規劃小組特主持并資助出版《中華要籍集釋叢書》，以總結二十世紀之前的學術成果，爲新千年的文化事業作出貢獻。

《中華要籍集釋叢書》入選的圖書，以中國傳統文化典籍爲主，包括哲學、歷史、文學等各個學科。叢書各種均選擇精良的版本加以校勘，以彙集前人注釋成果和體現當代學術水準爲主。叢書各種雖有大致統一的體例，但撰者在闡釋和評注方面可有各自的特色，以體現不同的風格及整理者的學術成果。

本叢書由錢伯城先生任主編，編輯出版工作由上海古籍出版社承擔。

上海古籍出版社

校注論衡序言

宗祥幼病足，體弱不能步履。十二歲始跛而出就外傅，誦大學、中庸。十五歲畢爾雅、論語、孟子、易、詩、書、禮記、春秋三傳。此皆應試必讀之書也。好詩與左氏傳，獨不喜朱熹詩註。鄭、衛聲淫，詩豈盡淫，何淫奔之詩，十而七八也！戊戌變政，年十七矣。雙山書院中購書數櫃，供人閲讀。余與蔣君百里，散課之後，即趨其中閲之。二人外無他人，莊、列、離騷、四史，争閲不釋手。四五月後書盡，索然而返。積書院膏火之資，購王謨刻漢魏叢書，把歸燈下，遍究大概。得論衡，心喜無已。刻本壞，不能句讀，審其有脱誤也，則擇其可讀者讀之。後假沙濱朱氏程榮本校之，略可誦。自是乃知，書必校讎始可是定。至北京甲寅之後，朱君蓬仙、單君不庵，亦來任北大教職。老友聚語，皆欲致力于此書。蓬仙旋歿，未見遺書。聞朱君逖先、馬君幼漁分得之，不知論衡有校記否？以意度之，一二年之中，未必卒業。不庵後歿，上海解放之後，余任浙江圖書館，竭力搜求遺稿，盡歸館中。發篋撿視，盡爲宋、元、明、清理學之作，無片紙及論衡，是知尚未著手也。予後又得通津草堂本、衍芬草堂十五卷本、三朝本，過校日本所藏二十五卷殘宋本。日積月累，清理繕定。張君菊生過予滬寓，見而善之。商務印書館擬依予校洛陽伽藍記例爲之影印。「一二八」之變，稿燬館中。旋復寫定，而予已赴漢。家人以稿付某生，囑轉致。

某生持稿去，夜即因事入獄。抗戰軍興，流徙無定。十餘年來，此稿又不可問矣。奔走小定，懼其散佚，寫定校勘記三卷，以識大概。論衡一案，小有歸宿。今年夏末，本草經新疏清稿之後，忽有所感，復出舊稿手繕之。自國慶之後，訖今兩閱月矣。目昏夜不能書，年衰書不能速。黨與領導優待老人，無微不至。而老人報國之力，不能多而且快，可愧也！予初自傅沅叔先生處，假得通津本，以爲累害篇中四百餘字闕文必可快覩，及撿視，則仍闕。乃舉昔人謂嘉靖刻文心雕龍隱秀篇不闕，百計覓得，則猶吾大夫崔子也。今此事正同，俗所謂撲空者是矣。相與大笑。

仲任之書，攻之者衆。一曰孔子不宜問，孟子不宜刺。問而刺之，毀昔聖先賢，大不敬。曰孔子之功，正樂，定禮，刪詩、書，述易，作春秋，自上古至周，文明之業，得傳于後，實此是賴。孔子此功，仲任無非，時褒頌之。言行牴牾，質疑問難，孔子並世，當無忤言。孟子言性善，闢楊、墨，性果善乎？惡乎？可善、可惡，處善惡之中？有善、有惡，定于自然乎？古無定證，更無定論。性善之説，一隅而已。楊、墨之争，門户各異，入主出奴之見也。楊、墨果非，而儒果是與？儒家者流，荀卿之徒，嘗非儒矣：「是子張氏之賤儒也」，「是子夏氏之賤儒也」，此言非出于墨翟、韓非。戰國以還，儒之爲儒，如何？孟子挾儒術、標儒名，游説齊、梁之間，儀、秦之流，操術迂疎，不能得志。其刺孟也，視刺韓、刺墨一也，夫何傷？聖賢，人也。人，物也。毀聖賢大不敬，何如？一曰美已身、洎祖父，大不孝。今案自紀篇叙其祖，則曰「世祖勇任氣，卒咸不揆于人」。叙其父則曰，「祖世任氣，至蒙、誦滋甚。故蒙、誦在錢唐，勇勢凌人。末復與豪家丁伯等結怨，舉家徙處上虞」。是祖、父皆任氣，遭豪家怨恨，未嘗有非也。詰難仲任者，必欲仲任敘其祖、父爲不任氣，不遭豪家之怨，方合于孝乎？曲仲任之筆，變祖、父之行，書復何徵？至「祖濁裔清，不牓奇人。鯀惡禹聖，叟頑舜神」諸語乃結。究細族孤門，或人啁之，故引以況。所況亦實，醴泉無源，芝草無根，夫何怪乎？幽、厲之謚，百世莫改，爲子孫者，亦當以不孝之罪罪之乎？陋儒世俗之言，未可准也。論衡一書，九虚、三增以闢虚妄，明死無鬼，明死無知，葬當從薄，災不自天。當讖緯盛行之世，五行説勝之時，獨能標真義，疾虚妄，無援無助，奮孤筆以戰古今，此真特立卓見之士，奈何以供談助。此蔡與王所下以爲庸下也。不和同而隨俗，不厚古而泊今，不摹仿以求名，不依違而寡實，在太玄、法言之上，居説苑、新序之前，顧乃推重劉、揚，何其謙也！至若言貴賤，則歸之命時；談貧富，則屬之幸偶；此則班氏王命之旨，受師門之遺訓。天體爲方，日星不圓，推步未詳，渾蓋異説；而究極求是之精神，固不可没也。人惟能不泥古昔，方能疾趨邁往；人惟能力求真是，方能大道日明。公元初紀之時，有此卓犖不羣之士，神州無二，舉世少雙。彼俗儒者，夏蟲耳，安足與之語冰哉！

宗祥校此書之例有七：以通津、程刻爲主，他本有佳字者，即從他本，如逢遇篇「偶以形佳骨䕠」，「䕠」，通津、程刻作「嫺」，宋、元本均作「䕠」；「䕠」字義長，即從宋、元。此一例也。通津、程刻字與宋、元本不同，義可兩通者，列某本作某於下，便人撿閲。此二例也。脱字、複字、誤字，顯然可見者，不詳注，以省筆墨。此三例也。各本皆誤，無可據正，見於他書者，雖證據確鑿，不改本文，僅加校語于句下，如：命禄篇「深如趙子都」，「趙」爲「鮑」誤，漢書可證，然仍作「趙」，不改「鮑」。此四例也。昔人校釋，俞、孫二家全是者，從之。可商、或有誤者，仍加按語。此五例也。凡稱元本者，即十五卷本。此書，予雖定爲明初坊刻，然自來著録，皆目爲元槧，故仍沿其名。凡稱宋本者，三朝本、日本二十五卷本，皆合在内。二書固同爲蓬萊閣中之本，故不復分。此六例也。注釋字義，必據古訓，未敢臆造。此七例也。校有疎漏，勢所難免。注更簡陋，聊備讀者撿閱而已。海内鴻達，加以匡正，企予望之。

公元一九五九年十二月九日寫畢記，海寧張宗祥。時年七十有八。

論衡諸序

論衡後序

王氏族姓行狀，於自紀篇述之詳矣。范曄東漢列傳云：「充字仲任」，嘗「受業太學，師事班彪，博覽而不守章句。家貧無書，嘗游雒陽市肆，閲所賣書，一見輒能誦憶。遂博通衆流百家之言」。「充好論説，始若詭異，終有理實。以爲俗儒守文，多失其真。乃閉門潛思，禮絶慶弔，户牖墻壁，各置刀筆。著論衡八十五篇，二十餘萬言，釋物類同異，正時俗嫌疑」。訂百氏之增虚，詰九流之拘誕。天人之際，悉所會通，性命之理，彌不窮盡。析理折衷，此書爲多。既作之後，中土未有傳者。蔡邕入吴會，始得之，常祕玩以爲談助。故時人嫌伯喈得異書。或搜求其帳中隱處，果得論衡，抱數卷持去。邕丁寧之曰：「惟我與爾共之，勿廣也。」其後王郎宗祥案：當作朗。來守會稽，又得其書，及還許下，時人稱其(人)〔才〕進。或曰：「不見異人，當得異書。」問之，果以論衡之益。繇是遂見傳焉。流行四方，今殆千載。撰六帖者，但摘而爲備用；作意林者，止鈔而同諸子。吾鄉好事者，往往自守書櫝，爲家寶。然其篇卷脱漏，文字踳駮，魯魚甚衆，亥豕益訛。或首尾顛躓而不聯，或句讀轉易而不紀。是以覽者不能通其讀焉。余幼好聚書，於論衡尤多購獲。自一紀中，得俗本七，率二十七卷。其一程氏西齋所貯，蓋(令)〔今〕起居舍人彭公乘曾所對正者也。又得史館本二，各三十卷，乃庫部郎中李公秉前所校者也。余嘗廢寢食討尋衆本，雖略經修改，尚互有闕遺。意其謄録者誤有推移，校勘者妄加刪削，致條綱紊亂，旨趣乖違，儻遂傳行，必差理實。今研覈數本之内，率以少錯者爲主。然後互質疑謬，沿造本源。譌者譯之，散者聚之，亡者追之。俾斷者仍續，闕者復補。惟古今字有通用，稍存之。又爲改正塗注，凡一萬一千二百五十九字。有如日星之麗天，順經躔而軌道；河海之紀地，自源委以安流。其文取譬連類，雄辯宏博，豈止爲談助、才進而已哉！信乃士君子之先覺者也。秉筆之士，能無祕玩乎？即募工刊印，庶傳不泯，有益學者，非矜己功。不敢同王、蔡之徒，待搜之然後得而共，問之然後言其益也。時聖宋慶曆五年二月二十六日，前進士楊文昌題序。宗祥案：序見舊刻本。全書十五卷，半頁十二行，行二十四字，大黑口。各著録家所稱爲元刻本者。宋仁宗慶曆五年，當公元一千零五十一年。實論衡最早刻本，久絶傳本。各家著録，均未敘及。此序程榮本亦有。

洪序

□□□□□□□□□王君，是邦人也。帳中□異書□□□□事覩，轉寫既久，舛錯□□□殆有不可讀者。以數本俾寮屬參校，□□□能盡善也。刻之本，藏諸蓬萊閣。庸□□□□舍蓋之意。乾道丁亥五月二十八日，會□□太守、番陽洪适景伯書。宗祥案：洪序各本皆無，獨元刻本有此數行殘字。計共六行，行低二格，每行十七字。前有闕文。就洪氏「轉寫既久」等語觀之，蓋亦根據寫本校刻，非據楊文昌刻本付梓也。其後元、明修補，今所謂宋本，以及元本，通津草堂本，皆自此出。蓋北宋本早無傳本，傳世之論衡皆出南宋洪刻矣。乾道丁亥，爲孝宗乾道四年，當公元一千一百六十七年。

韓序

王充氏論衡，崇文總目三十卷。世所傳本，或爲二十七卷。史館本與崇文總目同。諸本繕寫互有同異。宋慶曆中，進士楊文昌所定者，號稱完善。番陽洪公重刻於會稽蓬萊閣下。歲月既久，文字漫滅，不可復讀。江南諸道行御史臺經歷克莊公，以所藏善本重加校正。紹興路總管宋公文瓚爲之補刻，而其本復完。充生會稽，而受業太學，閱書市肆，遂通衆流，其爲學博矣。閉門絶慶弔，著論衡八從宋、元，通津誤「六」。十一篇，凡二十餘萬言。其用功勤矣。書成，蔡邕得之，祕之帳中，以爲談助。王朗得之，及來許下，人稱其才進。故時人以爲異書，遂大行於世，傳之至今。蓋其爲學博，其用功勤，其著述誠有出於衆人之表者也。嘗試論之，天地之大，萬物之衆，無一定之形，而有一定之理。人由之而不能知，知之而不能名也。古昔聖人，窮神知化，著之簡編，使天下之人皆知其所以然之故，而各有以全其才。五、三、六經爲萬世之準則者，此也。先王之澤熄，家自爲學，人自爲書。紫朱雜厠，瓦玉集糅。羣經專門，猶失其實。諸子尺書，人人或誕，論説紛然，莫知所宗。充心不能忍，於是作論衡之書，以爲衡者論之平也。其爲九虛、三增、論死、訂鬼，以袪世俗之惑，使見者曉然知然否之分。論者之大旨如此，非所謂出於衆人之表者乎？然觀其爲書，其釋物類也，好舉形似以相質正；而其理之一者，有所未明。

其辯訛謬也，或疑或決，或信其所聞，而任其所見，尚有不得其事實者。況乎天人之際，性命之理，微妙而難知者乎？故其爲書，可以謂之異書，而不可以爲經常之典。觀其書者，見謂才進，而實無以自成其才，終則以爲談助而已。充之爲書，或得或失，不得而不論也。雖然，自漢以來，操觚之士，焦心勞思，求一言之傳，而不可得。論衡之書，獨傳至今，譬之三代鼎彝之器，宜乎爲世之所寶也。且充之時，去三代未遠，文賢所傳，見於是書者多矣。其可使之無傳乎？今世刻本，會稽者最善。克莊公爲之校正，而補刻之，傳之人人。其與帳中之書，戒人勿廣者，可謂遼絶矣。至元七年仲春，安陽韓性書。宗祥案：韓氏所云「洪公重刻」者，乃重刻論衡，非重刻楊氏之論衡也。當以洪序爲正，不可含混無別。又案：前至元七年，忽必烈未主中國。此書當刻於順帝時。然後至元七年正月，即詔改爲至正，是至元無七年。韓氏云「七年仲春」，豈改元之詔未到，抑七字誤耶？是爲公元一千三百四十一年。

宗祥案：上三文，爲二宋一元刻論衡序跋。元後刻者至夥，略而不載。洪跋缺誤甚多，今據盤洲集補附於後。

右王充論衡三十卷。王君，是邦人也。帳中異書，漢儒之所爭覩，轉寫既久，舛錯滋甚，殆有不可讀者。以數本俾寮屬參校，猶未能盡善也。刻之木，藏諸蓬萊閣。庸見避堂舍蓋之意。

乾道丁亥五月十八日，會稽太守洪适景伯跋。

論衡目録

凡三十卷，八十五篇。

宗祥案：各本皆作三十卷，八十五篇。内闕招致一篇，實爲八十四篇。惟元刻本併兩卷爲一卷，作十五卷。篇數亦同。

論衡卷第一

元刻本作「新刊王充論衡卷之一」。下皆同。

漢　會稽王充著
海寧張宗祥校注

逢遇篇

操行有常賢，仕宦無常遇。賢不賢，才也；遇不遇，時也。才高行潔，不可保以必尊貴；能薄操濁，不可保以必卑賤。或高才潔行，不遇，退在下流；薄能濁操，遇，在衆上。世各自有以取士，士亦各自得以進。進在遇，退在不遇。處尊居顯，未必賢，遇也；位卑在下，未必愚，不遇也。故遇，或抱洿行，尊於桀之朝；不遇，或持潔節，卑於堯之廷。所以遇不遇，非一也：或時賢而輔惡；或以大才從於小才；或俱大才，道有清濁；或無道德，而以技合；或無技能，而以色幸。

伍員、帛喜原注：宜讀作「伯嚭」字。宗祥案：吴越春秋作「白喜」。即越絶書「太宰嚭」也。俱事夫差。

帛喜尊重，伍員誅死。此異操而同主也。或操同而主異，亦有遇不遇。伊尹、箕子是也。伊尹、箕子，才俱也。伊尹爲相，箕子爲奴。伊尹遇成湯，箕子遇商紂也。宗祥案：以上二十六字，意林引作「二人俱命之臣。伊尹遇成湯作相，箕子遇商紂作奴。故知遇與不遇也」二十七字。意林録此書，往往有異同，蓋唐抄本如是。夫以賢事賢君，君欲爲治，臣以賢才輔之，趨舍偶合，其遇固宜。以賢事惡君，君不欲爲治，臣以忠行佐之，操志乖忤，不遇固宜。

或以賢聖之臣，遭欲爲治之君，而終有不遇，孔子、孟軻是也。孔子絶糧陳、蔡，孟軻困於齊、梁，非時君主不用善也，才下知淺，不能用大才也。夫能御驥騄者，宗祥案：「驥」，説文：「千里馬，孫陽所相者。」「騄」，玉篇：「騄耳，駿馬。周穆王八駿之一。」必王良也；能臣禹、稷、皋陶者，必堯、舜也。御百里之手，而以調千里之足，必有摧衡折軛之患；有接具臣之才，而以御大臣之知，必有閉心塞意之變。故至言棄捐，聖賢距逆。宗祥案：詩疏：「抗距大國。」「距」作「抗」解。非憎聖賢，不甘至言也，聖賢務高，至言難行也。夫以大才干小才，小才不能受，不遇固宜。

以大才之臣，遇大才之主，乃有遇不遇，虞舜、許由、太公、伯夷是也。虞舜、許由，俱聖人也，並生唐世，俱面於堯。虞舜紹帝統，許由入山林。太公、伯夷，俱賢也，並出周國，皆見武王。太公受封，伯夷餓死。夫賢聖道同、志合、趨齊，虞舜、太公行耦，許由、伯夷操違者，生非其世，出非其時也。道雖同，同中有異；志雖合，合中有離。何則？道有精麤，志有清濁也。許由，皇者之輔也，生於帝者之時；伯夷，帝者之佐也，出於王者之世。並由道德，俱發仁義。主行道德，不清不留；主爲仁義，不高不止。此其所以不遇也。堯溷舜濁，武王誅殘，太公討暴，同濁皆麤，舉措鈞齊，此其所以爲遇者也。故舜王天下，皋陶佐政，北人無擇深隱不見；禹王天下，伯益輔治，伯成子高委位而耕。非皋陶才愈無擇，伯益能出子高也，然而皋陶、伯益進用，無擇、子高退隱，進用行耦，退隱操違也。退隱勢異，身雖屈，不願進。人主不須其言，廢之，意亦不恨，是兩不相慕也。

商鞅三説秦孝公，前二説不聽，後一説用者，前二帝王之論，後一霸者之議也。夫持帝王之論，説霸者之主，雖精見距；何允中本、顧汝璉本，「距」作「拒」。宗祥案：「距」亦可訓「抗」，見上。更調霸説，雖麤見受。何則？精遇孝公所不得，麤遇孝公所欲行也。宗祥案：二「遇」字，皆作「偶」訓。故説者不在善，在所説者善之；才不待賢，在所事者賢之。馬圄之説無方，宗祥案：易：「君子以立不易方。」注：「『方』，猶道也。」而野人説之；子貢之説有義，野人不聽。俞樾曰：案呂氏春秋必己篇：「孔子行道而息，馬逸，食人之稼。野人取其馬。子貢請往説之。畢辭，野人不聽。有鄙人始事孔子者，曰：『請往説之。』」淮南子人間篇載此事，則以爲子貢往説之，卑辭而不能得也。孔子乃使馬圉往説之。此言「馬圄」，即「馬圉」也。蓋用淮南子。然文選演連珠：「東野有不釋之辯」。注引呂氏春秋：「孔子行於東野，馬逸，食野人稼，野人留其馬。子貢説而請之，野人終不聽。於是鄙人馬圉，乃復往説。」與今本呂氏春秋絶異。且今本呂氏春秋及淮南，均無「東野」二字。而士衡之文，明言「東野有不釋之辯」，則疑唐以前呂氏春秋自與今本殊也。宗祥案：「圄」、「圉」，古通。説文「囹圄」作「囹圉」。吹籟工爲善聲，因越王不喜，更爲野聲，越王大説。故爲善於不欲得善之主，雖善不見愛；爲不善於欲得不善之主，雖不善不見憎。此以曲伎合，合則遇，不合則不遇。

或無伎，妄以姦巧合上志，亦有以遇者。竊簪之臣，雞鳴之客是。竊簪之臣，親於子反，雞鳴之客，幸於孟嘗，子反好偷臣，孟嘗愛僞客也。以有補於人君，人君賴之，其遇固宜。或無補益，爲上所好，籍孺、鄧通是也。籍孺幸於孝惠，鄧通愛於孝文。無細簡之才，宗祥案：「簡」，當從易繫辭疏作簡省解，亦簡略之意。微薄之能，偶以形佳骨閞，宗祥案：「閞」，通津、程本「嫺」，從宋、元。「閞」，字彙同「妍」，嫺雅也。見文選舞賦注引埤蒼，是「閞」字義長。皮媚色稱。夫好容，人所好也，其遇固宜。或以醜面惡色，稱媚於上，嫫母、無鹽是也。嫫母進於黃帝，無鹽納於齊王。故賢不肖可豫知，遇難先圖。何則？人主好惡無常，人臣所進無豫，偶合爲是，適可爲上。進者未必賢，退者未必愚，合幸得進，不幸失之。

世俗之議曰：「賢人可遇，不遇亦自其咎也。」生不希世准主，宗祥案：「准」同「準」，言不能衡量其主之好惡。觀鑒治內，調能定説，審詞際會，宗祥案：「詞」，宋、元本作「司」，疑「伺」之譌。能進有補贍，士何不遇之有？宗祥案：「士」，通津、程本作「主」，屬上讀。今從宋、元本，屬下讀。今則不然，作無益之能，納無補之説，以夏進鑪，以冬奏扇，爲所不欲得之事，獻所不欲聞之語，其不遇禍，幸矣！宗祥案：以上二十八字，御覽二十二引作：「以夏進鑪，以冬奏扇，此無益人君，不遇災患，幸矣。」何福祐之有乎？」進能有益，納說有補，人之所知也。或以不補而得祐，或以有益而獲罪，且夏時鑪以炙溼，冬時扇以翣火，宗祥案：小爾雅：「大扇謂之翣。」此言以扇扇火。世可希，主不可准也；說可轉，能不可易也。世主好文，已爲文則遇；主好武，已則不遇。主好辯，有口則遇；主不好辯，已則不遇。文王不好武，武主不好文，宗祥案：「武主」，宋、元本「武王」，以下文「辯主」、「行主」證之，「文王」亦作「文主」爲是。辯主不好行，行主不好辯。文與言，尚可暴習；行與能，不可卒成。學不宿習，無以明名；名不素著，無以遇主。倉猝之業，須臾之名，日力不足不預聞，何以准主而納其說，宗祥案：「預」，古「豫」通，作「備」義解，見國語晉語注。上文「人臣所進無預」亦可證。「聞」者，達之名。見論語顏淵皇疏引繆協。此言日淺力薄者，不足、不備，其名何以能達，以准主納說也。元本脫「聞」字。進身而託其能哉？昔周人有仕數不遇，年老白首，泣涕於塗者。人或問之：「何爲泣乎？」對曰：「吾仕數不遇，自傷年老失時，是以泣也。」人曰：「仕奈何不一遇也？」對曰：「吾年少之時，學爲文。文德成就，始欲仕宦，人君好用老。用老主亡，後主又用武，吾更爲武。武節始就，武主又亡。少主始立，好用少年，吾年又老。是以未嘗一遇。」俞樾曰：按此與顏駟事相似。文選思玄賦：「尉尨眉而郎潛兮，逮三葉而遘武。」注引漢武故事曰：「顏駟，不知何許人，漢文帝時爲郎，至武帝，嘗輦過郎署，見駟尨眉皓髮。上問曰：『叟何時爲郎，何其老也？』答曰：『臣文帝時爲郎。文帝好文，而臣好武。至景帝好美，而臣貌醜。陛下即位，好少，而臣已老。是以三世不遇。故老於郎署。』」疑古相傳有此説，顔駟事亦出依託也。仕宦有時，不可求也。夫希世准主，尚不可爲，況節高志妙，不爲利動，性定質成，不爲主顧者乎？

且夫遇也，能不預設，説不宿具，邂逅逢喜，遭合上意，宗祥案：「合」，通津、程刻「觸」，從宋、元。故謂之遇。如准主調説，宗祥案：「主」上，通津、程刻衍「推」字，宋、元無。以取尊貴，是名爲揣，不名曰遇。春種穀生，秋刈穀收，求物得物，作事事成，不名爲遇。不求自至，不作自成，是名爲遇。猶拾遺於塗，摭棄於野，若天授地生，鬼助神輔，禽息之精陰慶，鮑叔之魂默舉。若是者，乃遇耳。今俗人既不能定遇不遇之論，又就遇而譽之，因不遇而毁之，是據見效、案成事，不能量操審才能也。

累害篇

凡人仕宦有稽留不進，行節有毀傷不全，罪過有累積不除，聲名有闇昧不明，才非下，行非悖也，又知非昬，策非昧也，逢遭外禍，累害之也。非唯人行，凡物皆然。生動之類，咸被累害。累害自外，不由其内。夫不本累害所從生起，而徒歸責於被累害者，智不明，闇塞於理者也。物以春生，人保之；以秋成，人必不能保之。卒然牛馬踐根，刀鎌割莖，生者不育，至秋不成。不成之類，遇害不遂，不得生也。夫鼠涉飯中，捐而不食。捐飯之味，與彼不污者鈞，以鼠爲害，棄而不御。君子之累害，與彼不育之物、不御之飯，同一實也。俱由外來，故爲累害。

修身正行，不能來福；戰栗戒惧，宗祥案：「惧」，通津、程刻「慎」，從宋、元。不能避禍。禍福之至，幸不幸也。故曰：得非己力，故謂之福；來不由我，故謂之禍。不由我者，謂之何由？由鄉里與朝廷也。夫鄉里有三累，朝廷有三害。累生於鄉里，害發於朝廷。古今才洪行淑之人，遇此多矣。

何謂三累三害？凡人操行，不能慎擇友，友同心恩篤，異心疎薄，疎薄怨恨，毀傷其行，一累也。人才高下，不能鈞同，同時並進，高者得榮，下者慙恚，毀傷其行，二累也。人之交遊，不能常歡，歡則相親，忿則疏遠，疏遠怨恨，毀傷其行，三累也。位少人衆，仕者争進，進者争位，見將相毀，宗祥案：「將，謂州將。」見後漢書第五倫傳注。增加傅致，將昧不明，然納其言，宗祥案：「然，猶是也。」見禮記曲禮上注「其然明矣」疏。一害也。將吏異好，清濁殊操，清吏增郁郁之白，宗祥案：「郁郁」，盛多也，見文選蜀都賦注。舉涓涓之言，宗祥案：「涓，潔也。」見漢書陳勝傳集注。濁吏懷恚怨恨，宗祥案：通津、程刻無「怨」字，從宋、元。徐求其過，因纖微之謗，被以罪罰，二害也。將或幸佐吏之身，納受其言，宗祥案：「受」，通津、程刻「信」，從宋、元。佐吏非清節，必拔人越次，迕失其意，毀之過度。清正之仕，宗祥案：「仕」，當作「士」。「士」、「仕」皆訓事，亦可通用。抗行伸志，遂爲所憎，毀傷於將，三害也。夫未進也，身被三累，已用也，身蒙三害，雖孔丘、墨翟，不能自免，顔回、曾參，不能全身也。

動百行，作萬事，嫉妒之人，隨而雲起。枳棘鉤掛容體，宗祥案：「棘」下疑脱「之刺」二字。蠭蠆之黨，啄螫懷操，豈徒六哉！六者章章，世曾不見。夫不原士之操行有三累，仕宦有三害，身完全者謂之潔，被毀謗者謂之辱；官升進者謂之善，位廢退者謂之惡。完全升進，幸也，而稱之；毀謗廢退，不遇也，而訾之，用心若此，必爲三累三害也。

論者既不知累害者行賢潔也，宗祥案：初學記引作：「論者既不知累害有所從生，又不知被累害者行賢潔也。」義較長。下文「黑」，作「墨」。以塗搏泥，以黑點繒，孰有知之？清受塵，白取垢，青蠅所汙，常在練素。宗祥案：「常」，意林作「當」，「練」，初學記作「絹」。處顛者危，勢豐者虧，頹墜之類，常在懸垂。屈平潔白，宗祥案：此句當在下文「而沉江蹈河也」句上，錯簡在此者。邑犬羣吠，吠所怪也。非俊疑傑，宗祥案：淮南、泰族訓曰：「智過萬人者，謂之英，千人者，謂之俊，百人者，謂之豪，十人者謂之傑。」固庸能也。偉士坐以俊傑之才，原注：「坐」，讀爲「生」。宗祥案：「坐」即文選張茂先雜詩：「蘭膏坐自疑」；陸士衡樂府長歌行：「體澤坐自捐」之「坐」，注皆作無故解，不應作「生」字讀。招致羣吠之聲。夫如是，豈宜更勉奴下，循不肖哉！不肖奴下，非所勉也，豈宜更偶俗全身以弭謗哉！偶俗全身，則鄉原也。鄉原之人，行全無闕，非之無舉，刺之無刺也。此又孔子之所罪，孟軻之所愆也。

古賢美極，無以衛身，故循性行以俟累害者，果賢潔之人也。極累害之謗，而賢潔之實見焉。立賢潔之跡，毀謗之塵，安得不生？絃者思折伯牙之指，御者願摧王良之手。宗祥案：「摧」，意林作「斷」。何則？欲專良善之名，惡彼之勝己也。是故魏女色豔，鄭袖鼻之；孫詒讓曰：「鼻」，當爲「劓」，事見戰國策楚策，及韓非子內儲説下六微篇。朝吳忠貞，無忌逐之。宗祥案：朝吳，蔡臣。費無忌，楚相。事見左昭公十五年傳。戚施彌妬，蘧除多佞。是故湮堂不灑塵，卑屋不蔽風；風衝之物不得育，水湍之岸不得峭。如是，牖里、陳、蔡可得知，而沉江蹈河也。宗祥案：疑當作「屈平潔白，而沉江蹈河也」。以軼才取容媚於俗，求全功名於將，不遭鄧析之禍，取子胥之誅，幸矣。孟賁之尸，人不刃者，氣絶也。死灰百斛，人不沃者，光滅也。動身章智，顯光氣於世，奮志敖黨，宗祥案：「敖」、「傲」通，訓見禮記「敖不可長」疏。立卓異於俗，固常通人所讒嫉也。以方心偶俗之累，宗祥案：「方，直也。」見後漢書鮑永傳注。求益反損，蓋孔子所以憂心，孟軻所以惆悵也。德鴻者招謗，爲士者多口。宗祥案：「爲」，宋、元本「僞」。以休熾之聲，彌口舌之患，求無危傾之害，遠矣。臧倉之毁，未嘗絶也；公伯寮之溯，宗祥案：「溯」、「愬」古通，文選西征賦「七命」注可證。未嘗滅也。垤成丘山，汙爲江河，宗祥案：此下，通津以下，各本均脱一頁。今據元本補。矣。夫如是，市虎之訛，投杼之誤，不足怪；則玉變爲石，珠化爲礫，不足詭也。何則？昧心冥冥之知，使之然也。文王所以爲糞土，而惡來所以爲金玉也。非紂憎聖而好惡也，心知惑蔽。蔽惑不能審，則微子十去，比干五剖，未足痛也。故三監讒聖人，周公奔楚；後母毁孝子，伯奇放流。當時周世孰有不惑乎？後鴟鴞作而黍離興，諷詠之者，乃悲傷之。故無雷風之變，周公之惡不滅。當夏不隕霜，鄒衍通津「行」，誤。之罪不除。德不能感天，誠不能動變，君子篤信審己也，安能遏累害於人？

聖賢不治名，害至不免辟，形章墨短，掩匿白長，不理身冤，不弭流言，受垢取毁，不求潔完，故惡見而善不彰，行缺而跡不顯。邪僞之人，治身以巧俗，脩詐以偶衆。猶漆盤盂之工，穿墻不見；弄丸劍之倡，手指不知也。世不見短，故共稱之；將不聞惡，故顯用之。夫如是，世俗之所謂賢潔者，未必非惡；所謂邪汙者，未必非善也。

或曰：「言有招患，行有召耻，所在常由小人。」夫小人性患耻者也，含邪而生，懷僞而遊，沐浴累害之中，何招召之有？故夫火生者不傷溼，宗祥案：「溼」，疑當作「蒸」或「燥」。水居者無溺患。火不苦熱，水不痛寒，氣性自然，焉招之？君子也，以忠言招患，以高行招耻，何世不然！

然而太山之惡，君子不得名；毛宗祥案：自此以上皆脱文，計十六行。「毛」，程刻作「毫」。髮之善，小人不得有也。以玷污言之，清受塵，而白取垢；以毁謗言之，貞良見妬，高奇見噪；以遇罪言之，忠言招患，高行招耻；以不純言之，玉有瑕而珠有毁。焦陳留君兄，宗祥案：此爲焦貺，陳留人，鄭弘師之，見袁宏後漢及後漢書鄭弘傳。「兄」疑「貺」字之譌。名稱兖州，行完跡潔，無纖芥之毁。及其當爲從事，刺史焦康絀而不用。夫未進也，被三累；已用也，蒙三害，雖孔丘、墨翟，不能自免，顔回、曾參，不能全身也。何則？衆好純譽之人，非真賢也。公侯已下，玉石雜糅；賢士之行，善惡相苞。夫采玉者，破石拔玉；宗祥案：「夫」字下，意林有「玉變作石，石化作礫，毁謗使然也」十三字。選士者，棄惡取善。夫如是，累害之人，負世之行，指擊之者，從何往哉！

命禄篇

凡人遇偶及遭累害，皆由命也。有死生壽夭之命，亦有貴賤貧富之命。自王公逮庶人，聖賢及下愚，凡有首目之類，含血之屬，莫不有命。命當貧賤，雖富貴之，猶涉禍患矣；命當富貴，雖貧賤之，猶逢福善矣。宗祥案：劉孝標辨命論文選注引此，「矣」下有「失其富貴」，下文「矣」下有「離其貧賤」二句。故命貴，從賤地自達；命賤，從富位自危。故夫富貴若有神助，貧賤若有鬼禍。命貴之人，俱學獨達，並仕獨遷；命富之人，俱求獨得，並爲獨成。貧賤反此，難達、難遷、難成，獲過受罪，疾病亡遺，失其富貴，貧賤矣。是故才高行厚，未可宗祥案：「可」通津、程刻「必」，從宋、元。保其必富貴；智寡德薄，未可信其必貧賤。或時才高行厚，命惡，廢而不進；知寡德薄，命善，興而超踰。故夫臨事知愚，操行清濁，性與才也；仕宦貴賤，治産貧富，命與時也。命則不可勉，時則不可力。知者歸之於天，故坦蕩恬忽。雖其貧賤，使富貴若鑿溝伐薪，宗祥案：意林無「雖其貧賤」四字。「使」作「取」。加勉力之趨，致彊健之勢。鑿不休則溝深，斧不止則薪多，無命之人皆得所願，安得貧賤凶危之患哉？然則，或時溝未通而遇湛，薪未多而遇虎。宗祥案：意林「虎」作「火」。仕宦不貴，治産不富，鑿溝遇湛，伐薪逢虎之類也。有才不得施，有智不得行，或施而功不立，或行而事不成，雖才智如孔子，猶無成立之功。

世俗見人節行高，則曰：「賢哲如此，何不貴？」見人謀慮深，則曰：「辯慧如此，何不富？」貴富有命，福禄不在賢哲與辯慧。故曰：「富不可以籌策得，貴不可以才能成。」智慮深而無財，才能高而無官。懷銀紆紫，宗祥案：紆即紆，「垂也」。見文選東京賦注。未必稷、契之才；積金累玉，未必陶朱之智。或時下愚而千金，頑魯而典城。故官御同才，宗祥案：「官」疑「宦」誤。曲禮上：「宦學事師。」鄭康成注：「『學』或爲『御』。」是漢時禮記或本「宦學」，有作「宦御」也。「宦，仕也」，見曲禮注。「御，猶侍也、進也」，見周禮春官序官注。其貴殊命；治生鈞知，其富異禄。禄命有貧富，知不能豐殺；性命有貴賤，才不能進退。成王之才，不如周公，桓公之知，不若管仲，然成、桓受尊命，而周、管稟卑秩也。案古人君希有不學於人臣，知博希有不爲父師，然而人君猶以無能處主位，人臣猶以鴻才爲厮役。故貴賤在命，不在智愚；貧富在禄，不在頑慧。

世之論事者，以才高當爲將相，宗祥案：「才」，宋、元本「能」。「高」下，當脱「者」字。能下者宜爲農商，見智能之士，官位不至，怪而訾之曰：「是必毁於行操。」行操之士，亦怪毁之曰：「是必乏於才知。」殊不知才知行操雖高，官位富禄有命。才智之人，以吉盛時舉事而福至，人謂才智明審；凶衰禍來，謂愚闇。不知吉凶之命，盛衰之禄也。白圭、子貢轉貨致富，積累金玉，人謂術善學明。主父偃辱賤於齊，宗祥案：以上下文證之。「主父偃」上，當脱「非也」二字。排擯不用，赴闕舉疏，遂用於漢，官至齊相。趙人徐樂亦上書，與偃章會。上善其言，徵拜爲郎。

人謂偃之才，樂之慧，非也。儒者明說一經，習之京師。明如匡稚圭，深如趙子都，宗祥案：漢書鮑宣傳：「字子都，好學明經，舉孝廉，爲郎。」與此合。若趙子都，則爲趙廣漢。此書所敘，與漢書趙傳不合。「趙」當爲「鮑」誤。初階甲乙之科，遷轉至郎、博士。人謂經明才高所得，非也。而談若范睢之干秦明，宗祥案：「談」，通津、程刻「説」，從宋、元。「明」即「昭」，秦昭王也。孫詒讓曰：「明」當爲「昭」，疑晉人避諱，而今本沿之。封爲應侯；蔡澤之説范睢，拜爲客卿。人謂睢、澤美善所致，非也。皆命禄貴富善至之時也。

孔子曰：「死生有命，富貴在天。」魯平公欲見孟子，嬖人臧倉毁孟子而止。孟子曰：「天也！」孔子聖人，孟子賢者，誨人安道，不失是非，稱言命者，有命審也。淮南書曰：「仁鄙在時不在行，宗祥案：「仁，親也。」義見説文。「鄙，謂不通也。」見漢書董仲舒傳注，且「鄙」有遠義，故此言仁鄙，實即親疎之意。利害在命不在智。」賈生曰：「天不可與期，道不可與謀。遲速有命，焉識其時？」高祖擊黥布，爲流矢所中，疾甚。吕后迎良醫，醫曰：「可治。」高祖罵之曰：「吾以布衣提三尺劍取天下，此非天命乎！命乃在天，雖扁鵲何益？」韓信與帝論兵，謂高祖曰：「陛下所謂天授，非智力所得。」揚子雲曰：「遇不遇，命也。」太史公曰：「富貴不違貧賤，貧賤不違富貴。」是謂從富貴爲貧賤，從貧賤爲富貴也。

夫富貴不欲爲貧賤，貧賤自至；貧賤不求爲富貴，富貴自得也。春夏囚死，秋冬王相，非能爲之也。日朝出而暮入，非求之也，天道自然。代王自代入爲文帝，周亞夫以庶子爲條侯。此時代王非太子，亞夫非適嗣，宗祥案：「『適』，讀曰『嫡』。」見漢書宣帝紀集注，程刻誤「道」。逢時遇會，卓然卒至。命貧以力勤致富，富至而死；命賤以才能取貴，貴至而免。才力而致富貴，命祿不能奉持，猶器之盈量，手之持重也。器受一升，以一升則平，受之如過一升，則滿溢也；手舉一鈞，以一鈞則平，舉之過一鈞，則蹎仆矣。前世明是非，歸之於命也，命審然也。信命者，則可幽居俟時，不須勞精苦形，求索之也，猶珠玉之在山澤。

天命難知，人不耐審，宗祥案：「耐」，此書多作「能」字用。古微書引春秋元命苞云：「能之爲言，耐也。」廣雅釋詁二云：「能，任也。」漢書高帝紀下集注引如淳云：「耐猶任也。」古通。雖有厚命，猶不自信，故必求之也。如自知，雖逃富避貴，終不得離。故曰：「力勝貧，慎勝禍。」勉力勤事以致富，砥才明操以取貴；宗祥案：此句下意林有「農夫力耕得穀多，商賈遠行得利深」二句。廢時失務，欲望富貴，不可得也。雖云有命，當須索之。如信命不求，謂當自至，可不假而自得，不作而自成，不行而自至。夫命富之人，筋力自彊；命貴之人，才智自高。若千里之馬，宗祥案：意林此句下有「氣力自勁」一句。頭目蹄足自相副也。有求而不得者矣，未必不求而得之者也。精學不求貴，貴自至矣；力作不求富，富自到矣。富貴之福，不可求致；貧賤之禍，不可苟除也。由此言之，有富貴之命，不求自得。信命者曰：「自知吉，不待求也。天命吉厚，不求自得；天命凶厚，求之無益。」夫物不求而自生，則人亦有不求貴而貴者矣。人情有不教而自善者，有教而終不善者矣。天性，猶命也。越王翳逃山中，至誠不願，自冀得代。越人熏其穴，遂不得免，彊立爲君。而天命當然，宗祥案：「而」，「如」也，見易象下傳注。雖逃避之，終不得離。故夫不求自得之貴歟！

氣壽篇

凡人稟命有二品，一曰所當觸值之命，二曰彊弱壽夭之命。所當觸值，謂兵燒壓溺也；彊壽弱夭，謂稟氣渥薄也。兵燒壓溺，遭以所稟爲命，未必有審期也。若夫彊弱夭壽，以百爲數，不至百者，氣自不足也。

夫稟氣渥則其體彊，體彊則其命長；氣薄則其體弱，體弱則命短。命短則多病壽短，始生而死，未産而傷，稟之薄弱也。渥彊之人，不卒其壽，孫詒讓曰：「不」當爲「必」。後命義篇云：「稟得堅彊之性，則氣渥厚而體堅彊。堅彊則壽命長。」此語與彼同。若夫無所遭遇，虛居困劣，短氣而死，此稟之薄，用之竭也。此與始生而死，未産而傷，一命也，皆由稟氣不足，不自致於百也。人之稟氣，或充實而堅强，或虛劣而軟弱。充實堅强，其年壽；虛劣軟弱，失棄其身。

天地生物，物有不遂；父母生子，子有不就。物有爲實，枯死而墮；人有爲兒，夭命而傷。使實不枯，亦至滿歲；使兒不傷，亦至百年。然爲實、兒而死、枯者，稟氣薄，則雖形體完，其虛劣氣少，不能充也。兒生號啼之聲，鴻朗高暢者壽，嘶喝溼下者夭。宗祥案：「喝」，去聲，「嘶聲」，見晉書音義上。何則？稟壽夭之命，以氣多少爲主性也。宗祥案：「性，生也」，見論語公冶長皇疏。此言氣之多少，爲生之主也。婦人疏字者子活，數乳者子死。何則？疏而氣渥，子堅彊；數而氣薄，子軟弱也。懷子而前已產子死，則謂所懷不活。名之曰懷，其意以爲已產之子死，故感傷之子失其性矣。所產子死，所懷子凶者，字乳亟數，氣薄不能成也。雖成人形體，則易感傷，獨先疾病，病獨不治。百歲之命，是其正也。不能滿百者，雖非正，猶爲命也。譬猶人形一丈，正形也。名男子爲丈夫，尊公嫗爲丈人。不滿丈者，失其正也，宗祥案：漢尺當今尺七寸。周尺當漢尺九寸四分。周以前度制雖不詳，然較周制當不甚遠。是人長皆當爲今尺六尺四五寸以至七尺也。恐無此長大之人，「丈夫」、「丈人」，古訓均爲尊，能敬老之名，無以丈尺計者。仲任此說，亦漢儒別訓之一，可備參考。雖失其正，猶乃爲形也。夫形不可以不滿丈之故，謂之非形，猶命不可以不滿百之故，謂之非命也。非天有長短之命，而人各有稟受也。由此言之，人受氣命於天，卒與不卒同也。語曰：「圖王不成，其弊可以霸。」霸者，王之弊也。霸本當至於王，猶壽當至於百也。不能成王，退而爲霸；不能至百，消而爲夭。王霸同一業，優劣異名；壽夭同一氣，宗祥案：「同」，通津、程刻「或」，從宋、元。長短殊數。何以知不滿百爲夭者百歲之命也？以其形體小大長短同一等也。百歲之身，五十之體，無以異也。身體不異，血氣不殊。鳥獸與人異形，故其年壽與人殊數。

何以明人年以百爲壽也？世間有矣。儒者說曰：「太平之時，人民侗長，宗祥案：說文：「侗，大貌。」是也。百歲左右，氣和之所生也。」堯典曰：「朕在位七十載。」求禪得舜，舜徵三十歲在位，堯退而老，八歲而終，至殂落九十八歲。未在位之時，必已成人，今計數百有餘矣。又曰：「舜生三十，徵用三十，在位五十載，陟方乃死。」適百歲矣。宗祥案：史記五帝紀「朕在位七十載」。孔安國云：「堯年十六，以唐侯升爲天子，在位七十載，時八十六，老將求代也。」又曰：「堯立七十年得舜，二十年而老，令舜攝行天子之政，薦之於天。堯辟位，凡二十八年而崩。」皇甫謐云：「堯即位九十八年，通舜攝二十八年也，凡年百一十七歲。」孔安國云：「堯壽百一十六歲。」又曰：「舜年二十以孝聞，年三十堯舉之，年五十攝行天子事，年五十八堯崩，年六十一代堯踐帝位。踐帝位三十九年，南巡狩，崩於蒼梧之野。」是堯年百十六七。故仲任云：「今計數百有餘也。」舜年五十，攝行天子事。是自三十舉用之後，凡二十年也。此「三十歲在位」、「徵用三十」，二「三」字當皆爲「二」字之誤。後人有以爲舜年百有十歲者，亦誤也。文王謂武王曰：「我百，爾九十，吾與爾三焉。」文王九十七而薨，武王九十三而崩。周公，武王之弟也，兄弟相差不過十年。武王崩，周公居攝七年，復政退老，出入百歲矣。邵公，周公之兄也，至康王之時，尚爲太保，出入百有餘歲矣。聖人稟和氣，故年命得正數。氣和爲治平，故太平之世，多長壽人。百歲之壽，蓋人年之正數也。猶物至秋而死，物命之正期也。物先秋後秋，則亦如人死或增百歲或減百也。先秋後秋爲期，增百減百爲數。物或出地而死，猶人始生而夭也。物或踰秋不死，亦如人年多度百至於三百也。傳稱老子二百餘歲，邵公百八十，高宗享國百年，周穆王享國百年，并未享國之時，皆出百二十三十歲矣。宗祥案：通津、程刻作「三十四十」，從宋、元。

論衡卷第二

幸偶篇　命義篇　無形篇　率性篇　吉驗篇

漢　會稽王充著　海寧張宗祥校注

幸偶篇

凡人操行有賢有愚，及遭禍福，有幸有不幸；舉事有是有非，及觸賞罰，有偶有不偶。並時遭兵，隱者不中；同日被霜，蔽者不傷。中傷未必惡，隱蔽未必善。隱蔽幸，中傷不幸。俱欲納忠，或賞或罰；並欲有益，或信或疑。賞而信者未必真，罰而疑者未必僞。賞信者偶，罰疑不偶也。

孔子門徒七十有餘，顏回蚤夭。孔子曰：「不幸短命死矣！」短命稱不幸，則知長命者幸也，短命者不幸也。服聖賢之道，講仁義之業，宜蒙福祐。伯牛有疾，亦復顏回之類，俱不幸也。螻蟻行於地，人舉足而涉之。足所履，螻蟻苲死；宗祥案：「苲」，當是「笮」譌，說文：「笮，迫也。」足所不蹈，全活不傷。火燔野草，車轢所致，火所不燔，俗或喜之，名曰幸草。夫足所不蹈，火所不及，未必善也。舉火行道適然也。宗祥案：「道」，通津、程刻誤「有」，從宋、元。由是以論，癰疽之發，亦一實也。氣結閼積，聚爲癰，潰爲疽創，宗祥案：「創」，俗均作「瘡」字。流血出膿，豈癰疽所發身之善穴哉？營衛之行，遇不通也。宗祥案：「遇，偶也。」見爾雅釋言。蜘蛛結網，蜚蟲過之，宗祥案：「蜚」，古「飛」字。見史記周本紀正義。或脱或獲；獵者張羅，百獸羣擾，或得或失；漁者罾江湖之魚，或存或亡。或奸盗大辟而不知，或罰贖小罪而發覺。

災氣加人，亦此類也。不幸遭觸而死，幸者免脱而生。不幸者，不徼幸也。孔子曰：「人之生也直，罔之生也幸。」宗祥案：「罔，誣也。」見文選四子講德論引論語馬注。則夫順道而觸者，爲不幸矣。立巖墻之下，爲壞所壓；蹈坼岸之上，宗祥案：「坼」即「塝」字，「裂也」，見説文。爲崩所墜。輕遇無端，故爲不幸。魯城門久朽欲頓，宗祥案：「頓，敗也。」見國語周語注。孔子過之，趨而疾行。左右曰：「久矣。」孔子曰：「惡其久也。」宗祥案：意林作「魯城門朽頓欲頽，孔子疾行而過之。左右曰：『如此久矣。』孔子曰：『吾惡其久也。』」孔子戒慎已甚。如遇遭壞，宗祥案：「遇」，通津、程刻「過」，從宋、元。可謂不幸也。故孔子曰：「君子有不幸而無幸，宗祥案：獨斷引王仲任曰：「君子無幸而有不幸。」小人有幸而無不幸。」又曰：「君子處易以俟命，小人行險以徼幸。」「不期而會曰遇」，見穀梁隱八年傳。

佞幸之徒，閎、籍孺之輩，宗祥案：籍孺、閎孺，見史記佞幸傳。籍孺高祖幸臣，閎孺孝惠幸臣。無德薄才，以色稱媚，不宜愛而受寵，不當親而得附，非道理之宜，故太史公爲之作傳。邪人反道而受恩寵，與此同科，故合其名謂之佞幸。無德受恩，無過遇禍，同一實也。

俱稟元氣，或獨爲人，或爲禽獸。並爲人，或貴或賤，或貧或富。富或累金，貧或乞食；貴至封侯，賤至奴僕。非天稟施有左右也，人物受性有厚薄也。俱行道德，禍福不均；並爲仁義，利害不同。晉文修文德，徐偃行仁義，文公以賞賜，偃王以破滅。魯人爲父報仇，安行不走，追者捨之；牛缺爲盜所奪，和意不恐，盜還殺之。文德與仁義同，不走與不恐等，然文公、魯人得福，偃王、牛缺得禍者，文公、魯人幸，而偃王、牛缺不幸也。韓昭侯醉卧而寒，典冠加之以衣，覺而問之，知典冠愛己也，以越職之故，加之以罪。衛之驂乘者，見御者之過，從後呼車，有救危之義，不被其罪。夫驂乘之呼車，典冠之加衣，同一意也。加衣恐主之寒，呼車恐君之危，仁惠之情，俱發於心。然而於韓有罪，於衛爲忠，驂乘偶，典冠不偶也。

非唯人行，物亦有之。長數仞之竹，大連抱之木，工技之人，裁而用之，或成器而見舉持，或遺材而遭廢棄。非工技之人有愛憎也，刀斧如有偶然也。蒸穀爲飯，釀飯爲酒。酒之成也，甘苦異味；飯之熟也，剛柔殊和。非庖廚、酒人有意異也，手指之調有偶適也。調飯也殊筐而居，甘酒也異器而處。蟲墮一器，酒棄不飲；鼠涉一筐，宗祥案：意林「涉」作「殘」。

飯捐不食。夫百草之類，皆有補益。遭醫人采掇，成爲良藥，或遺枯澤，爲火所爒。宗祥案：「爒」，「放火也」。見玉篇廣韻。通津、程刻「爍」，從宋、元。等之金也，或爲劍戟，或爲鋒銛。同之木也，或梁於宫，或柱於橋。俱之火也，或爍脂燭，或燔枯草。均之土也，或基殿堂，或塗軒户。皆之水也，或溉鼎釜，或澡腐臭。物善惡同，遭爲人用，其不幸偶，猶可傷痛，況含精氣之徒乎！虞舜，聖人也，在世宜蒙全安之福，父頑母嚚，宗祥案：玉篇：「嚚，愚也。」弟象敖狂，宗祥案：爾雅釋言：「敖」，「傲也。」無過見憎，不惡而得罪，不幸甚矣。孔子，舜之次也，生無尺土，周流應聘，削迹絶糧。俱以聖才，並不幸偶。舜尚遭堯受禪，孔子止死於闕里。宗祥案：「止」程刻誤「已」。以聖人之才，猶不幸偶，庸人之中，被不幸偶，禍必衆多矣。

命義篇

墨家之論，以爲人死無命；儒家之議，以爲人死有命。言有命者，見子夏言「死生有命，富貴在天」。言無命者，聞歷陽之都，一宿沉而爲湖。秦將白起坑趙降卒於長平之下，四十萬衆同時皆死。宗祥案：意林作：「聞歷陽之郡，一宿化成湖。白起坑趙卒四十萬衆。此並有命耶？」小異。春秋之時，敗績之軍，死者蔽草，尸且萬數；饑饉之歲，餓者滿道，温氣疫癘，宗祥案：「温氣，謂陽氣也。」見素問調經論注。此即金、元諸醫所謂「温病」，俗通作「瘟」。千户滅門。如必有命，何其秦、齊同也？

言有命者曰：「夫天下之大，人民之衆，一歷陽之都，一長平之坑，同命俱死，未可怪也。命當溺死，故相聚於歷陽。命當壓死，故相積於長平。」猶高祖初起，相工入豐、沛之邦，宗祥案：意林「積」作「聚」，「高祖」作「沛公」，「邦」作「市」。多封侯之人矣，未必老少男女宗祥案：「少」，通津、程刻「小」，從宋、元。俱貴而有相也。卓礫時見，孫詒讓曰：案「礫」當爲「躒」。文選孔融薦禰衡表云：「英才卓躒。」往往皆然。而歷陽之都，男女俱没；長平之坑，老少並陷，萬數之中，必有長命未當死之人，遭時衰微，兵革並起，不得終其壽。人命有長短，時有盛衰，衰則疾病、被災、蒙禍之驗也。宋、衛、陳、鄭同日並災，四國之民，必有禄盛未當衰之人，然而俱災，國禍陵之也。故國命勝人命，壽命勝祿命。人有壽夭之相，亦有貧富貴賤之法，俱見於體。故壽命修短，皆稟於天；骨法善惡，皆見於體。命當夭折，雖稟異行，終不得長；祿當貧賤，雖有善性，終不得遂。項羽且死，顧謂其徒曰：「吾敗乃命，非用兵之過。」此言實也。實者項羽用兵過於高祖。高祖之起，有天命焉。

國命繫於衆星：列宿吉凶，國有禍福；衆星推移，人有盛衰。人之有吉凶，猶歲之有豐耗。命有衰盛，物有貴賤。一歲之中，一貴一賤；一壽之間，一衰一盛。物之貴賤，不在豐耗；人之衰盛，不在賢愚。子夏曰「死生有命，富貴在天」，而不曰「死生在天，富貴有命」者，何則？死生者，無象在天，以性爲主。稟得堅彊之性，則氣渥厚而體堅彊，堅彊則壽命長，壽命長則不夭死。稟氣軟弱者，氣少泊而性羸窳，羸窳則壽命短，短則蚤死。故言有命，命則性也。至於富貴所稟，猶性所稟之氣，得衆星之精。衆星在天，天有其象，得富貴象則富貴，得貧賤象則貧賤，故曰在天。俞樾曰：按抱朴子辨問篇引玉鈐云：人之吉凶修短，於結胎受氣之日，皆上得列星之精。其值聖宿則聖，值賢宿則賢，云云。與此文大旨相近，即後世星命之學所權輿也。宗祥案：此節雖兼及相，而專論在命。命繫於星，故古有傳説騎箕等説，即後世術家飛星推命之説所由起也。在天如何？天有百官，有衆星。天施氣而衆星布精。天所施氣，衆星之氣在其中矣。人稟氣而生，含氣而長，得貴則貴，得賤則賤。貴或秩有高下，富或貲有多少，皆星位尊卑小大之所授也。故天有百官，天有衆星，地有萬民、五帝、三王之精。天有王梁、造父，宗祥案：「王梁」，史記天官書作「王良」。凡天文星學諸書均同。本書率性篇亦作「王良」。「梁」字當誤。人亦有之，禀受其氣，故巧於御。

傳曰：「說命有三，一曰正命，二曰隨命，三曰遭命。」正命，謂本禀之自得吉也。性然骨善，宗祥案：「然，猶宜也。」見淮南原道注。故不假操行以求福而吉自至，故曰正命。隨命者，戮力操行而吉福至，縱情施欲而凶禍到，故曰隨命。遭命者，行善得惡，非所冀望，逢遭於外，而得凶禍，故曰遭命。

凡人受命，在父母施氣之時，已得吉凶矣。夫性與命異，或性善而命凶，或性惡而命吉。操行善惡者，性也；禍福吉凶者，命也。或行善而得禍，是性善而命凶；或行惡而得福，是性惡而命吉也。性自有善惡，命自有吉凶。使命吉之人，雖不行善，未必無福；凶命之人，雖勉操行，未必無禍。孟子曰：「求之有道，得之有命。」性善乃能求之，命善乃能得之。性善命凶，求之不能得也。行惡者，禍隨而至。而盜跖、莊蹻横行天下，聚黨數千，攻奪人物，斷斬人身，無道甚矣，宜遇其禍，乃以壽終。夫如是，隨命之說，安所驗乎？遭命者，行善於内，遭凶於外也。若顔淵、伯牛之徒，原注：一有「何謂乎」字。如何遭凶？顔淵、伯牛，行善者也，當得隨命，福祐隨至，何故遭凶？顔淵困於學，以才自殺。伯牛空居宗祥案：「空，窮匱也。」見論語先進皇疏。而遭惡疾。及屈平、伍員之徒，宗祥案：「徒」，程刻誤「徙」。盡忠輔上，竭王臣之節，而楚放其身，吴烹其尸。宗祥案：伍尸遭烹，亦仲任所見古籍異聞也。行善當得隨命之福，乃觸遭命之禍，何哉？言隨命則無遭命，言遭命則無隨命，儒者三命之説，竟何所定？且命在初生，骨表著見。今言隨操行而至，此命在末，不在本也。則富貴貧賤，皆在初禀之時，不在長大之後，隨操行而至也。

正命者至百而死，隨命者五十而死，遭命者初禀氣時遭凶惡也，謂姙娠之時，遭得惡也，或遭雷雨之變，長大夭死。

此謂三命。亦有三性，有正，有隨，有遭。正者，禀五常之性也；隨者，隨父母之性；遭者，遭得惡物象之故也。故姙婦食兔，子生缺脣。月令曰："是月也，雷將發聲。"有不戒其容者，生子不備，必有大凶，俞樾曰：按月令："必有凶災"，此云"大凶"，文異而義不殊，月令"不戒其容止"，鄭云："容止，猶動静，以動訓容，以静訓止，字各一義。"容猶動也，説文手部："搈，動搈也。""容"與"搈"通，故訓動。此云"不戒其容"，則是容儀之容矣。宗祥案：文當脱"止"字。瘖聾跛盲。氣遭胎傷，故受性狂悖。羊舌似我初生之時，宗祥案："似"，顧本作"食"，當從左傳作羊食我。聲似豺狼，長大性惡，被禍而死。在母身時，遭受此性，丹朱、商均之類是也。性命在本，故禮有胎教之法。子在身時，席不正不坐，割不正不食，非正色目不視，非正聲耳不聽。及長，置以賢師良傅，教君臣父子之道，賢不肖在此時矣。受氣時，母不謹慎，必妄慮邪，則子長大，狂悖不善，形體醜惡。素女對黃帝陳五女之法，宗祥案：雲笈七籤一百軒轅本紀云：於玄女、素女受房中之術，能御三百女。他道書亦有載黃帝御女事者。然無五女之說。「五」恐「御」字之譌。又按：此句及下二句，前後文不甚相屬，恐爲錯簡。非徒傷父母之身，乃又賊男女之性。

人有命，有禄，有遭遇，有幸偶。命者，貧富貴賤也。禄者，盛衰興廢也。以命當富貴，遭當盛之禄，常安不危。以命當貧賤，遇當衰之禄，則禍殃乃至，常苦不樂。遭者，遭逢非常之變，若成湯囚夏臺，文王厄牖里矣。以聖明之德，而有囚厄之變，可謂遭矣。變雖甚大，命善禄盛，變不爲害，故稱遭逢之禍。晏子所遭，可謂大矣。直兵指胸，白刃加頸，蹈死亡之地，當劍戟之鋒，執死得生還，命善禄盛，遭逢之禍，不能害也。歷陽之都，長平之坑，其中必有命善禄盛之人，一宿同填而死，遭逢之禍大，命善禄盛不能卻也。譬猶水火相更也，水盛勝火，火盛勝水。遇其主而用也，雖有善命盛禄，不遇知己之主，不得效驗。幸者，謂所遭觸得善惡也。獲罪得脱，幸也；無罪見拘，不幸也。執拘未久，蒙令得出，命善禄盛，天災之禍不能傷也。偶也，楊守敬曰：「也」當作「者」，與上文「幸者」同。謂事君也。以道事君，君善其言，遂用其身，偶也。行與主乖，退而遠，不偶也。退遠未久，上官録召，命善禄盛，不偶之害，不能留也。

故夫遭、遇、幸、偶，或與命禄并，或與命離。遭逢幸偶，遂以成完；遭遇不幸偶，遂以敗傷，是與命并者也。宗祥案：「或與命離」及此句，「命」下當奪「禄」字。中不遂成，善轉爲惡，若是與命禄離者也。楊守敬曰：「若」字衍。故人之在世，有吉凶之性命，有盛衰之禍福，重以遭遇幸偶之逢，獲從生死而卒其善惡之行，宗祥案：「卒，竟也。」見詩漸漸之石傳。得其胸中之志，希矣。

無形篇

人稟元氣於天，各受壽夭之命，以立長短之形，猶陶者用土爲簋廉。俞樾曰：按「廉」字無義，必「廡」字之誤，「廡」讀爲「甒」，禮記禮器篇：「君尊瓦甒。」注曰：「瓦甒五斗。」古字每以「廡」爲之。儀禮既夕禮注：「古文甒皆作廡。」是其證也。廡、廉形似，因而致誤。宗祥案：「廉」字有訓作「稜」者，見廣雅釋言，義尚可通，似不必旁證也。冶者用銅爲柈杅矣。宗祥案：「柈」即「盤」，墨子帝堯篇：「瑑戒杅柈。」亦作「槃」，「槃」乃正字，「柈」是俗書。「『杅』亦『盂』也。」見後漢書崔駰傳注。器形已成，不可小大；人體已定，不可減增。宗祥案：宋、元本「器形」作「形器」，「減增」作「增減」。用氣爲性，性成命定。體氣與形骸相抱，生死與期節相須。形不可變化，命不可減加。以陶冶言之，人命短長，可得論也。

或難曰：陶者用埴爲簋廉，宗祥案：「埴，黏土也。」見考工記注。程刻誤「填」。簋廉壹成，遂至毀敗，不可復變。若夫冶者用銅爲柈杅，柈杅雖已成器，猶可復爍。柈可得爲尊，尊不可爲簋。宗祥案：尊雖小於簋，以一尊改鑄一簋，事不可能，然以文義求之，似當作「尊可得爲簋」也。人稟氣於天，雖各受壽夭之命，立以形體，如得善道神藥，形可變化，命可加增。

曰：冶者變更成器，須先以火燔爍，乃可大小短長。人冀延年，欲比於銅器，宜有若鑪炭之化，乃易形，形易，壽亦可增。人何由變易其形，便如火爍銅器乎？禮曰：「水潦降，不獻魚鼈。」何則？雨水暴下，蟲蛇變化，化爲魚鼈。離本真暫變之蟲，臣子謹慎，故不敢獻。俞樾曰：按曲禮篇：「水潦降，不獻魚鼈。」注曰：「不饒多也。」正義曰：「天降下水潦，魚鼈難得，故注云不饒多。或解以爲水潦降下，魚鼈豐足，不饒益其多。」是禮家止此二義。論衡所説，又成一義，亦必漢儒舊説也。人願身之變，冀若蟲蛇之化乎？夫蟲蛇未化者，不若不化者。蟲蛇未化，人不食也；化爲魚鼈，人則食之。原注：一有「見」字。食則壽命乃短，非所冀也。歲月推移，氣變物類，蝦蟆爲鶉，雀爲蜄蛤。人願身之變，冀若鶉與蜄蛤魚鼈之類也？人設捕蜄蛤，得者食之。雖身之不化，壽命不得長，非所冀也。魯公牛哀寢疾七日，變而成虎。鯀殛羽山，化爲黄能。原注：「能」音奴來反。宗祥案：「鼈三足，能。」見爾雅釋魚。「能，三足鼈也」，見左傳昭七年「夢黄能入于寢門」釋文。惟國語晉語注曰，「能似熊」，後人遂以謂熊羆之熊。史記夏本紀正義曰：「鯀之羽山，化爲黄熊，入于羽淵。熊音乃來反，下三點爲三足也。束晳發蒙紀云：『鼈三足曰熊。』」據此，則字當作「熊」，或省三點作「能」，與熊異音。惟其爲三足鼈，故入于羽淵也。非熊羆之熊可知。願身變者，冀牛哀之爲虎，鯀之爲能乎？則夫虎、能之壽，不能過人。天地之性，人最爲貴。變人之形，更爲禽獸，非所冀也。凡可冀者，以老翁變爲嬰兒，其次白髮復黑，齒落復生，身氣丁彊，宗祥案：「丁，壯也。」見釋名釋天。超乘不衰，乃可貴也。徒變其形，壽命不延，其何益哉？

且物之變隨氣，若應政治，有所象爲，非天所欲壽長之故，變易其形也，又非得神草珍藥食之而變化也。人恒服藥固壽，能增加本性，益其身年也。遭時變化，非天之正氣，人所受之真性也。天地不變，日月不易，星辰不没，正也。人受正氣，故體不變。時或男化爲女，女化爲男，由高岸爲谷，宗祥案：「『由』，義當作『猶』」，古字借用，見孟子公孫丑上：「由反手也。」音義引丁音。深谷爲陵也。應政爲變，爲政變，非常性也。漢興，老父授張良書，已化爲石。是以石之精，爲漢興之瑞也。猶河精爲人，持璧與秦使者，秦亡之徵也。蠶食桑老，績而爲蠒，楊守敬曰：「繭」俗字。蠒又化而爲蛾。宗祥案：各本作「娥」。考蛾爲蠶蛾，見爾雅釋蟲注。「娥」、「蛾」不能通，今從程刻。蛾有兩翼，變去蠶形。蠐螬化爲復育，復育轉而爲蟬。蟬生兩翼，不類蠐螬。凡諸命蠕蜚之類，多變其形，易其體。至人獨不變者，稟得正也。生爲嬰兒，長爲丈夫，老爲父翁，從生至死，未嘗變更者，天性然也。天性不變者，不可令復變；變者，不可不變。楊守敬曰：「可」下疑脱「令」字。若夫變者之壽，不若不變者。人欲變其形，輒增益其年可也，如徒變其形而年不增，則蟬之類也，何謂人願之？龍之爲蟲，一存一亡，一短一長。龍之爲性也，變化斯須，輒復非常。由此言之，人，物也，受不變之形，不可變更，楊守敬曰：「形」上脱「性」字，「形」字屬下讀，與後文一例。年不可增減。

傳稱高宗有桑穀之異，悔過反政，享福百年，是虛也。傳言宋景公出三善言，熒惑卻三舍，延年二十一載，是又虛也。又言秦繆公有明德，上帝賜之十九年，是又虛也。稱赤松、王喬好道爲仙，度世不死，是又虛也。假令人生立形謂之甲，終老至死，常守甲形，如好道爲仙，未有使甲變爲乙者也。夫形不可變更，年不可減增。何則？形、氣、性，天也。形爲春，氣爲夏，人以氣爲壽，形隨氣而動。氣性不均，則於體不同。牛壽半馬，馬壽半人，然則牛馬之形與人異矣。稟牛馬之形，當自得牛馬之壽。牛馬之不變爲人，則年壽亦短於人。世稱高宗之徒，不言其身形變異，而徒言其增延年壽，故有信矣。

形之血氣也，宗祥案：「之」下疑脱「於」字或「含」字。猶囊之貯粟米也。一石囊之高大，亦適一石。如損益粟米，囊亦增減。人以氣爲壽，氣猶粟米，形猶囊也。增減其壽，亦當增減其身形，安得如故？如以人形與囊異，氣與粟米殊，更以苞瓜喻之。宗祥案：「苞」通「匏」，詩：「匏有苦葉。」周禮壺涿氏注作「苞」。苞瓜之汁，猶人之血也；其肌，猶肉也。試令人損益苞瓜之汁，令其形如故，耐爲之乎？宗祥案：禮記樂記注：「『耐』，古書『能』字也。」疏云：「古時以今『能』字爲三台之字，是古者以『耐』字爲今之『能』字，『能』字爲三『台』之字。後世以來，廢古『耐』字，以三『台』之『能』替，『耐』字之變而爲『能』也。又，更作三『台』之字，是今古變也。」是仲任書「能」多作「耐」，用古字也。人不耐損益苞瓜之汁，天安耐增減人之年？人年不可增減，高宗之徒，誰益之者，而云增加？如言高宗之徒，形體變易，其年亦增，乃可信也。今言年增，不言其體變，未可信也。何則？人稟氣於天，氣成而形立，則命相須以至終死。形不可變化，年亦不可增加。以何驗之？人生能行，死則僵仆，死則氣滅，宗祥案：「滅」，各本「減」，從宋本。形消而壞。禀生人形，不可得變，其年安可增？

人生至老身變者，髮與膚也。人少則髮黑，老則髮白，白久則黄。髮之變，形非變也。人少則膚白，老則膚黑，黑久則黯，若有垢矣。髮黄而膚爲垢，故禮曰：「黄耇無疆。」髮變異，故人老壽遲死，骨肉不可變更，壽極則死矣。五行之物，可變改者唯土也。埏以爲馬，變以爲人，是謂未入陶竈更火者也。如使成器入竈更火，牢堅不可復變。今人以爲天地所陶冶矣，宗祥案：「以」、「已」古通。形已成定，何可復更也？

圖仙人之形，體生毛，臂變爲翼，宗祥案：釋氏、耶蘇古畫皆有飛仙，可見人類思想相同。行於雲則年增矣，千歲不死。此虚圖也。世有虚語，亦有虚圖，假使之然，蟬娥之類，宗祥案：「娥」，亦當作「蛾」。非真正人也。海外三十五國，有毛民、羽民，羽則翼矣。毛羽之民，土形所出，非言爲道身生毛羽也。禹、益見西王母，不言有毛羽。不死之民，亦在外國，不言有毛羽。毛羽之民，不言不死；不死之民，不言毛羽。毛羽未可以效不死。宗祥案：效，考也。見廣雅釋言。仙人之有翼，安足以驗長壽乎？

率性篇

論人之性，定有善有惡。其善者，固自善矣。其惡者，故可教告率勉，宗祥案：中庸：「率性之謂道。」「率」訓「循」。仲任意亦相同。「率」，又可訓「使」、訓「勸」。使之爲善。凡人君父，審觀臣子之性，善則養育勸率，無令近惡；近惡則輔保禁防，令漸於善。善漸於惡，惡化於善，成爲性行。

召公戒成王曰：宗祥案：各本脱「王」字，從程刻。「今王初服厥命，於戲！若生子，罔不在厥初生。」「生子」謂十五子，初生意於善，宗祥案：禮學記鄭玄注：「太子十五歲入學。」終以善；初生意於惡，終以惡。詩曰：「彼姝者子，宗祥案：「姝，順貌。」詩干旄「彼姝者子」傳。何以與之？」傳言：「譬猶練絲，染之藍則青，染之丹則赤。」十五之子，其猶絲也。俞樾曰：按本性篇文與此同。毛傳無此説。所引傳必三家説也。其有所漸化爲善惡，猶藍丹之染練絲，使之爲青赤也。青赤一成，真色無異，是故楊子哭岐道，墨子哭練絲也。蓋傷離本，不可復變也。人之性善可變爲惡，惡可變爲善，猶此類也。蓬生麻間，不扶自直。白紗入緇，不練自黑。宗祥案：洪範正義引荀卿書曰：「白沙在涅。」褚少孫續三王世家云：「白沙在泥。」羣書治要引曾子制言篇云：「白沙在泥。」他若説苑、新序，均作「白沙」。仲任作「白紗」，當另有據。彼蓬之性不直，紗之質不黑，麻扶緇染，使之直黑。夫人之性猶蓬紗也，在所漸染，而善惡變矣。

王良、造父稱爲善御，不能使不良爲良也。宗祥案：「不能」之「不」字疑衍。如徒能御良，其不良者，不能馴服，此則駔工庸師，宗祥案：「駔，馬儈也。」見史記貨殖傳集解引徐廣。服馴技能何奇而世稱之？故曰：「王良登車，馬不罷駑；堯、舜爲政，民無狂愚。」傳曰：「堯舜之民，可比屋而封；桀、紂之民，宗祥案：二「民」字，御覽百九十八引論衡，又百八十一引新語，均作「人」。可比屋而誅。」「斯民也，三代所以直道而行也。」聖主之民如彼，惡主之民如此，竟在化，不在性也。聞伯夷之風者，貪夫廉而懦夫有立志；聞柳下惠之風者，薄夫敦而鄙夫寬。徒聞風名，猶或變節，況親接形面相教告乎？

孔門弟子七十之徒，皆任卿相之用，被服聖教，文才雕琢，知能十倍，教訓之功而漸漬之力也。未入孔子之門時，閭巷常庸無奇，其尤甚不率者，唯子路也。世稱子路無恒之庸人，未入孔門時，戴雞佩豚，勇猛無禮，聞誦讀之聲，搖雞奮豚，揚脣吻之音，聒聖賢之耳，惡至甚矣。孔子引而教之，漸漬磨礪，闓導牖進，宗祥案：「闓」即「啟」，通「開」。各本誤「闔」，誤「聞」，從宋本。猛氣消損，驕節屈折，卒能政事，序在四科。斯蓋變性使惡爲善之明效也。

夫肥沃墝埆，土地之本性也。肥而沃者性美，樹稼豐茂；墝而埆者性惡，深耕細鋤，厚加糞壤，勉致人功，以助地力，其樹稼與彼肥沃者相似類也。地之高下，亦如此焉。以钁鍤鑿地，以埤增下，宗祥案：「埤，增也。」見說文。則其下與高者齊，如復增鑊鍤，則夫下者不徒齊者也，反更爲高，而其高者反爲下。使人之性有善有惡，彼地有高有下，宗祥案：「彼」上疑脱「猶」字。勉致其教令之善，則將善者同之矣。善以化渥，釀其教令，變更爲善，善則且更宜反過於往善，猶下地增加鑊鍤，更崇於高地也。

「賜不受命，而貨殖焉。」賜本不受天之富命，所加貨財積聚，爲世富人者，得貨殖之術也。俞樾曰：何晏論語集解「不受命」有二説，一謂「賜不受教命，唯貨財是殖」；一謂「雖非天命而偶富」，其後一說，即本此也。夫得其術，雖不受命，猶自益饒富。性惡之人，亦不禀天善性，得聖人之教，志行變化。世稱利劍有千金之價，棠谿、魚腸之屬，龍泉、太阿之輩，其本鋌，山中之恒鐵也，冶工鍛鍊，成爲銛利，豈利劍之鍛與鍊乃異質哉？工良師巧，鍊一數至也。宗祥案：「一，道也」，見呂氏春秋論人注。試取東下直一金之劍，宗祥案：「東」疑「市」譌，或係地名。更熟鍛鍊，足其火，齊其銛，猶千金之劍也。夫鐵石天然，尚爲鍛鍊者變易故質，況人含五常之性，賢聖未之熟鍛鍊耳，奚患性之不善哉？古貴良醫者，能知篤劇之病所從生起，而以針藥治而已之。如徒知病之名而坐觀之，何以爲奇？夫人有不善，則乃性命之疾也，無其教治，而欲令變更，豈不難哉？

天道有真僞，真者固自與天相應，僞者人加知巧，亦與真者無以異也。何以驗之？禹貢曰「璆琳琅玕」者，此則土地所生真玉珠也。宗祥案：「圓澤爲珠。」見楚辭繆諫注，古者玉石圓者皆得稱珠，不徒蚌珠專名。仲任所以分敘也。然而道人消爍五石，宗祥案：「爍」，程刻作「礫」，誤。「五石」，抱朴子金丹篇曰：「五石者，丹砂、雄黃、白礬、曾青、慈石也。一石輒五轉而各成五色，五石而二十五色。」此五石蓋具紅、黃、白、青、黑五色，故以鍊五色之丹及玉。作五色之玉，比之真玉，光不殊别。兼魚蚌之珠，與禹貢璆琳皆真玉珠也。然而隨侯以藥作珠，宗祥案：「隨侯以藥作珠」，此亦仲任異説。精耀如真，道士之教至，知巧之意加也。陽遂取火於天，五月丙午日中之時，消鍊五石，鑄以爲器，磨礪生光，仰以嚮日，則火來至，比真取火之道也。宗祥案：御覽二十二引「遂」作「燧」，「磨礪」作「摩勵」，「比」作「此」。「比」爲「此」譌無疑。今妄以刀劍之鉤月，孫詒讓曰：「月」疑當爲「刃」。亂龍篇云「今妄取刀劍偃月之鉤」，「月」亦當作「刃」。馬融周禮注説削「爲偃曲卻刃」，見築氏賈疏。黄氏日抄所引已作「月」。摩拭朗白，仰以嚮日，亦得火焉。夫鉤月非陽遂也，所以耐取火者，摩拭之所致也。今夫性惡之人，使與性善者同類乎？可率勉之令其爲善，使之異類乎？亦可令與道人之所鑄玉、隨侯之所作珠、人之所摩刀劍鉤月焉，教導以學，漸漬以德，亦將日有仁義之操。

黄帝與炎帝争爲天子，教熊、羆、貔、虎以戰于阪泉之野，三戰得志，炎帝敗績。堯以天下讓舜，鯀爲諸侯，欲得三公而堯不聽，怒其猛獸，欲以爲亂，比獸之角可以爲城，舉尾以爲旌，奮心盛氣，阻戰爲彊。夫禽獸與人殊形，猶可命戰，況人同類乎！推此以論，百獸率舞，潭魚出聽，六馬仰秣，不復疑矣。異類以殊爲同，同類以鈞爲異，所由不在於物，在於人也。

凡含血氣者，教之所以異化也。三苗之民，或賢或不肖，堯、舜齊之，恩教加也。楚、越之人，處莊、嶽之間，經歷歲月，變爲舒緩，風俗移也。故曰：「齊舒緩，秦慢易，楚促急，燕戇投。」以莊、嶽言之，四國之民，更相出入，宗祥案：意林作：「齊人舒緩，秦人慢易，楚人促急，燕人戇敢，四國之命，更相出入。」「投」，作「敢」，是。以字形相近而譌。漢書地理志曰：燕俗愚悍，敢於急人。亦可證。「民」，誤「命」。久居單處，性必變易。夫性惡者心比木石，木石猶爲人用，況非木石。在君子之迹，庶幾可見。

有癡狂之疾，歌啼於路，不曉東西，不睹燥溼，不覺疾病，不知饑飽，性已毀傷，不可如何。前無所觀，卻無所畏也。是故王法不廢學校之官，不除獄理之吏，欲令凡衆見禮義之教。學校勉其前，法禁防其後，使丹朱之志，亦將可勉。何以驗之？三軍之士，非能制也，勇將率勉，視死如歸。且闔廬嘗試其士於五湖之側，皆加刃於肩，血流至地。句踐亦試其士於寢宮之庭，赴火死者，不可勝數。夫刃、火，非人性之所貪也，二主激率，念不顧生。是故軍之法，輕刺血。孟賁勇也，聞軍令懼。是故叔孫通制定禮儀，拔劍爭功之臣，奉禮拜伏。初驕倨而後遜順，教威德變易性也。不患性惡，患其不服聖教，自遇而以生禍也。宗祥案：「遇，遻也。」見爾雅釋詁。

豆麥之種，與稻粱殊，宗祥案：「粱」，各本誤「梁」，從宋本。然食能去饑。小人君子，稟性異類乎？譬諸五穀皆爲用，實不異而效殊者，稟氣有厚泊，故性有善惡也。殘則受不仁之氣泊，而怒則稟勇渥也。仁泊則戾而少慈，宗祥案：「慈」，通津、程刻「愈」，從宋、元。勇渥則猛而無義，而又和氣不足，喜怒失時，計慮輕愚。妄行之人，罪故爲惡。楊守敬曰：「罪」疑「非」訛。「故」、「固」，同。人受五常，含五臟，皆具於身。稟之泊少，故其操行不及善人，猶或厚或泊也。楊守敬曰：「猶」疑「酒」誤。或脱「酒」字。非厚與泊殊其釀也，麴蘖多少使之然也。宗祥案：「蘖」，各本「孽」，從顧本。是故酒之泊厚，同一麴蘖；人之善惡，共一元氣。氣有多少，宗祥案：程刻「少多」，從宋、元。故性有賢愚。西門豹急，佩韋以自緩；董安于緩，帶弦以自促。急之與緩，俱失中和，然而韋弦附身，咸爲完具之人。宗祥案：「咸」，通津、程刻「成」，從宋、元。能納韋弦之教，補接不足，則豹、安于之名可得參也。貧劣宅屋不具，牆壁宇達，宗祥案：尸子曰：「天地四方曰宇。」此言四方洞達也。人指訾之。如財貨富愈，宗祥案：「愈」，「益也」。見小爾雅廣詁。起屋築牆，以自蔽鄣，爲之具宅，人弗復非。

魏之行田百畝，鄴獨二百，西門豹灌以漳水，成爲膏腴，則畝收一鍾。夫人之質猶鄴田，道教猶漳水也。患不能化，不患人性之難率也。雒陽城中之道無水，水工激上洛中之水，日夜馳流，水工之功也。由此言之，迫近君子，而仁義之道數加於身。孟母之徙宅，蓋得其驗。

人間之水污濁，在野外者清潔。俱爲一水，源從天涯，或濁或清，所在之勢使之然也。南越王趙佗，本漢賢人也，化南夷之俗，背畔王制，椎髻箕坐，好之若性。陸賈說以漢德，懼以聖威，蹶然起坐，心覺改悔，奉制稱蕃。宗祥案：「蕃國，謂九州之外夷服、鎮服、蕃服。」見周禮「巾車以封蕃國」注。其於椎髻箕坐也，惡之若性。前則若彼，後則若此。由此言之，亦在於教，不獨在性也。

吉驗篇

凡人禀貴命於天，必有吉驗見於地。見於地，故有天命也。驗見非一，或以人物，或以禎祥，或以光氣。

傳言：黄帝姙二十月而生，生而神靈，弱而能言，長大率諸侯，諸侯歸之；教熊、羆戰，以伐炎帝，炎帝敗績。性與人異，故在母之身，留多十月；命當爲帝，故能教物，物爲之使。

堯體就之如日，望之若雲。洪水滔天，蛇龍爲害，堯使禹治水，驅蛇龍，水治東流，蛇龍潛處。有殊奇之骨，故有詭異之驗；有神靈之命，故有驗物之效。天命當貴，故從唐侯入嗣帝后之位。

舜未逢堯，鰥在側陋，瞽瞍與象，謀欲殺之：使之完廩，火燔其下；令之浚井，土掩其上。舜得下廩，不被火災；穿井旁出，不觸土害。原注：一有「故」字。堯聞徵用，試之於職，官治職修，事無廢亂。使入大麓之野，虎狼不搏，蝮蛇不噬；逢烈風疾雨，行不迷惑。夫人欲殺之，不能害之，毒螫之野，禽蟲不能傷，卒受帝命，踐天子祚。宗祥案：仲任敍舜完廩、浚井事在徵用之前，史記從孟子，在二女歸舜之後，略有異。「瞍」，史記作「叟」。

后稷之時，宗祥案：御覽三百六十引「時」作「母」。楊守敬曰：「時」疑「母」之訛，古「時」作「旹」。履大人跡，或言衣帝嚳之服，坐息帝嚳之處，妊身。怪而棄之隘巷，牛馬不敢踐之；寘之冰上，鳥以翼覆之，慶集其身。母知其神怪，乃收養之。長大佐堯，位至司馬。宗祥案：棄爲后稷，母姜原，爲帝嚳元妃。棄佐舜司稷。此云司馬，亦古有此説也。

烏孫王號昆莫，匈奴攻殺其父，而昆莫生，棄於野，烏銜肉往食之。單于怪之，以爲神而收長。及壯，使兵，數有功。單于乃復以其父之民予昆莫，命令長守於西城。宗祥案：「命」字當衍。夫后稷不當棄，故牛馬不踐，鳥以羽翼覆愛其身。昆莫不當死，故烏銜肉就而食之。

北夷橐離國王侍婢有娠，王欲殺之。婢對曰：「有氣大如雞子，從天而下，我故有娠。」後產子，捐於豬溷中，豬以口氣噓之，不死；復徙置馬欄中，欲使馬藉殺之，馬復以口氣噓之，不死。王疑以爲天子，令其母收取奴畜之，名東明，令牧牛馬。東明善射，王恐奪其國也，欲殺之。東明走，南至掩淲水，以弓擊水，魚鱉浮爲橋，東明得渡。魚鱉解散，宗祥案：御覽七十三引作：「高離國侍婢有氣如雞子，來下之，有娠，生子名東明。東明善射，王恐其害國，欲殺之。東明走至掩水，以弓擊水，魚鱉爲梁，既渡而魚鱉解散。」此書作「橐離」，「橐」字誤，後漢書東夷傳又誤作「索」，惟三國魏志夫餘傳作「槀」，不誤。掩淲水，御覽脱「淲」字，後漢書作「掩㴲水」，「淲」爲誤字。追兵不得渡，因都王夫餘。故北夷有夫餘國焉。東明之母初妊時，見氣從天下，及生，棄之，豬馬以氣吁之而生之，長大，王欲殺之，以弓擊水，魚鼈爲橋。天命不當死，故有猪馬之救；命當都王夫餘，故有魚鼈爲橋之助也。

伊尹且生之時，其母夢人謂己曰：「臼出水，疾東走，母顧。」楊守敬曰：「母」當作「毋」。明旦，視臼出水，即東走十里，顧其鄉皆爲水矣。伊尹命不當没，故其母感夢而走。推此以論，歷陽之都，其策命若伊尹之類，必有先時感動在他地之效。

齊襄公之難，桓公爲公子，與子糾争立。管仲輔子糾，鮑叔佐桓公。管仲與桓公争，引弓射之，中其帶鉤。夫人身長七尺，帶約其要，鉤挂於帶，在身所掩不過一寸之内，既微小難中，又滑澤銛靡，鋒刃中鉤者，莫不蹉跌。管仲射之，正中其鉤中，矢觸因落，不跌中旁肉。命當富貴，有神靈之助，故有射鉤不中之驗。

楚共王有五子：子招、子圉、宗祥案：左昭公元年傳作「子圍」，史記楚世家同。「圉」爲「圍」字之譌。子干、宗祥案：「干」，程刻誤「千」，從元本。子比字也。子皙、棄疾。五人皆有寵，共王無適立，乃望祭山川，請神決之。乃與巴姬埋璧於太室之庭，令五子齊而入拜。康王跨之，子圉肘加焉，子干、子皙皆遠之，棄疾弱，抱而入，再拜皆壓紐。故共王死，招爲康王，至子失之；圉爲靈王，及身而弑；子干爲王，十有餘日；子皙不立，又俱誅死，宗祥案：「俱」，通津「惧」，程刻「懼」，均誤。從宋、元。皆絶無後。棄疾後立，竟續楚祀，如其神符。其王日之長短，與拜去璧遠近相應也。大璧在地中，五子不知，相隨入拜，遠近不同，壓紐若神將教跽之矣。孫詒讓曰：「跽」當作「誋」，說文言部云：「誋，誡也。」宗祥案：作「跽」亦通，言神教跽於璧上也。

晉屠岸賈作難，誅趙盾之子。朔死，其妻有遺腹子。及岸賈聞之，索於宮，母置兒於袴中，祝曰：「趙氏宗滅乎？若當啼；即不滅，若無聲。」及索之而終不啼，遂脫得活。程嬰齊負之，宗祥案：「齊」字疑衍，史記作「程嬰負之」。匿於山中。至景公時，韓厥言於景公，景公乃與韓厥共立趙孤，續趙氏祀，是爲文子。當趙孤之無聲，若有掩其口者矣。由此言之，趙文子立，命也。

高皇帝母曰劉媪，嘗息大澤之陂，夢與神遇。是時，雷電晦冥，蛟龍在上。及生而有美質。宗祥案：通津、程刻無「質」字。注云：一有「質」字。從宋、元。性好用酒，嘗從王媪、武負貰酒，宗祥案：「俗謂老大母爲阿負。」見漢書高帝紀注引如淳。飲醉止臥，媪、負見其身常有神怪。每留飲醉，酒售數倍。後行澤中，手斬大蛇，一嫗當道而哭宗祥案：宋本「泣」。云：「赤帝子殺吾子。」此驗既著聞矣。秦始皇帝常曰：「東南有天子氣。」於是東遊以厭當之。高祖之起也，宗祥案：「起」，各本「氣」，從宋本。與呂后隱於芒、碭山澤間。呂后與人求之，見其上常有氣直起，往求，輒得其處。後與項羽約：先入秦關，王之。高祖先至，項羽怨恨。范增曰：「吾令人望其氣。氣皆爲龍，成五采。此皆天子之氣也。急擊之。」高祖往謝項羽。羽與亞父謀殺高祖，使項莊拔劍起舞。項伯知之，因與項莊俱起。每劍加高祖之上者，宗祥案：「者」，各本「項」，屬下讀，從宋本。伯輒以身覆高祖之身，劍遂不得下，殺勢不得成。會有張良、樊噲之救，卒得免脱，遂王天下。初妊身，有蛟龍之神；既生，酒舍見雲氣之怪；夜行斬虵，虵嫗悲哭；始皇、呂后望見光氣；項羽謀殺，項伯爲蔽，謀遂不成，遭得良、噲：蓋富貴之驗，氣見而物應，人助輔援也。

竇太后弟名曰廣國，年四五歲，家貧，爲人所掠賣，其家不知其所在。傳賣十餘家，至宜陽，爲其主人入山作炭，暮寒卧炭下。百餘人炭崩盡壓死，廣國獨得脱。自卜數日當爲侯，從其家之長安，聞竇皇后新立，家在清河觀津，乃上書自陳。竇太后言於景帝，召見問其故，果是，乃厚賜之。文帝立，拜廣國爲章武侯。夫積炭崩，百餘人皆死，廣國獨脱，命當富貴，非徒得活，又封爲侯。

虞子大，陳留東莞人也。孫詒讓曰：後漢書云：「虞延，字子大，陳留東昏人也。」蔡中郎集陳留索昏庫上里社銘云：「永平之世，虞延子大。（今本挩「大」字。據羅以智蔡集舉正補。）爲太尉司徒。」續漢書郡國志，東昏屬陳留郡；東莞屬琅邪國。此云「東莞」，誤也，當據范書及蔡集訂正。其生時以夜，適免母身，母見其上若一疋練狀，經上天。明以問人，人皆曰：「吉、貴，氣與天通。」長大仕宦，位至司徒公。宗祥案：御覽十三引云：「陳留虞延字君人，夜生。母見其上氣如一疋絹，徑上天。以問人，人曰：『吉，氣與天通。』後仕至司徒。」

廣文伯，河東蒲坂人也。其生亦以夜半時，適生，有人從門呼其父名。父出應之，不見人，有一木杖，植其門側，好善異於衆。其父持杖入門以示人，人占曰：「吉。」文伯長大學宦，位至廣漢太守。文伯當富貴，故父得賜杖。其占者若曰：「杖當子力矣。」

光武帝，建平元年十二月甲子生於濟陽宮後殿第二内中。皇考爲濟陽令。時夜無火，室内自明。皇考怪之，即召功曹吏充蘭，使出問卜工。蘭與馬下卒蘇永俱之卜王長孫所。長孫卜，謂永、蘭曰：宗祥案：「永」，程刻「充」，誤。「此吉事也，毋多言。」是歲，有禾生景天備火中，孫詒讓曰：骨相篇亦説此事，「功曹史」作「功曹吏」。攷續漢書百官志云：「郡有功曹史，主選署功勞。縣邑諸曹，略如郡員。」則當作「功曹史」。二篇文互有舛誤。又「馬下卒」，骨相篇作「軍下卒」，未知孰是。蔡邕光武濟陽宮碑云：「使卜者王長卜之。」後漢書光武紀論同，皆無「孫」字。「景天備火中」，字有挩誤。漢書作「是歲，縣界有嘉禾生」。「景天」，疑即「界内」二字之誤。宗祥案：「王長孫」，東漢記及後漢書、宋書符瑞志皆作「王長」，無「孫」字，是「孫」爲衍文。符瑞志又云：「嘉禾生産屋景天中。」明言「産屋」，則非「界内」之誤。「景天」，俗名慎火草，云植之辟火。見本草。蓋植此草屋中，而嘉禾即生其中也。又，此爲初稟篇文，云骨相者，仲容先生誤記也。三本一莖九穗，長於禾一二尺，蓋嘉禾也。元帝之初，有鳳凰下濟陽宮，原注：一有「訖」字。故今濟陽宮有鳳凰廬。始與李父等俱起，到柴界中，宗祥案：後漢書光武紀，「李父」當爲李通、李軼兄弟。「父」或「公」字之訛，蓋通、軼與光武俱起也。「柴界」，未詳。遇賊兵，惶惑走濟陽舊廬。比到，見光若火，正赤，在舊廬道南，光耀憧憧上屬天，宗祥案：「憧憧」，往來不絶皃。見易咸釋文引王肅注。有頃，不見。王莽時，謁者蘇伯阿能望氣，使過舂陵，宗祥案：「舂」，通津、程刻誤「春」，從宋、元。城郭鬱鬱葱葱。及光武到河北，與伯阿見，問曰：「卿前過舂陵，何用知其氣佳也？」伯阿對曰：「見其鬱鬱葱葱耳。」蓋天命當興，聖王當出，前後氣驗，照察明著。

繼體守文，因據前基，稟天光氣，驗不足言。創業龍興，由微賤起於顛沛，若高祖、光武者，曷嘗無天人神怪光顯之驗乎！

論衡卷第三

漢　會稽王充著

海寧張宗祥校注

偶會篇

命，吉凶之主也，自然之道，適偶之數，非有他氣旁物厭勝感動使之然也。世謂子胥伏劍，屈原自沉，子蘭、宰嚭誣讒，吴、楚之君冤殺之也。偶二子命當絶，子蘭、宰嚭適爲讒，而懷王、夫差適信姦也。君適不明，臣適爲讒，二子之命，偶自不長。二偶三合，似若有之。其實自然，非他爲也。夏、殷之朝適窮，桀、紂之惡適稔；商、周之數適起，湯、武之德適豐。關龍逢殺，箕子、比干囚死，當桀、紂惡盛之時，亦二子命訖之期也。任伊尹之言，納吕望之議，湯、武且興之會，亦二臣當用之際也。人臣命有吉凶，賢不肖之主與之相逢。文王時當昌，吕望命當貴；高宗治當平，傅説德當遂。非文王、高宗爲二臣生，吕望、傅説爲兩君出也，君明臣賢，光曜相察，上修下治，度數相得。

顔淵死，子曰：「天喪予！」子路死，子曰：「天祝予！」宗祥案：「祝，斷也。」見公羊哀十四年傳注。孔子自傷之辭，非實然之道也。孔子命不王，二子壽不長也。不王不長，所禀不同，度數並放，宗祥案：「放」，效也。見書堯典疏。適相應也。

二龍之祅當效，宗祥案：「祅」，説文本作「䄏」，「天反時爲災，地反物爲䄏」。「效」，見也。見史記天官書正義。周厲適闓櫝；褒姒當喪周國，幽王禀性偶惡。非二龍使厲王發孽，褒姒令幽王愚惑也。遭逢會遇，自相得也。

僮謡之語當驗，鬭雞之變適生；鸜鵒之占當應，魯昭之惡適成。非僮謡致鬭競，鸜鵒招君惡也。期數自至，人行偶合也。

堯命當禪舜，丹朱爲無道；虞統當傳夏，商均行不軌。非舜、禹當得天下，能使二子惡也，美惡是非，適相逢也。

火星與昴星出入，昴星低時火星出，昴星見時火星伏。非火之性厭服昴也，時偶不並，度轉乖也。

正月建寅，斗魁破申。非寅建使申破也，轉運之衡，偶自應也。

父殁而子嗣，姑死而婦代。非子婦代代使父姑終殁也，老少年次，自相承也。

世謂秋氣擊殺穀草，穀草不任凋傷而死。此言失實。夫物以春生夏長，宗祥案：御覽二十五引「長」作「榮」字。秋而熟老，適自枯死，陰氣適盛，與之會遇。何以驗之？物有秋不死者，生性未極也。人生百歲而終，物生一歲而死。死謂陰氣殺之，人終觸何氣而亡？論者猶或謂鬼喪之。夫人終鬼來，物死寒至，皆適遭也。人終見鬼，或見鬼而不死；物死觸寒，或觸寒而不枯。

壞屋所壓，崩崖所墜，非屋精崖氣殺此人也，屋老崖沮，命凶之人，遭屋適履。宗祥案：「屋」，即「居」俗字。

月毁於天，螺消於淵。風從虎，雲從龍。同類通氣，性相感動。

若夫物事相遭，吉凶同時，偶適相遇，非氣感也。殺人者罪至大辟。殺者，罪當重；死者，命當盡也。故害氣下降，囚命先中；聖王德施，厚禄先逢。是故德令降於殿堂，命長之囚，出於牢中。天非爲囚未當死，使聖王出德令也，聖王適下赦，拘囚適當免死，猶人以夜卧晝起矣。夜月光盡，宗祥案：「月」當作「日」。不可以作，人力亦倦，欲一休息；晝日光明，人卧亦覺，力亦復足。非天以日作之，以夜息之也，作與日相應，息與夜相得也。

雁鵠集於會稽，去避碣石之寒，來遭民田之畢，宗祥案：「畢，終也。」見書大誥疏。此言田事已告終也，非畢之、羅之之畢。蹈履民田，喙食草糧。宗祥案：「喙」當作「啄」，形近致訛，孫校同。糧盡食索，春雨適作，避熱北去，復之碣石。象耕靈陵，孫詒讓曰：「靈」、「零」字通，史記五帝本紀集解引皇覽云：「舜冢在零陵營浦縣。傳曰：『舜葬蒼梧，象爲之耕。』」亦如此焉。傳曰：「舜葬蒼梧，象爲之耕；禹葬會稽，鳥爲之佃。」失事之實，虛妄之言也。

丈夫有短壽之相，娶必得早寡之妻；早寡之妻，嫁亦遇夭折之夫也。世曰：「男女早死者，夫賊妻，妻害夫。」非相賊害，命自然也。使火燃，以水沃之，可謂水賊火。火適自滅，水適自覆，兩名各自敗，宗祥案：「名」疑衍文，與「各」字形近致衍。不爲相賊。今男女之早夭，非水沃火之比，適自滅覆之類也。賊父之子，妨兄之弟，與此同召。同宅而處，氣相加凌，羸瘠消單，宗祥案：單，通殫，「盡也」，見詩天保「俾爾單厚」箋。至於死亡，何謂相賊？宗祥案：「何」，疑作「可」。或客死千里之外，兵燒厭溺，氣不相犯，相賊如何？王莽姑姊正君，許嫁二夫。二夫死，當適趙而王薨。氣未相加，遙賊三家，何其痛也。黃公取鄰巫之女，孫詒讓曰：「黃公」當作「黃次公」，漢書循吏傳：「黃霸，字次公。」下文及骨相篇並不挩。卜謂女相貴，故次公位至丞相。其實不然。次公當貴，行與女會；女亦自尊，故入次公門。偶適然自相遭遇，時也。宗祥案：意林引作：「張次公，娶鄰巫女，卜工曰：『女相當貴。』公後位至丞相。乃是次公亦貴，遂與女相合也。」無禄之人，商而無盈，農而無播。宗祥案：此言雖力農，或遇災，不能播種也。非其性賊貨，而命妨槃也，宗祥案：「槃」即「穀」字，篆文作「𣪘」，故漢人多作「槃」。金匱要略臟腑經絡先後病脉證第一曰：「槃飪之邪，從口入者，宿食也。」亦即「穀」字。命貧，居無利之貨；禄惡，殖不滋之槃也。世謂宅有吉凶，徙有歲月。實事則不然，天道難知。假令有命凶之人，當衰之家，治宅遭得不吉之地，移徙適觸歲月之忌，一家犯忌，口以十數，坐而死者，必禄衰命泊之人也。宗祥案：意林引作：「世謂宅有吉凶，徙有歲月，余謂天道難知。假令有觸犯者，命凶之人也。」

推此以論，仕宦進退遷徙，可復見也。時適當退，君用讒口；時適當起，賢人薦己。故仕且得官也，君子輔善；且失位也，小人毀奇。公伯寮愬子路於季孫，孔子稱命；魯人臧倉讒孟子於平公，孟子言天。道未當行，與讒相遇；天未與己，惡人用口。故孔子稱命，不怨公伯寮；孟子言天，不尤臧倉，誠知時命當自然也。

推此以論，人君治道功化，可復言也。命當貴，時適平；期當亂，禄遭衰。治亂成敗之時，與人興衰吉凶，適相遭遇。

因此論聖賢迭起，猶此類也。聖主龍興於倉卒，良輔超拔於際會。世謂韓信、張良輔助漢王，故秦滅漢興，高祖得王。夫高祖命當自王，信、良之輩，時當自興，兩相遭遇，若故相求。是故高祖起於豐、沛，豐、沛子弟相多富貴，非天以子弟助高祖也，命相小大適相應也。趙簡子廢太子伯魯，立庶子無恤。無恤遭賢，命亦當君趙也。世謂伯魯不肖，不如無恤。伯魯命當賤，知慮多泯亂也。韓生仕至太傅，世謂賴倪寬，實謂不然。太傅當貴，遭與倪寬遇也。趙武藏於袴中，終日不啼，非或掩其口，閼其聲也，命時當生，睡卧遭出也。故軍功之侯，必斬兵死之頭；富家之商，必奪貧室之財。削土免侯，宗祥案：「土」，程刻誤「上」，從宋、元。罷退令相，宗祥案：「退令」二字疑倒。罪法明白，禄秩適極。故厲氣所中，必加命短之人；凶歲所著，宗祥案：「著」，宋、元作「苦」。必饑虚耗之家矣。

骨相篇

人曰命難知。命甚易知，知之何用？用之骨體。人命禀於天，則有表候於體。察表候以知命，猶察斗斛以知容矣。表候者，骨法之謂也。

傳言黄帝龍顏，顓頊戴午，孫詒讓曰：後講瑞篇及白虎通義聖人篇文並同。盧文弨校白虎通改「午」爲「干」，云：「乾鑿度云：『泰表戴干。』宋書符瑞志：『首戴干戈。』」即此。按盧説是也。鄭注乾鑿度云：「干，楯也。」明不當作「戴午」。此「午」亦「干」之誤。路史史皇紀注引春秋演孔圖云：「顓頊戴干。」字不誤。初學記帝王部引春秋元命苞又云：「帝嚳戴干。」並可證此及白虎通之誤。帝嚳駢齒，堯眉八采，舜目重瞳，禹耳三漏，湯臂再肘，文王四乳，武王望陽，周公背僂，皐陶馬口，孔子反羽。宗祥案：下講瑞篇作「反宇」，與白虎通同，牟子理惑論作「仲尼反頨」，史記作「圩頂」，以「禱於尼山而生孔子」之文證之，作「宇」爲是。斯十二聖者，皆在帝王之位，或輔主憂世，世所共聞，儒所共説，在經傳者，較著可信。

若夫短書俗記，竹帛胤文，宗祥案：「胤，亦曲也。」見文選長笛賦「詳觀夫曲胤之繁會叢雜」注。非儒者所見，衆多非一。蒼頡四目，爲黄帝史。宗祥案：御覽三百六十三引作：「蒼頡四目而佐帝。」晉公子重耳仳脇，宗祥案：「仳」，「醜也」，見廣雅釋詁二。此當借作「駢」，御覽正作「駢」。爲諸侯霸。蘇秦骨鼻，爲六國相。張儀仳脇，亦相秦魏。宗祥案：御覽三百六十三引作：「張儀仳脇相秦、魏。」又三百七十一引作：「張儀騈脅，卒相秦、魏。項羽重瞳，云虞舜之後，與高祖分王天下。陳平貧而飲食不足，貌體佼好，而衆人怪之，曰：「平何食而肥？」及韓信爲滕公所鑒，免於鈇質，亦以面狀有異。面狀肥佼，亦一相也。

高祖隆準、龍顔、美鬚，左股有七十二黑子。單父呂公善相，見高祖狀貌，奇之。因以其女妻高祖，呂后是也。卒生孝惠王、魯元公主。高祖爲泗上亭長，當去歸之田，與呂后及兩子居田。有一老公過，請飲，因相呂后，曰：「夫人，天下貴人也。」令相兩子，見孝惠，曰：「夫人所以貴者，乃此男也。」相魯元，曰：「皆貴。」老公去，高祖從外來，呂后言於高祖。高祖追及老公，止使自相。老公曰：「鄉者夫人嬰兒相皆似君，君相貴不可言也。」後高祖得天下，如老公言。推此以況，一室之人，皆有富貴之相矣。類同氣鈞，性體法相固自相似。異氣殊類，亦兩相遇。富貴之男，娶得富貴之妻，女亦得富貴之男。

夫二相不鈞而相遇，則有立死，若未相遇，有豫亡之禍也。王莽姑正君許嫁，至期當行時，夫輒死。如此者再，乃獻之趙王。宗祥案：事見漢書元后傳，「正」作「政」，古通；「趙王」作「東平王」，與此異。趙王未取，又薨。清河南宮大有與正君父穉君善者宗祥案：「穉」，漢書作「稚」，王禁字也。遇，相君曰：宗祥案：「遇」、「偶」義通，已見上。「君」上脱「正」字。「貴爲天下母。」是時，宣帝世，元帝爲太子。穉君乃因魏郡都尉納之太子，太子幸之，生子君上。宗祥案：元后傳曰：「甘露三年，生成帝於甲館畫堂，爲世適皇孫。宣帝愛之，自名之曰驁，字太孫。」此云君上，可補史之缺文。宣帝崩，太子立，正君爲皇后，君上爲太子。元帝崩，太子立，是爲成帝，正君爲皇太后，竟爲天下母。夫正君之相，當爲天下母，而前所許二家及趙王爲無天下父之相，故未行而二夫死，趙王薨。是則二夫、趙王無帝王大命，而正君不當與三家相遇之驗也。

丞相黄次公故爲陽夏游徼，與善相者同車俱行，見一婦人，年十七八，相者指之曰：「此婦人當大富貴，爲封侯者夫人。」次公止車，審視之。相者曰：「令此婦人不富貴，宗祥案：「令」，各本「今」，從宋本。卜書不用也。」宗祥案：「卜」，漢書「相」，是。次公問之，乃其旁里人巫家子也，即娶以爲妻。其後次公果大富貴，位至丞相，封爲列侯。夫次公富貴，婦人當配之，故果相遇，遂俱富貴。使次公命賤，不得婦人爲偶，不宜爲夫婦之時，則有二夫、趙王之禍。

夫舉家皆有富貴之命，宗祥案：各本無「有」字，從宋本。然後乃任富貴之事。骨法形體有不應者，則必别離死亡，不得久享介福。故富貴之家，役使奴僮，育養牛馬，必有與衆不同者矣。僮奴則有不死亡之相，牛馬則有數字乳之性，田則有種孳速熟之穀，商則有居善疾售之貨。是故知命之人，見富貴於貧賤，睹貧賤於富貴。案骨節之法，察皮膚之理，以審人之性命，無不應者。

趙簡子使姑布子卿相諸子，莫吉，至翟婢之子無恤而以爲貴。無恤最賢，又有貴相，簡子後廢太子而立無恤，卒爲諸侯，襄子是矣。

相工相黥布，當先刑而乃王，宗祥案：「乃」，意林引作「後」。後竟被刑乃封王。

衛青父鄭季與楊信公主家僮衛媼通，孫詒讓曰：「楊」，漢書本傳作「陽」，字通。生青，在建章宫時，鉗徒相之曰：「貴至封侯。」青曰：「人奴之道，得不笞罵足矣，安敢望封侯？」其（侯）〔後〕青爲軍吏，戰數有功，超封增官，遂爲大將軍，封爲萬户侯。

周亞夫未封侯之時，許負相之曰：「君後三歲而入將相。宗祥案：史記、漢書均作：「後三歲而侯，侯八歲爲將相。」此疑有脱。持原注：一有「重」字。國秉，貴重矣，於人臣無兩。其後九歲而君餓死。」亞夫笑曰：「臣之兄已代侯矣，有如父卒，子當代，亞夫何説侯乎？然既已貴如負言，又何説餓死？指示我！」許負指其口，有縱理入口，曰：「此餓死法也。」居三歲，其兄絳侯勝有罪，文帝擇絳侯子賢者，推亞夫，廼封條侯，續絳侯後。文帝之後六年，匈奴入邊，乃以亞夫爲將軍。至景帝之時，亞夫爲丞相，後以疾免。其子爲亞夫買工官尚方甲盾五百被可以爲葬者，取庸苦之，不與錢。庸知其盗買官器，宗祥案：史記、漢書作「買縣官器」。怨而上告其子。景帝下吏責問，因不食五日，嘔血而死。

當鄧通之幸文帝也，貴在公卿之上，賞賜億萬，與上齊體。相工相之曰：「當貧賤餓死。」文帝崩，景帝立，通有盗鑄錢之罪。景帝考驗，通亡，寄死人家，不名一錢。

韓太傅爲諸生時，原注：一有「日之」兩字。借相工五十錢，與之俱入璧雍之中，相璧雍弟子誰當貴者。相工指倪寬曰：「彼生當貴，秩至三公。」韓生謝遣相工，通刺倪寬，結膠漆之交，盡筋力之敬，徙舍從寬，深自附納之。寬嘗甚病，韓生養視如僕狀，恩深踰於骨肉。後名聞於天下，倪寬位至御史大夫，州郡丞旨，宗祥案：「丞者，承也。」見漢書百官公卿表上集注引應劭。「名聞於天下」五字，若移於下文「舉在本朝」下，文義尤順。召請擢用，舉在本朝，遂至太傅。

夫鉗徒、許負及相鄧通、倪寬之工，可謂知命之工矣。故知命之工，察骨體之證，睹富貴貧賤，猶人見盤盂之器，知所設用也。善器必用貴人，惡器必施賤者；尊鼎不在陪厠之側，匏瓜不在堂殿之上，明矣。富貴之骨，不遇貧賤之苦；貧賤之相，不遭富貴之樂，亦猶此也。器之盛物，有斗石之量，猶人爵有高下之差也。器過其量，物溢棄遺；爵過其差，死亡不存。論命者如比之於器，以察骨體之法，則命在於身形定矣。

非徒富貴貧賤有骨體也，而操行清濁，亦有法理。貴賤貧富，命也。操行清濁，性也。非徒命有骨法，性亦有骨法。惟知命有明相，莫知性有骨法，此見命之表證，不見性之符驗也。

范蠡去越，自齊遺大夫種書曰：「飛鳥盡，良弓藏，狡兔死，走犬烹。越王爲人，長頸鳥喙，可與共患難，不可與共榮樂。子何不去？」大夫種不能去，稱病不朝，賜劍而死。

大梁人尉繚説秦始皇以并天下之計，始皇從其册，宗祥案：「册」，通「策」。書金縢：「公歸乃納册于金縢之匱中。」史記魯周公世家作「策」。與之亢禮，衣服飲食與之齊同。繚曰：「秦王爲人，隆準長目，鷙膺豺聲，少恩，虎視狼心，居約易以下人，得志亦輕視人。我布衣也，然見我常身自下我。誠使秦王須得志，宗祥案：「須，須臾也。」見荀子王制注。天下皆爲虜矣，不可與交游。」乃亡去。故范蠡、尉繚見性行之證，而以定處來事之實。實有其效，如其法相。由此言之，性命繫於形體明矣。

以尺書所載，世所共見，准況古今，不聞者必衆多非一，皆有其實。稟氣於天，立形於地，察在地之形，以知在天之命，莫不得其實也。

有傳孔子相澹臺子羽、唐舉占蔡澤不驗之文，此失之不審，何隱匿微妙之表也？相或在內，或在外，或在形體，或在聲氣。察外者遺其內，在形體者亡其聲氣。孔子適鄭，與弟子相失。孔子獨立鄭東門。鄭人或問子貢曰：「東門有人，其頭似堯，其項若皋陶，肩類子產，然自腰以下，不及禹三寸，儽儽若喪家之狗。」子貢以告孔子。孔子欣然笑曰：「形狀未也。如喪家狗，然哉！然哉！」夫孔子之相，鄭人失其實。鄭人不明，法術淺也。孔子之失子羽，唐舉惑於蔡澤，猶鄭人相孔子，不能具見形狀之實也。以貌取人，失於子羽；以言取人，失於宰予也。

初稟篇

人生性命當富貴者，初稟自然之氣，養育長大，富貴之命效矣。文王得赤雀，武王得白魚、赤烏。儒者論之，以爲雀則文王受命，魚烏則武王受命。文、武受命於天，天用雀與魚烏命授之也。天用赤雀命文王，文王不受，天復用魚烏命武王也。

若此者，謂本無命於天，修己行善，善行聞天，天乃授以帝王之命也。故雀與魚烏，天使爲王之命也，王所奉以行誅者也。如實論之，非命也。命謂初所稟得而生也。人生受性則受命矣。性命俱稟，同時並得，非先稟性後乃受命也。何以明之？

棄事堯爲司馬，居稷官，故爲后稷。曾孫公劉居邰，後徙居邠。後孫古公亶甫三子，太伯、仲雍、季歷。季歷生文王昌。昌在襁褓之中，聖瑞見矣。故古公曰：「我世當有興者，其在昌乎！」於是太伯知之，乃辭之吴，文身斷髮，以讓王季。文王受命，謂此時也，天命在人本矣，太王古公見之早也。

此猶爲未，宗祥案：「未」，疑當作「末」。文王在母身之中，已受命也。王者一受命，内以爲性，外以爲體。體者，面輔骨法，生而稟之。吏秩百石以上，王侯以下，郎將大夫，以至元士，外及刺史太守，居禄秩之吏，禀富貴之命，生而有表見於面。故許負、姑布子卿輒見其驗。仕者隨秩遷轉，遷轉之人，或至公卿，命禄尊貴，位望高大。王者尊貴之率，高大之最也。生有高大之命，其時身有尊貴之奇，古公知之，見四乳之怪也。夫四乳，聖人證也。在母身中，禀天聖命，豈長大之後，修行道德，四乳乃生？以四乳論望羊，宗祥案：御覽八十四引春秋元命苞曰：「文王四乳，是謂含良，蓋法酒旗，布恩施惠。」又曰：「文王龍顔柔肩望羊。」「望羊」，骨相篇作「望陽」。「羊」、「陽」古通。見綏民校尉碑「治歐羊尚書」可證。惟骨相篇「望陽」指武王，御覽指文王，御覽恐誤。亦知爲胎之時已受之矣。劉媪息於大澤，夢與神遇，遂生高祖，此時已受命也。光武生於濟陽宫，夜半無火，内中光明，軍下卒蘇永謂公曹史充蘭曰「此吉事也，毋多言」，此時已受命。獨謂文王、武王得赤雀、魚烏乃受命，非也。

上天壹命，王者乃興，不復更命也。得富貴大命，自起王矣。何以驗之？富家之翁，貲累千金，生有富骨，治生積貨，至於年老，成爲富翁矣。夫王者天下之翁也，禀命定於身中，猶鳥之别雌雄於卵殼之中也。卵殼孕而雌雄生，日月至而骨節彊，彊則雄，自率將雌。雄非生長之後，或教使爲雄，然後乃敢將雌。此氣性剛彊，自爲之矣。夫王者天下之雄也，其命當王。王命定於懷妊，猶富貴骨生，有鳥雄卵成也。宗祥案：「有」疑衍文。非唯人、鳥也，萬物皆然。草木生於實核，出土爲栽蘖，宗祥案：草木之殖曰栽，見説文。稍生莖葉，成爲長短巨細，皆由實核。王者長巨之最也。朱草之莖如鍼，紫芝之栽如豆，成爲瑞矣。王者稟氣而生，亦猶此也。宗祥案：御覽九百八十六引「成爲瑞矣」作「如珠玉者」，「此」作「生」，誤。

或曰：「王者生稟天命，及其將王，天復命之，猶公卿以下，詔書封拜，乃敢即位。赤雀、魚烏，上天封拜之命也。天道人事，有相命使之義。」自然無爲，天之道也。命文以赤雀，武以白魚，是有爲也。管仲與鮑叔分財取多，鮑叔不與，管仲不求。內有以相知，視彼猶我，取之不疑。聖人起王，猶管之取財也。朋友彼我，無有授與之義；上天自然，有命使之驗。是則天道有爲，朋友自然也。當漢祖斬大虵之時，誰使斬者？豈有天道先至，而乃敢斬之哉！勇氣奮發，性自然也。夫斬大虵，誅秦，殺項，同一實也。周之文、武，受命伐殷，亦一義也。高祖不受命使之將，獨謂文、武受雀、魚之命，誤矣。

難曰：「康王之誥曰：『冒聞于上帝，帝休，天乃大命文王。』如無命史，經何爲言『天乃大命文王』？」所謂「大命」者，非天乃命文王也，聖人動作，天命之意也，與天合同，若天使之矣。書方激勸康叔，勉使爲善，故言文王行道，上聞於天，天乃大命之也。詩曰：「乃眷西顧，此惟予度。」宗祥案：毛詩「度」作「宅」，潛夫論班祿篇引「宅」亦「度」，與仲任所引同爲今文。古文宅、度同，見漢書韋玄成傳注。與此同義。天無頭面，眷顧如何？人有顧睨，以人俲天，事易見，故曰「眷顧」。「天乃大命文王」，眷顧之義，實天不命也。何以驗之？「夫大人與天地合其德，與日月合其明，與四時合其序，與鬼神合其吉凶，先天而天不違，後天而奉天時」。如必須天有命乃以從事，安得先天而後天乎？以其不待天命，直以心發，故有先天後天之勤；言合天時，故有不違奉天之文。論語曰：「大哉堯之爲君，唯天爲大，唯堯則之。」王者則天，不違奉天之義也。推自然之性，與天合同。是則所謂「大命文王」也。自文王意，文王自爲，非天驅赤雀使告文王，云當爲王，乃敢起也。然則文王赤雀，及武王白魚，非天之命，昌熾祐也。

吉人舉事，無不利者。人徒不召而至，瑞物不招而來，黯然諧合，若或使之。出門聞告，宗祥案：「告」疑「吉」譌。顧睨見善，自然道也。文王當興，赤雀適來；魚躍烏飛，武王偶見。非天使雀至、白魚來也，吉物動飛而聖遇也。白魚入于王舟，王陽曰：「偶適也。」光禄大夫劉琨前爲弘農太守，宗祥案：「弘」，通津、程刻誤「引」，從宋、元。虎渡河，光武皇帝曰：「偶適自然，非或使之也。」俞樾曰：按後漢書儒林劉昆傳：「詔問昆曰：『前在江陵，反風滅火，後守弘農，虎北渡河，行何德政而致是事？』昆對曰：『偶然耳。』左右皆笑其質訥。帝歎曰：『此迺長者之言也。』顧命書之策。」此誤以昆對光武語爲光武之言，蓋傳聞之失也，當以史爲正。宗祥案：「琨」，亦當從史作「昆」。故夫王陽之言「適」，光武之曰「偶」，可謂合於自然也。

本性篇

情性者，人治之本，禮樂所由生也。故原情性之極，禮爲之防，樂爲之節。性有卑謙辭讓，宗祥案：僅舉謙讓，當有脱文。故制禮以適其宜；情有好惡喜怒哀樂，故作樂以通其敬。宗祥案：古禮主敬，樂主和。此云「樂以通其敬」，未知是否。仲任别有所本，或文有誤字。禮所以制，樂所爲作者，情與性也。昔儒舊生，著作篇章，莫不論説，莫能實定。

周人世碩，以爲「人性有善有惡，舉人之善性，養而致之則善長；原注：一有「無固」字。性惡，養而致之則惡長」。宗祥案：王應麟漢書藝文志考證引作「惡性養而致之」，此疑誤倒。如此，則原注：一有「情」字。宗祥案：玉海三十五引有「情」字。性各有陰陽善惡，在所養焉。故世子作養書一篇。宗祥案：玉海引作「養性書」，此脱「性」字。密子賤、漆雕開、公孫尼子之徒，亦論情性，與世子相出入，皆言性有善有惡。

孟子作性善之篇，以爲人性皆善，及其不善，物亂之也。謂人生於天地，皆稟善性，長大與物交接者，原注：一有「欲」字。放縱悖亂，不善日以生矣。若孟子之言，人幼小之時，無有不善也。微子曰：「我舊云孩子，王子不出。」紂爲孩子之時，微子睹其不善之性。性惡不出衆庶，長大爲亂不變，故云也。宗祥案：仲任引尚書，皆出古本，不得以今文繩其異同。孫星衍氏亦有此說。羊舌食我初生之時，叔姬視之，及堂，聞其啼聲而還，曰：「其聲，豺狼之聲也，俞樾曰：案昭三年左傳正義曰：「世譜云：『羊舌氏，晉之公族也。羊舌，其所食邑名。』」唯言晉之公族，不知出何公也？今以此文證之，叔向之母姬姓，然則羊舌氏非晉公族。宗祥案：前作羊食，非是，「食」當作「舌」。野心無親。非是莫滅羊舌氏。」遂不肯見。及長，原注：一有「與」字。祁勝爲亂，食我與焉。國人殺食我。羊舌氏由是滅矣。紂之惡在孩子之時，食我之亂，見始生之聲。孩子始生，未與物接，誰令悖者？丹朱生於唐宮，商均生於虞室。唐、虞之時，可比屋而封，所與接者，必多善矣；二帝之旁，必多賢也。然而丹朱傲、商均虐，並失帝統，歷世爲我。且孟子相人以眸子焉，心清而眸子瞭，心濁而眸子眊。人生目輒眊瞭，眊瞭稟之於天，不同氣也，非幼小之時瞭，長大與人接，乃更眊也。性本自然，善惡有質，孟子之言情性，未爲實也。然而性善之論，亦有所緣。或仁或義，宗祥案：此句上文義不接，疑應如下文有「人稟天地之性，懷五常之氣」十一字，下句「動作趨翔」下，亦應有「或重或輕」句。性術乖也。動作趨翔，性識詭也。面色或白或黑，身形或長或短，至老極死，不可變易，天性然也。皆知水土物器，形性不同，而莫知善惡稟之異也。原注：一有「告子曰」字。一歲嬰兒，無爭奪之心，長大之後，或漸利色，狂心悖行，由此生也。

告子與孟子同時，其論性無善惡之分，譬之湍水，決之東則東，決之西則西。夫水無分於東西，猶人無分於善惡也。夫告子之言，謂人之性與水同也。使性若水，可以水喻性，猶金之爲金，木之爲木也。人善因善，惡亦因惡。初禀天然之姿，受純壹之質，故生而兆見，善惡可察。無分於善惡，可推移者，謂中人也，不善不惡，須教成者也。故孔子曰：「中人以上，可以語上也，中人以下，不可以語上也。」告子之以決水喻者，徒謂中人，不指極善極惡也。孔子曰：「性相近也，習相遠也。」夫中人之性，在所習焉。習善而爲善，習惡而爲惡也。至於極善極惡，非復在習。故孔子曰：「惟上智與下愚不移。」性有善不善，聖化賢教，不能復移易也。孔子道德之祖，諸子之中，最卓者也，而曰「上智下愚不移」，故知告子之言，未得實也。夫告子之言，亦有緣也。詩曰：「彼姝之子，何以與之？」其傳曰：「譬猶練絲，染之藍則青，染之朱則赤。」夫決水使之東西，猶染絲令之青赤也。丹朱、商均已染於唐、虞之化矣，然而丹朱傲而商均虐者，至惡之質，不受藍朱變也。

孫卿有反孟子，作性惡之篇，以爲「人性惡，其善者，僞也」。性惡者，以爲人生皆得惡性也，僞者，長大之後，勉使爲善也。若孫卿之言，人幼小無有善也。稷爲兒，以種樹爲戲；孔子能行，以俎豆爲弄。宗祥案：意林引作：「后稷作兒，以種樹爲戲；孔子能行，以俎豆而弄。」石生而堅，蘭生而香。禀善氣，宗祥案：意林引「禀」上有「生」字。長大就成，故種樹之戲，爲唐司馬；俎豆之弄，爲周聖師。禀蘭石之性，故有堅香之驗。夫孫卿之言，未爲得實。然而性惡之言，有緣也。一歲嬰兒，無推讓之心，見食，號欲食之；睹好，啼欲玩之。長大之後，禁情割欲，勉厲爲善矣。劉子政非之曰：「如此則天無氣也。陰陽善惡不相當，則人之爲善安從生？」

陸賈曰：「天地生人也，以禮義之性。人能察己，所以受命則順，順之謂道。」夫陸賈知人禮義爲性，人亦能察己所以受命。性善者，不待察而自善。性惡者，雖能察之，猶背禮畔義，義挹於善，不能爲也。宗祥案：「義」字疑衍。故貪者能言廉，亂者能言治。盜跖非人之竊也，莊蹻刺人之濫也，明能察己，口能論賢，性惡不爲，何益於善？陸賈之言，未能得實。董仲舒覽孫、孟之書，作情性之説，曰：「天之大經，一陰一陽。人之大經，一情一性。性生於陽，情生於陰。陰氣鄙，陽氣仁。曰性善者，是見其陽也。謂惡者，是見其陰者也。」若仲舒之言，謂孟子見其陽，孫卿見其陰也。處二家各有見，可也；不處人情性，情性有善有惡，未也。夫人情性同生於陰陽，其生於陰陽，有渥有泊。玉生於石，有純有駮，情性於陰陽，宗祥案：「性」下脱「生」字。安能純善？仲舒之言，未能得實。劉子政曰：「性，生而然者也，在於身而不發。情，接於物而然者也，出形於外。形外則謂之陽，不發者則謂之陰。」夫子政之言，謂性在身而不發。情接於物，形出於外，故謂之陽。性不發，不與物接，故謂之陰。夫如子政之言，乃謂情爲陽、宗祥案：「爲」，程刻誤「有」，從宋本。性爲陰也。不據本所生起，苟以形出與不發見定陰陽也。必以形出爲陽，性亦與物接。造次必於是，顛沛必於是。惻隱不忍，不忍，仁之氣也；卑謙辭讓，性之發也。有與接會，故惻隱卑謙，形出於外。謂性在內，不與物接，恐非其實。不論性之善惡，徒議外内陰陽，理難以知。且從子政之言，以性爲陰，情爲陽，夫人禀情，竟有善惡不也？

自孟子以下，至劉子政，鴻儒博生，聞見多矣。然而論情性竟無定是。唯世碩、儒公孫尼子之徒，頗得其正。孫詒讓曰：「儒」字衍。漢書藝文志儒家云：「世子二十一篇。名碩。公孫尼子二十八篇。」上文亦云「周人世碩以爲人性有善有惡，作養書一篇」。由此言之，事易知，道難論也。酆文茂記，宗祥案：「酆」通「豐」。左氏文七年傳「酆舒」，漢書古今人表作「豐舒」。繁如榮華，恢諧劇談，宗祥案：「恢」當作「詼」，程本誤「恢」。甘如飴蜜，未必得實。實者，人性有善有惡，猶人才有高有下也。高不可下，下不可高。謂性無善惡，是謂人才無高下也。禀性受命，同一實也。命有貴賤，性有善惡。謂性無善惡，是謂人命無貴賤也。九州田土之性，善惡不均。故有黄赤黑之别，上中下之差。水潦不同，故有清濁之流，東西南北之趨。人禀天地之性，懷五常之氣，或仁或義，性術乖也；動作趨翔，或重或輕，性識詭也。面色或白或黑，身形或長或短，至老極死，不可變易，天性然也。余固以孟軻言人性善者，中人以上者也；孫卿言人性惡者，中人以下者也；楊雄言人性善惡混者，中人也。若反經合道，則可以爲教；盡性之理，則未也。

物勢篇

儒者論曰：「天地故生人。」此言妄也。夫天地合氣，人偶自生也。猶夫婦合氣，子則自生也。夫婦合氣，非當時欲得生子，情欲動而合，合而生子矣。且夫婦不故生子，以知天地不故生人也。然則人生於天地也，猶魚之於淵，蟣虱之於人也。宗祥案：御覽九百十七引作「猶魚生泉，蟣蝨生於人也」。因氣而生，種類相產，萬物生天地之間，皆一實也。

傳曰：「『天地不故生人，人偶自生』，若此，論事者何故云『天地爲鑪，萬物爲銅，陰陽爲火，造化爲工』乎？宗祥案：賈誼賦曰：「天地爲爐，造化爲工，陰陽爲炭，萬物爲銅。」案陶冶者之用火爍銅燔器，故爲之也；而云天地不故生人，人偶自生耳，可謂陶冶者不故爲器，而器偶自成乎？夫比不應事，未可謂喻；文不稱實，未可謂是也。」曰：「是喻人稟氣不能純一，若爍銅之下形，宗祥案：「刑」與「形」同。見荀子「彊國刑范正」注。刑器，鼎也，見左氏昭六年傳「以鑄刑鼎」注，是「形」當通「型」。燔器之得火也，非謂天地生人與陶冶同也。興喻人皆引人事。人事有體，不可斷絕。以目視頭，頭不得不動；以手相足，足不得不搖。目與頭同形，手與足同體。今夫陶冶者初埏埴作器，必模範爲形，故作之也。燃炭生火，必調和鑪竈，故爲之也。及銅爍不能皆成，器燔不能盡善，不能故生也。」

夫天不能故生人，則其生萬物，亦不能故也。天地合氣，物偶自生矣。夫耕耘播種，故爲之也。及其成與不熟，偶自然也。何以驗之？如天故生萬物，當令其相親愛，不當令之相賊害也。

或曰：「五行之氣，天生萬物。以萬物含五行之氣，五行之氣，更相賊害。」曰：「天自當以一行之氣生萬物，令之相親愛，不當令五行之氣，反使相賊害也。」

或曰：「欲爲之用，故令相賊害，賊害相成也。故天用五行之氣生萬物。人用萬物作萬事。不能相制，不能相使，不相賊害，不成爲用。金不賊木，木不成用。火不爍金，金不成器。故諸物相賊相利。含血之蟲，相勝服、相齧噬、相啖食者，皆五行氣使之然也。」曰：「天生萬物欲令相爲用，不得不相賊害也。則生虎狼蝮蛇及蜂蠆之蟲，皆賊害人，天又欲使人爲之用邪？且一人之身，含五行之氣，故一人之行，有五常之操。五常，五行之道也。宗祥案：「行」，宋本空格，各本「常」，誤，從元本。五藏在內，五行氣俱。如論者之言，含血之蟲，懷五行之氣，輒相賊害。一人之身，胸懷五藏，自相賊也；一人之操，行義之心，自相害也。且五行之氣相賊害，含血之蟲相勝服，其驗何在？」

曰：「寅，木也，其禽虎也。宗祥案：「禽者何？鳥獸之總名。」見白虎通。戌，土也，其禽犬也。丑、未，亦土也，丑禽牛，未禽羊也。木勝土，故犬與牛羊爲虎所服也。亥，水也，其禽豕也。

巳，火也，其禽虵也。子，亦水也，其禽鼠也。午，亦火也，其禽馬也。水勝火，故豕食虵。火爲水所害，故馬食鼠屎而腹脹。」曰：「審如論者之言，含血之蟲，亦有不相勝之效。午，馬也。子，鼠也。酉，雞也。卯，兔也。水勝火，鼠何不逐馬？金勝木，雞何不啄兔？亥，豕也。未，羊也。丑，牛也。土勝水，牛羊何不殺豕？巳，虵也。申，猴也。火勝金，虵何不食獼猴。獼猴者，畏鼠也。嚙獼猴者，犬也。鼠，水，獼猴，金也。水不勝金，獼猴何故畏鼠也？戌，土也。申，猴也。宗祥案：「猴」疑「金」譌。土不勝金，猴何故畏犬？東方，木也，其星倉龍也。西方，金也，其星白虎也。南方，火也，其星朱鳥也。北方，水也，其星玄武也。天有四星之精，降生四獸之體。含血之蟲，以四獸爲長。四獸含五行之氣最較著。案龍虎交，不相賊；鳥龜會，不相害。以四獸驗之，以十二辰之禽效之，五行之蟲以氣性相刻，宗祥案：「刻」、「剋」古通，見莊子秋水釋文。則尤不相應。」

凡萬物相刻賊，含血之蟲則相服，至於相啖食者，自以齒牙頓利，宗祥案：「『頓』讀曰『鈍』。」見漢書陳平、賈誼等傳集注。筋力優劣，動作巧便，氣勢勇桀。若人之在世，勢不與適，宗祥案：「適」讀爲「敵」，見荀子君子篇注。力不均等，自相勝服。以力相服，則以刃相賊矣。夫人以刃相賊，猶物以齒角爪牙相觸刺也。力强角利，勢烈牙長則能勝。氣微爪短誅，楊守敬曰：「誅」恐「味」字，或曰係「味」之誤，然以文義求之，實爲衍文。膽小距頓，則服畏也。人有勇怯，故戰有勝負。勝者未必受金氣，負者未必得木精也。孔子畏陽貨，卻行流汗，宗祥案：此事各書未見。陽虎未必色白，孔子未必面青也。鷹之擊鳩雀，鴞之啄鵠雁，未必鷹鴞生於南方，而鳩雀鵠雁產於西方也。自是筋力勇怯，相勝服也。

一堂之上，必有論者；一鄉之中，必有訟者。訟必有曲直，論必有是非。非而曲者爲負，是而直者爲勝。亦或辯口利舌，辭喻橫出爲勝；或詘弱綴跲，蹥蹇不比者爲負。宗祥案：「綴，連也。」見國語齊語注。「跲，躓也」。見禮記中庸注。此言其言連躓而不振也。「蹥」，「跟也」，見廣韻。「蹇，跛也。」見漢書賈誼傳集注。以舌論訟，猶以劍戟鬬也。利劍長戟，手足健疾者勝，頓刀短矛，手足緩留者負。宗祥案：「留，謂遲留。」見漢書霍去病傳集注。

夫物之相勝，或以筋力，或以氣勢，或以巧便。小有氣勢，口足有便，則能以小而制大。大無骨力，角翼不勁，則以大而服小。鵲食蝟皮，博勞食蛇，蝟蛇不便也。蚊虻之力，不如牛馬，牛馬困於蚊虻，蚊虻乃有勢也。鹿之角足以觸犬，獼猴之手足以搏鼠，然而鹿制於犬，獼猴服於鼠，角爪不利也。故十年之牛，宗祥案：意林「年」作「圍」，是。爲牧豎所驅；長仞之象，宗祥案：「長」，意林作「數」。爲越僮所鉤，無便故也。故夫得其便也，則以小能勝大；無其便也，則以彊服於羸也。

奇怪篇

儒者稱聖人之生，不因人氣，更稟精於天。禹母吞薏苡而生禹，故夏姓曰姒。宗祥案：御覽百三十五引禮含文嘉曰：「夏姒氏，以薏苡生。」禼母吞燕卵而生禼，故殷姓曰子。后稷母履大人跡而生后稷，故周姓曰姬。詩曰：「不坼不副，是生后稷。」宗祥案：此詩見齊、魯、韓、春秋公羊，説詳春秋繁露三代改制質文篇，列女傳，史記殷、周本紀，詩生民、玄鳥、長發、閟宫篇。說者又曰：「禹、禼逆生，闓母背而出。宗祥案：史記夏本紀正義引帝王紀云：「父鯀妻修己，見流星貫昴，夢接意感，又吞神珠薏苡，胸坼而生禹。」詩生民疏引帝王世紀云：「簡狄剖背而生。」后稷順生，不坼不副，不感動母體，故曰『不坼不副』。逆生者子孫逆死，順生者子孫順亡。故桀、紂誅死，赧王奪邑。宗祥案：集韻云：「赧，或從皮，作『𧹞』。」言之有頭足，故人信其說；明事以驗證，故人然其文。讖書又言：「堯母慶都野出，赤龍感己，遂生堯。」宗祥案：御覽八十引春秋合誠圖曰：「堯母慶都年二十，寄伊長孺家，無夫。出觀三河之首，有赤龍負圖出，奄然陰風雨。赤龍與慶都合婚，有娠，既乳，視堯貌如圖。」又百三十五引河圖曰：「慶都與赤龍合，生於赤帝伊堯。」即此説所本。高祖本紀言：「劉媪嘗息大澤之陂，夢與神遇，是時，雷電晦冥，太公往視，見蛟龍於上，已而有身，遂生高祖。」其言神驗，宗祥案：「神」，宋、元本「祇」。文又明著，世儒學者，莫謂不然。

如實論之，虛妄言也。彼詩言「不坼不副」，言其不感動母體，可也；言其闓母背而出，妄也。夫蟬之生復育也，闓背而出。天之生聖子，與復育同道乎？兔吮毫而懷子，及其子生，從口而出。案禹母吞薏苡，卨母嚥燕卵，與兔吮毫同實也，禹、卨之母生宜皆從口，不當闓背。夫如是，闓背之説，竟虛妄也。世間血刃死者多，未必其先祖初爲人者生時逆也。秦失天下，閻樂斬胡亥，項羽誅子嬰，秦之先祖伯翳豈逆生乎？如是爲順逆之説，以驗三家之祖，誤矣。

且夫薏苡，草也；燕卵，鳥也；宗祥案：御覽五百二十二引無「卵」字，是。大人跡，土也：三者皆形，非氣也，安能生人？説聖者以爲稟天精微之氣，故其爲有殊絶之知。今三家之生，以草、以鳥、以土，可謂精微乎？天地之性，唯人爲貴，則物賤矣。今貴人之氣，宗祥案：「今」，宋本「令」。更稟賤物之精，安能精微乎？夫令鳩雀施氣於雁鵠，終不成子者，何也？鳩雀之身小，雁鵠之形大也。今燕之身不過五寸，薏苡之莖不過數尺，二女吞其卵實，安能成七尺之形乎？爍一鼎之銅，以灌一錢之形，不能成一鼎明矣。今謂大人天神，宗祥案：「今」，宋、元本「令」。故其跡巨。巨跡之人，一鼎之爍銅也；姜原之身，一錢之形也。使大人施氣於姜原，姜原之身小，安能盡得其精？不能盡得其精，則后稷不能成人。

堯、高祖審龍之子，子性類父，龍能乘雲，堯與高祖，亦宜能焉。萬物生於土，各似本種。不類土者，生不出於土，土徒養育之也。母之懷子，猶土之育物也。堯、高祖之母，受龍之施，猶土受物之播也。物生自類本種，夫二帝宜似龍也。且夫含血之類，相與爲牝牡。牝牡之會，皆見同類之物。精感欲動，乃能授施。若夫牡馬見雌牛，雄雀見牝雞，宗祥案：通津、程刻作「雀見雄牝雞」，誤，從宋、元。不相與合者，異類故也。今龍與人異類，何能感於人而施氣？

或曰：「夏之衰，二龍鬬於庭，吐漦於地。龍亡漦在，櫝而藏之。至周幽王發出龍漦，化爲玄黿，入于後宮，與處女交，遂生褒姒。宗祥案：史記周本紀，寵褒姒事爲幽王，發龍漦事爲厲王。仲任均屬之幽王，偶會篇又云：「二龍之妖當效周厲適闓櫝」，前後敘述不同，疑有誤字，當從史記。玄黿與人異類，何以感於處女而施氣乎？」夫玄黿所交非正，故褒姒爲禍，周國以亡。以非類妄交，則有非道妄亂之子。今堯、高祖之母，不以道接會，何故二帝賢聖，與褒姒異乎？

或曰：「趙簡子病，五日不知人，覺言：我之帝所，有熊來，帝命我射之，中，熊死；有羆來，我又射之，中羆，羆死。後問當道之鬼，鬼曰：『熊羆，晉二卿之先祖也。』熊羆，物也，與人異類，何以施類於人，而爲二卿祖？」夫簡子所射熊羆，二卿祖當亡，簡子當昌之秋也。簡子見之，若寢夢矣。空虛之象，不必有實。假令有之，或時熊羆先化爲人，乃生二卿。魯公牛哀病化爲虎。人化爲獸，亦如獸爲人。玄黿入後宮，殆先化爲人。天地之間，異類之物，相與交接，未之有也。

天人同道，好惡均心。人不好異類，則天亦不與通。人雖生於天，猶蟣虱生於人也。人不好蟣虱，天無故欲生於人。何則？異類殊性，情欲不相得也。天地，夫婦也。天施氣於地以生物。人轉相生，精微爲聖，皆因父氣，不更稟取。如更稟者爲聖，禼、后稷不聖。如聖人皆當更稟，十二聖不皆然也。黄帝、帝嚳、帝顓頊、帝舜之母，何所受氣？文王、武王、周公、孔子之母，何所感吞？此或時見三家之姓，曰：姒氏、子氏、姬氏，則因依放，宗祥案：正韻：「倣，傚也，依也，通作仿，亦作放。」是「放」、「倣」通。空生怪説，猶見鼎湖之地，而著黄帝升天之説矣。宗祥案：黄帝升天，見封禪書公孫卿語也。失道之意，還反其字。蒼頡作書，與事相連。姜原履大人跡，跡者基也，姓當爲「其」下「土」，乃爲「女」旁「巨」，非基跡之字，不合本事，疑非實也。以周姬況夏、殷，亦知子之與姒，非燕子、薏苡也。或時禹、契、后稷之母，適欲懷妊，遭吞薏苡、燕卵，履大人跡也。世好奇怪，古今同情。不見奇怪，謂德不異，故因以爲姓。世間誠信，因以爲然；聖人重疑，因不復定；世士淺論，因不復辨；儒生是古，因生其説。

彼詩言「不坼不副」者，言后稷之生，不感動母身也。儒生穿鑿，因造禹、契逆生之説。感於龍，夢與神遇，猶此率也。堯、高祖之母，適欲懷妊，遭逢雷龍載雲雨而行，人見其形，遂謂之然。夢與神遇，得聖子之象也。夢見鬼合之，非夢與神遇乎，安得其實？野出感龍，及蛟龍居上，或堯、高祖受富貴之命。龍爲吉物，遭加其上，吉祥之瑞，受命之證也。光武皇帝産於濟陽宫，鳳凰集於地，嘉禾生於屋。聖人之生，奇鳥吉物之爲瑞應。必以奇吉之物見而子生，謂之物之子，是則光武皇帝嘉禾之精，鳳皇之氣歟？案帝繫之篇及三代世表，禹，鯀之子也。卨、稷，皆帝嚳之子，其母皆帝嚳之妃也。及堯，亦嚳之子。帝王之妃，何爲適草野？古時雖質，禮已設制，帝王之妃，何爲浴於水？夫如是，言聖人更稟氣於天，母有感吞者，虚妄之言也。

實者，聖人自有種世族，仁如文、武各有類。孔子吹律，自知殷後；宗祥案：御覽三百六十二引論衡曰：「孔子推律，自知殷之苗裔也。」又十六引論衡曰：「孔子吹律，自知殷之苗裔。」皆與此文稍異。項羽重瞳，自知虞舜苗裔也。五帝、三王，皆祖黄帝。黄帝聖人，本稟貴命，故其子孫皆爲帝王。帝王之生，必有怪奇，不見於物，則效於夢矣。

論衡卷第四

漢 會稽王充著　海寧張宗祥校注

書虛篇　變虛篇

書虛篇

世信虛妄之書，以爲載於竹帛上者，皆賢聖所傳，無不然之事，故信而是之，諷而讀之。睹真是之傳，與虛妄之書相違，則并謂短書不可信用。夫幽冥之實尚可知，沈隱之情尚可定，顯文露書，是非易見，籠總并傳，宗祥案：籠總，一概也，爲越方言，今猶承用。非實事，用精不專，無思於事也。

夫世間傳書諸子之語，多欲立奇造異，作驚目之論，以駭世俗之人；爲譎詭之書，以著殊異之名。傳書言：「延陵季子出游，見路有遺金。當夏五月，有披裘而薪者。宗祥案：事見韓詩外傳十，「出游」作「游於齊」，「薪」作「牧」，下同。季子呼薪者曰：『取彼地金來！』薪者投鎌於地，瞋目拂手而言曰：『何子居之高，視之下，儀貌之壯，語言之野也！吾當夏五月，披裘而薪，豈取金者哉？』季子謝之，請問姓字。薪者曰：『子皮相之士也，何足語姓名！』遂去不顧。」世以爲然，殆虛言也。夫季子耻吴之亂，吴欲共立以爲主，終不肯受，去之延陵，終身不還，廉讓之行，終始若一。許由讓天下，不嫌貪封侯。宗祥案：「嫌」、「慊」通，「『慊』，亦『嫌』字」，見漢書趙充國傳「婾得避慊之便」注。伯夷委國饑死，不嫌貪刀鈎。廉讓之行，大可以況小，小難以況大。季子能讓吴位，何嫌貪地遺金？季子使於上國，道過徐。徐君好其寶劍，未之即予。還而徐君死，解劍帶冢樹而去。廉讓之心，耻負其前志也。季子不負死者，棄其寶劍，何嫌一叱生人，取金於地？季子未去吴乎，公子也；已去吴乎，延陵君也。公子與君，出有前後，車有附從，不能空行於塗明矣。既不耻取金，何難使左右，而煩披裘者？世稱柳下惠之行，言其能以幽冥自修潔也。賢者同操，故千歲交志。置季子於冥昧之處，尚不取金，況以白日，前後備具，取金於路，非季子之操也。或時季子實見遺金，憐披裘薪者，欲以益之；或時言取彼地金，欲以予薪者，不自取也。世俗傳言，則言季子取遺金也。

傳書或言：「顔淵與孔子俱上魯太山。孔子東南望，吴閶門外有繫白馬，引顔淵指以示之，曰：『若見吴閶門乎？』顔淵曰：『見之。』孔子曰：『門外何有？』曰：『有如繫練之狀。』孔子撫其目而正之，因與俱下。下而顔淵髮白齒落，遂以病死。宗祥案：御覽八百十八引韓詩外傳曰：「孔子、顔淵登魯泰山，望吴閶門，淵曰：『見一匹練，前有生藍。』子曰：『白馬藍芻也。』」此文今外傳本無。又御覽八百九十七引論衡曰：「儒書稱孔子與顔淵俱登魯東山，望吴閶門，謂曰：『爾何見？』曰：『一匹練，前生藍。』孔子曰：『噫，此白馬蘆芻。』使人視之，果然。」與此文異。蓋以精神不能若孔子，彊力自極，精華竭盡，故早夭死。」世俗聞之，原注：一有「人」字。皆以爲然。如實論之，殆虚言也。案論語之文，不見此言。考六經之傳，亦無此語。夫顔淵能見千里之外，與聖人同，孔子、諸子何諱不言？蓋人目之所見，不過十里。過此不見，非所明察，遠也。傳曰：「太山之高巍然，去之百里，不見蜼螺，孫詒讓曰：「蜼螺」當作「埵堁」，淮南子説山訓云：「泰山之容巍巍然（高），去之千里，不見埵堁，遠之故也。」高注云：「埵堁，猶塵（今本作「席」，譌。）翳也。」即仲任所本。後説日篇云：「太山之高，參天入雲，去之百里，不見埵塊。」「堁」、「塊」義亦同。孫奭孟子音義引丁公著云：「『堁』，開元文字音『塊』。」則「堁」、「塊」古通可證。遠也。」案魯去吴千有餘里，使離朱望之，終不能見，況使顔淵，何能審之？如才庶幾者，明目異於人，則世宜稱亞聖，不宜言離朱。人目之視也，物大者易察，物小者難審。使顔淵處昌門之外，宗祥案：「昌門」，即閶門，各本「閶」、「昌」雜見。望太山之形，終不能見；況從太山之上，察白馬之色，色不能見，明矣。非顔淵不能見，孔子亦不能見也。何以驗之？耳目之用均也。目不能見百里，則耳亦不能聞也。陸賈曰：「離婁之明，不能察帷薄之内；師曠之聰，不能聞百里之外。」閶門之與太山，非直帷薄之内，百里之外也。秦武王與孟説舉鼎不任，絶脉而死。舉鼎用力，力由筋脉，筋脉不堪，絶傷而死，道理宜也。今顏淵用目望遠，望遠目睛不任，宜盲眇，髮白齒落，非其致也。髮白齒落，用精於學，勤力不休，氣力竭盡，故至於死。伯奇流放，首髮早白。詩云：「惟憂用老。」伯奇用憂，而顏淵用睛，暫望倉卒，安能致此？

儒書言：「舜葬於蒼梧，禹葬於會稽者，巡狩年老，道死邊土。聖人以天下爲家，不別遠近，不殊内外，故遂止葬。」夫言舜、禹，實也；言其巡狩，虚也。舜之與堯俱帝者也，共五千里之境，同四海之内。二帝之道，相因不殊。堯典之篇，舜巡狩，東至岱宗，南至霍山，西至太華，北至恒山。以爲四嶽者，四方之中，諸侯之來，並會嶽下，幽深遠近，無不見者，聖人舉事，求其宜適也。禹王如舜，事無所改，巡狩所至，以復如舜。宗祥案：「『以』、『已』字。」見禮記檀弓注，「已，必也。」見漢書灌夫傳集注。舜至蒼梧，禹到會稽，非其實也。實舜、禹之時，鴻水未治，堯傳於舜，舜受爲帝，與禹分部，行治鴻水。堯崩之後，舜老，亦以傳於禹。舜南治水，死於蒼梧。禹東治水，死於會稽。賢聖家天下，故因葬焉。吴君高説：「會稽本山名。夏禹巡狩，會計於此山，因以名郡，故曰會稽。」夫言因山名郡，可也；言禹巡狩，會計於此山，虚也。巡狩本不至會稽，安得會計於此山？宜聽君高之説，宗祥案：「宜」疑「且」譌。誠會稽爲會計，禹到南方，何所會計？如禹始東死於會稽，舜亦巡狩至於蒼梧，安所會計？百王治定則出巡，巡則輒會計，是則四方之山皆會計也。百王承平，宗祥案：

「承」，通津、程刻「太」，從宋、元。升封太山。太山之上，封可見者，七十有二。紛綸湮滅者，不可勝數。如審帝王巡狩則輒會計，會計之地如太山封者，四方宜多。夫郡國成名，猶萬物之名，不可説也，獨爲會稽立歟？周時舊名吴、越也，爲吴、越立名，從何往哉？六國立名，狀當如何？天下郡國且百餘，縣邑出萬，鄉亭聚里，皆有號名，賢聖之才莫能説。君高能説會稽，不能辨定方名，會計之説，未可從也。巡狩考正法度，禹時吴爲裸國，斷髮文身，考之無用，會計如何？

傳書言：「舜葬於蒼梧，象爲之耕。禹葬會稽，鳥爲之田。蓋以聖德所致，天使鳥獸報祐之也。」世莫不然。考實之，殆虚言也。夫舜、禹之德，不能過堯。堯葬於冀州，或言葬於崇山。冀州鳥獸不耕，而鳥獸獨爲舜、禹耕，何天恩之偏駮也？或曰：「舜、禹治水，不得寧處，故舜死於蒼梧，禹死於會稽，勤苦有功，故天報之；遠離中國，故天痛之。」夫天報舜、禹，使鳥田象耕，何益舜、禹？天欲報舜、禹，宜使蒼梧、會稽，常祭祀之。使鳥獸田耕，不能使人祭。祭加舜、禹之墓，田施人民之家，天之報祐聖人，何其拙也，且無益哉！由此言之，鳥田象耕，報祐舜、禹，非其實也。實者，蒼梧，多象之地；會稽，衆鳥所居。禹貢曰：「彭蠡既瀦，陽鳥攸居。」天地之情，鳥獸之行也。象自蹈土，鳥自食草。宗祥案：「草」，通津、程刻作「苹」，誤，從宋、元。苹爲水草，墓不在水中，不應有苹，證以下文，亦應作「草」。土蹶草盡，孫詒讓曰：「蹶」，當爲撅，撅與掘同，逸周書周祝篇云：「貑有爪而不敢以撅」，後效力篇云：「鍤所以能撅地者，跖蹈之也。」宗祥案：孫說是矣，然「蹶」字本訓尚有起、動二義。「蹶，起也」，見史記酈生陸賈傳釋文引埤蒼；「蹶，動也」，見爾雅釋詁，以此二義釋之，似更安。若耕田狀，壤靡泥易，人隨種之，世俗則謂爲舜、禹田。海陵麋田宗祥案：續漢書郡國志徐州廣陵郡東陽縣注引博物記曰：「麋十千爲羣，掘食草根，其處成泥，名曰麋畯。隨畯種稻，其收百倍。」海陵、東陽，均在高郵湖濱，故仲任舉海陵也。若象耕狀，何嘗帝王葬海陵者邪？

傳書言：「吴王夫差殺伍子胥，煮之以鑊，乃以鴟夷橐投之於江。子胥恚恨，驅水爲濤，以溺殺人。今時會稽、丹徒大江、錢唐浙江，皆立子胥之廟。蓋欲慰其恨心，止其猛濤也。」宗祥案：御覽六十引作：「儒書言：伍子胥恨吴王，驅水爲濤而溺殺。今會稽、錢塘、丹徒江，皆立子胥祠，欲止其濤也。」俞樾曰：按子胥之死，左傳止曰「使賜之屬鏤以死」，國語始言「使取申胥之尸，盛以鴟夷，而投之於江」。然上文但言「吴王還自伐齊，乃訊申胥曰」云云，并不載賜劍之事。賈誼新書耳痺篇：「伍子胥見事之不可爲也，何籠而自投水。」則又以爲自投於水矣。是子胥之死，言人人殊，而鑊煮之説，惟見此書，疑傳聞過實也。夫言吴王殺子胥，投之於江，實也；言其恨恚驅水爲濤者，虛也。屈原懷恨，自投湘江，湘江不爲濤；申徒狄蹈河而死，河水不爲濤。世人必曰：屈原、申徒狄不能勇猛，力怒不如子胥。夫衛菹子路，而漢烹彭越。子胥勇猛，不過子路、彭越，然二士不能發怒於鼎鑊之中，以烹湯菹汁，瀋漎旁人。宗祥案：「漎，疾貌也。」見文選甘泉賦注。疑當作「摐」。「摐，撞也」。見廣雅釋言。子胥亦自先入鑊，乃入江，在鑊中之時，其神安居？豈怯於鑊湯，勇於江水哉！何其怒氣前後不相副也？且投於江中，何江也？有丹徒大江，有錢唐浙江，有吳通陵江。或言投於丹徒大江，無濤。欲言投於錢唐浙江，浙江、山陰江、上虞江皆有濤。三江有濤，豈分橐中之體，散置三江中乎？人若恨恚也，仇讎未死，子孫遺在，可也。今吳國已滅，夫差無類，吳爲會稽，立置太守，子胥之神，復何怨苦，爲濤不止，欲何求索？吳、越在時，分會稽郡，越治山陰，吳都今吳，餘暨以南屬越，錢唐以北屬吳。錢唐之江，兩國界也。山陰、上虞在越界中，子胥入吳之江爲濤，當自上吳界中，何爲入越之地？怨恚吳王，發怒越江，違失道理，無神之驗也。且夫水難驅而人易從也。生任筋力，死用精魂。子胥之生，不能從生人營衛其身，自令身死，筋力消絶，精魂飛散，安能爲濤？使子胥之類，數百千人，乘船渡江，不能越水，一子胥之身，煮湯鑊之中，骨肉糜爛，成爲羹葅，何能有害也？周宣王殺其臣杜伯，趙簡子殺其臣莊之義。孫詒讓曰：此「趙簡子」當作「燕簡公」。殺莊子義事，見墨子明鬼篇。本書訂鬼篇不誤。「義」，二篇同，抱朴子論仙篇亦云「子義掊燕簡」，墨子作「儀」，古字通。死僞篇作「趙簡公」，亦誤。似然，猶爲虛言。今子胥不能完體爲杜伯、子義之事，以報吳王，而驅水往來，豈報讎之義、有知之驗哉！俗語不實，成爲丹青，丹青之文，賢聖惑焉。夫地之有百川也，猶人之有血脈也。血脈流行，汎揚動靜，自有節度。百川亦然，其朝夕往來，猶人之呼吸，氣出入也。天地之性，上古有之。經曰：「江、漢朝宗于海。」唐、虞之前也，其發海中之時，漾馳而已；入三江之中，殆小淺狹，水激沸起，故騰爲濤。廣陵曲江有濤，文人賦之。大江浩洋，曲江有濤，竟以隘狹也。吴殺其身，爲濤廣陵，子胥之神，竟無知也。溪谷之深，流者安洋，宗祥案：「洋」或作「詳」，見爾雅釋詁「洋觀裒衆」句釋文。淺多沙石，激揚爲瀨。夫濤、瀨，一也。謂子胥爲濤，誰居溪谷爲瀨者乎？案濤入三江，岸沸踊，中央無聲。必以子胥爲濤，子胥之身聚岸漼也。孫詒讓曰：「漼」當作「涯」，形近而誤。黄氏日鈔所引已誤。宗祥案：「漼」以摧折，見傅毅舞賦，義不可通，當從孫説爲長。濤之起也，隨月盛衰，小大滿損不齊同。如子胥爲濤，子胥之怒，以月爲節也。三江時風，揚疾之波，孫詒讓曰：「揚疾」，義不可通，「疾」當爲「侯」，黄氏日鈔所引已誤。感虛篇云：「傳書言：『武王伐紂，渡孟津，揚侯之波，逆流而擊。』」事又見淮南子覽冥訓。亦溺殺人。子胥之神，復爲風也。秦始皇渡湘水，遭風，問湘山何祠。左右對曰：「堯之女，舜之妻也。」始皇大怒，使刑徒三千人，斬湘山之樹而履之。夫謂子胥之神爲濤，猶謂二女之精爲風也。

傳書言：「孔子當泗水之葬，宗祥案：御覽五百六十五引「之」作「而」。泗水爲之却流。」此言孔子之德，能使水却，不湍其墓也。世人信之。是故儒者稱論，皆言孔子之後當封，以泗水却流爲證。如原省之，殆虚言也。夫孔子死，孰與其生？生能操行，慎道應天，死，操行絶。天祐至德，故五帝、三王，招致瑞應，皆以生存，不以死亡。孔子生時，推排不容，故歎曰：

「鳳鳥不至，河不出圖，吾已矣夫！」生時無祐，死反有報乎？孔子之死，五帝、三王之死也。五帝、三王無祐，孔子之死，獨有天報，是孔子之魂聖，五帝之精不能神也。泗水無知，爲孔子却流，天神使之，然則孔子生時，天神不使人尊敬？如泗水却流，天欲封孔子之後，孔子生時，功德應天，天不封其身，乃欲封其後乎？是蓋水偶自却流。江河之流，有回復之處，宗祥案：「回復」，即洄澓也。百川之行，或易道更路，與却流無以異。則泗水却流，不爲神怪也。

傳書稱：「魏公子之德，仁惠下士，兼及鳥獸。方與客飲，有鸇擊鳩，鳩走，巡於公子案下。鸇追擊，殺於公子之前。宗祥案：藝文類聚六十九引烈士傳曰：「魏公子方食，有鳩飛入其案下。公子怪之，此有何急，來歸無忌耶？使人於殿下視之，左右顧望，一鸇在屋上而飛。」公子耻之，即使人多設羅，得鸇數十枚，責讓以擊鳩之罪。擊鳩之鸇，低頭不敢仰視，公子乃殺之。世稱之曰：『魏公子爲鳩報仇。』」此虚言也。夫鸇，物也。情心不同，音語不通。聖人不能使鳥獸爲義理之行，公子何人，能使鸇低頭自責？鳥爲鸇者，以千萬數，向擊鳩蜚去，安可復得？能低頭自責，是聖鳥也。曉公子之言，則知公子之行矣。知公子之行，則不擊鳩於其前。人猶不能改過，鳥與人異，謂之能悔，世俗之語，失物類之實也。或時公子實捕鸇，鸇得人持其頭，變折其頸，宗祥案：「變」，疑「攣」字之譌。疾痛低垂，不能仰視。緣公子惠義之人，則因褒稱言鸇服過。蓋言語之次，空生虚妄之美；功名之下，常有非實之加。

傳書言：「齊桓公妻姑姊妹七人。」此言虛也。夫亂骨肉，犯親戚，無上下之序者，禽獸之性，則亂不知倫理。案桓公九合諸侯，一正天下，宗祥案：論語憲問作「一匡天下」，後文亦作「匡」。「匡，正也」。見爾雅釋言，義同。此或字訛，或避宋諱改。道之以德，將之以威，以故諸侯服從，莫敢不率，非內亂懷鳥獸之性者所能爲也。夫率諸侯朝事王室，恥上無勢而下無禮也。外恥禮之不存，內何犯禮而自壞？外內不相副，則功無成而威不立矣。世稱桀、紂之惡，不言淫於親戚。實論者謂夫桀、紂惡微於亡秦；亡秦過泊於王莽，無淫亂之言。桓公妻姑姊妹七人，宗祥案：「姊」下脱「妹」字。是惡浮於桀、紂，宗祥案：各本無「是」字，從宋、元。而過重於秦、莽也。春秋采毫毛之美，貶纖芥之惡。桓公惡大不貶，何哉？魯文姜，齊襄公之妹也，襄公通焉。春秋經曰：「莊二年冬，夫人姜氏會齊侯于郜。」春秋何尤於襄公而書其奸；何宥於桓公隱而不譏？如經失之，傳家左丘明、公羊、穀梁何諱不言？案桓公之過多內寵，內嬖如夫人者六，有五公子爭立，齊亂，公薨三月乃訃。宗祥案：「訃」，宋、元本「赴」。世聞內嬖六人，嫡庶無別，則言亂於姑姊妹七人矣。

傳書言：「齊桓公負婦人而朝諸侯。」此言桓公之淫亂無禮甚也。夫桓公大朝之時，負婦人於背，其游宴之時，何以加此？方修士禮，崇厲肅敬，負婦人於背，何以能率諸侯朝事王室？葵丘之會，桓公驕矜，當時諸侯畔者九國。睚眦不得，原注：一有「所載」字。九國畔去，況負婦人淫亂之行，何以肯留？或曰：「管仲告諸侯：『吾君背有疽創，不得婦人，創不衰愈。』宗祥案：「創」，通津、程刻「瘡」，從宋、元。「創」，古「瘡」字。諸侯信管仲，故無畔者。」夫十室之邑，必有忠信若孔子，當時諸侯千人以上，必知方術。治疽不用婦人，管仲爲君諱也。諸侯知仲爲君諱而欺己，必恚怒而畔去，何以能久統會諸侯，成功於霸？或曰：「桓公實無道，任賢相管仲，故能霸天下。」夫無道之人，與狂無異，信讒遠賢，反害仁義，安能任管仲，能養人令之成事？桀殺關龍逢，紂殺王子比干，無道之君，莫能用賢。使管仲賢，桓公不能用，用管仲故知桓公無亂行也。有賢明之君，故有貞良之臣。臣賢，君明之驗，奈何謂之有亂？難曰：「衛靈公無道之君，時知賢臣。管仲爲輔，何明桓公不爲亂也？」夫靈公無道，任用三臣，僅以不喪，非有功行也。桓公尊九九之人，宗祥案：說見韓詩外傳、說苑尊賢篇。漢書梅福傳注曰：「九九算術，若今九章、五曹之屬輩。」拔甯戚於車下，責苞茅不貢，連兵攻楚，九合諸侯，一匡天下，千世一出之主也，而云負婦人於背，虛矣。說尚書者曰：「周公居攝，帶天子之綬，戴天子之冠，負扆南面而朝諸侯。」户牖之間曰扆，南面之坐位也。負扆南面鄉坐，「面，鄉也」，見周禮撣人「使萬民和悦而正王面」鄭注。是與「鄉」字義複，「鄉」疑衍字。扆在後也。桓公朝諸侯之時，或南面坐，婦人立於後也。世俗傳云，則曰負婦人於背矣。此則夔一足、宋丁公鑿井得一人之語也。唐虞時，夔爲大夫，性知音樂，調聲悲善。當時人曰：「調樂如夔，一足矣。」世俗傳言

「夔一足」。案秩宗官缺，帝舜博求，衆稱伯夷。伯夷稽首，讓于夔龍。秩宗卿官，漢之宗正也。斷足，足非其理也。宗祥案：「足，得也」，見老子「視之不足見」注。且一足之人，何用行也？夏后孔甲田于東萯原注：一作「莫」。山，孫詒讓曰：事見呂氏春秋音初篇。彼云：「夏后氏孔甲田於東陽萯山。」此「東」下當有「陽」字。「萯」、「莫」，並「萯」之誤。（指瑞篇作「首山」，亦誤。）宗祥案：御覽八十二引呂氏春秋，作「東陽蕡山」，音頻，又異。天雨晦冥，入于民家，主人方乳，或曰：「后來之子必貴。」宗祥案：「后」，程刻誤「後」。或曰：「不勝之子必賤。」孔甲曰：「爲余子，孰能賤之？」遂載以歸，析橑，宗祥案：「橑，薪也」。見管子侈靡篇注。斧斬其足，卒爲守者。孔甲之欲貴之子，有餘力矣，斷足無宜，故爲守者。今夔一足，無因趨步，坐調音樂可也，秩宗之官，不宜一足，猶守者斷足，不可貴也。孔甲不得貴之子，伯夷不得讓於夔焉。宋丁公者，宋人也。未鑿井時，常有寄汲，計之，日去一人作。自鑿井後，不復寄汲，計之，日得一人之作。故曰：「宋丁公鑿井得一人。」俗傳言曰：「丁公鑿井，得一人於井中。」夫人生於人，非生於土也。穿土鑿井，無爲得人。推此以論，負婦人之語，猶此類也。負婦人而坐，則云婦人在背。知婦人在背非道，則生管仲以婦人治疽之言矣。使桓公用婦人徹胤服，婦人於背，宗祥案：「胤」，宋、元本作「胷」。「胤」古文作「𦙍」，形近「胷」，因而致誤，胤字本義爲繼，爲續，亦旁訓作曲，然此文當作「胷服」爲是。又「膺，胷也」，見國語魯語注，亦可旁證。女氣瘡可去，以婦人治疽。方朝諸侯，桓公重衣，婦人襲裳，女氣分隔，負之何益？桓公思士，作庭燎而夜坐，以思致士，反以白日負婦人見諸侯乎？

傳書言：「聶政爲嚴翁仲刺殺韓王。」此虛也。夫聶政之時，韓列侯也。宗祥案：「列」與「烈」通，詩大叔于田「火烈具舉」，文選注三作「火列具舉」。列侯之二年，宗祥案：他本「三」，此從宋、元。「三」字蓋據史記校改。聶政刺韓相俠累。十二年，列侯卒，與聶政殺俠累，相去十七年。俞樾曰：案國策言：「聶政刺韓傀，兼中烈侯。」史記韓世家：「烈侯三年，聶政殺韓相俠累。烈侯十三年卒，子文侯立。文侯卒，子哀侯立。哀侯六年，韓嚴弑其君。」是烈侯不見弑，哀侯固見弑也。據刺客傳，又以聶政事在哀侯時，且聶政之刺，乃嚴仲子使之，豈即所謂「韓嚴弑其君」者乎？然則國策所載，自是當時之實，但誤以哀侯爲烈侯耳。而言聶政刺殺韓王，短書小傳，竟虛不可信也。

傳書又言：「燕太子丹使刺客荆軻刺秦王，不得，誅死。後高漸麗復以擊筑見秦王，秦王説之，知燕太子之客，乃冒其眼，使之擊筑。漸麗乃置鉛於筑中以爲重。當擊筑，秦王膝進，不能自禁。漸麗以筑擊秦王顙，秦王病傷，三月而死。」夫言高漸麗以筑擊秦王，實也；言中秦王病傷三月而死，虛也。夫秦王者，秦始皇帝也。始皇二十年，燕太子丹使荆軻刺始皇，始皇殺軻，明矣。二十一年，使將軍王翦攻燕，得太子首。二十五年，遂伐燕而虜燕王嘉。後不審何年，高漸麗以筑擊始皇，不中，誅漸麗。當二十七年，游天下，到會稽，至琅邪，北至勞、盛山，宗祥案：盛山，即成山。「盛」、「成」古通。盛讀爲成，見荀子王霸注。並海，西至平原津而病，到沙丘平臺，始皇崩。夫讖書言始皇還，到沙丘而亡；傳書又言病筑瘡三月而死於秦。一始皇之身，世或言死於沙丘，或言死於秦，其死，言恒病瘡。傳書之言，多失其實。世俗之人，不能定也。

變虛篇

傳書曰：「宋景公之時，熒惑守心，宗祥案：「守」，下文作「在」。呂氏春秋制樂篇、淮南子道應篇、新序雜事篇並作「在」。公懼，召子韋而問之曰：『熒惑在心，何也？』子韋曰：『熒惑，天罰也；宗祥案：「罰」，下文作「使」。心，宋分野也，禍當君。雖然，可移於宰相。』公曰：『宰相，所使治國家也，而移死焉，不祥。』子韋曰：『可移於民。』公曰：『民死，寡人將誰爲也？寧獨死耳。』子韋曰：『可移於歲。』公曰：『民饑，必死。爲人君而欲殺其民以自活也，其誰以我爲君者乎？是寡人命固盡也，子毋復言。』子韋退走，北面再拜曰：『臣敢賀君。天之處高而耳卑，宗祥案：「耳」，下文作「聽」，與呂氏春秋文同。君有君人之言三，天必三賞君。今夕星必徙三舍，君延命二十一年。』公曰：『奚知之？』對曰：『君有三善，故有三賞，星必三徙，三徙行七星，星當一年，三七二十一，故君命延二十一歲。宗祥案：「三徙行七星」，呂覽、淮南、新序均作「舍行七星」，「三」字疑衍。臣請伏於殿下以伺之，星必不徙，臣請死耳。』宗祥案：「耳」，宋、元本「可」。是夕也，火星果徙三舍。」如子韋之言，則延年審得二十一歲矣。星徙審則延命，延命明則景公爲善，天祐之也。則夫世間人能爲景公之行者，則必得景公祐矣。此言虛也。何則？皇天遷怒使熒惑，本景公身有惡而守心，則雖聽子韋言，猶無益也。使其不爲景公，則雖不聽子韋之言，亦無損也。

齊景公時，有彗星，使人禳之。晏子曰：「無益也，秖取誣焉。天道不闇，宗祥案：事見左氏昭二十六年傳，「秖」作「祇」，「闇」作「諂」，杜注曰：「諂，疑也。」不貳其命，若之何禳之也？且天之有彗，以除穢也。君無穢德，又何禳焉？若德之穢，禳之何益？詩曰：『惟此文王，小心翼翼，昭事上帝，聿懷多福；厥德不回，以受方國。』君無回德，方國將至，何患於彗？詩曰：『我無所監，夏后及商。用亂之故，民卒流亡。』若德回亂，民將流亡。祝史之爲，無能補也。」公說，乃止。齊君欲禳彗星之凶，猶子韋欲移熒惑之禍也。宋君不聽，猶晏子不肯從也。則齊君爲子韋，晏子爲宋君也。同變共禍，一事二人，天猶賢宋君，使熒惑徙三舍，延二十一年，獨不多原注：一作「爲」。晏子，使彗消而增其壽，何天祐善偏駁不齊一也？

人君有善行，善行動於心，善言出於意，同由共本，一氣不異。宋景公出三善言，則其先三善言之前，必有善行也。有善行，必有善政。政善則嘉瑞臻，福祥至，熒惑之星，無爲守心也。使景公有失誤之行，以致惡政，惡政發則妖異見，熒之守心，宗祥案：「熒」下脫「惑」字。桑穀之生朝。宗祥案：「桑」上疑脫「猶」字。高宗消桑穀之變，以政不以言；景公卻熒惑之異，亦宜以行。景公有惡行，故熒惑守心，不改政修行，坐出三善言，安能動天！天安肯應！何以效之？使景公出三惡言，能使熒惑守心乎？夫三惡言不能使熒惑守心，三善言安能使熒惑退從三舍？以三善言獲二十一年，如有百善言，得千歲之壽乎？非天祐善之意，應誠爲福之實也。

子韋之言，「天處高而聽卑，君有君人之言三，天必三賞君」。夫天，體也，與地無異。諸有體者，耳咸附於首。體與耳殊，未之有也。天之去人，高數萬里，使耳附天，聽數萬里之語，弗能聞也。人坐樓臺之上，察地之螻蟻，尚不見其體，安能聞其聲。何則？螻蟻之體細，不若人形大，聲音孔氣，不能達也。今天之崇高，非直樓臺；人體比於天，非若螻蟻於人也。謂天非若螻蟻於人也。宗祥案：御覽九百四十七引無此句，疑衍文。謂天聞人言，隨善惡爲吉凶，誤矣。四夷入諸夏，因譯而通。同形均氣，語不相曉，雖五帝、三王，不能去譯，獨曉四夷，況天與人異體，音與人殊乎？人不曉天所爲，天安能知人所行？使天體乎，耳高不能聞人言；使天氣乎，氣若雲煙，安能聽人辭？說災變之家曰：「人在天地之間，猶魚在水中矣。其能以行動天地，猶魚鼓而振水也。魚動而水蕩氣變。」此非實事也。假使真然，不能至天。魚長一尺，動於水中，振旁側之水，不過數尺，大若不過與人同，所振蕩者，不過百步，而一里之外，澹然澄靜，離之遠也。今人操行變氣，遠近宜與魚等；氣應而變，宜與水均。以七尺之細形，形中之微氣，不過與一鼎之蒸火同。從下地上變皇天，何其高也！

且景公，賢者也。賢者操行，上不及聖，宗祥案：證之下文，「聖」下當奪「人」字。下不過惡人。

世間聖人莫不堯、舜，惡人莫不桀、紂。堯、舜操行多善，無移熒惑之效；桀、紂之政多惡，有反景公脱禍之驗。宗祥案：「有反」二字疑倒。景公出三善言，延年二十一歲，是則堯、舜宜獲千歲，桀、紂宜爲殤子。今則不然，各隨年壽。堯、舜、桀、紂，皆近百載。是竟子韋之言妄，延年之語虚也。

且子韋之言曰：「熒惑，天使也；心，宋分野也，禍當君。」若是者，天使熒惑加禍於景公也，如何可移於將相、若歲與國民乎？天之有熒惑也，猶王者之有方伯也。諸侯有當死之罪，使方伯圍守其國。國君問罪於臣，臣明罪在君，雖然，可移於臣子與人民。設國君計其言，宗祥案：「計」疑「許」譌。令其臣歸罪於國，宗祥案：證之前後文，「國」下當脱「人」字。方伯聞之，肯聽其言，釋國君之罪，更移以付國人乎？方伯不聽者，自國君之罪，非國人之辜也。方伯不聽，自國君之罪，熒惑安肯移禍於國人？若此，子韋之言妄也。曰：「景公聽乎言，庸何能動天？」宗祥案：此有奪字譌文。使諸侯不聽其臣言，引過自予，方伯聞其言，釋其罪，委之去乎？方伯不釋諸侯之罪，熒惑安肯徙去三舍？夫聽與不聽，皆無福善，星徙之實，未可信用。天人同道，好惡不殊。人道不然，則知天無驗矣。

宋、衛、陳、鄭之俱災也，氣變見天。梓慎知之，請於子産有以除之，子産不聽。天道當然，人事不能卻也。使子産聽梓慎，四國能無災乎？堯遭洪水時，臣必有梓慎、子韋之知矣，然而不卻除者，堯與子產同心也。案子韋之言曰：「熒惑，天使也；心，宋分野也，禍當君。」審如此言，禍不可除，星不可卻也。若夫寒溫失和，風雨不時，政事之家，謂之失誤所致，可以善政賢行變而復也。若熒惑守心，若必死，猶亡禍安可除？修政改行，安能卻之？善政賢行，尚不能卻，出虛華之三言，謂星卻而禍除，增壽延年，享長久之福，誤矣。觀子韋之言景公，言熒惑之禍，非寒暑風雨之類，身死命終之祥也。國且亡，身且死，妖氣見於天，容色見於面。宗祥案：「見」，宋、元本「陽」。面有容色，雖善操行不能滅，死徵已見也。在體之色，不可以言行滅；在天之妖，安可以治除乎？人病且死，色見於面，人或謂之曰：「此必死之徵也。雖然，可移於五鄰，若移於奴役。」當死之人，正言不可，容色肯爲善言之故滅，而當死之命，肯爲之長乎？氣不可滅，命不可長，然則熒惑安可卻？景公之年，安可增乎？由此言之，熒惑守心，未知所爲，故景公不死也。

且言星徙三舍者，何謂也？星三徙於一舍乎？一徙歷於三舍也？案子韋之言曰：「君有君人之言三，天必三賞君，今夕星必徙三舍。」若此，星竟徙三舍也。夫景公一坐有三善言，星徙三舍。如有十善言，宗祥案：「言」，通津、程刻「者」，從宋、元。星徙十舍乎？熒惑守心，爲善言卻；如景公復出三惡言，熒惑食心乎？爲善言卻，爲惡言進，無喜無惡，熒惑安居不行動乎？

或時熒惑守心爲旱災，不爲君薨。子韋不知，以爲死禍，信俗至誠之感。熒惑之處星，宗祥案：「星」疑「心」譌。必偶自當去，景公自不死，世則謂子韋之言審，景公之誠感天矣。亦或時子韋知星行度適自去，自以著已之知，明君臣推讓之所致，見星之數七，因言星七舍，宗祥案：心，三星，火，一星。此言「七」，未詳。「七舍」、「七」疑「三」誤。復得二十一年，因以星舍計年之數，是與齊太卜無以異也。齊景公問太卜曰：「子之道何能？」對曰：「能動地。」晏子往見公，公曰：「寡人問太卜曰：『子道何能？』對曰：『能動地。』地固可動乎？」晏子嘿然不對。出見太卜曰：「昔吾見鈎星在房、心之間，地其動乎？」太卜曰：「然。」晏子出，太卜走見公：「臣非能動地，地固將自動。」夫子韋言星徙，猶太卜言地動也。地固且自動，太卜言己能動之；星固將自徙，子韋言君能徙之。使晏子不言鈎星在房、心間，宗祥案：通津、程刻無「間」字，從宋、元。則太卜之姦對不覺。宋無晏子之知臣，故子韋之一言，遂爲其是。孫詒讓曰：「遂爲其是」，義不可通。黄氏日鈔引作「售其欺耳」。疑當作「遂售其欺耳」。今本「售」譌「爲」，「耳」譌「是」，又脱「欺」字。宗祥案：本文義亦可通，即上文「世則謂子韋之言審」，同一義也。案子韋書録序秦宗祥案：漢書藝文志有宋司星子韋三篇，則「秦」疑「奏」譌，言序録奏進也。亦言：子韋曰：「君出三善言，熒惑宜有動。」於是候之，果徙舍。不言三。或時星當自徙，宗祥案：通津、程刻「徙」作「去」，從宋、元。子韋以爲驗，實動離舍，世增言三。既空增三舍之數，又虚生二十一年之壽也。

論衡卷第五

漢　會稽　王充著
海寧　張宗祥校注

異虛篇

殷高宗之時，桑穀俱生於朝，七日而大拱。宗祥案：此出尚書大傳，又見漢書五行志引及説苑君道篇。高宗召其相而問之，相曰：「吾雖知之，弗能言也。」問祖己，祖己曰：「夫桑穀者，野草也，而生於朝，意朝亡乎！」高宗恐駭，側身而行道，思索先王之政，明養老之義，興滅國，繼絶世，舉佚民。桑穀亡。三年之後，諸侯以譯來朝者六國，遂享百年之福。高宗，賢君也，而感桑穀生而問祖己，行祖己之言，修政改行。桑穀之妖亡，諸侯朝而年長久。修善之義篤，故瑞應之福渥。此虛言也。祖己之言朝當亡哉，宗祥案：「哉」疑「者」譌。又，「哉者，疑而量度之辭」，見禮記曾子問「孔子曰：『祭哉。』」疏。夫朝之當亡，猶人當死。人欲死怪出，國欲亡期盡。人死命終，死不復生，亡不復存。祖己之言政，何益於不亡？高宗之修行，何益於除禍？夫家人見凶，修善不能得吉；高宗見妖，改政安能除禍？除禍且不能，況能招致六國，延期至百年乎？故人之死生，在於命之夭壽，不在行之善惡；國之存亡，在期之長短，不在於政之得失。案祖己之占，桑穀爲亡之妖。亡象已見，雖修孝行，宗祥案：「孝」疑「教」譌。其何益哉！何以效之？

魯昭公之時，鸜鵒來巢，師已採文、成之世童謠之語，有鸜鵒之言，見今有來巢之驗，則占謂之凶。其後昭公爲季氏所逐，出於齊，國果空虚，都有虚驗。宗祥案：「虚」疑「實」譌。故野鳥來巢，師已處之，禍意如占。宗祥案：「意」疑「竟」譌。使昭公聞師已之言，修行改政爲善，居高宗之操，宗祥案：「居，處也。」見呂氏春秋離俗「仁者居之」注。終不能消。何則？鸜鵒之謠已兆，出奔之禍已成也。鸜鵒之兆，已出於文、成之世矣。根生，葉安得不茂？源發，流安得不廣？此尚爲近，未足以言之。

夏將衰也，二龍戰於庭，吐漦而去，夏王櫝而藏之，夏亡傳於殷，殷亡傳於周，皆莫之發。至幽王之時，發而視之，漦流于庭，化爲玄黿，走入後宮，與婦人交，遂生褒姒。褒姒歸周，厲王惑亂，國遂滅亡。宗祥案：幽、厲事倒置，當以史記爲正。幽、厲王之去夏世，以爲千數歲。宗祥案：「以」、「已」，古通。二龍戰時，幽、厲、褒姒等未爲人也。周亡之妖，已出久矣。妖出禍安得不就？瑞見福安得不至？若二龍戰時言曰：「余，褒之二君也。」是則褒姒當生之驗也。龍稱褒，褒姒不得不生，生則厲王不得不惡，惡則國不得不亡。徵已見，雖五聖十賢相與卻之，終不能消。善惡同實，善祥出，國必興；惡祥見，朝必亡。謂惡異可以善行除，是謂善瑞可以惡政滅也。河源出於崑崙，其流播於九河。使堯、禹卻以善政，終不能還者，水勢當然，人事不能禁也。河源不可禁，二龍不可除，則桑穀不可卻也。王命之當興也，猶春氣之當爲夏也；其當亡也，猶秋氣之當爲冬也。見春之微葉，知夏有莖葉；覩秋之零實，知冬之枯萃。桑穀之生，其猶春葉秋實也，必然猶驗之。今詳修政改行，何能除之？

夫以周亡之祥，見於夏時，又何以知桑穀之生，不爲紂亡出乎！或時祖己言之，信野草之占，失遠近之實。高宗問祖己之後，側身行道，六國諸侯偶朝而至。高宗之命，自長未終，則謂起桑穀之問，改政修行，享百年之福矣。夫桑穀之生，殆爲紂出，亦或時吉而不凶，故殷朝不亡，高宗壽長。祖己信野草之占，謂之當亡之徵。

漢孝武皇帝之時，獲白麟，戴兩角而共觝，宗祥案：「觝，合也。」見太玄經注。使謁者終軍議之。軍曰：「夫野獸而共一角，象天下合同爲一也。」麒麟，野獸也，桑穀，野草也，俱爲野物，獸草何別？終軍謂獸爲吉，宗祥案：證之上下文，「獸」上疑脫「野」字。祖己謂野草爲凶。

高宗祭成湯之廟，有蜚雉升鼎而雊。宗祥案：蜚，「古『飛』字」，見史記周本紀正義。祖己以爲遠人將有來者，說尚書家謂雉凶，議駮不同。且從祖己之言，雉來吉也。雉伏於野草之中，草覆野鳥之形，若民人處草廬之中，可謂其人吉而廬凶乎？民人入都，不謂之凶，野草生朝，何故不吉？雉則民人之類。如謂含血者吉，長狄來至，是吉也，何故謂之凶？如以從夷狄來者不吉，介葛盧來朝，是凶也。如以草木者爲凶，朱草、蓂莢出，是不吉也。朱草、蓂莢，皆草也，宜生於野而生於朝，是爲不吉，何故謂之瑞？一野之物來至或出，吉凶異議。朱草、蓂莢善草，故爲吉，則是以善惡爲吉凶，不以都野爲好醜也。周時天下太平，越嘗獻雉於周公，宗祥案：「越嘗，遠國也。」見孝經注。「越裳，南蠻，今九真是也。」見文選東京賦注。是「嘗」、「裳」古通。高宗得之而吉。雉亦草野之物，何以爲吉？如以雉所分有似於士，宗祥案：「所分」，當爲雉亶耿介之分而言。則麏亦仍有似君子，公孫術得白鹿，孫詒讓曰：「術」當作「述」，後漢書述傳，不載此事。占何以凶？然則雉之吉凶未可知，則夫桑穀之善惡未可驗也。桑穀或善物，象遠方之士，將皆立於高宗之廟。故高宗獲吉福，享長久也。

說災異之家以爲天有災異者，所以譴告王者，信也。夫王者有過，異見於國；不改，災見草木；不改，災見於五穀；不改，災至身。左氏春秋傳曰：「國之將亡，鮮不五稔。」災見於五穀，五穀安得熟？不熟，將亡之徵。災亦有且亡五穀不熟之應。夫不熟，宗祥案：「夫」，各本「天」，從宋本。或爲災，或爲福。禍福之實未可知，桑穀之言安可審？

論說之家，著於書記者，皆云天雨穀者凶。書傳曰：「蒼頡作書，天雨穀，鬼夜哭。」此方凶惡之應。和者，天何用成穀之道，宗祥案：「何，問辭也。」見文選高唐賦注。「天何」二字疑倒，義若曰：和氣者何，天所以成百穀，天降和氣，猶謂之祥，況穀已成而自降乎？從天降而和，且猶謂之善，況所成之穀從雨下乎！極論訂之，何以爲凶？夫陰陽和則穀稼成，不則被災害。陰陽和者，穀之道也，何以謂之凶？絲成帛，縷成布。賜人絲縷，猶爲重厚，況遺人以成帛與織布乎！夫絲縷猶陰陽，帛布猶成穀也。賜人帛不謂之惡，天與之穀，何故謂之凶？夫而穀吉凶未可定，桑穀之言，未可知也。

使暢草生於周之時，天下太平，人來獻暢草。孫詒讓曰：「使暢草生於」五字疑衍，「暢」即「鬯」之借字，（詳前山海經。）後儒增、書證篇並云：「周時天下太平，倭人貢鬯草。」恢國篇亦云：「倭人貢鬯。」超奇篇又云：「暢草獻於苑。」此云「人來獻暢草」，「人」上疑挩「倭」字。說文鬯部云：「鬱，芳草也，遠方鬱人所貢。」與王說異。宗祥案：「下文又有，使暢草生於周家」句，五字當衍。暢草亦草野之物也，與彼桑穀何異？如以夷狄獻之則爲吉，使暢草生於周家，肯謂之善乎？夫暢草可以熾釀，芬香暢達者，將祭，灌暢降神。設自生於周朝，與嘉禾、朱草、蓂莢之類不殊矣。然則桑亦食蠶，蠶爲絲，絲爲帛，帛爲衣。衣以入宗廟，爲朝服，與暢無異。何以謂之凶？

衛獻公太子至靈臺，蛇遶左輪。御者曰：「太子下拜。吾聞國君之子，蛇遶車輪左者速得國。」太子遂不下，反乎舍。御人見太子，太子曰：「吾聞爲人子者，盡和順於君，不行私欲，共嚴承令，宗祥案：「共」，即「恭」字古文。「嚴」，即「莊」，漢避明帝諱，「莊」改「嚴」。不逆君安。今吾得國，是君失安也。見國之利而忘君安，非子道也。得國而拜，其非君欲。廢子道者不孝，逆君欲則不忠，而欲我行之，殆吾欲國之危明也。」投殿將死，其御止之，不能禁，遂伏劍而死。夫虵繞左輪，審爲太子速得國，太子宜不死，獻公宜疾薨。今獻公不死，太子伏劍，御者之占，俗之虛言也。或時虵爲太子將死之妖，御者信俗之占，故失吉凶之實。夫桑穀之生，與虵遶左輪相似類也。虵至實凶，御者以爲吉；桑穀實吉，祖己以爲凶。

禹南濟於江，有黃龍負舟。舟中之人，五色無主。禹乃嘻笑而稱曰：「我受命於天，竭力以勞萬民。生，寄也；死，歸也。死，歸也，宗祥案：御覽九百四十六引，三字不重。何足以滑和，宗祥案：廣韻：「滑，古忽切，亂也。」視龍猶蝘蜓也。」龍去而亡。案古今龍至皆爲吉，而禹獨謂黃龍凶者，見其負舟，舟中之人恐也。夫以桑穀比於龍，吉凶雖反，蓋相似。野草生於朝，尚爲不吉，殆有若黃龍負舟之異，故爲吉而殷朝不亡。

晉文公將與楚成王戰於城濮，彗星出楚，楚操其柄。以問咎犯，咎犯對曰：「以彗鬭，倒之者勝。」文公夢與成王搏，成王在上，盬其腦。問咎犯，咎犯曰：「君得天而成王伏其罪，戰必大勝。」文公從之，大破楚師。嚮令文公問庸臣，必曰：「不勝。」何則？彗星無吉，搏在上，無凶也。夫桑穀之占占爲凶，猶晉當彗末、搏在下爲不吉也。然而吉者，殆有若對彗、見天之詭。故高宗長久，殷朝不亡。使文公不問咎犯，咎犯不明其吉，戰以大勝，世人將曰：「文公以至賢之德，破楚之無道。天雖見妖，卧有凶夢，猶滅妖消凶以獲福。」殷無咎犯之異知，而有祖己信常之占，故桑穀之文，傳世不絶，轉禍爲福之言，到今不實。

感虛篇

儒者傳書言：「堯之時十日並出，萬物燋枯。堯上射十日，九日去，一日常出。」此言虛也。夫人之射也，不過百步，矢力盡矣。日之行也，行天星度。天之去人以萬里數，堯上射之，安能得日？使堯之時，天地相近，不過百步，則堯射日，矢能及之；過百步，不能得也。假使堯時天地相近，堯射得之，猶不能傷日，傷日何肯去？何則？日，火也。使在地之火，附一把炬，人從旁射之，雖中，安能滅之？地火不爲見射而滅，天火何爲見射而去？此欲言堯以精誠射之，精誠所加，金石爲虧，蓋誠無堅則亦無遠矣。夫水與火各一性也。能射火而滅之，則當射水而除之。洪水之時，氾濫中國，爲民大害。堯何不推精誠射而除之？堯能射日，使火不爲害，不能射河，使水不爲害。夫射水不能卻水，則知射日之語，虛非實也。或曰：「日，氣也。射雖不及，精誠滅之。」夫天亦遠，使其爲氣，則與日月同；使其爲體，則與金石等。以堯之精誠，滅日虧金石，上射日則能穿天乎？世稱桀、紂之惡，射天而毆地；譽高宗之德，政消桑穀。今堯不能以德滅十日而必射之，是德不若高宗，惡與桀、紂同也，安能以精誠獲天之應也？

傳書言：「武王伐紂，渡孟津，陽侯之波逆流而擊，疾風晦冥，人馬不見。於是武王左操黃鉞，右執白旄，瞋目而麾之曰：『余在，天下誰敢害吾意者？』於是風霽波罷。」此言虛也。武王渡孟津時，士衆喜樂，前歌後舞。天人同應，人喜天怒，非實宜也。前歌後舞，未必其實；麾風而止之，迹近爲虛。夫風者，氣也，論者以爲天地之號令也。武王誅紂是乎，天當安靜以祐之；如誅紂非乎，而天風者怒也。武王不奉天令，求索己過，瞋目言曰：「余在，天下誰敢害吾者。」宗祥案：以上文證之，「吾」下脱「意」字。重天怒，增己之惡也，風何肯止？父母怒，子不改過，瞋目大言，父母肯貰之乎？如風天所爲，禍氣自然，是亦無知，不爲瞋目麾之故止。夫風猶雨也，使武王瞋目以旄麾雨而止之乎？武王不能止雨，則亦不能止風。或時武王適麾之，風偶自止，世褒武王之德，則謂武王能止風矣。

傳書言：「魯襄公與韓戰，宗祥案：「傳」，御覽四引作「儒」，「襄」作「陽」。案，「襄」字各本皆誤，御覽不誤。本書對作篇作「魯陽」，亦不誤，事出淮南覽冥訓，凡「襄」字皆當改正作「陽」。俞樾曰：按淮南子覽冥篇：「魯陽公與韓搆難，戰酣日暮，援戈而撝之，日爲之退三舍。」高注曰：「魯陽，楚之縣公。」漢書地理志南陽郡魯陽，師古曰：「即淮南所云與韓戰日反三舍者也。」然則「魯陽」非魯也。國語楚語：「惠王以梁與魯陽文子。」韋昭注曰：「文子，平王之孫，司馬子期子，魯陽公也。」墨子耕柱篇云：「墨子謂魯陽文君曰。」「魯陽文君」，即魯陽文子，與韓戰者。未知即此人否。要非魯之襄公也。戰酣日暮，公援戈而麾之，宗祥案：御覽無「公」字。日爲之反三舍。」此言虛也。凡人能以精誠感動天，宗祥案：御覽「天」下有「者」字。專心一意，委務積神，精通于天，宗祥案：御覽無「精」字、「于」字。天爲變動，然尚未可謂然。襄公志在戰，爲日暮一麾，安能令日反？使聖人麾日，日終不反，襄公何人，而使日反乎？鴻範曰：「星有好風，星有好雨。日月之行，則有冬有夏。月之從星，則有風雨。」夫星與日月同精，日月不從星，星輒復變。明日月行有常度，不得從星之好惡也，安得從襄公之所欲？星之在天也，爲日月舍，猶地有郵亭，爲長吏廨也。二十八舍有分度，一舍十度，或增或減。言日反三舍，乃三十度也。日，日行一度。一麾之間，反三十日時所在度也。如謂舍爲度，三度亦三日行也。一麾之間，令日卻三日也。宋景公推誠出三善言，熒惑徙三舍。實論者猶謂之虛。襄公爭鬬惡日之暮，以此一戈麾，無誠心善言，日爲之反，殆非其意哉！且日，火也。聖人麾火，終不能卻；襄公麾日，安能使反？或時戰時日正卯，戰迷，謂日之暮，麾之轉左曲道，日若卻。世好神怪，因謂之反，不道所謂也。

傳書言：「荆軻爲燕太子謀刺秦王，白虹貫日。衛先生爲秦畫長平之事，太白蝕昴。」宗祥案：史記鄒陽傳索隱引此「畫」作「策」，「蝕」作「食」。此言精感天，天爲變動也。夫言白虹貫日、太白蝕昴，實也；言荆軻之謀，衛先生之畫，感動皇天，故白虹貫日，太白蝕昴者，虛也。夫以筋撞鐘，以筭擊鼓，不能鳴者，所用撞擊之者小也。宗祥案：御覽七百六十引作「夫以箸撞鐘，以算擊鼓，鐘鼓不能鳴者，用撞之者小也。」今人之形不過七尺，以七尺形中精神，欲有所爲，雖積鋭意，猶筋撞鐘、筭擊鼓也，安能動天？精非不誠，所用動者小也。且所欲害者人也，人不動，天反動乎？問曰：「人之害氣，能相動乎？」曰：「不能。」「豫讓欲害趙襄子，襄子心動；貫高欲篡高祖，宗祥案：「篡，刼也」，見史記衛將軍傳注。高祖亦心動。二子懷精，故兩主振感。」曰：「禍變且至，身自有怪，非適人所能動也。何以驗之？時或遭狂人於途，以刃加己，狂人未必念害己身也，然而已身先時已有妖怪矣。由此言之，妖怪之至，禍變自凶之象，非欲害己者之所爲也。且凶之人卜得惡兆，筮得凶卦，出門見不吉，占危睹禍氣，禍氣見於面，猶白虹、太白見於天也。變見於天，妖出於人，上下適然，自相應也。」

傳書言：「燕太子丹朝於秦，不得去，從秦王求歸。秦王執留之，與之誓曰：『使日再中，天雨粟，令烏白頭，馬生角，厨門木象生肉足，乃得歸。』當此之時，天地祐之，日爲再中，天雨粟，烏白頭，馬生角，厨門木象生肉足。秦王以爲聖，乃歸之。」此言虛也。燕太子丹何人，而能動天？聖人之拘，不能動天，太子丹賢者也，何能致此！夫天能祐太子，生諸瑞以免其身，則能和秦王之意以解其難。見拘一事而易，生瑞五事而難。舍一事之易，爲五事之難，何天之不憚勞也？湯困夏臺，文王拘羑里，孔子厄陳、蔡。三聖之困，天不能祐，使拘之者睹祐知聖，出而尊厚之。或曰：「拘三聖者不與三誓，三聖心不願，故祐聖之瑞，無因而至。天之祐人，猶借人以物器矣，人不求索，則弗與也。」曰：「太子願天下瑞之時，豈有語言乎！心願而已。然湯閉於夏臺、文王拘於羑里時，心亦願出；孔子厄陳、蔡，心願食。天何不令夏臺、羑里關鑰毀敗，湯、文涉出；宗祥案：「涉，度也」，見國語吴語注。又「涉」或「步」字之譌。雨粟陳、蔡，孔子食飽乎？太史公曰：『世稱太子丹之令天雨粟、馬生角，大抵皆虚言也。』太史公，書漢世實事之人，而云虚言，近非實也。」

傳書言：「杞梁氏之妻嚮城而哭，城爲之崩。」此言杞梁從軍不還，其妻痛之，嚮城而哭，至誠悲痛，精氣動城，故城爲之崩也。夫言嚮城而哭者，實也；城爲之崩者，虚也。夫人哭悲莫過雍門子。雍門子哭對孟嘗君，孟嘗君爲之於邑。宗祥案：「於邑，煩寃愁苦也」，見史記刺客列傳「乃於邑曰」索隱引劉氏。蓋哭之精誠，故對嚮之者悽愴感慟也。夫雍門子能動孟嘗之心，不能感孟嘗衣者，衣不知惻怛，不以人心相關通也。今城，土也。土猶衣也，無心腹之藏，安能爲悲哭感慟而崩？使至誠之聲，能動城土，則其對林木哭，能折草破木乎？嚮水火而泣，能涌水滅火乎？夫草木水火，與土無異，然杞梁之妻，宗祥案：「然」下疑脱「則」字。不能崩城，明矣。或時城適自崩，杞梁妻適哭，下世好虚，不原其實，故崩城之名，至今不滅。

傳書言：「鄒衍無罪，見拘於燕，當夏五月，仰天而歎，天爲隕霜。」此與杞梁之妻哭而崩城，無以異也。言其無罪見拘，當夏仰天而歎，實也；言天爲之雨霜，虚也。夫萬人舉口並解吁嗟，猶未能感天，鄒衍一人寃而壹歎，安能下霜？鄒衍之寃，不過曾子、伯奇。曾子見疑而吟，伯奇被逐而歌。疑與拘同，宗祥案：以上下文證之，「疑」下脱「逐」字。吟歌與歎等。曾子、伯奇不能致寒，鄒衍何人，獨能雨霜？被逐之冤，尚未足言。申生伏劍，子胥刎頸，實孝而賜死，誠忠而被誅，且臨死時，皆有聲辭。聲辭出口，與仰天歎無異，天不爲二子感動，獨爲鄒衍動，豈天痛見拘，不悲流血哉？伯奇冤痛相似，而感動不同也？宗祥案：「伯奇」，疑「何其」之譌。夫熯一炬火，爨一鑊水，終日不能熱也；倚一尺冰，置庖厨中，終夜不能寒也。宗祥案：御覽六十八引，「熯」作「燻」，二「不能」均作「而不」。何則？微小之感，不能動大巨也。今鄒衍之歎，不過如一炬尺冰，而皇天巨大，不徒鑊水庖厨之醜類也。宗祥案：「醜，比也」，見禮學記注。一仰天歎，天爲隕霜，何天之易感，霜之易降也？夫哀與樂同，喜與怒均。衍興怨痛，使天下霜，使衍蒙非望之賞，仰天而笑，能以冬時使天熱乎？變復之家曰：「人君秋賞則温，夏罰則寒。」寒不累時，則霜不降；温不兼日，則冰不釋。一夫冤而一歎，天輒下霜，何氣之易變，時之易轉也？寒温自有時，不合變復之家。且從變復之説，或時燕王好用刑，寒氣應至；而衍因拘而歎，歎時霜適自下。世見適歎而霜下，則謂鄒衍歎之致也。

傳書言：「師曠奏白雪之曲，而神物下降，風雨暴至。平公因之癃病，晉國赤地。」或言：「師曠清角之曲，一奏之，有雲從西北起；再奏之，大風至，大雨隨之，裂帷幕，破俎豆，墮廊瓦，坐者散走，平公恐懼，伏乎廊室。晉國大旱，赤地三年，平公癃病。」夫白雪與清角，或同曲而異名，其禍敗同一實也。傳書之家，載以爲是；世俗觀見，信以爲然。原省其實，殆虛言也。夫清角何音之聲，而致此？「清角，木音也，故致風，而，如木爲風，宗祥案：義不可解，疑「而」爲「雨」譌。雨與風俱。」三尺之木，數絃之聲，感動天地，何其神也！此復一哭崩城，一歎下霜之類也。師曠能鼓清角，必有所受，非能質性生出之也。其初受學之時，宿昔習弄，非直一再奏也。審如傳書之言，師曠學清角時，風雨當至也。

傳書言：「瓠芭鼓瑟，淵魚出聽；師曠鼓琴，六馬仰秣。」或言：「師曠鼓清角，一奏之，有玄鶴二八自南方來，集於廊門之危；宗祥案：「危，棟上也」，見禮喪大記注。再奏之而列；三奏之，延頸而鳴，舒翼而舞，音中宮商之聲，聲吁于天。平公大悅，坐者皆喜。」尚書曰：「擊石拊石，百獸率舞。」此雖奇怪，然尚可信。何則？鳥獸好悲聲，耳與人耳同也。禽獸見人欲食，宗祥案：證之下文「欲」疑「之」譌。亦欲食之；聞人之樂，何爲不樂？然而魚聽、仰秣、玄鶴延頸、百獸率舞，蓋且其實。風雨之至、晉國大旱、赤地三年、平公癃病，殆虛言也。或時奏清角時，天偶風雨，風雨之後，晉國適旱，平公好樂，喜笑過度，偶發癃病。傳書之家，信以爲然，世人觀見，遂以爲實。實者樂聲不能致此。何以驗之？風雨暴至，是陰陽亂也。樂能亂陰陽，則亦能調陰陽也。王者何須修身正行，擴施善政，使鼓調陰陽之曲，和氣自至，太平自立矣。

傳書言：「湯遭七年旱，以身禱於桑林，自責以六過，天乃雨。」或言：「五年。禱辭曰：『余一人有罪，無及萬夫。萬夫有罪，在余一人。天以一人之不敏，使上帝鬼神，傷民之命。』於是剪其髮，麗其手，孫詒讓曰：此本呂氏春秋順民篇。「天以一人之不敏」，「天」當作「無」，蓋「無」或作「无」，因誤爲「天」。下文「麗其手」，「麗」字今本呂氏春秋作「鄺」，御覽引作「麗」。「麗」即「櫪」之借字，詳前莊子。宗祥案：「麗，猶繫也」，見禮記「既入廟門，麗于碑」注。孫説似迂。自以爲牲，用祈福於上帝。上帝甚説，時雨乃至。」言湯以身禱於桑林自責，若言剪髮麗手，自以爲牲，用祈福於帝者，實也；言雨至，爲湯自責以身禱之故，殆虛言也。孔子疾病，子路請禱。孔子曰：「有諸？」子路曰：「有之。誄曰：『禱爾于上下神（祗）〔祇〕。』」孔子曰：「丘之禱久矣。」聖人修身正行，素禱之日久，天地鬼神，知其無罪，故曰「禱久矣」。易曰：「大人與天地合其德，與日月合其明，與四時合其叙，與鬼神合其吉凶。」此言聖人與天地鬼神同德行也。即須禱以得福，是不同也。湯與孔子，俱聖人也，皆素禱之日久。孔子不使子路禱以治病，湯何能以禱得雨？孔子素禱，身猶疾病，湯亦素禱，歲猶大旱，然則天地之有水旱，猶人之有疾病也。疾病不可以自責除，水旱不可以禱謝去，明矣。湯之致旱，以過乎？是不與天地同德也。今不以過致旱乎？自責禱謝，亦無益也。人形長七尺，形中有五常，有癉原注：一作「瘴」。熱之病，宗祥案：漢書嚴助傳：「南方暑溼，近夏癉熱。」師古曰：「癉，黄病，音丁幹反。」深自刻責，猶不能愈，況以廣大之天，自有水旱之變，湯用七尺之形，形中之誠，自責禱謝，安能得雨邪？人在層臺之上，人從層臺下叩頭，求請臺上之物。臺上之人，聞其言則憐而與之；如不聞其言，雖至誠區區，終無得也。夫天去人，非徒層臺之高也。湯雖自責，天安能聞知而與之雨乎？夫旱，火變也；湛，水異也。堯遭洪水，可謂湛矣。堯不自責，以身禱祈，必舜、禹治之，知水變必須治也。除湛不以禱祈，除旱亦宜如之。由此言之，湯之禱祈，不能得雨。或時旱久，時當得雨；湯以旱久，亦適自責，世人見雨之下，隨湯自責而至，則謂湯以禱祈得雨矣。

傳書言：「倉頡作書，天雨粟，鬼夜哭。」此言文章興而亂漸見，故其妖變致天雨粟、鬼夜哭也。夫言天雨粟、鬼夜哭，實也；言其應倉頡作書，虛也。夫河出圖，洛出書，聖帝明王之瑞應也。圖書文章，與倉頡所作字畫何以異？天地爲圖書，倉頡作文字，業與天地同，指與鬼神合，何非何惡，而致雨粟、神哭之怪？宗祥案：御覽七百四十七引作「而致雨粟、鬼哭之怪哉」。使天地鬼神惡人有書，則其出圖書，非也。天不惡人有書，作書何非而致此怪？或時倉頡適作書，天適雨粟，鬼偶夜哭，而雨粟、鬼神哭，宗祥案：「神」字衍。自有所爲，世見應書而至，則謂作書生亂敗之象，應事而動也。天雨穀，論者謂之從天而下，變而生。宗祥案：御覽八百三十七引作「應變而生」，此疑脱「應」。如以雲雨論之，雨穀之變，不足怪也。何以驗之？夫雲雨出於丘山，宗祥案：御覽二十七引，無「雨」字。降散則爲雨矣。人見其從上而墜，則謂之天雨水也。夏日則雨水，冬日天寒，則雨凝而爲雪，皆由雲氣發於丘山，不從天上降集於地，明矣。夫穀之雨，猶復雲布之，亦從地起，因與疾風俱飄，參於天，集於地。人見其從天落也，則謂之天雨穀。建武三十一年中，陳留雨穀，穀下蔽地。案視穀形，若茨而黑，宗祥案：藝文類聚八十五引，「茨」作「粢」。「茨」，説文：「以茅蓋屋。」「粢，稷」，見爾雅釋草。「茨」疑「粢」譌。有似於稗實也。此或時夷狄之地，生出此穀。夷狄不粒食，此穀生於草野之中，成熟垂委於地，遭疾風暴起吹揚，與之俱飛，風衰穀集，墜於中國。中國見之，謂之雨穀。宗祥案：御覽八百三十七引，之下有「天」字，是。何以驗之？宗祥案：「驗」，通津、程刻「效」，從宋、元本。野火燔山澤，山澤之中，草木皆燒其葉爲灰，疾風暴起吹揚之，參天而飛，風衰葉下，集於道路。夫天雨穀者，草木葉燒飛而集之類也，而世以爲雨穀，作傳書者以變怪。宗祥案：「以」下疑脱「爲」字。天主施氣，地主產物，有葉實可啄食者，皆地所生，非天所爲也。今穀非氣所生，須土以成。雖云怪變，怪變因類。生地之物，更從天集，生天之物，可從地出乎？地之有萬物，猶天之有列星也。星不更生於地，穀何獨生於天乎？

傳書又言：「伯益作井，龍登玄雲，神棲崑崙。」言龍井有害，故龍、神爲變也。夫言龍登玄雲，實也；言神棲崑崙，又言爲作井之故，龍登神去，虛也。夫作井而飲，耕田而食，同一實也。伯益作井，致有變動，始爲耕耘者，何故無變？神農之橈木爲耒，教民耕耨，民始食穀，穀始播種。耕土以爲田，鑿地以爲井，井出水以救渴，田出穀以拯饑，天地鬼神所欲爲也，龍何故登玄雲？神何故棲崑崙？夫龍之登玄雲，古今有之，非始益作井而乃登也。方今盛夏，雷雨時至，龍多登雲。雲原注：一有「風興」字。宗祥案：御覽二十二引「雲」下有「雨與」二字。龍相應，龍乘雲雨而行，物類相致，非有爲也。堯時五十之民，擊壤於塗。觀者曰：「大哉，堯之德也！」擊壤者曰：「吾日出而作，日入而息，鑿井而飲，耕田而食，堯何等力？」堯時已有井矣。唐、虞之時，豢龍、御龍，龍常在朝。夏末政衰，龍乃隱伏。非益鑿井，龍登雲也。所謂神者，何神也？百神皆是。百神何故惡人爲井？使神與人同，則亦宜有飲之欲。有飲之欲，憎井而去，非其實也。夫益殆不鑿井，龍不爲鑿井登雲，神不棲於崑崙，傳書意妄，造生之也。

傳書言：「梁山崩，壅河，三日不流，晉君憂之。晉伯宗以輦者之言，令景公素縞而哭之，河水爲之流通。」此虛言也。夫山崩壅河，猶人之有癰腫，血脉不通也。治癰腫者，可復以素服哭泣之聲治乎？堯之時，洪水滔天，懷山襄陵。帝堯吁嗟，博求賢者。水變甚於河壅，堯憂深於景公，不聞以素縞哭泣之聲，能厭勝之。堯無賢人若輦者之術乎？將洪水變大，不可以聲服除也？如素縞而哭，悔過自責也，堯、禹之治水，以力役，不自責。梁山，堯時山也；所壅之河，堯時河也。山崩河壅，天雨水踊，二者之變，無以殊也。堯、禹治洪水以力役，輦者治壅河用自責。變同而治異，人鈞而應殊，殆非賢聖變復之實也。凡變復之道，所以能相感動者，以物類也。有寒則復之以温，温復解之以寒。故以龍致雨，以刑逐暑，宗祥案：「陰爲刑」，見大戴記易本命注。此即上文「秋賞則温，夏罰則寒」意。皆緣五行之氣用相感勝之。山崩壅河，素縞哭之，於道何意乎？此或時河壅之時，山初崩，土積聚，水未盛。三日之後，水盛土散，稍壞沮矣。壞沮水流，竟注東去。遭伯宗得輦者之言，因素縞而哭，哭之因流，流時謂之河變起此而復，其實非也。何以驗之？使山恒自崩乎，素縞哭無益也。使其天變應之，宜改政治。素縞而哭，何政所改，而天變復乎？

傳書言：「曾子之孝，與母同氣。曾子出薪於野，有客至而欲去，曾母曰：『願留，參方到。』即以右手搤其左臂。曾子左臂立痛，即馳至問母：『臂何故痛？』母曰：『今者客來欲去，吾搤臂以呼汝耳。』蓋以至孝，與父母同氣，體有疾病，精神輒感。」曰：「此虛也。」夫「孝悌之至，通於神明」，乃謂德化至天地。俗人緣此而説，言孝悌之至，精氣相動。如曾母臂痛，曾子臂亦輒痛，曾母病，曾子亦病乎？宗祥案：通津、程刻作「曾母病乎，曾子亦病」，誤，從宋、元。曾母死，曾子輒死乎？攷事，曾母先死，曾子不死矣。此精氣能小相動，不能大相感也。世稱申喜夜聞其母歌，心動，開關問歌者爲誰，果其母。蓋聞母聲，聲音相感，心悲意動，開關而問，蓋其實也。今曾母在家，曾子在野，不聞號呼之聲，母小搤臂，安能動子？疑世人頌成，聞曾子之孝，天下少雙，則爲空生母搤臂之説也。

世稱：「南陽卓公爲緱氏令，蝗不入界。」蓋以賢明至誠，災蟲不入其縣也。此又虚也。夫賢明至誠之化，通於同類，能相知心，然後慕服。蝗蟲，閩虻之類也，宗祥案：大戴禮夏小正傳云：「白鳥也者，謂閩蚋也。」今通作「蟁」。何知何見，而能知卓公之化？使賢者處深野之中，閩虻能不入其舍乎？閩虻不能避賢者之舍，蝗蟲何能不入卓公之縣？如謂蝗蟲變與閩虻異，夫寒温亦災變也，使一郡皆寒，賢者長一縣，一縣之界，能獨温乎？夫寒温不能避賢者之縣，蝗蟲何能不入卓公之界？夫如是，蝗蟲適不入界，卓公賢名稱原注：一有「偶」字。宗祥案：「偶」字應在「稱」字上。於世，世則謂之能却蝗蟲矣。何以驗之？夫蝗之集於野，非能普博盡蔽地也，往往積聚多少有處。非所積之地，則盜跖所居；所少之野，則伯夷所處也。集過有多少，宗祥案：「過」疑「地」譌。不能盡蔽覆也。夫集地有多少，則其過縣有留去矣。多少不可以驗善惡，有無安可以明賢不肖也？蓋時蝗自過，不謂賢人界不入，明矣。

論衡卷第六

漢　會稽王充著　海寧張宗祥校注

福虛篇

世論行善者福至，爲惡者禍來。福禍之應皆天也，人爲之，天應之。陽恩，人君賞其行；陰惠，天地報其德。無貴賤賢愚，莫謂不然。徒見行事有其文傳，又見善人時遇福，故遂信之，謂之實然。斯言或時賢聖欲勸人爲善，著必然之語，以明德報；或福時適，遇者以爲然。如實論之，安得福祐乎？

楚惠王食寒葅而得蛭，因遂吞之，腹有疾而不能食。令尹問：「王安得此疾也？」王曰：「我食寒葅而得蛭，念譴之而不行其罪乎？是廢法而威不立也，非所以使國人聞之也；譴而行誅乎？則庖厨監食者，法皆當死，心又不忍也。吾恐左右見之也，因遂吞之。」

令尹避席再拜而賀曰：「臣聞天道無親，唯德是輔。王有仁德，天之所奉也，病不爲傷。」是夕也，惠王之後而蛭出，及久患心腹之積皆愈。故天之親德也，可謂不察乎！曰：此虛言也。案惠王之吞蛭，不肖之主也。有不肖之行，天不祐也。何則？惠王不忍譴蛭，恐庖厨監食，法皆誅也。一國之君，專擅賞罰；而赦，人君所爲也。惠王通譴菹中何故有蛭，庖厨監食，皆當伏法，然能終不以飲食行誅於人，赦而不罪，惠莫大焉。庖厨罪覺而不誅，自新而改後；惠王赦細而活微，身安不病。今則不然，强食害己之物，使監食之臣，不聞其過，失御下之威，無禦非之心，不肖一也。使庖厨監食失甘苦之和，若塵土落於菹中，大如蟣虱，非意所能覽，非目所能見，原心定罪，不明其過，可謂惠矣。今蛭廣有分數，長有寸度，在寒菹中，眇目之人，猶將見之，臣不畏敬，擇濯不謹，罪過至重。惠王不譴，不肖二也。菹中不當有蛭，不食投地，如恐左右之見，懷屏隱匿之處，足以使蛭不見，何必食之？如不可食之物，誤在菹中，可復隱匿而强食之？不肖三也。有不肖之行而天祐之，是天報祐不肖人也。不忍譴蛭，世謂之賢。賢者操行，多若吞蛭之類，吞蛭天除其病，是則賢者常無病也。賢者德薄，未足以言。聖人純道，操行少非，爲推不忍之行，以容人之過，必衆多矣。然而武王不豫，孔子疾病，天之祐人，何不實也？或時惠王吞蛭，蛭偶自出。食生物者，無有不死，腹中熱也。初吞蛭時未死，而腹中熱、蛭動作，故腹中痛，須臾蛭死，腹中痛亦止。

蛭之性食血，惠王心腹之積，殆積血也。故食血之蟲死，而積血之病愈。猶狸之性食鼠，人有鼠病，吞狸自愈。物類相勝，方藥相使也。食蛭蟲而病愈，安得怪乎？食生物無不死，死無不出，之後蛭出，安得祐乎？令尹見惠王有不忍之德，知蛭入腹中必當死出，臣因再拜賀病不爲傷。宗祥案：「臣」字疑衍。著己知來之德，以喜惠王之心，是與子韋之言星徙，大卜之言地動，無以異也。

宋人有好善行者，三世不解，宗祥案：「解」，讀曰「懈」，見漢書集注。家無故黑牛生白犢。以問孔子，孔子曰：「此吉祥也，以享鬼神。」即以犢祭。一年，其父無故而盲，牛又生白犢。其父又使其子問孔子，孔子曰：「吉祥也，以享鬼神。」復以犢祭。一年，其子無故而盲。其後楚攻宋，圍其城。當此之時，易子而食之，析骸而炊之。此獨以父子俱盲之故，得毋乘城。軍罷圍解，父子俱視。此修善積行神報之效也。曰：此虛言也。夫宋人父子修善如此，神報之，何必使之先盲後視哉？不盲常視，不能護乎？此神不能護不盲之人，則亦不能以盲護人矣。使宋、楚之君，合戰頓兵，流血僵尸，戰夫禽獲，死亡不還，以盲之故，得脫不行，可謂神報之矣。今宋、楚相攻，兩軍未合，華元、子反結言而退，宗祥案：華元、子反事，在春秋傳魯宣公十四年，史記孔子世家，孔子生在魯襄公二十二年，實後於此役四十四年，王氏引誤。二軍之衆，並全而歸，兵矢之刃，無頓用者。雖有乘城之役，無死亡之患。爲善人報者，爲乘城之間乎？使時不盲，亦猶不死。盲與不盲，俱得脱免，神使之盲，何益於善？當宋國乏糧之時也，盲人之家，豈獨富哉？俱與乘城之家易子析骸，反以窮厄獨盲無見，則神報祐人，失善惡之實也。宋人父子前偶自以風寒發盲，圍解之後，盲偶自愈。世見父子修善，又用二白犢祭，宋、楚相攻，獨不乘城，圍解之後，父子皆視，則謂修善之報，獲鬼神之祐矣。

楚相孫叔敖爲兒之時，見兩頭蛇，殺而埋之。歸，對其母泣。母問其故，對曰：「我聞見兩頭蛇死。向者出見兩頭蛇，恐去母死，是以泣也。」其母曰：「今蛇何在？」對曰：「我恐後人見之，即殺而埋之。」其母曰：「吾聞有陰德者，天必報之。汝必不死，天必報汝。」叔敖竟不死，遂爲楚相。埋一蛇，獲二祐，天報善明矣。曰：此虚言矣。夫見兩頭蛇輒死者，俗言也；有陰德天報之福者，俗議也。叔敖信俗言而埋蛇，其母信俗議而必報，是謂死生無命，在一蛇之死。齊孟嘗君田文以五月五日生，其父田嬰讓其母曰：「何故舉之？」曰：「君所以不舉五月子，何也？」嬰曰：「五月子長與户同，殺其父母。」曰：「人命在天乎？在户乎？如在天，君何憂也；如在户，則宜高其户耳，誰而及之者！」宗祥案：「而」，能也，見吕覽去私、不屈、士容等篇注，又見淮南原道注。蓋「而」與「能」，古音同義通也。後文長與一户同，而嬰不死。是則五目舉子之忌，無效驗也。夫惡見兩頭蛇，猶五月舉子也。五月舉子，其父不死，則知見兩頭蛇者，無殃禍也。由此言之，見兩頭蛇自不死，非埋之故也。埋一蛇，獲二福；

如埋十虵，得幾祐乎？埋虵惡人復見，叔敖賢也。賢者之行，豈徒埋虵一事哉？前埋虵之時，多所行矣。稟天善性，動有賢行。賢行之人，宜見吉物，無爲乃見殺人之虵。豈叔敖未見虵之時有惡，天欲殺之，見其埋虵，除其過，天活之哉？石生而堅，蘭生而香。如謂叔敖之賢，在埋虵之時，非生而稟之也。

儒家之徒董無心，墨家之役纏子，宗祥案：「役，學徒弟子也」，見莊子庚桑楚篇「老子之役，有庚桑楚者」注。相見講道。纏子稱墨家佑鬼神，是引秦穆公有明德，上帝賜之九十年。孫詒讓曰：「佑」、「右」通。薄葬篇云：「墨家之議右鬼」，案書篇云：「墨家右鬼。」又曰：案此事亦見墨子明鬼篇。「秦穆公」，今本墨子作「鄭穆公」，誤。此與前無形篇並作「秦」，與山海經海外東經郭注、北齊書樊遜傳、杜氏玉燭寶典並合，詳墨子閒詁。「九十年」，依墨子當作「十九年」，前無形篇正作「十九」，此處誤倒。纏子難以堯、舜不賜年，宗祥案：以文義求之，「纏子」二字恐「無心」之誤。桀、紂不夭死。堯、舜、桀、紂，猶爲尚遠，且近難以秦穆公晉文公。夫謚者，行之迹也，迹生時行，以爲死謚。「穆」者誤亂之名，「文」者德惠之表。有誤亂之行，天賜之年；有德惠之操，天奪其命乎？案穆公之霸，不過晉文；晉文之謚，美於穆公。天不加晉文以命，獨賜穆公以年，是天報誤亂，與穆公同也。天下善人寡，惡人衆。善人順道，惡人違天。然夫惡人之命不短，宗祥案：「『夫』，猶『凡』也」，見孝經「若夫慈愛恭敬」疏引劉瓛。善人之年不長。天不命善人常享一百載之壽，惡人爲殤子惡死，何哉？

禍虛篇

世謂受福祐者，既以爲行善所致，又謂被禍害者，爲惡所得。以爲有沉惡伏過，天地罰之，鬼神報之。天地所罰，小大猶發；鬼神所報，遠近猶至。

傳曰：「子夏喪其子而喪其明。曾子弔之，哭。子夏曰：『天乎，予之無罪也！』曾子怒曰：『商，汝何無罪也？吾與汝事夫子於洙、泗之間，退而老於西河之上，使西河之民，疑汝於夫子，爾罪一也；喪爾親，使民未有異聞，爾罪二也；喪爾子，喪爾明，爾罪三也。而曰汝何無罪歟？』子夏投其杖而拜，曰：『吾過矣，吾過矣！吾離羣而索居，亦以久矣！』」夫子夏喪其明，曾子責以罪，子夏投杖拜曾子之言，蓋以天實罰過，故目失其明，已實有之，故拜受其過。始聞暫見，皆以爲然；熟考論之，虚妄言也。夫失明猶失聽也。失明則盲，失聽則聾。病聾不謂之有過，失明謂之有罪，惑也。蓋耳目之病，猶心腹之有病也。耳目失明聽，謂之有罪，心腹有病，可謂有過乎？伯牛有疾，孔子自牖執其手，曰：「亡之命矣夫！斯人也，而有斯疾也！」原孔子言，謂伯牛不幸，故傷之也。如伯牛以過致疾，天報以惡，與子夏同，孔子宜陳其過，若曾子謂子夏之狀。今乃言命，命非過也。且天之罪人，宗祥案：宋、元本作「且夫天之罰人」。猶人君罪下也。所罰服罪，人君赦之。子夏服過，拜以自悔，天德至明，宜愈其盲。如非天罪，子夏失明，亦無三罪。且喪明之病，孰與被厲之病？宗祥案：「厲」，「癩病」，見史記范雎蔡澤傳「漆身爲厲」索隱。此指伯牛。喪明有三罪，被厲有十過乎？顏淵早夭，子路葅醢。早死、葅醢，宗祥案：宋本「葅醢」作「天下」，疑當屬下句，作「天下極禍也」，兩本各脱二字。極禍也。以喪明言之，顏淵、子路有百罪也。由此言之，曾子之言誤矣。然子夏之喪明，喪其子也。子者，人情所通；親者，人所力報也。喪親，民無聞，喪子，失其明，此恩損於親，而愛增於子也。增則哭泣無數，數哭中風，目失明矣。曾子因俗之議，以著子夏三罪。子夏亦緣俗議，因以失明，故拜受其過。曾子、子夏未離於俗，故孔子門敘行未在上第也。

秦襄王賜白起劍，宗祥案：史記白起傳，爲秦昭王五十年十一月。白起伏劍將自刎，曰：「我有何罪於天乎？」良久曰：「我固當死，長平之戰，趙卒降者數十萬，我詐而盡坑之，是足以死。」遂自殺。白起知己前罪，服更後罰也。夫白起知己所以罪，不知趙卒所以坑。如天審罰有過之人，趙降卒何辜於天？如用兵妄傷殺，則四十萬衆，必有不亡。不亡之人，何故以其善行無罪而竟坑之，卒不得以善蒙天之祐？白起何故獨以其罪伏天之誅？由此言之，白起之言過矣。

秦二世使使者詔殺蒙恬。蒙恬喟然歎曰：「我何過於天，無罪而死？」良久，徐曰：「恬罪故當死矣。夫起臨洮屬之遼東，城徑萬里，此其中不能毋絶地脉。此乃恬之罪也。」

即吞藥自殺。太史公非之曰：「夫秦初滅諸侯，天下心未定，夷傷未瘳，而恬爲名將，不以此時彊諫，救百姓之急，養老矜孤，修衆庶之和，阿意興功，此其子弟過誅，宗祥案：史記蒙恬傳作「此其兄弟遇誅」，兄恬，弟毅也。二字當從史記。不亦宜乎！何與乃罪地脉也？」夫蒙恬之言既非，而太史公非之亦未是。何則？蒙恬絶脉，罪至當死。地養萬物，何過於人，而蒙恬絶其脉？知已有絶地脉之罪，不知地脉所以絶之過。自非如此，與不自非何以異？太史公爲非恬之爲名將，不能以彊諫，故致此禍。夫當諫不諫，故致受死亡之戮。身任李陵，坐下蠶室，如太史公之言，所任非其人，故殘身之戮，天命而至也。非蒙恬以不彊諫，故致此禍，則已下蠶室，有非者矣。已無非，則其非蒙恬，非也。作伯夷之傳，列善惡之行，宗祥案：「列」，各本作「則」，從宋本。云七十子之徒，仲尼獨薦顔淵好學。然回也屢空，糟糠不厭，卒夭死。天之報施善人如何哉！盗跖日殺不辜，肝人之肉，暴戾恣睢，聚黨數千，横行天下，竟以壽終。是獨遵何哉？宗祥案：史記伯夷傳「遵」下有「德」字，是。若此言之，顔回不當早夭，盗跖不當全活也。不怪顔淵不當夭，而獨謂蒙恬當死，過矣。

漢將李廣與望氣王朔燕語曰：「自漢擊匈奴，而廣未常不在其中，宗祥案：「常」，史記、漢書均作「嘗」，是。下同。而諸校尉以下，才能不及中，然以胡軍攻取侯者數十人，宗祥案：史記李廣傳「胡」上有「擊」字，「攻」作「功」，是。而廣不爲侯後人，然終無尺土之功，孫詒讓曰：以漢書李廣傳校之，此

「不爲」下「侯」字及「得」下「見」字並衍，當删。「尺土」，「土」當作「寸」。以得見封邑者，何也？豈吾相不當侯，且固命也？」朔曰：「將軍自念，豈常有恨者乎？」廣曰：「吾爲隴西太守，羌常反，吾誘而降之宗祥案：「誘」，宋、元本「詐」。八百餘人，吾詐而同日殺之。至今恨之，獨此矣。」朔曰：「禍莫大於殺已降，此乃將軍所以不得侯者也。」李廣然之，聞者信之。夫不侯，猶不王者也。不侯何恨，不王何負乎？孔子不王，論者不謂之有負；李廣不侯，王朔謂之有恨。然則王朔之言，失論之實矣。論者以爲人之封侯，自有天命。天命之符，見於骨體。大將軍衛青在建章宮時，鉗徒相之曰：「貴至封侯。」後竟以功封萬户侯。衛青未有功，而鉗徒見其當封之證。由此言之，封侯有命，非人操行所能得也。鉗徒之言，實而有效；王朔之言，虚而無驗也。多横恣而不罹禍，宗祥案：「罹」，宋、元本「離」。離，麗也，見易彖上傳注，義亦通。順道而違福，王朔之説，白起自非，蒙恬自咎之類也。倉卒之世，以財利相刼殺者衆。同車共船，千里爲商，至闊迥之地，殺其人而并取其財。尸捐不收，骨暴不葬，在水爲魚鼈之食，在土爲螻蟻之糧。惰窳之人，不力農勉商，以積穀貨，遭歲饑饉，腹餓不飽，椎人若畜，割而食之，無君子小人，並爲魚肉，人所不能知，吏所不能覺，千人以上，萬人以下，計一聚之中，生者百一，死者十九，可謂無道，至痛甚矣，皆得陽達，富厚安樂。宗祥案：「陽，大」，見國策秦策「天下陰燕陽魏」注。天不責其無仁義之心，道相并殺，非其無力作，而倉卒以人爲食，加以渥禍，使之天命，章其陰罪，明示世人，使知不可爲非之驗，何哉？王朔之言，宗祥案：「朔」，程刻誤「叔」。未必審然。

傳書李斯妬同才，宗祥案：「才」疑「門」譌。幽殺韓非於秦，後被車裂之罪；商鞅欺舊交，擒魏公子卬，後受誅死之禍。彼欲言其賊賢欺交，故受患禍之報也。夫韓非何過而爲李斯所幽？公子卬何罪而爲商鞅所擒？車裂誅死，賊賢欺交；幽死見擒，何以致之？如韓非、公子卬有惡，天使李斯、商鞅報之，則李斯、商鞅爲天奉誅，宜蒙其賞，不當受其禍。如韓非、公子卬無惡，非天所罰，李斯、商鞅不得幽擒。論者說曰：「韓非、公子卬有陰惡伏罪，人不聞見，天獨知之，故受戮殃。」夫諸有罪之人，非賊賢則逆道。如賊賢，則被所賊者何負？如逆道，則被所逆之道何非？凡人窮達禍福之至，大之則命，小之則時。太公窮賤，遭周文而得封；甯戚隱阨，逢齊桓而見官。非窮賤隱阨有非，而得封見官有是也。窮達有時，遭遇有命也。太公、甯戚，賢者也，尚可謂有非。聖人，純道者也。虞舜爲父弟所害，幾死再三。有遇唐堯，堯禪舜，立爲帝。嘗見害，未有非；立爲帝，未有是。前時未到，後則命時至也。案古人君臣困窮，後得達通，未必初有惡，天禍其前，卒有善，神祐其後也。一身之行，一行之操，結髮終死，前後無異，然一成一敗，一進一退，一窮一通，一全一壞，遭遇適然，命時當也。

龍虚篇

盛夏之時，雷電擊折破樹木，宗祥案：「破」字疑衍。發壞室屋，俗謂天取龍。謂龍藏於樹木之中，匿於屋室之間也。雷電擊折樹木，發壞屋室，則龍見於外，龍見，雷取以升天。世無愚智賢不肖，皆謂之然。如考實之，虚妄言也。

夫天之取龍，何意邪？如以龍神爲天使，猶賢臣爲君使也，反報有時，無爲取也。如以龍遁逃不還，非神之行，天亦無用爲也。如龍之性當在天，在天上者固當生子，無爲復在地。如龍有升降，降龍生子於地，子長大，天取之，則世名雷電爲天怒，取龍之子，無爲怒也。且龍之所居，常在水澤之中，不在木中屋間。何以知之？叔向之母曰：「深山大澤，實生龍蛇。」傳曰：「山致其高，雲雨起焉；水致其深，蛟龍生焉。」傳又言：「禹渡於江，黄龍負船。」「荆次非渡淮，雨龍繞舟。」「東海之上有葘丘訢，原注：「葘」，或作「魯」。宗祥案：葘丘訢事見韓詩外傳十。吴越春秋。「葘」，外傳作「菑」，吴越春秋作「椒」，疑當作「菑」爲是。勇而有力，出過神淵，使御者飲馬，馬飲因没。訢怒，拔劍入淵追馬，見兩蛟方食其馬，手劍擊殺兩蛟。」由是言之，蛟與龍常在淵水之中，不在木中屋間，明矣。在淵水之中，則魚鼈之類，魚鼈之類，何爲上天？天之取龍，何用爲哉？如以天神乘龍而行，神恍惚無形，出入無間，無爲乘龍也。如仙人騎龍，天爲仙者取龍，則仙人含天精氣，形輕飛騰，若鴻鵠之狀，無爲騎龍也。世稱黄帝騎龍升天，此言蓋虚。猶今謂天取龍也。

且世謂龍升天者，必謂神龍。不神不升天；升天，神之效也。天地之性人爲貴，則龍賤矣。貴者不神，賤者反神乎？如龍之性有神與不神，神者升天，不神者不能。龜蛇亦有神與不神，神龜神蛇，復升天乎？且龍禀何氣而獨神？天有倉龍、白虎、朱鳥、玄武之象也，

宗祥案：此書「蒼」每譌作「倉」字。

地亦有龍、虎、鳥、龜之物。四星之精，降生四獸。虎、鳥與龜不神，龍何故獨神也？人爲倮蟲之長。龍爲鱗蟲之長，俱爲物長，謂龍升天，人復升天乎？龍與人同，獨謂能升天者，謂龍神也。世或謂聖人神而先知，猶謂神龍能升天也。因謂聖人先知之明，論龍之才，謂龍升天，故其宜也。天地之間，恍惚無形，寒暑風雨之氣乃爲神。今龍有形，有形則行，行則食，食則物之性也。天地之性，有形體之類，能行食之物，不得爲神。何以言之？龍有體也。傳言鱗蟲三百，龍爲之長。龍爲鱗蟲之長，安得無體？何以言之？孔子曰：「龍食於清，游於清；龜食於清，游於濁；魚食於濁，游於清。丘上不及龍，下不爲魚，中止其龜與！」

宗祥案：語見吕氏春秋離俗覽舉難篇，又見御覽九百三十引，「龜」並作「螭」。「及」字，宋本作「爲」。

山海經言四海之外，有乘龍蛇之人。世俗畫龍之象，馬首蛇尾。由此言之，馬、蛇之類也。慎子曰：「蜚龍乘雲，騰蛇游霧，雲罷雨霽，與螾、蟻同矣。」韓子曰：「龍之

爲蟲也，嗚可狎而騎也，孫詒讓曰：案文見韓非子説難篇。「嗚」，韓作「柔」，此不知何字之誤。然喉下有逆鱗尺餘，人或嬰之，宗祥案：「嬰，觸也」，見韓非子注。必殺人矣。」比之爲螾、蟻，又言蟲可狎而騎，虵、馬之類明矣。傳曰：「紂作象箸而箕子泣。」泣之者，痛其極也。夫有象箸必有玉杯。玉杯所盈，象箸所挾，則必龍肝豹胎。夫龍肝可食，其龍難得。難得則愁下，愁下則禍生，故從而痛之。如龍神，其身不可得殺，其肝何可得食？禽獸肝胎非一，稱龍肝豹胎者，人得食而知其味美也。春秋之時，龍見于絳郊。魏獻子問於蔡墨曰：「吾聞之，蟲莫智於龍，以其不生得也。謂之智，信乎？」對曰：「人實不知，非龍實智。古者畜龍，故國有豢龍氏，有御龍氏。」獻子曰：「是二者吾亦聞之，而不知其故。是何謂也？」對曰：「昔有飂叔宋，有裔子曰董父，「宋」字，左氏昭二十九年傳作「安」，論衡各本皆作「宋」，誤，宜從左傳改正。實甚好龍，能求其耆欲以飲食之，龍多歸之。乃擾畜龍，宗祥案：「擾，猶馴也」，見周禮「太宰以擾萬民」注。以服事舜，而錫之姓曰董，氏曰豢龍，封諸鬷川。鬷夷氏是其後也。故帝舜氏世有畜龍。及有夏，孔甲擾於帝。帝賜之乘龍，河、漢各二，各有雌雄。孔甲不能食也，而未獲豢龍氏。有陶唐氏既衰，其後有劉累，學擾龍于豢龍氏，以事孔甲，能飲食龍。夏后嘉之，賜氏曰御龍，以更豕韋之後。龍一雌死，潛醢以食夏后。夏后亯之，宗祥案：「亯」，左傳作「饗」，饗、亯古通，證以上文，「亯」疑「享」譌。既而使求。懼而不得，遷於魯縣，范氏其後也。」獻子曰：「今何故無之？」對曰：

「夫物有其官，官修其方，朝夕思之。一日失職，則死及之，失官不食。官宿其業，其物乃至。若泯棄之，物乃低伏，鬱湮不育。」由此言之，龍可畜，又可食也。可食之物，不能神矣。世無其官，又無董父、后、劉之人，故潛藏伏匿，出見希疏；出又乘雲，與人殊路，人謂之神。如存其官而有其人，則龍，牛之類也。何神之有？以山海經言之，以慎子、韓子證之，以俗世之畫驗之，以箕子之泣訂之，以蔡墨之對論之，知龍不能神，不能升天，天不以雷電取龍，明矣。世俗言龍神而升天者，妄矣。世俗之言，亦有緣也。

短書言：「龍無尺木，宗祥案：酉陽雜俎云：「龍無尺木，不能升天。」「尺木」，龍頭上如博山形。無以升天。」又曰升天，又言尺木，謂龍從木中升天也。彼短書之家，世俗之人也，見雷電發時，龍隨而起，當雷電樹木擊之時，宗祥案：「擊」疑應在「樹」字上。龍適與雷電俱在樹木之側，雷電去，龍隨而上，故謂從樹木之中升天也。實者雷龍同類，感氣相致，故易曰：「雲從龍，風從虎。」又言：「虎嘯谷風至，龍興景雲起。」宗祥案：淮南天文訓曰：「虎嘯而谷風至，龍舉而景雲屬」，仲任用此說也。龍與雲相招，虎與風相致，故董仲舒雩祭之法，設土龍以爲感也。夫盛夏太陽用事，雲雨干之。太陽，火也，雲雨，水也，火激薄則鳴而爲雷。宗祥案：「火」上疑脫「水」字。龍聞雷聲則起，起而雲至，雲至而龍乘之。雲雨感龍，龍亦起雲而升天。天極雷高，雲消復降。人見其乘雲，則謂升天；見天爲雷電，則爲天取龍。世儒讀易文，見傳言，皆知龍者雲之類，拘俗人之議，不能通其說，又見短書爲證，故遂謂天取龍。天不取龍，龍不升天。當菑丘訢之殺兩蛟也，手把其尾，拽而出之，至淵之外，雷電擊之。蛟則龍之類也，蛟龍見而雲雨至，雲雨至則雷電擊。如以天實取龍，龍爲天用。何以死蛟爲取之？宗祥案：「蛟」下疑脱「不」字。且魚在水中，亦隨雲雨，蜚而乘雲雨，非升天也。龍，魚之類也。其乘雷電，猶魚之飛也。魚隨雲雨，不謂之神，龍乘雷電，獨謂之神。世俗之言，失其實也。物在世間，各有所乘。水虵乘霧，龍乘雲，鳥乘風。宗祥案：宋本「風」作「氣」。見龍乘雲，獨謂之神，失龍之實，誣龍之能也。

然則龍之所以爲神者，以能屈伸其體，存亡其形。屈伸其體，存亡其形，未足以爲神也。豫讓吞炭，漆身爲厲，人不識其形；子貢滅鬚爲婦人，人不知其狀；龍變體自匿，人亦不能覺，變化藏匿者巧也。物性亦有自然，狌狌知往，乾鵲知來，宗祥案：淮南氾論篇：「乾鵠知來而不〔知〕往。」高誘注：「乾鵠，鵲也，人將有來事憂喜之徵則鳴。」此知來也。「知歲多風，多巢於木枝，人皆探其卵」，故曰「不知往」也。「乾」，讀乾燥之乾。「鵠」，讀告退之告。據此，「鵲」當作「鵠」。鸚鵡能言，三怪比龍，性變化也。如以巧爲神，豫讓、子貢神也。孔子曰：「游者可爲網，飛者可爲矰。至於龍也，吾不知其乘風雲上升。今日見老子，其猶龍乎！」夫龍乘雲而上，雲消而下，物類可察，上下可知，而云孔子不知。以孔子之聖，尚不知龍，況俗人智淺，好奇之性，無實可之心，宗祥案：「可」，程刻「考」。「可」，「肯也」，見說文。此言肯定其虛實也。謂之龍神而升天，不足怪也。

雷虛篇

盛夏之時，雷電迅疾，擊折樹木，壞敗室屋，時犯殺人。世俗以爲擊折樹木，壞敗室屋者，天取龍；其犯殺人也，謂之陰過，宗祥案：此節御覽十三引作「盛夏之時，雷電疾擊殺人，謂之有陰過。飲食不潔則天怒殺之。隆隆之聲，天怒之音也。此虛言也。道士劉春，楚王英使食不潔，春死必遇雷也。建武四年六月夏，雷擊會稽、鄞縣羊五頭，羊有何陰過而雷擊之乎？俗以爲天取龍，殺人罰陰過，與取吉凶不同，非實道也。」與此文不同，又初學記一引，「之」下亦有「有」字。飲食人以不潔净，天怒擊而殺之。隆隆之聲，天怒之音，若人之呴吁矣。世無愚智，莫謂不然。推人道以論之，虛妄之言也。

夫雷之發動，一氣一聲也，折木壞屋，亦犯殺人；犯殺人時，亦折木壞屋。獨謂折木壞屋者，天取龍；犯殺人，罰陰過，與取龍吉凶不同，並時共聲，非道也。

論者以爲隆隆者，天怒呴吁之聲也。此便於罰過，不宜於取龍。罰過，天怒可也；取龍，龍何過而怒之？如龍神，天取之不宜怒。如龍有過，與人同罪，龍殺而已，宗祥案：「龍」字疑衍。何爲取也？殺人，怒可也；取龍，龍何過而怒之？殺人不取，殺龍取之，人龍之罪何別，而其殺之何異？然則取龍之説，既不可聽，罰過之言，復不可從。

何以效之？案雷之聲迅疾之時，人仆死於地，隆隆之聲，臨人首上，故得殺人。審隆隆者天怒乎？怒用口之怒氣殺人也。口之怒氣，安能殺人？人爲雷所殺，詢其身體，若燔灼之狀也。如天用口怒，口怒生火乎？且口着乎體，口之動，與體俱。當擊折之時，聲着于地；其衰也，聲着于天。夫如是，聲着地之時，口至地，體亦宜然。當雷迅疾之時，仰視天，不見天之下。不見天之下，則夫隆隆之聲者，非天怒也。天之怒，與人無異。人怒，身近人則聲疾，遠人則聲微。今天聲近，其體遠，非怒之實也。且雷聲迅疾之時，聲東西或南北，如天怒體動，口東西南北，仰視天亦宜東西南北。或曰：「天已東西南北矣，雲雨冥晦，人不能見耳。」夫千里不同風，百里不共雷。易曰：「震驚百里。」雷電之地，雷雨晦冥，宗祥案：證之上下文「雷雨」當作「雲雨」。百里之外，無雨之處，宜見天之東西南北也。口着於天，天宜隨口，口一移，普天皆移，非獨雷雨之地，天隨口動也。且所謂怒者，誰也？天神邪？蒼蒼之天也？如謂天神，神怒無聲；如謂蒼蒼之天，天者體，不怒，怒用口。且天地相與夫婦也，其即民父母也。子有過，父怒笞之致死，而母不哭乎？今天怒殺人，地宜哭之。獨聞天之怒，不聞地之哭。如地不能哭，則天亦不能怒。

且有怒則有喜。人有陰過，亦有陰善。有陰過，天怒殺之；如有陰善，天亦宜以善賞之。隆隆之聲謂天之怒，如天之喜，亦哂然而笑。宗祥案：御覽三百九十一引作「啞啞而笑」。人有喜怒，故謂天喜怒。推人以知天，知天本於人。如人不怒，則亦無緣謂天怒也。緣人以知天，宜盡人之性。人性怒則呴吁，喜則歌笑。比聞天之怒，希聞天之喜；比見天之罰，希見天之賞。豈天怒不喜，貪於罰，希於賞哉？宗祥案：「希」疑「厺」譌。何怒罰有效，喜賞無驗也？且雷之擊也，折木壞屋，時犯殺人，以爲天怒。時或徒雷，無所折敗，亦不殺人，天空怒乎？人君不空喜怒，喜怒必有賞罰。無所罰而空怒，是天妄也。妄則失威，非天行也。政事之家，以寒溫之氣，爲喜怒之候。原注：一有「候守」。人君喜即天溫，怒則天寒。宗祥案：「怒」，各本誤「即」，從宋、元。雷電之日，天必寒也。高祖之先劉媪，曾息大澤之陂，夢與神遇，此時雷電晦冥。天方施氣，宜喜之時也，何怒而雷？如用擊折者爲怒，不擊折者爲喜，則夫隆隆之聲，不宜同音。人怒喜異聲，天怒喜同音，與人乖異，則人何緣謂之天怒？

且飲食人以不潔凈，小過也。以至尊之身，親罰小過，非尊者之宜也。尊不親罰過，故王不親誅罪。天尊於王，親罰小過，是天德劣於王也。且天之用心，猶人之用意。人君罪惡，初聞之時，怒以非之；及其誅之，哀以憐之。故論語曰：「如得其情，則哀憐而勿喜。」宗祥案：論語子張篇「憐」作「矜」。紂至惡也，武王將誅，哀而憐之。故尚書曰：「予惟率夷憐爾。」宗祥案：尚書多士篇「夷」作「肆」，「憐」作「矜」。人君誅惡，憐而殺之；天之罰過，怒而擊之，是天少恩而人多惠也。

說雨者，以爲天施氣。天施氣，氣渥爲雨，故雨潤萬物名曰澍。人不喜，不施恩；天不說，不降雨。謂雷天怒，雨者天喜也。雷起常與雨俱，如論之言，天怒且喜也。人君賞罰不同日，天之怒喜不殊時，天人相違，賞罰乖也。且怒喜具形，亂也。宗祥案：「具，俱也」，見詩大叔于田傳。惡人爲亂，怒罰其過，罰之以亂，非天行也。冬雷，人謂之陽氣洩；春雷，謂之陽氣發；夏雷，不謂陽氣盛，謂之天怒，竟虛言也。

人在天地之間，物也；物，亦物也。物之飲食，天不能知；人之飲食，天獨知之。萬物於天皆子也，父母於子，恩德一也，豈爲貴賢加意，賤愚不察乎？何其察人之明，省物之闇也！犬豕食，人腐臭食之，天不殺也。如以人貴而獨埜之，則鼠洿人飲食，人不知，誤而食之，天不殺也。如天能原鼠，則亦能原人。人誤以不潔浄飲食人，人不知而食之耳，豈故舉腐臭以予之哉？如故予之，人亦不肯食。呂后斷戚夫人手，去其眼，置於厠中，以爲人豕。呼人示之，人皆傷心。惠帝見之，病臥不起。呂后故爲，天不罰也；人誤不知，天輒殺之。不能原誤，反而責故，宗祥案：「反」，各本作「失」，從宋、元本。以律文誤殺、故殺證之，義較長。天治悖也。夫人食不浄之物，口不知有其洿也；如食已知之，名曰腸洿。戚夫人入厠，身體辱之與洿何以別？宗祥案：「之」上疑脱一「辱」字。腸之與體何以異？爲腸不爲體，傷洿不病辱，非天意也。且人聞人食不清之物，心平如故，觀戚夫人者，莫不傷心。人傷，天意悲矣。夫悲戚夫人則怨呂后。案呂后之崩，未必遇雷也。道士劉春熒惑楚王英，使食不清。春死未必遇雷也。建初四年夏六月，雷擊殺會稽鄞專日食羊五頭皆死。宗祥案：「鄞專日」三字，御覽及事類賦三引並作「鄞縣」二字，下句「何」上有「有」字，義較順。夫羊何陰過而雷殺之？舟人洿溪上流，人飲下流，舟人不雷死。

天神之處天，猶王者之居地。宗祥案：「地」，各本誤作「也」，從宋本。王者居重關之內，則天之神宜在隱匿之中；王者居宮室之內，則天亦有太微、紫宮、軒轅、文昌之坐。王者與人相遠，不知人之陰惡；天神在四宮之內，何能見人闇過？王者聞人過，以人知；天知人惡，亦宜因鬼。使天問過於鬼神，則其誅之宜使鬼神，如使鬼神，則天怒，鬼神也，非天也。且王斷刑以秋，天之殺用夏，此王者用刑違天時。奉天而行，其誅殺也，宜法象上天。天殺用夏，王誅以秋，天人相違，非奉天之義也。或論曰：「飲食不潔净，天之大惡也。殺大惡不須時。」王者大惡，謀反、大逆無道也；天之大惡，飲食人不潔清，天之所惡，宗祥案：「之」，疑當作「人」。小大不均等也。如小大同，王者宜法天，制飲食人不潔清之法爲死刑也。聖王有天下，制刑不備此法，聖王闕略，有遺失也。或論曰：「鬼神治陰，王者治陽。陰過闇昧，人不能覺，故使鬼神主之。」曰：「陰過非一也，何不盡殺？」案一過，非治陰之義也。天怒不旋日，人怨不旋踵。人有陰過，或時有用冬，未必專用夏也。以冬過誤，不輙擊殺，遠至於夏，非不旋日之意也。

圖畫之工，圖雷之狀，纍纍如連鼓之形。宗祥案：「纍纍」，北堂書鈔一百五十二引作「壘壘」。又圖一人，若力士之容，謂之雷公。使之左手引連鼓，右手推椎，若擊之狀。宗祥案：此八字御覽十三引作「右手推之」四字。其意以爲雷聲隆隆者，連鼓相扣擊之意也；其魄然若敂裂者，孫詒讓曰：按後文兩見「敂」，並作「礊」，譴告篇亦有「礊裂」之文。宗祥案：「魄，白各切，音泊，聲也」，見集音。又史記周本紀「其色赤，其聲魄」，亦作聲解。「礊裂」，後世作「霹靂」，爾雅疏作「劈歷」，埤雅作「辟歷」，皆音同通用，雷聲也。椎所擊之聲也，其殺人也，引連鼓相椎并擊之矣。世又信之，宗祥案：「又」，御覽十三引作「人」。莫謂不然。如復原之，虛妄之象也。夫雷非聲則氣也。聲與氣，安可推引而爲連鼓之形乎？如審可推引，則是物也。相扣而音鳴者，非鼓即鐘也。夫隆隆之聲，鼓與鐘邪？如審是也，鐘鼓而不空懸，須有筍簴，宗祥案：「而」可訓「能」，見前。故「而不」當作「不而」，義方順。「筍」，各本作「筭」，譌文，從宋本。考工記梓人爲筍簴，釋名釋樂器：「所以懸鐘鼓者，横曰筍。」可證。然後能安，然後能鳴。今鐘鼓無所懸者，雷公之足，無所蹈履，安得而爲雷？或曰：「如此固爲神。如必有所懸着，足有所履，然後而爲雷，是與人等也，何以爲神？」曰：「神者，恍惚無形，出入無門，上下無垠，宗祥案：「垠」，通津、程刻誤「根」，從宋、元。故謂之神。今雷公有形，雷聲有器，安得爲神？如無形，不得爲之圖象；如有形，不得謂之神。謂之神龍升天，實事者謂之不然，以人時或見龍之形也；以其形見，故圖畫升龍之形也；以其可畫，故有不神之實。」難曰：「人亦見鬼之形，鬼復神乎？」曰：「人時見鬼，有見雷公者乎？鬼名曰神，其行蹈地，與人相似。雷公頭不懸於天，足不蹈於地，安能爲雷公？飛者皆有翼，物無翼而飛謂仙人。畫仙人之形，爲之作翼。如雷公與仙人同，宜復着翼。使雷公不飛，圖雷家言其飛，非也。使實飛，不爲着翼，又非也。夫如是，圖雷之家畫雷之狀，皆虛妄也。且說雷之家，謂雷天怒呴吁也；圖雷之家，謂之雷公怒引連鼓也。審如說雷之家，則圖雷之家非；審如圖雷之家，則說雷之家誤。二家相違也，并而是之，無是非之分。無是非之分，故無是非之實。無以定疑論，故虛妄之論勝也。

禮曰：「刻尊爲雷之形，一出一入，一屈一伸，爲相校軫則鳴。」宗祥案：「校者，連木也」；「軫，車後横木也」，見說文。此言相與出入屈伸成聲也。校軫之狀，原注：「校軫」，或作「佼較」。鬱律㟪壘之類也。宗祥案：「鬱律，小聲也」，見文選甘泉賦注。「㟪壘」，見莊子庚桑楚「以北居畏壘之山」。「㟪，山高下盤曲貌」，見司馬相如上林賦注。「壘」，「山貌」，見集韻，此蓋以「㟪壘」狀形，「鬱律」狀聲也。此象類之矣。氣相校軫分裂，則隆隆之聲，校軫之音也。魄然若𧝓裂者，氣射之聲也，氣射中人，人則死矣。實說雷者，太陽之激氣也。何以明之？正月陽動，故正月始雷。五月陽盛，故五月雷迅。秋冬陽衰，故秋冬雷潛。盛夏之時，太陽用事，陰氣乘之。陰陽分事，孫詒讓曰：「分事」，黄氏日鈔引作「交争」，疑當作「分争」，「争」、「事」形近而誤。宗祥案：御覽二十二引作「分争」，下文亦作「分争激射」。則相校軫，校軫則激射，激射爲毒，中人輒死，中木木折，中屋屋壞。人在木下屋間，偶中而死矣。何以驗之？試以一斗水，灌冶鑄之火，氣激𧝓裂，若雷之音矣。或近之，必灼人體。天地爲鑪，大矣；

陽氣爲火，猛矣；雲雨爲水，多矣，分争激射，安得不迅？中傷人身，安得不死？當冶工之消鐵也，以土爲形，宗祥案：「形」與「刑」通，見荀子成相注，曰：「形當爲刑。」「刑與型通」，見楊信碑「追念義刑」。「型」作「刑」，故「形」即「型」之借。燥則鐵下，不則躍溢而射。射中人身則皮膚灼剥。陽氣之熱，非直消鐵之烈也；陰氣激之，非直土泥之溼也；陽氣中人，非直灼剥之痛也。夫雷，火也。火氣剡人，人不得無迹。宗祥案：「剡，亦斬也」，見荀子彊國注。「氣」上各本脱二「火」字，從宋本。如炙處狀似文字，人見之謂天記書其過，以示百姓。是復虚妄也。使人盡有過，天用雷殺人。殺人當彰其惡，以懲其後，明著其文字，不當闇昧。圖出於河，書出於洛。河圖、洛書，天地所爲，人讀知之。今雷死之書，亦天所爲也，何故難知？如以一人皮不可書，魯惠公夫人仲子，宋武公女也，生而有文在掌，曰：「爲魯夫人。」文明可知，故仲子歸魯。雷書不著，故難以懲後。夫如是火剡之跡，非天所刻畫也。或頗有而增其語，或無有而空生其言，虚妄之俗，好造怪奇。何以驗之？雷者，火也，以人中雷而死，即詢其身，中頭則鬚髮燒燋，中身則皮膚灼燌，臨其尸上，聞火之臰，宗祥案：「之臰」二字，各本作「氣」一字，從宋本。一驗也。道術之家，以爲雷燒石色赤，投於井中，石燋井寒，激聲大鳴，若雷之狀，二驗也。宗祥案：「以爲雷」三字疑衍文。人傷於寒，寒氣入腹，腹中素温，温寒分争，激氣雷鳴，三驗也。當雷之時，電光時見，大若火之耀，四驗也。當雷之擊時，或燔人室屋，及地草木，五驗也。夫論雷之爲火有五驗，言雷爲天怒無一效。然則雷爲天怒，虚妄之言。

雖曰：宗祥案：「雖」爲「難」譌。「論語云：『迅雷風烈必變。』禮記曰：『有疾風迅雷甚雨則必變，雖夜必興，衣服，冠而坐。』懼天怒，畏罰及己也。如雷不爲天怒，其擊不爲罰過，則君子何爲爲雷變動，朝服而正坐？」子曰：「天之與人猶父子。」有父爲之變，子安能忽？故天變，己亦宜變。順天時，示己不違也。人聞犬聲於外，莫不驚駭，竦身側耳，以審聽之。況聞天變異常之聲，軯軯迅疾之音乎？宗祥案：「軯」，各本作「軒」，從宋本。「軯，聲貌」，見文選思玄賦「豐隆軯其震霆兮」舊注。論語所指，禮記所謂，皆君子也。君子重慎，自知無過，如日月之蝕，宗祥案：五字疑衍。無陰闇食人以不潔淨之事，内省不懼，何畏於雷？審如不畏雷，則其變動不足以效天怒。何則？不爲己也。如審畏雷，亦不足以效罰陰過。何則？雷之所擊，多無過之人。君子恐偶遇之，故恐懼變動。夫如是，君子變動，不能明雷爲天怒，而反著雷之妄擊也。妄擊不罰過，故人畏之。如審罰有過，小人乃當懼耳，君子之人無爲恐也。宋王問唐鞅曰：「寡人所殺戮者衆矣，而羣臣愈不畏，其故何也？」唐鞅曰：「王之所罪，盡不善者也。罰不善，善者胡爲畏？王欲羣臣之畏也，不若毋辨其善與不善而時罪之，斯羣臣畏矣。」宋王行其言，羣臣畏懼。宋王大怒。宗祥案：以上下文證之，疑當作「宋國大恐」。夫宋王妄刑，故宋國大恐。懼雷電妄擊，故君子變動。君子變動，宋國大恐之類也。

論衡卷第七

漢　會稽王充著　海寧張宗祥校注

道虛篇　語增篇

道虛篇

儒書言："黄帝採首山銅，鑄鼎於荆山下。鼎既成，有龍垂胡髯下迎黄帝。黄帝上騎龍，羣臣、後宫從上七十餘人，龍乃上去。餘小臣不得上，乃悉持龍髯。龍髯拔，墮黄帝之弓。百姓仰望黄帝，既上天，乃抱其弓與龍胡髯吁號。故後世因其處曰『鼎湖』，其弓曰『烏號』。"太史公記誄五帝，亦云："黄帝封禪已，仙去。羣臣朝其衣冠，因葬埋之。"曰："此虛言也。"實"黄帝"者，何等也？號乎，謚也？如謚，臣子所誄列也，誄生時所行爲之謚。黄帝好道，遂以升天，臣子誄之，宜以"仙"、"升"，不當以"黄"謚。謚法曰："静民則法曰黄。""黄"者，安民之謚，非得道之稱也。百王之謚，文則曰"文"，武則曰"武"。

文、武不失實，所以勸操行也。如黃帝之時質，未有謚乎？名之爲「黃帝」，何世之人也？使黃帝之臣子知君，使後世之人跡其行，黃帝之世，號謚有無，雖疑未定，「黃」非升仙之稱，明矣。龍不升天，黃帝騎之，乃明黃帝不升天也。龍起雲雨，因乘而行，雲散雨止，降復入淵。如實黃帝騎龍，隨溺於淵也。案黃帝葬於橋山，猶曰羣臣葬其衣冠，審騎龍而升天，衣不離形，如封禪已仙去，衣冠亦不宜遺。黃帝實仙不死而升天，臣子百姓所親見也。見其升天，知其不死必也。葬不死之衣冠，與實死者無以異，非臣子實事之心，別生於死之意也。載太山之上者，七十有二君，皆勞情苦思，憂念王事，然後功成事立，致治太平。太平則天下和安，乃升太山而封禪焉。夫修道求仙，與憂職勤事不同。心思道則忘事，憂事則害性。世稱堯若腊，舜若腒，宗祥案：御覽八十引鄧析言曰：「古詩云，堯、舜至聖，身以脯腊；桀、紂無道，肌膚二尺。」又說文「腒」字下引傳。心愁憂苦，形體羸癯。使黃帝致太平乎，則其形體宜如堯、舜。堯、舜不得道，黃帝升天，非其實也。使黃帝廢事修道，則心意調和，形體肥勁，是與堯、舜異也。異則功不同矣。功不同，天下未太平而升封，又非實也。五帝三王，皆有聖德之優者，黃帝不在上焉。宗祥案：黃帝之德，不在五帝三王之上，何以獨仙？故有聖人皆仙語。如聖人皆仙，仙者非獨黃帝；如聖人不仙，黃帝何爲獨仙？世見黃帝好方術，方術仙者之業，則謂帝仙矣。又見鼎湖之名，則言黃帝採首山銅鑄鼎，而龍垂胡髯迎黃帝矣。是與說會稽之山，無以異也。夫山名曰會稽，即云夏禹巡狩，會計於此山上，故曰「會稽」。夫禹至會稽，治水不巡狩，猶黄帝好方伎不升天也。無會計之事，猶無鑄鼎龍垂胡髯之實也。里名勝母，可謂實有子勝其母乎？邑名朝歌，可謂民朝起者歌乎？原本段。

儒書言：「淮南王學道，招會天下有道之人。傾一國之尊，下道術之士，是以道術之士，並會淮南，奇方異術，莫不争出。王遂得道，舉家升天。畜産皆仙，犬吠於天上，雞鳴於雲中。」此言仙藥有餘，犬雞食之，并隨王而升天也。好道學仙之人，皆謂之然。

此虚言也。夫人，物也。雖貴爲王侯，性不異於物。物無不死，人安能仙？鳥有毛羽，能飛，不能升天；人無毛羽，何用飛升？使有毛羽，不過與鳥同，況其無有，升天如何？案能飛升之物，生有毛羽之兆；能馳走之物，生有蹄足之形。馳走不能飛升，飛升不能馳走。禀性受氣，形體殊别也。今人禀馳走之性，故生無毛羽之兆，長大至老，終無奇怪。好道學仙，中生毛羽，終以飛升，使物性可變，金木水火可革更也。蝦蟆化爲鶉，雀入水爲蜄蛤，禀自然之性，非學道所能爲也。好道之人，恐其或若等之類，故謂人能生毛羽，毛羽備具，能升天也。且夫物之生長，無卒成暴起，皆有浸漸。爲道學仙之人，能先生數寸之毛羽，從地自奮，升樓臺之陛，乃可謂升天。今無小升之兆，卒有大飛之驗，何方術之學成無浸漸也？毛羽大效，難以觀實，且以人髯髮、物色少老驗之。物生也色青，其熟也色黄；人之少也髮黑，其老也髮白。黄爲物熟驗，白爲人老效。物黄，人雖灌溉壅養，終不能青；髮白，雖吞藥養性，終不能黑。黑青不可復還，老衰安可復却？黄之與白，猶肉腥炙之燋，魚鮮煮之熟也。燋不可復令腥，熟不可復令鮮。鮮腥猶少壯，燋熟猶衰老也。天養物，能使物暢至秋，不得延之至春；吞藥養性，能令人無病，不能壽之爲仙。爲仙體輕氣彊，猶未能升天，令見輕彊之驗，亦無毛羽之效，何用升天？天之與地，皆體也。地無下，則天無上矣。天無上升之路，何如穿天之體？人力不能入。如天之門在西北，升天之人，宜從崑崙上。淮南之國，在地東南。如審升天，宜舉家先從崑崙，乃得其階。如鼓翼邪飛，趨西北之隅，是則淮南王有羽翼也。今不言其從之崑崙，亦不言其身生羽翼，空言升天，竟虚非實也。案淮南王劉安，孝武皇帝之時也。父長，以罪遷蜀嚴道，至雍道死。安嗣爲王，恨父徙死，懷反逆之心，招會術人，欲爲大事。伍被之屬，充滿殿堂，作道術之書，發怪奇之文，合景亂首。原注：一本作「齊首」。八公之傳，宗祥案：「景」與「影」通，見校官碑「聆聲景附」，意蓋言影附爲亂，然終疑有脱訛。「傳」字亦疑誤。欲示神奇，若得道之狀，道終不成，效驗不立，乃與伍被謀爲反事。事覺自殺，或言誅死。誅死、自殺，同一實也。世見其書深冥奇怪，又觀八公之傳，似若有效，則傳稱淮南王仙而升天，失其實也。原本段。

儒書言：「盧敖游乎北海，宗祥案：事出淮南子道應篇，高誘云：「盧敖，燕人，秦始皇召以爲博士，使求神仙，亡而不反。」經乎太陰，入乎玄𨵦，宗祥案：淮南子作「玄闕」，蜀志郤正傳亦作「玄闕」，「𨵦」疑「闕」譌。至於蒙穀之上，見一士焉：深目玄準，宗祥案：「『玄』與『懸』，古字通」，見文選東京賦注。雁頸而䳒肩，宗祥案：「䳒」，各本誤作「戴」，從宋本。淮南子作「鳶」。浮上而殺下，宗祥案：「浮」，可訓高，見素問氣交變大論注。淮南作「豐」。軒軒然方迎風而舞。顧見盧敖，樊然下其臂，宗祥案：「樊然，紛雜貌」，見莊子齊物論注。遯逃乎碑下。敖乃視之，方卷然龜背而食合梨。原注：一本作「蛩」。宗祥案：淮南作「方卷龜殼而食合梨」，高注：「楚人謂『倨』爲『倦』。」（「倦」、「卷」、「倨」、「踞」通。）是「然」字爲衍文。「卷，曲也」，見集韻。此言曲其背如龜而食合梨也。淮南「殼」字疑誤，「蛩」字是。盧敖仍與之語曰：『吾子唯以敖爲倍俗，宗祥案：「倍，鄙俗也」，見論語「斯遠鄙倍矣」注。去羣離黨，窮觀於六合之外者，非敖而已？宗祥案：淮南「已」下有「乎」字，是。敖幼而游，至長不倫解，宗祥案：淮南作「至長不渝」。御覽三十七引，「渝」下有注云：「渝，解也。」此文「解」字，疑傳者因彼注而衍。今案：「倫」，「勞也」，見爾雅釋詁。「解」與「懈」通，見詩大雅「不解于位」注：「解，怠惰也。」依此義訓之，亦可通。周行四極，唯北陰之未闚。今卒睹夫子於是，殆可與敖爲友乎？』若士者悖然而笑，宗祥案：「悖，盛貌」，見左傳莊十一年注，淮南作「䶑」。曰：『嘻！子中州之民也，不宜遠至此。此猶□光日月而戴列星，宗祥案：缺字淮南作「乎」，宋、元本連上不缺。四時之所行，陰陽之所生也。此其比夫不名之地，猶峖屼也。若我南游乎罔浪之野，北息乎沉薶之鄉，西窮乎杳冥之黨，而東貫須懞之先。宗祥案：「峖屼」，淮南作「窔奥」。「罔浪」，淮南作「罔㝗」，御覽作「罔罠」。

「蘁」，淮南作「墨」。「杳」，宋、元本作「窅」。此皆音近或義可通。「須懞」，淮南作「澒濛」。「先」，淮南作「光」。此皆形近而譌，當從淮南。此其下無地，上無天，聽焉無聞，而視焉則營；宗祥案：「營，惑也」，見呂覽尊師、淮南原道注。此其外猶有狀，有狀之餘，壹舉而能千萬里，宗祥案：淮南作「此其外猶有汰沃之汜，其餘一舉而千萬里」，是。吾猶未能之在。今子游始至於此，乃語窮觀，豈不亦遠哉！然子處矣。吾與汗漫期於九垓之上，吾不可久。』若士者舉臂而縱身，遂入雲中。盧敖目仰而視之，不見乃止，喜心不怠，悵若有喪，宗祥案：「喜」，淮南作「駕」。「不怠」，淮南作「杯治」，他本作「不息」，從元本。「怠，合也」，見太玄經注。此言不見其止，「喜」當屬下讀。「若」，宋、元「然」。曰：『吾比夫子也，猶黃鵠之與壤蟲也。終日行而不離咫尺，而自以爲遠，豈不悲哉！』」

若盧敖者，宗祥案：此下疑有脱，故文義上下不接。唯龍無翼者，升則乘雲。宗祥案：此亦有誤，若龍有翼，仲任未言，若龍無翼，與若士正同，義不可解。盧敖言若士者有翼，言乃可信。今不言有翼，何以升雲？且凡能輕舉入雲中者，飲食與人殊之故也。龍食與蛇異，故其舉措與蛇不同。聞爲道者服金玉之精，食紫芝之英，食精身輕，故能神仙。若士者食合蜊之肉，與庸民同食，無精輕之驗，安能縱體而升滅？聞食氣者不食物，食物者不食氣。若士者食物如不食氣，宗祥案：「而，如也」，見易象下傳「用晦而明虞」注。故「如」、「而」通。則不能輕舉矣。或時盧敖學道求仙，游乎北海，離衆遠去，無得道之效，慙於鄉里，負於論議。自知以必然之事，見責於世，則作誇誕之語，云見一士。其意以爲有求仙之未得，宗祥案：「求仙」二字疑倒。期數未至也。淮南王劉安坐反而死，天下並聞，當時並見，儒書尚有言其得道仙去，雞犬升天者，況盧敖一人之身，獨行絶跡之地，空造幽冥之語乎？是與河東蒲坂項曼都之語，無以異也。曼都好道學仙，委家亡去，三年而返。家問其狀，曼都曰：「去時不能自知，忽見若卧形，有仙人數人，將我上天，離月數里而止。見月上下幽冥，幽冥不知東西。居月之旁，其寒悽愴。口饑欲食，仙人輒飲我以流霞一杯，每飲一杯，數月不饑。不知去幾何年月，不知以何爲過，忽然若卧，復下至此。」河東號之曰「斥仙」。宗祥案：事又見抱朴子内篇遐覽。實論者聞之，乃知不然。夫曼都能上天矣，何爲不仙？已三年矣，何故復還？夫人去民間，升皇天之上，精氣形體，有變於故者矣。萬物變化，無復還者。復育化爲蟬，羽翼既成，不能復化爲復育。能升之物，皆有羽翼，升而復降，羽翼如故。見曼都之身，有羽翼乎，言乃可信；身無羽翼，言虛妄也。虛則與盧敖同一實也。或時聞曼都好道，宗祥案：「聞」字疑衍。默委家去，周章遠方，宗祥案：「周章，謂章皇周流也」，見文選吴都賦劉注。終無所得，力倦望極，默復歸家，慙愧無言，則言上天。其意欲言道可學得，審有仙人，已殆有過，故成而復斥，升而復降。原本段。

儒書言：「齊王疾痏，宗祥案：「痏，酸痏頭痛」，見説文。使人之宋迎文摯。文摯至，視王之疾，謂太子曰：『王之疾必可已也。雖然，王之疾已，則必殺摯也。』太子曰：『何故？』文摯對曰：『非怒王，疾不可治也。王怒，則摯必死。』太子頓首強請曰：『苟已王之疾，臣與臣之母以死爭之於王，必幸臣之母。宗祥案：呂氏春秋至忠篇作「王必幸臣與臣之母」，高注：「幸，哀也。」此有脫。願先生之勿患也。』文摯曰：『諾，請以死爲王。』與太子期，將往不至者三，齊王固已怒矣。文摯至，不解履登牀，履衣問王之疾。宗祥案：呂氏春秋作「履王衣問王之疾」。王怒而不與言。文摯因出辭以重王怒。王叱而起，疾乃遂已。王大怒不悅，將生烹文摯。太子與王后急爭之而不能得，果以鼎生烹文摯。爨之三日三夜，顏色不變。文摯曰：『誠欲殺我，則胡不覆之，以絕陰陽之氣？』王使覆之，文摯乃死。夫文摯，道人也。入水不濡，入火不燋，故在鼎三日三夜，顏色不變。」

此虛言也。夫文摯而烹三日三夜，顏色不變，爲一覆之故，絕氣而死，非得道之驗也。諸生息之物，氣絕則死；死之物，烹之輒爛。致生息之物密器之中，覆蓋其口，漆塗其隙，中外氣隔，息不得洩，有頃死也。如置湯鑊之中，亦輒爛矣。何則？體同氣均，稟性於天，共一類也。文摯不息乎，與金石同，入湯不爛是也。令文摯息乎，烹之不死，非也。令文摯言，言則以聲，聲以呼吸。呼吸之動，因血氣之發。血氣之發，附於骨肉。骨肉之物，烹之輒死。今言烹之不死，一虛也。既能烹煮不死，此真人也，與金石同。金石雖覆蓋，與不覆蓋者，無以異也。今言文摯覆之則死，二虛也。置人寒水之中，無湯火之熱，鼻中口內，不通於外，斯須之頃，氣絶而死矣。寒水沉人，尚不得生，況在沸湯之中，有猛火之烈乎？言其入湯不死，三虚也。人没水中，口不見於外，言音不揚。烹文摯之時，身必没於鼎中。没則口不見，口不見則言不揚。文摯之言，四虚也。烹輒死之人，三日三夜，顔色不變，癡愚之人，尚知怪之。使齊王無知，太子羣臣宜見其奇。奇怪文摯，則請出尊寵敬事，從之問道。今言三日三夜，無臣子請出之言，五虚也。此或時聞文摯實烹，烹而輒死。世見文摯爲道人也，則爲虚生不死之語矣。猶黄帝實死也，傳言升天；淮南坐反，書言度世。世好傳虚，故文摯之語，傳至於今。世無得道之效，而有有壽之人。世見長壽之人，學道爲仙，踰百不死，共謂之仙矣。何以明之？如武帝之時，有李少君，以祠竈、辟穀、却老方見上，上尊重之。少君匿其年及所生長，常自謂七十，而能使物却老。其游以方偏諸侯，無妻。人聞其能使物及不老，更饋遺之，常餘錢金衣食。人皆以爲不治産業饒給，又不知其何許人，愈争事之。少君資好方，善爲巧發奇中。嘗從武安侯飲，宗祥案：「飲」，宋、元本「飯」。座中有年九十餘者，少君乃言其王父游射處。老人爲兒時從父識其處，一座盡驚。少君見上，上有古銅器，問少君。少君曰：「此器齊桓公十五年陳於柏寢。」已而案其刻，果齊桓公器，一宫盡驚，以爲少君數百歲人也。久之，少君病死。今世所謂得道之人，李少君之類也。少君死於人中，人見其尸，故知少君性壽之人也。如少君處山林之中，入絶跡之野，獨病死於巖石之間，尸爲虎狼狐狸之食，則世復以爲真仙去矣。世學道之人，無少君之壽，年未至百，與衆俱死。愚夫無知之人，尚謂之尸解而去，其實不死。所謂尸解者，何等也？謂身死精神去乎，謂身不死得免去皮膚也？如謂身死精神去乎，是與死無異，人亦仙人也；如謂不死免去皮膚乎，諸學道死者，骨肉具在，與恒死之尸，無以異也。夫蟬之去復育，龜之解甲，蛇之脱皮，鹿之墮角，殼皮之物解殼皮，持骨肉去，可謂尸解矣。今學道而死者，尸與復育相似，尚未可謂尸解。何則？案蟬之去復育，無以神於復育，況不相似復育，謂之尸解，蓋復虛妄失其實矣。太史公與李少君同世並時，少君之死，臨尸者雖非太史公，足以見其實矣。如實不死，尸解而去，太史公宜紀其狀，不宜言死。其處座中年九十老父爲兒時者，少君老壽之效也。或少君年十四五，老父爲兒，隨其王父，少君年二百歲而死，宗祥案：證以上文，「二」疑「一」誤。何爲不識？武帝去桓公鑄銅器，且非少君所及見也。或時聞宮殿之内，有舊銅器，或案其刻以告之者，故見而知之。今時好事之人，見舊劍古鉤，多能名之，可復謂目見其鑄作之時乎？原本段。

世或言東方朔亦道人也，姓金氏，俞樾曰：按洞冥記云：「東方朔字曼倩。父張夷，字少平，妻田氏女。夷年二百歲，顔如童子。朔生三日而田氏死，時景帝三年也。鄰母拾而養之。」據此，則朔又姓張也。蓋皆非事實，故傳聞各異。風俗通正失篇云：「俗言東方朔太白星精。太白者，金星也。此或姓金氏之説所出乎？」宗祥案：御覽二十二引洞冥記云：「東方朔母田氏寡，夢太白星臨其上，因有娠。田氏歎曰：『無夫而孕，人得棄我。』乃移向代郡之東方里。五月生朔，仍以所居爲姓。」與今本洞冥記不同，義較長。字曼倩。變姓易名，游宦漢朝。外有仕宦之名，内乃度世之人。

此又虚也。夫朔與少君，並在武帝之時，太史公所及見也。少君有教道、祠竈、却老之方，又名齊桓公所鑄鼎，知九十老人王父所游射之驗，然尚無得道之實，而徒性壽遲死之人也。況朔無少君之方術效驗，世人何見謂之得道？案武帝之時，道人文成、五利之輩，入海求仙人，索不死之藥，有道術之驗，故爲上所信。朔無入海之使，無奇怪之效也。如使有奇，不過少君之類，及文成、五利之輩耳，況謂之有道？此或時偶復若少君矣，自匿所生之處，當時在朝之人，不知其故，朔盛稱其年長，人見其面狀少壯，宗祥案：各本「壯」作「性」，屬下讀，從宋、元。又恬淡不好仕宦，善達占卜射覆，爲怪奇之戲，世人則謂之得道之人矣。原本段。

世或以老子之道爲可以度世，恬淡無欲，養精愛氣。夫人以精神爲壽命，精神不傷，則壽命長而不死。成事：老子行之，踰百度世，爲真人矣。

夫恬淡少欲，孰與鳥獸？鳥獸亦老而死。鳥獸含情欲，有與人相類者矣，未足以言。草木之生何情欲，而春生秋死乎？夫草木無欲，壽不踰歲；人多情欲，壽至於百。此無情欲者反夭，有情欲者壽也。夫如是，老子之術，以恬淡無欲，延壽度世者，復虚也。或時老子，李少君之類也，行恬淡之道，偶其性命亦自壽長。世見其命壽，又聞其恬淡，謂老子以術度世矣。

世或以辟穀不食爲道術之人，宗祥案：此節專言辟穀不食，似當另起。謂王子喬之輩，以不食穀與恒人殊食，故與恒人殊壽，踰百度世，遂爲仙人。此又虚也。夫人之生也，稟食飲之性，故形上有口齒，形下有孔竅。口齒以噍食，宗祥案：「噍，齧也」，見說文。孔竅以注瀉。順此性者，爲得天正道；逆此性者，爲違所稟受。失本氣於天，何能得久壽？使子喬生無齒口、孔竅，是稟性與人殊。稟性與人殊，尚未可謂壽，況形體均同，而以所行者異。言其得度世，非性之實也。夫人之不食也，猶身之不衣也。衣以温膚，食以充腹。膚温腹飽，精神明盛。如饑而不飽，寒而不温，則有凍餓之害矣。凍餓之人，安能久壽？且人之生也，以食爲氣，猶草木生以土爲氣矣。拔草木之根，使之離土，則枯而蚤死；閉人之口，使之不食，則餓而不壽矣。原本段。

道家相誇曰：「真人食氣。」以氣而爲食，故傳曰：「食氣者壽而不死。雖不穀飽，亦以氣盈。」此又虚也。夫氣，謂何氣也？如謂陰陽之氣，陰陽之氣不能飽人。人或咽氣，氣滿腹脹，不能饜飽。如謂百藥之氣，人或服藥，食一合屑，吞數十丸，藥力烈盛，胸中憒毒，宗祥案：「憒，心亂也」，見集韻。不能飽人。食氣者必謂吹呴呼吸，吐故納新也。昔有彭祖，嘗行之矣，不能久壽，病而死矣。原本段。

道家或以導氣養性，度世而不死，以爲血脈在形體之中，不動搖屈伸，則閉塞不通，不通積聚，則爲病而死。此又虛也。夫人之形，猶草木之體也。草木在高山之巔，當疾風之衝，晝夜動搖者，能復勝彼隱在山谷間，鄣於疾風者乎？案草木之生，動搖者傷而不暢；人之導引動搖形體者，何故壽而不死？夫血脈之藏於身也，猶江河之流地。江河之流，濁而不清；血脈之動，亦擾不安。不安，則猶人勤苦無聊也，安能得久生乎？道家或以服食藥物，輕身益氣，延年度世。此又虛也。夫服食藥物，輕身益氣，頗有其驗。若夫延年度世，世無其效。百藥愈病，病愈而氣復，氣復而身輕矣。凡人稟性，身本自輕，氣本自長，中於風溼，百病傷之，故身重氣劣也。服食良藥，身氣復故，非本氣少身重，得藥而乃氣長身更輕也。稟受之時，本自有之矣。故夫服食藥物，除百病，令身輕氣長，復其本性，安能延年，至於度世？有血脈之類，無有不生，生無不死。以其生故知其死也。天地不生故不死。陰陽不生故不死。死者生之效，生者死之驗也。夫有始者必有終，有終者必有始。唯無終始者，乃長生不死。人之生，其猶冰也。宗祥案：「冰」，各本誤「水」，從宋、元。水凝而爲冰，氣積而爲人。冰極一冬而釋，人竟百歲而死。人可令不死，冰可令不釋乎？諸學仙術爲不死之方，其必不成，猶不能使冰終不釋也。

語增篇

傳語曰：「聖人憂世深，思事勤，愁擾精神，感動形體，故稱堯若腊，舜若腒，桀、紂之君，垂腴尺餘。」宗祥案：「腴，腹下肥也」，見說文。夫言聖人憂世念人，身體羸惡，不能身體肥澤，可也；言堯、舜若腊與腒，桀、紂垂腴尺餘，增之也。齊桓公云：「寡人未得仲父極難，既得仲父甚易。」桓公不及堯、舜，仲父不及禹、契，桓公猶易，堯、舜反難乎？以桓公得管仲易，知堯、舜得禹、契不難。夫易則少憂，少憂則不愁，不愁則身體不臞。舜承堯太平？堯、舜襲德，功假荒服，宗祥案：「假」與「格」同，至也，見集韻正韻。堯尚有憂，舜安能無事？宗祥案：證以下文，舜實無事，此書「而」、「能」通用，疑「能」爲「而」譌。故經曰：「上帝引逸。」謂虞舜也。舜承安繼治，任賢使能，恭己無爲而天下治。故孔子曰：「巍巍乎，舜、禹之有天下而不與焉！」夫不與尚謂之臞若腒，如德劣承衰，若孔子栖栖，周流應聘，身不得容，道不得行，可骨立跛附，宗祥案：「附，依也」，見廣雅釋詁。「跛」疑「皮」譌。僵仆道路乎？紂爲長夜之飲，糟丘酒池，沉湎於酒，不舍晝夜，是必以病。病則不甘飲食，不甘飲食，則肥腴不得至尺。經曰：「惟湛樂是從，宗祥案：周書「湛」作「耽」，「是」作「之」。時亦罔有克壽。」魏公子無忌爲長夜之飲，困毒而死。紂雖未死，宜羸臞矣。然桀、紂同行，則宜同病。言其腴垂過尺餘，非徒增之，又失其實矣。

傳語又稱：「紂力能索鐵伸鉤，宗祥案：「大者謂之索，小者謂之繩」，見小爾雅。「索，總謂切極之令緊者也」，見急就篇注。撫梁易柱。」言其多力也。「蜚廉、惡來之徒並幸受寵。」言好伎力之主，致伎力之士也。或言：「武王伐紂，兵不血刃。」夫以索鐵伸鉤之力，輔以蜚廉、惡來之徒，與周軍相當，武王德雖盛，不能奪紂素所厚之心；紂雖惡，亦不失所與同行之意。雖爲武王所擒，時亦宜殺傷十百人。今言不血刃，非紂多力之效，蜚廉、惡來助紂之驗也。案武王之符瑞，不過高祖。武王有白魚、赤烏之祐；高祖有斷大虵、老嫗哭於道之瑞。武王有八百諸侯之助；高祖有天下義兵之佐。武王之相，望羊而已；高祖之相，龍顔隆準，項紫美鬚髯，身有七十二黑子。高祖又逃吕后於澤中，吕后輒見上有雲氣之驗，武王不聞有此。夫相多於望羊，瑞明於魚烏，天下義兵，並來會漢，助彊於諸侯。武王承紂，高祖襲秦。二世之惡，隆盛於紂，天下畔秦，宜多於殷。案高祖伐秦，還破項羽，戰場流血，暴尸萬數，失軍亡衆，幾死一再，然後得天下，用兵苦，誅亂劇。獨云周兵不血刃，非其實也。言其易，可也；言不血刃，增之也。案周取殷之時，太公陰謀之書，食小兒丹，教云亡殷，兵到牧野，晨舉脂燭。宗祥案：御覽八百七十引此句下有「權掩不備」句，又見説苑權謀。察武成之篇，牧野之戰，血流浮杵，宗祥案：意林引「浮」作「標」。赤地千里。由此言之，周之取殷，與漢、秦一實也。而云取殷易，兵不血刃，美武王之德，增益其實也。凡天下之事，不可增損，考察前後，效驗自列。

自列則是非之實，有所定矣。世稱紂力能索鐵伸鉤，又稱武王伐之，兵不血刃。夫以索鐵伸鉤之力當人，則是孟賁、夏育之匹也；以不血刃之德取人，是則三皇、五帝之屬也。以索鐵之力，不宜受服；以不血刃之德，不宜頓兵。今稱紂力則武王德貶，譽武王則紂力少。索鐵、不血刃，不得兩立；殷、周之稱，不得二全。不得二全，則必一非。孔子曰：「紂之不善，不若是之甚也。是以君子惡居下流，天下之惡皆歸焉。」孟子曰：「吾於武成，取二三策耳。以至仁伐不仁，如何其血之浮杵也？」若孔子言，殆沮浮杵；宗祥案：「沮」疑「且」譌。若孟子之言，近不血刃。浮杵過其實，不血刃亦失其正。一聖一賢，共論一紂，輕重殊稱，多少異實。紂之惡不若王莽。紂殺比干，莽鴆平帝；紂以嗣立，莽盜漢位。殺主隆於誅臣，嗣立順於盜位，士衆所畔，宜甚於紂。漢誅王莽，兵頓昆陽，死者萬數，軍至漸臺，血流没趾。而獨謂周取天下，兵不血刃，非其實也。原本段。

傳語曰：「文王飲酒千鍾，孔子百觚。」欲言聖人德盛，能以德將酒也。如一坐千鍾百觚，此酒徒，非聖人也。飲酒有法，胷腹小大，宗祥案：宋本作「大小」。與人均等。飲酒用千鍾，用肴宜盡百牛，百觚則宜用十羊。夫以千鍾百牛、百觚十羊言之，文王之身，如防風之君；孔子之體，如長狄之人，乃能堪之。宗祥案：御覽七百六十一引作「文王飲酒千鍾，孔子百觚。若酒用千鍾，則肉宜百牛；酒用百觚，則肴宜千羊。文王身如防風，孔子體如長狄，乃能堪之。」又按：「防風、長狄，人長三丈。」見魯語孔子對吴使語，詳孔子世家補注。案文王、孔子之體，不能及防風、長狄，以短小之身，飲食衆多，是缺文王之廣，貶孔子之崇也。案酒誥之篇：「朝夕曰：『祀兹酒。』」此言文王戒慎酒也。朝夕戒慎，則民化之。外出戒慎之教，内飲酒盡千鍾，導民率下，何以致化？承紂疾惡，何以自别？且千鍾之效，百觚之驗，何時用哉？宗祥案：「時」，宋、元本「所」。使文王、孔子因祭用酒乎，則受福胙不能厭飽；因饗射之用酒乎，宗祥案：證之上文，「之」疑衍。饗射飲酒，自有禮法；如私燕賞賜飲酒乎，則賞賜飲酒，宜與下齊。賜尊者之前，三觴而退，過於三觴，宗祥案：「二觴」字，宋、元本「觚」。醉酗生亂。文王、孔子，率禮之人也，賞賚左右，至於醉酗亂身。自用酒，千鍾百觚，大之則爲桀、紂，小之則爲酒徒，又何以立德成化，宗祥案：「又」，各本「用」，從宋、元。表名垂譽乎？世聞「德將毋醉」之言，宗祥案：此周書酒誥語，「毋」作「無」。見聖人有多德之效，則虚增文王以爲千鍾，空益孔子以百觚矣。原本段。

傳語曰：「紂沉湎於酒，以糟爲丘，以酒爲池，牛飲者三千人，爲長夜之飲，亡其甲子。」夫紂雖嗜酒，亦欲以爲樂。令酒池在中庭乎，則不當言爲長夜之飲，坐在深室之中，閉窻舉燭，故曰長夜。令坐於室乎，每當飲者，起之中庭，乃復還坐，則是煩苦相踖藉，不能甚樂。令池在深室之中，宗祥案：「室」，宋、元本作「宫」。則三千人宜臨池坐前，俛飲池酒，仰食肴膳，倡樂在前，乃爲樂耳。如審臨池而坐，則前飲害於肴膳，倡樂之作不得在前。夫飲食既不以禮，臨池牛飲，則其啖肴不復用杯，宗祥案：「杯，盤、盎、盆、盞之總名也」，見大戴記曾子事父母注。亦宜就魚肉而虎食。則知夫酒池牛飲，非其實也。原本段。

傳又言：「紂懸肉以爲林，令男女倮而相逐其間。」是爲醉樂淫戲，無節度也。夫肉當内於口，口之所食，宜潔不辱。今言男女倮相逐其間，何等潔者？如以醉而不計潔辱，則當共浴於酒中，宗祥案：「共」，各本誤「其」，從元本。而倮相逐於肉間。何爲不肯浴於酒中？以不言浴於酒，知不倮相逐於肉間。傳者之説，或言：「車行酒，騎行炙，百二十日爲一夜。」夫言用酒爲池，則言其車行酒非也；言其懸肉爲林，即言騎行炙非也。或時紂沉湎覆酒，滂沲於地，即言以酒爲池；釀酒糟積聚，則言糟爲丘；懸肉以林，則言肉爲林；林中幽冥，人時走戲其中，則言倮相逐；或時載酒用鹿車，則言車行酒、騎行炙；或時十數夜，則言其百二十；或時醉不知問日數，則言其亡甲子。周公封康叔，告以紂用酒，期於悉極，欲以戒之也，而不言糟丘、酒池，懸肉爲林，長夜之飲，亡其甲子。聖人不言，殆非實也。原本段。

傳言曰：宗祥案：「傳言」，宋本「傳語」。「紂非時與三千人牛飲於酒池。」夫夏官百，殷二百，周三百，紂之所與相樂，非民必臣也，非小臣，必大官，其數不能滿三千人。傳書家欲惡紂，故言三千人，增其實也。原本段。

傳語曰：「周公執贄下白屋之士。」謂候之也。夫三公，鼎足之臣，王者之貞幹也；宗祥案：「貞者，事之幹也」，見易文言傳。白屋之士，閭巷之微賤者也。三公傾鼎足之尊，執贄候白屋之士，非其實也。時或待士卑恭，不驕白屋，人則言其往候白屋；或時起白屋之士，以璧原注：一本作「圭」。迎禮之，人則言其執贄以候其家也。原本段。

傳語曰：「堯、舜之儉，茅茨不剪，采椽不斲。」夫言茅茨、采椽，可也；言不剪不斲，增之也。經曰：「弼成五服。」五服，五采服也。宗祥案：「五服」，向來皆即大禹荒度之功爲説，仲任指五采服，亦漢儒異説。服五采之服，又茅茨采椽，何宫室衣服之不相稱也？服五采，畫日月星辰，茅茨采椽，非其實也。原本段。

傳語曰：「秦始皇帝燔燒詩書，坑殺儒士。」言燔燒詩書，滅去五經文書也；坑殺儒士者，言其皆挾經傳文書之人也。燒其書，坑其人，詩書絶矣。言燔燒詩書，宗祥案：通津、程刻「燒燔」，從宋、元。坑殺儒士，實也；言其欲滅詩書，故坑殺其人，非其誠，又增之也。秦始皇帝三十四年，置酒咸陽臺，儒士七十人前爲壽。僕射周青臣進頌始皇之德。齊淳于越進諫始皇不封子弟功臣自爲挾輔，宗祥案：「挾」，各本誤「狹」，從宋本。「挾輔」，史記作「輔拂」。剌周青臣以爲面諛。宗祥案：「剌」即「刺」字。「刺，責」，見詩瞻卬「天何以刺」傳。始皇下其議於丞相李斯。李斯非淳于越曰：「諸生不師今而學古，以非當世，惑亂黔首。臣請勑史官，非秦記皆燒之；非博士官所職，天下有敢藏詩書、百家語、諸刑書者，悉詣守尉集燒之；有敢偶語詩書者，宗祥案：各本無「者」字，從宋、元。棄市；以古非今者，族滅；吏見知弗舉，與同罪。」始皇許之。明年，三十五年，諸生在咸陽者，多爲妖言。始皇使御史案問諸生，諸生傳相告引者，自除宗祥案：「者」，史記作「乃」。犯禁者四百六十七人，皆坑之。燔詩、書，起淳于越之諫；坑儒士，起自諸生爲妖言，見坑者四百六十七人。傳增言坑殺儒生，欲絶詩、書，又言盡坑之。此非其實，而又增之。

傳語曰：宗祥案：此另一條。「町町若荆軻之閭。」宗祥案：「田踐處曰町」，見説文。「町，田區也」，見一切經音義八引蒼頡。此言荆軻之里，廢爲田也。言荆軻爲燕太子丹刺秦王，後誅軻九族，其後恚恨不已，復夷軻之一里。一里皆滅，故曰町町。此言增之也。夫秦雖無道，無爲盡誅荆軻之里。始皇幸梁山之宫，從山上望見丞相李斯車騎甚盛，恚，出言非之。其後左右以告李斯，李斯立損車騎。始皇知左右洩其言，莫知爲誰，盡捕諸在旁者，皆殺之。其後墜星下東郡，至地爲石，民或刻其石曰：「始皇帝死，地分。」皇帝聞之，令御史逐問，莫服，盡取石旁人誅之。夫誅從行於梁山宫，及誅石旁人，欲得洩言、刻石者，不能審知，故盡誅之。荆軻之閭，何罪於秦，而盡誅之？如刺秦王在閭中，不知爲誰，盡誅之，可也。荆軻已死，刺者有人，一里之民，何爲坐之？始皇二十年，燕使荆軻刺秦王，秦王覺之，體解軻以狗，不言盡誅其閭。彼或時誅軻九族，九族衆多，同里而處，誅其九族，一里且盡，好增事者，則言町町也。

論衡卷第八

漢　會稽王充著　海寧張宗祥校注

儒增篇　藝增篇

儒增篇

儒書稱："堯、舜之德，至優至大，天下太平，一人不刑。"又言："文、武之隆，遺在成、康，刑錯不用，四十餘年。"是欲稱堯、舜，褒文、武也。夫爲言不益，則美不足稱；爲文不渥，則事不足褒。堯、舜雖優，不能使一人不刑；文、武雖盛，不能使刑不用。言其犯刑者少，用刑希疏，可也；言其一人不刑，刑錯不用，增之也。夫能使一人不刑，則能使一國不伐；能使刑錯不用，則能使兵寢不施。案堯伐丹水，舜征有苗，四子服罪，刑兵設用。成王之時，四國簒畔，淮夷、徐戎，並爲患害。夫刑人用刀，伐人用兵，罪人用法，誅人用武。武法不殊，兵刀不異。巧論之人，不能别也。夫德原注：一有"爲"字。劣故用兵，犯法故施刑。

刑與兵，宗祥案：宋、元本「刑」下有「之」字。猶足與翼也。走用足，飛用翼。形體雖異，其行身同；刑之與兵，全衆禁邪，其實一也。稱兵之不用，言刑之不施，是猶人耳缺目完，以目完稱人體全，不可從也。人桀於刺虎，宗祥案：「桀，健也」，見詩碩人「庶士有朅」釋文引韓詩。怯於擊人，而以刺虎稱謂之勇，不可聽也。身無敗缺，勇無不進，乃爲全耳。今稱一人不刑，不言一兵不用；褒刑錯不用，不言一人不畔，未得爲優，未可謂盛也。原本段。

儒書稱：「楚養由基善射，射一楊葉，百發能百中之。」是稱其巧於射也。夫言其時射一楊葉中之，可也；言其百發而百中，增之也。夫一楊葉射而中之，中之一再，行敗穿不可復射矣。宗祥案：「行」，宋、元本「將」。如就葉懸於樹而射之，雖不欲射葉，宗祥案：「葉」，宋、元本「中」。楊葉繁茂，自中之矣。是必使上取楊葉，一一更置地而射之也。射之數十行，足以見巧；觀其射之者，亦皆知射工，亦必不至於百，明矣。言事者好增巧美，數十中之，則言其百中矣。百與千，數之大者也。實欲言十則言百，百則言千矣。是與書言「協和萬邦」，詩曰「子孫千億」，同一意也。原本段。

儒書言：「衛有忠臣弘演，爲衛哀公使，未還，狄人攻哀公而殺之，盡食其肉，獨捨其肝。弘演使還，致命於肝，痛哀公之死，身肉盡，肝無所附，引刀自刳其腹，盡出其腹實，乃内哀公之肝而死。」言此者，欲稱其忠矣。言其自刳内哀公之肝而死，可也；言盡出其腹實，乃內哀公之肝，增之也。人以刃相刺，中五藏輒死。何則？五藏，氣之主也，猶頭脉之湊也。頭一斷，手不能取他人之頭着之於頸，奈何獨能先出其腹實，乃內哀公之肝？腹實出輒死，則手不能復把矣。如先內哀公之肝，乃出其腹實，則文當言內哀公之肝，出其腹實。今先言盡出其腹實，內哀公之肝，又言盡，增其實也。原本段。

儒書言：「楚熊渠子出，見寢石，以爲伏虎，將弓射之，矢沒其衛。」宗祥案：矢其旁曰羽，齊人曰衛，見周禮職方注。或曰：「養由基見寢石，以爲兕也，射之，矢飲羽。」或言：「李廣。」便是熊渠、養由基、李廣主名不審，無害也。宗祥案：「害」，各本誤「實」，從宋、元。或以爲虎，或以爲兕，兕、虎俱猛，一實也。或言沒衛，或言飲羽，羽則衛，言不同耳。要取以寢石似虎、兕，畏懼加精，射之入深也。夫言以寢石爲虎，射之矢入，可也；言其沒衛，增之也。夫見似虎者，意以爲是，張弓射之，盛精加意，則其見真虎與是無異。射似虎之石，矢入沒衛，若射真虎之身，矢洞度乎？石之質難射，肉易射也。以射難沒衛言之，則其射易者，洞不疑矣。善射者能射遠中微，不失毫釐，安能使弓弩更多力乎？養由基從軍，射晉侯，中其目。夫以匹夫射萬乘之主，其加精倍力，必與射寢石等。當中晉侯之目也，可復洞達於項乎？如洞達於項，晉侯宜死。車張十石之弩，恐不能入一寸，矢摧爲三，宗祥案：「矢」，各本誤「失」，從宋、元。況以一人之力，引微弱之弓，雖加精誠，安能沒衛？人之精乃氣也，氣乃力也。有水火之難，惶惑恐懼，舉徙器物，精誠至矣，素舉一石者，倍舉二石。然則見伏石射之，精誠倍故，不過入一寸，如何謂之没衛乎？如有好用劍者，見寢石，懼而斫之，可復謂能斷石乎？以勇夫空拳而暴虎者，卒然見寢石，以手椎之，宗祥案：「椎」，宋本「推」。能令石有跡乎？巧人之精，與拙人等，古人之誠，與今人同。使當今射工射禽獸於野，其欲得之，不餘精力乎？宗祥案：「乎」字疑衍。及其中獸，不過數寸。跌誤中石，宗祥案：「跌」疑「矢」譌。不能内鋒，箭摧折矣。夫如是，儒書之言楚熊渠子、養由基、李廣射寢石，矢没衛飲羽者，皆增之也。原本段。

儒書稱：「魯般、墨子之巧，刻木爲鳶，飛之三日而不集。」夫言其以木爲鳶飛之，可也；言其三日不集，增之也。夫刻木爲鳶，以象鳶形，安能飛而不集乎？既能飛翔，安能至於三日？如審有機關，一飛遂翔，不可復下，則當言遂飛，不當言三日。猶世傳言曰：「魯般巧，亡其母也。」言巧工爲母作木車馬、木人御者，機關備具，載母其上，一驅不還，遂失其母。如木鳶機關備具，與木車馬等，則遂飛不集。機關爲須臾間，不能遠過三日，則木車等亦宜三日止於道路，無爲徑去以失其母。二者必失實者矣。原本段。

書説：「孔子不能容於世，周流游説七十餘國，未嘗得安。」夫言周流不遇，可也；言干七十國，增之也。案論語之篇，諸子之書，孔子自衛反魯，在陳絶糧，削迹於衛，忘味於齊，伐樹於宋，並費與頓牟，孫詒讓曰：按頓牟蓋即中牟，後變動篇亦云：「頓牟叛，趙襄子帥師攻之。」襄子攻中牟，見淮南子道應訓、韓詩外傳、新序雜事。至不能十國。傳言七十國，非其實也。或時干十數國也，七十之說，文書傳之，因言干七十國矣。宗祥案：以上「干」字，程本誤「千」，元本誤「于」，從宋本。論語曰：「孔子問公叔文子於公明賈曰：宗祥案：此需另列一條。『信乎，夫子不言、不笑、不取乎？』公明賈對曰：『以告者過也。夫子時然後言，人不厭其言也；樂然後笑，人不厭其笑也；義然後取，人不厭其取也。』子曰：『豈其然乎！豈其然乎！』」夫公叔文子實時言、時笑、義取，人傳說稱之；言其不言、不笑、不取也，俗言竟增之也。原本段。

書言：「秦繆公伐鄭，過晉不假途。晉襄公率羌戎要擊於崤塞之下，疋馬隻輪無反者。時秦遣三大夫，孟明視、西乞術、白乙丙，皆得復還。」夫三大夫復還，車馬必有歸者；文言「疋馬隻輪無反」者，增其實也。原本段。

書稱：「齊之孟嘗，魏之信陵，趙之平原，楚之春申君，待士下客，招會四方，各三千人。」欲言下士之至，趨之者衆也。夫言士多，可也；言其三千，增之也。四君雖好士，士至雖衆，不過各千餘人，書則言三千矣。夫言衆必言千數，言少則言無一，世俗之情，言事之失也。原本段。

傳記言：「高子羔之喪親，泣血三年，未嘗見齒，君子以爲難。」難爲故也。夫不以爲非實而以爲難，君子之言誤矣。高子泣血，殆必有之。何則？荆和獻寶於楚，楚刖其足，痛寶不進，已情不達，泣涕涕盡，因續以血。今高子痛親，哀極涕竭，血隨而出，實也。而云「三年未嘗見齒」，是增之也。言未嘗見齒，欲言其不言、不笑也。孝子喪親，不笑可也，安得不言？言安得不見齒？孔子曰：「言不文，或時不言。」傳則言其不見齒，或時傳則言其不見齒三年矣。高宗諒陰，三年不言。尊爲天子不言，而其文言「不言」，宗祥案：「孔子曰：言不文」者，孔子之意，不能不言，言不文可矣。「而其文言」下，疑脱「三年」二字。猶疑於增，況高子位賤而曰「未嘗見齒」，是必增益之也。原本段。

儒書言：「禽息薦百里奚，繆公未聽。禽息出，當門仆頭碎首而死。繆公痛之，乃用百里奚。」此言賢者薦善，不愛其死，仆頭碎首而死，以達其友也。世士相激，文書傳稱之，莫謂不然。夫仆頭以薦善，古今有之。禽息仆頭，蓋其實也。言碎首而死，是增之也。夫人之扣頭，痛者血流，雖忿恨惶恐，無碎首者。非首不可碎，人力不能自碎也。執刃刎頸，樹鋒刺胷，鋒刃之助，故手足得成勢也。言禽息舉椎自擊，首碎，不足怪也；仆頭碎首，力不能自將也。有扣頭而死者，未有使頭破首碎者也。此時或扣頭薦百里奚，世空言其死；若或扣頭而死，世空言其首碎也。原本段。

儒書言：「荆軻爲燕太子刺秦王，操匕首之劍刺之，不得。秦王拔劍擊之，軻以匕首擿秦王，不中，中銅柱，入尺。」欲言匕首之利，荆軻勢盛，投鋭利之刃，陷堅彊之柱，稱荆軻之勇，故增益其事也。夫言入銅柱，實也；言其入尺，增之也。夫銅雖不若匕首堅剛，入之不過數寸，殆不能入尺。以入尺言之，設中秦王，匕首洞過乎？車張十石之弩，射垣木之表，宗祥案：「垣」疑「桓」譌，説文：「桓亭，郵表也。」史記孝文紀索隱云：「陳、楚俗『桓』聲近『和』。」故「桓表」亦作「和表」。尚不能入尺。以荆軻之手力，投輕小之匕首，身被龍淵之劍，刃入堅剛之銅柱，是荆軻之力，勁於十石之弩，銅柱之堅，不若木表之剛也。世稱荆軻之勇，不言其多力。多力之人，莫若孟賁。使孟賁擿銅柱，能原注：一有「過」字。洞出一尺乎？宗祥案：「洞」，各本「淵」，從宋本。「淵，深也」，見詩燕燕傳，義亦可通。此亦或時匕首利若干將、莫邪，所刺無前，所擊無下，故有入尺之效。夫稱干將、莫邪，亦過其實。刺擊無前、下，亦入銅柱尺之類也。原本段。

儒書言：「董仲舒讀春秋，專精一思，志不在他，三年不窺園菜。」夫言不窺園菜，實也；言三年，增之也。仲舒雖精，亦時解休，解休之間，猶宜游於門庭之側，則能至門庭，何嫌不窺園菜？聞用精者，察物不見，存道以亡身，不聞不至門庭，坐思三年，不及窺園也。尚書毋佚曰：「君子所其毋佚，先知稼穡之艱難，乃佚。」者也。原注：一有「解」字。宗祥案：「者也」疑乃「解」之譌，原注未分明。人之筋骨，非木非石，不能不解。故張而不弛，文王不爲；弛而不張，文王不行；一弛一張，文王以爲常。聖人材優，尚有弛張之時，仲舒材力劣於聖，安能用精，三年不休？原本段。

儒書言：「夏之方盛也，遠方圖物，貢金九牧，鑄鼎象物，而爲之備，故入山澤不逢惡物，用辟神姦，故能叶於上下，以承天休。」夫金之性，物也，用遠方貢之爲美，鑄以爲鼎，用象百物之奇，安能入山澤不逢惡物，辟除神姦乎？周時天下太平，越裳獻白雉，倭人貢鬯草。食白雉，服鬯草，不能除凶，金鼎之器，安能辟姦？且九鼎之來，德盛之瑞也。服瑞應之物，不能致福。男子服玉，女子服珠，珠玉於人，無能辟除。寶奇之物，使爲蘭服，作牙身，宗祥案：「服」，宋、元「或」，誤。「蘭」與「闌」同，見列子說符釋文。「闌，閒也」，見廣雅釋詁二，蘭服，蓋閒服也。「衝居中央，牙是外畔兩邊之璜」，見禮記玉藻疏引皇氏。尋上文「服玉」、「服珠」之意，此蓋言以珠玉飾其衣佩也。益者，九鼎之語也。原注：一有「大」字。夫九鼎無能辟除，傳言能辟神姦，是則書增其文也。或言有世俗傳言：「周鼎不爨自沸，不投物物自出。」此則世俗增其言也，儒書增其文也。是使九鼎以無怪空爲神也。且夫謂周之鼎神者，何用審之？周鼎之金，遠方所貢，禹得鑄以爲鼎也。其爲鼎也，有百物之象。如爲遠方貢之爲神乎，遠方之物安能神？如以爲禹鑄之爲神乎，禹聖不能神。聖人身不能神，鑄器安能神？如以金之物爲神乎，則夫金者，石之類也，石不能神，金安能神？以有百物之象爲神乎，夫百物之象，猶雷罇也。雷罇刻畫雲雷之形，雲雷在天，神於百物，雲雷之象不能神，百物之象安能神也？原本段。

傳言：「秦滅周，周之九鼎入於秦。」案本事，周赧王之時，秦昭王使將軍摎攻王赧，王赧惶懼奔秦，頓首受罪，盡獻其邑三十六，口三萬。秦受其獻，還王赧。王赧卒，秦王取九鼎寶器矣。若此者，九鼎在秦也。始皇二十八年，北遊至琅邪，還過彭城，齊戒禱祠，欲出周鼎，使千人没泗水之中，求弗能得。案時昭王之後三世得始皇帝，秦無危亂之禍，鼎宜不亡，亡時殆在周。傳言王赧奔秦，秦取九鼎，或時誤也。傳又言：「宋太丘社亡，鼎没水中彭城下。其後二十九年，秦并天下。」若此者，鼎未入秦也。其亡，從周去矣，未爲神也。

俞樾曰：按史記年表，宋太丘社亡，在周顯王之三十三年，則秦惠王之二年也。後此二十年，爲惠文王之後九年，張儀欲伐韓，尚有「周自知不救，九鼎寶器必出」之言，安得已亡於周顯王之三十三年也？即如漢書郊祀志之説，謂社亡於顯王四十三年，至惠文王後九年，亦十二年矣。愚嘗謂秦取九鼎，著於周本紀；九鼎入秦，著於秦本紀，乃史公之實録。封禪書又云：「或曰：宋太丘社亡，而鼎没於泗水彭城下。」此方士新垣平輩之妄説也。九鼎自在秦，而後世不見者，燬於咸陽三月之火也。秦所求泗水之鼎，漢所出汾陰之鼎，均非禹鼎。此言鼎未入秦，失其實矣。又按周考王二年，封其弟桓公於河南，是爲西周君。桓公卒，威公立，威公卒，惠公立，復封其少子於鞏，是爲東周君。西周天子自在成周。至赧王立，自成周遷於王城。王城，即河南也。於是始與西周君共居。及秦昭襄王五十一年，秦使將軍摎攻西周，西周君自歸於秦，頓首受罪，盡獻其邑，此西周君也，非赧王也。合史記周、秦兩紀觀之，事迹甚明，此言王赧惶懼奔秦，亦失其實。

春秋之時，五石隕於宋。五石者，星也。星之去天，猶鼎之亡於地也。星去天不爲神，鼎亡於地何能神？春秋之時，三山亡，猶太丘社之去宋，五星之去天。三山亡、五石隕，太丘社去，皆自有爲。然鼎亡，亡亦有應也，未可以亡之故，乃謂之神。如鼎與秦三山同乎，亡不能神。如有知，欲辟危亂之禍乎？則更桀、紂之時矣。衰亂無道，莫過桀、紂。桀、紂之時，鼎不亡去。周之衰亂，未若桀、紂。留無道之桀、紂，去衰末之周，非止去之宜，神有知之驗也。或時周亡之時，將軍摎人衆見鼎盜取，姦人鑄爍以爲他器，始皇求不得也，後因言有神名，則空生没於泗水之語矣。孝文皇帝之時，趙人新垣平上言：「周鼎亡在泗水中。今河溢，通於泗水，臣望東北，汾陰直有金氣，意周鼎出乎！兆見弗迎則不至。」於是文帝使使治廟汾陰，南臨河，欲祠出周鼎。人有上書告新垣平所言神器事皆詐也，於是下平事於吏。吏治，誅新垣平。夫言鼎在泗水中，猶新垣平詐言鼎有神氣見也。

藝增篇

世俗所患，患言事增其實，著文垂辭，辭出溢其真，稱美過其善，進惡没其罪。何則？俗人好奇，不奇，言不用也。故譽人不增其美，則聞者不快其意；毁人不益其惡，則聽者不愜於心。聞一增以爲十，見百益以爲千。使夫純樸之事，十剖百判；審然之語，千反萬畔。宗祥案：「畔，倍也」，見禮王制注。墨子哭於練絲，楊子哭於歧道，蓋傷失本，悲離其實也。蜚流之言，百傳之語，出小人之口，馳閭巷之間，其猶是也。諸子之文，筆墨之疏，人賢所著，妙思所集，宜如其實，猶或增之。儻經藝之言，如其實乎？言審莫過聖人，經藝萬世不易，猶或出溢，增過其實。增過其實，皆有事爲，不妄亂誤以少爲多也。然而必論之者，方言經藝之增，與傳語異也。經增非一，略舉較著，令悅惑之人，觀覽采擇，得以開心通意，曉解覺悟。

尚書「協和萬國」，是美堯德致太平之化，化諸夏並及夷狄也。言協和方外，可也；言萬國，增之也。夫唐之與周，俱治五千里内。周時諸侯千七百九十三國，荒服、戎服、要服，及四海之外，不粒食之民，若穿胷、儋耳、焦僥、跂踵之輩，孫詒讓曰：「跂踵」，當作「跂踵」，山海經海外北經「跂踵國在拘纓東」郭注引孝經鉤命決云：「焦僥、跂踵，重譯欵塞。」按跂踵無所出，此必因形近而誤。并合其數，不能三千。天之所覆，地之所載，盡於三千之中矣。而尚書云「萬國」，褒增過實，以美堯也。欲言堯之德大，所化者衆，諸夏夷狄，莫不雍和，故曰「萬國」。猶詩言「子孫千億」矣。美周宣王之德，能慎原注：一作「順」。天地，天地祚之，子孫衆多，至於千億。言子孫衆多，可也；言千億，增之也。夫子孫雖衆，不能千億，詩人頌美，增益其實。案后稷始受邰封，訖於宣王，宣王以至外族内屬，血脉所連，不能千億。夫千與萬，數之大名也。萬言衆多，故尚書言「萬國」，詩言「千億」。

詩云：「鶴鳴九皐，聲聞于天。」言鶴鳴九折之澤，聲猶聞於天，以喻君子修德窮僻，名猶達朝廷也。其聞高遠，可矣；言其聞於天，增之也。彼言聲聞於天，見鶴鳴於雲中，從地聽之，度其聲鳴於地，當復聞於天也。夫鶴鳴雲中，人聞聲仰而視之，目見其形。耳目同力，耳聞其聲，則目見其形矣。然則耳目所聞見，不過十里，使參天之鳴，人不能聞也。何則？天之去人以萬數，遠則目不能見，耳不能聞。今鶴鳴從下聞之，鶴鳴近也。以從下聞其聲，則謂其鳴於地，當復聞於天，失其實矣。其鶴鳴於雲中，人從下聞之，如鳴於九皐，人無在天上者，何以知其聞於天上也？無以知，意從准況之也。詩人或時不知，至誠以爲然；或時知，而欲以喻事，故增而甚之。

詩曰：「維周黎民，靡有孑遺。」是謂周宣王之時，遭大旱之災也。詩人傷旱之甚，民被其害，言無有孑遺一人不愁痛者。夫旱甚，則有之矣；言無孑遺一人，增之也。夫周之民猶今之民也。使今之民也，遭大旱之災，貧羸無蓄積，扣心思雨，若其富人穀食饒足者，廩囷不空，口腹不饑，何愁之有？天之旱也，山林之間不枯，猶地之水，丘陵之上不湛也。山林之間，富貴之人，必有遺脱者矣，而言靡有孑遺，增益其文，欲言旱甚也。原本段。

易曰：「豐其屋，蔀其家，窺其户，闃其無人也。」非其無人也，無賢人也。尚書曰：「毋曠庶官。」曠，空；庶，衆也。毋空衆官，置非其人，與空無異，故言空也。夫不肖者皆懷五常，才劣不逮，不成純賢，非狂妄頑嚚，身中無一知也。德有大小，材有高下，居官治職，皆欲勉效在官。尚書之官，易之户中，猶能有益，如何謂之空而無人？詩曰：「濟濟多士，文王以寧。」此言文王得賢者多，而不肖者少也。今易宜言「闃其少人」，尚書宜言「無少衆官」，以「少」言之，可也；言空而無人，亦尤甚焉。五穀之於人也，食之皆飽。稻粱之味，宗祥案：「粱」，各本誤「梁」。從宋本。甘而多腴。豆麥雖糲，亦能愈饑。食豆麥者，皆謂糲而不甘，莫謂腹空無所食。竹、木之杖，皆能扶病。竹杖之力，弱劣不及木。或操竹杖，皆謂不勁，莫謂手空無把持。夫不肖之臣，豆麥、竹杖之類也。易持其具臣在户，宗祥案：「持」，一本作「特」。言無人者，惡之甚也。尚書衆官，亦容小材，而云無空者，刺之甚也。原本段。

論語曰：「大哉！堯之爲君也，蕩蕩乎民無能名焉。」傳曰：「有年五十擊壤於路者，觀者曰：『大哉！堯德乎！』擊壤者曰：『吾日出而作，日入而息，鑿井而飲，耕田而食，堯何等力！』」此言蕩蕩無能名之效也。言蕩蕩，可也；乃欲言民無能名，增之也。四海之大，萬民之衆，無能名堯之德者，殆不實也。夫擊壤者曰：「堯何等力！」欲言民無能名也。觀者曰：「大哉！堯之德乎！」此何等民者，猶能知之。實有知之者，云「無」，竟增之。儒書又言：「堯、舜之民，可比屋而封。」言其家有君子之行，可皆官也。夫言可封，可也；言比屋，增之也。人年五十爲人父，爲人父而不知君，何以示子？太平之世，家爲君子，人有禮義，父不失禮，子不廢行。夫有行者有知，知君莫如臣，臣賢能知君，能知其君，故能治其民。今不能知堯，何可封官？年五十擊壤於路，與豎子未成人者爲伍，何等賢者？子路使子羔爲郈宰，孫詒讓曰：按論語先進篇「郈」作「費」，史記孔子弟子列傳作「子羔爲費郈宰」，疑齊古論語有作「郈」者，與今本異也。孔子以爲不可：未學，無所知也。擊壤者無知，官之如何？稱堯之蕩蕩，不能述其可比屋而封；言賢者可比屋而封，不能議讓其愚。而無知之夫擊壤者，難以言比屋，比屋難以言蕩蕩，二者皆增之。所由起，美堯之德也。原本段。

尚書曰：「祖伊諫紂曰：『今我民罔不欲喪。』」罔，無也，我天下民無不欲王亡者。夫言欲王之亡，可也；言無不，增之也。紂雖惡，民臣蒙恩者非一，而祖伊增語，欲以懼紂也。故曰：「語不益，心不惕；心不惕，行不易。」增其語欲以懼之，冀其警悟也。宗祥案：「其」，各本作「可」，從宋本。「警」，宋、元本「語」。蘇秦說齊王曰：「臨菑之中，車轂擊，人肩磨，舉袖成幕，連袵成帷，揮汗成雨。」齊雖熾盛，不能如此。蘇秦增語激齊王也。祖伊之諫紂，猶蘇秦之説齊王也。賢聖增文，外有所爲，内未必然。何以明之？夫武成之篇，言「武王伐紂，血流浮杵」。助戰者多，故至血流如此。皆欲紂之亡也，土崩瓦解，安肯戰乎？然祖伊之言「民無不欲」，如蘇秦增語。武成言「血流浮杵」，亦太過焉。死者血流，安能浮杵？案武王伐紂，於牧之野。河北地高，壤靡不乾燥。兵頓血流，輒燥入土，安得浮杵？且周、殷士卒，皆賫盛糧，或作乾糧。孫詒讓曰：「或作乾糧」四字，當是宋、元人校語，誤入正文。無杵臼之事，安得杵而浮之？言血流杵，欲言誅紂，惟兵頓士傷，故至浮杵。原本段。

春秋莊公七年：「夏四月辛卯，夜中，恒星不見，星霣如雨。」公羊傳曰：「『如雨』者何？非雨也。宗祥案：「如，而也」，見漢書五行志。此書又作一解。非雨則曷爲謂之『如雨』？宗祥案：今公羊傳無「如」字。不修春秋曰：『如雨星，不及地尺而復。』君子修之：『星霣如雨。』」「不修春秋」者，未修春秋時魯史記，曰：「雨星，不及地尺如復。」「君子」者，謂孔子也。孔子修之，「星霣如雨」。「如雨」者，如雨狀也。山氣爲雲，上不及天，下而爲雲雨。星星隕不及地，上復在天，故曰「如雨」。孔子正言也。夫星霣或時至地，或時不能，尺丈之數難審也。史記言尺，亦以太甚矣。夫地有樓臺山陵，安得言尺？孔子言「如雨」，得其實矣。孔子作春秋，故正言「如雨」。如孔子不作，「不及地尺」之文，遂傳至今。

光武皇帝之時，郎中汝南賁光上書言：「孝文皇帝時居明光宫，天下斷獄三人。」頌美文帝，陳其效實。光武皇帝曰：「孝文時不居明光宫，斷獄不三人。」積善修德，美名流之，是以君子惡居下流。夫賁光上書於漢，漢爲今世，增益功美，猶過其實，況上古帝王久遠，賢人從後褒述，失實離本，獨已多矣。不遭光武論，千世之後，孝文之事，載在經藝之上，人不知其增，「居明光宫」、「斷獄三人」，而遂爲實事也。

論衡卷第九

漢　會稽王充著
海寧張宗祥校注

問孔篇

問孔篇

世儒學者，好信師而是古，以爲賢聖所言皆無非，專精講習，不知難問。夫賢聖下筆造文，用意詳審，尚未可謂盡得實，況倉卒吐言，安能皆是？不能皆是，時人不知難；或是而意沉難見，時人不知問。案賢聖之言，上下多相違，其文前後多相伐者，世之學者，不能知也。論者皆云：「孔門之徒，七十子之才，勝今之儒。」此言妄也。彼見孔子爲師，聖人傳道，必授異才，故謂之殊。夫古人之才，今人之才也，今謂之英傑，古以爲聖神，故謂七十子歷世希有。使當今有孔子之師，則斯世學者，皆顏、閔之徒也；使無孔子，則七十子之徒，今之儒生也。何以驗之？以學於孔子，不能極問也。聖人之言，不能盡解；説道陳義，不能輒形。不能輒形，宗祥案：「形」下文「形武伯而略懿子」，顧汝瑾本作「刱」。「刱，備也」，見方言十三；「顯也」，見小爾雅廣言。此「形」字義晦，疑亦「刱」譌。宜問以發之，不能盡解，宜難以極之。皋陶陳道帝舜之前，淺略未極。禹問難之，淺言復深，略指復分。蓋起問難，此説激而深切，觸而著明也。孔子笑子游之絃歌，子游引前言以距孔子。宗祥案：「距者，相抵之名」，見書益稷疏。又古通「拒」，見詩皇矣「敢距大邦」注。御覽一百六十四引作「拒」。自今案論語之文，孔子之言，多若笑絃歌之辭，弟子寡若子游之難，故孔子之言，遂結不解。以七十子不能難，世之儒生，不能實道是非也。凡學問之法，不爲無才，難於距師，核道實義，證定是非也。問難之道，非必對聖人及生時也。世之解説説人者，非必須聖人教告，乃敢言也。苟有不曉解之問，追難孔子，宗祥案：「追」，通津、程刻誤「迢」，從宋、元。一本作「造」。何傷於義？誠有傳聖業之知，伐孔子之説，何逆於理？謂問孔子之言，難其不解之文，世間弘才大知生，能答問、解難之人，宗祥案：「生」字疑衍。必將賢吾世間難問之言是非。原本段。宗祥案：此句費解，疑「世間」、「是非」四字，均衍文。

孟懿子問孝，子曰：「毋違。」樊遲御，子告之曰：「孟孫問孝於我，我對曰『毋違』。」樊遲曰：「何謂也？」子曰：「生事之以禮，死葬之以禮。」宗祥案：下文有「祭之以禮」四字，此疑脱。問曰：孔子之言「毋違」，毋違者禮也。孝子亦當先意承志，不當違親之欲。孔子言毋違，不言違禮。懿子聽孔子之言，獨不爲嫌於毋違志乎？樊遲問何謂，孔子乃言：「生事之以禮，死葬之以禮，祭之以禮。」使樊遲不問，毋違之説，遂不可知也。懿子之才，不過樊遲，故論語篇中，不見言行。樊遲不曉，懿子必能曉哉？孟武伯問孝，子曰：「父母，唯其疾之憂。」武伯善憂父母，故曰「唯其疾之憂」。武伯憂親，懿子違禮。攻其短，答武伯云「父母，唯其疾之憂」，對懿子亦宜言「唯水火之變乃違禮」。周公告小才勑，大材略。子游之大材也，宗祥案：「子游」疑「樊遲」之譌。此處不應攙入子游。元本無「之」字。孔子告之勑；懿子小材也，告之反略。違周公之志，攻懿子之短，失道理之宜。弟子不難，何哉？如以懿子權尊，不敢極言，則其對武伯亦宜但言毋憂而已。俱孟氏子也，宗祥案：「俱」，各本誤「但」，從顧汝瑭本。權尊鈞同，勑武伯而略懿子，宗祥案：「勑」，各本「形」，從顧本。未曉其故也。使孔子對懿子極言毋違禮，何害之有？專魯莫過季氏，譏八佾之舞庭，刺太山之旅祭，不懼季氏增邑不隱諱之害，獨畏答懿子極言之罪，何哉？且問孝者非一，皆有御者，對懿子言，不但心服臆肯，故告樊遲。原本段。

孔子曰：「富與貴，是人之所欲也，不以其道得之，不居也；貧與賤，是人之所惡也，不以其道得之，不去也。」此言人當由道義得，宗祥案：證之下文，疑「得」下脱「富貴」二字。不當苟取也；當守節安貧，不當妄去也。夫言不以其道得富貴，不居，可也。不以其道得貧賤，如何？富貴顧可去，去貧賤何之？去貧賤，得富貴也。不得富貴，不去貧賤。如謂得富貴不以其道，則不去貧賤邪？則所得富貴，不得貧賤也。貧賤何故當言「得之」？顧當言「貧與賤是人之所惡也，不以其道去之，則不去也」。當言「去」，不當言「得」。「得」者，施於得之也。今去之，安得言「得」乎？獨富貴當言「得」耳。何者？得富貴，乃去貧賤也。是則以道去貧賤如何？修身行道，仕得爵禄富貴。得爵禄富貴，則去貧賤矣。不以其道去貧賤如何？毒苦貧賤，起爲奸盗，積聚貨財，擅相官秩，是爲不以其道。七十子既不問，世之學者，亦不知難。使此言意不解，而文不分，是謂孔子不能吐辭也；使此言意結，文又不解，是孔子相示未形悉也。弟子不問，世俗不難，何哉？原本段。

孔子曰：「公冶長，可妻也，雖在縲紲之中，非其罪也。」以其子妻之。問曰：孔子妻公冶長者，何據見哉？據年三十可妻邪？見其行賢可妻也？如據其年三十，不宜稱在縲紲；如見其行賢，亦不宜稱在縲紲。何則？諸入孔子門者，皆有善行，故稱備徒役。徒役之中，無妻則妻之耳，不須稱也。如徒役之中多無妻，公冶長尤賢，故獨妻之，則其稱之，宜列其行，不宜言其在縲紲也。何則？世間彊受非辜者多，未必盡賢人也。恒人見枉，衆多非一，必以非辜爲孔子所妻，則是孔子不妻賢，妻寃也。案孔子之稱公冶長，有非辜之言，無行能之文。實不賢，孔子妻之，非也；實賢，孔子稱之不具，亦非也。誠似妻南容云：

「國有道不廢，國無道免於刑戮。」宗祥案：論語「國」作「邦」，「邦」爲漢諱。論語漢不列於經，故仲任避而改「國」。具稱之矣。原本段。

子謂子貢曰：「汝與回也孰愈？」曰：「賜也何敢望回？回也聞一以知十，賜也聞一以知二。」子曰：「弗如也，吾與汝俱不如也。」宗祥案：今論語無「俱」字，實古齊、魯二論語之異。是賢顏淵，試以問子貢也。問曰：孔子所以教者，禮讓也。子路爲國以禮，其言不讓，孔子非之。使子貢實愈顏淵，孔子問之，猶曰不如，使實不及，亦曰不如，非失對欺師，禮讓之言，宜謙卑也。今孔子出言，欲何趣哉？使孔子知顏淵愈子貢，則不須問子貢；使孔子實不知以問子貢，子貢謙讓亦不能知。使孔子徒欲表善顏淵，稱顏淵賢，門人莫及，於名多矣，何須問於子貢。子曰：「賢哉回也！」又曰：「吾與回言，終日不違如愚。」又曰：「回也，其心三月不違仁。」三章皆直稱，不以他人激。至是一章，獨以子貢激之，何哉？或曰：「欲抑子貢也。當此之時，子貢之名，凌顏淵之上，孔子恐子貢志驕意溢，故抑之也。」夫名在顏淵之上，當時所爲，非子貢求勝之也。實子貢之知何如哉？使顏淵才在己上，己自服之，不須抑也。使子貢不能自知，孔子雖言，將謂孔子徒欲抑己。由此言之，問與不問，無能抑揚。原本段。

宰予晝寢。子曰：「朽木不可彫也，糞土之墻，不可杇也。於予，予何誅？」是惡宰予之晝寢。問曰：晝寢之惡也，小惡也；朽木、糞土，敗毀不可復成之物，大惡也。責小過以大惡，安能服人？使宰我性不善，如朽木、糞土，不宜得入孔子之門，序在四科之列；使性善，孔子惡之，惡之太甚，過也。「人之不仁，疾之已甚，亂也。」孔子疾宰予，可謂甚矣。使下愚之人，涉耐罪之獄，宗祥案：「二歲刑以上爲耐」，見漢書文帝紀注引蘇林。吏令以大辟之罪，必寃而怨邪？將服而自咎也？使宰我愚，則與涉耐罪之人同志；使宰我賢，知孔子責人，幾微自改矣。明文以識之，流言以過之，以其言示端而已自改。自改不在言之輕重，在宰予能更與否。春秋之義，采毫毛之善，貶纖介之惡，褒毫毛以巨大，以巨大貶纖介，觀春秋之義，肯是之乎？不是，則宰我不受；不受，則孔子之言棄矣。聖人之言，與文相副，言出於口，文立於策，俱發於心，其實一也。孔子作春秋，不貶小以大，其非宰予也，以大惡細，文語相違，服人如何？子曰：「始吾於人也，聽其言而信其行；今吾於人也，聽其言而觀其行。於予，予改是。」蓋起宰予晝寢，更知人之術也。問曰：人之晝寢，安足以毀行？毀行之人，晝夜不卧，安足以成善？以晝寢而觀人善惡，能得其實乎？案宰予在孔子之門，序於四科，列在賜上。如性情怠，不可彫琢，何以致此？使宰我以晝寢自致此，才復過人遠矣。如未成就，自謂已足，不能自知，知不明耳，非行惡也。曉敕而已，無爲改術也。如自知未足，倦極晝寢，是精神索也。精神索，至於死亡，豈徒寢哉？且論人之法，取其行則棄其言，取其言則棄其行。今宰予雖無力行，有言語。用言，令行缺，有一槩矣。今孔子起宰予晝寢，聽其言，觀其行，言行相應，則謂之賢。是孔子備取人也。「毋求備於一人」之義，何所施？原本段。

子張問：「令尹子文三仕爲令尹，無喜色；三已之，無愠色，舊令尹之政，必以告新令尹。何如？」子曰：「忠矣。」曰：「仁矣乎？」曰：「未知，焉得仁？」子文曾舉楚子玉代己位而伐宋，以百乘敗而喪其衆，不知如此，安得爲仁？問曰：子文舉子玉，不知人也。智與仁，不相干也。有不知之性，何妨爲仁之行？五常之道，仁、義、禮、智、信也。五者各别，不相須而成。故有智人、有仁人者，有禮人、有義人者。人有信者未必智，智者未必仁，仁者未必禮，禮者未必義。子文智蔽於子玉，其仁何毁？謂仁焉得不可？且忠者，厚也。厚人，仁矣。孔子曰：「觀過，斯知仁矣。」子文有仁之實矣。孔子謂忠非仁，是謂父母非二親，配疋非夫婦也。原本段。

哀公問：「弟子孰謂好學？」孔子對曰：「有顔回者，不遷怒，不貳過，不幸短命死矣。今也則亡，未聞好學者也。」夫顔淵所以死者，審何用哉？今自以短命，猶伯牛之有疾也。人生受命，皆全當潔。今有惡疾，故曰無命。人生皆當受天長命，今得短命，亦宜曰無命。如天有短長，宗祥案：「天」疑「命」譌。則亦有善惡矣。言顔淵短命，則宜言伯牛惡命；言伯牛無命，則宜言顏淵無命。一死一病，皆痛云命。所禀不異，文語不同，未曉其故也。原本段。

哀公問孔子：「孰爲好學？」孔子對曰：「有顏回者好學，今也則亡。不遷怒，不貳過。」何也？曰：「並攻哀公之性，遷怒、貳過故也。因其問，則並以對之，兼以攻上之短，不犯其罰。」問曰：康子亦問好學，孔子亦對之以顏淵。康子亦有短，何不並對以攻康子？康子非聖人也，操行猶有所失。成事：康子患盜，孔子對曰：「苟子之不欲，雖賞之不竊。」由此言之，康子以欲爲短也，不攻，何哉？原本段。

孔子見南子，子路不悦。子曰：「予所鄙原注：一作「否」。宗祥案：古論作「不」，通「否」。仲任引魯論作「鄙」，原注非。者，天厭之！天厭之！」南子，衛靈公夫人也，聘孔子，子路不説，謂孔子淫亂也。孔子解之曰：「我所爲鄙陋者，天厭殺我。」至誠自誓，不負子路也。問曰：孔子自解，安能解乎？使世人有鄙陋之行，天曾厭殺之，可引以誓。子路聞之，可信以解。今未曾有爲天所厭者也，曰「天厭之」，子路肯信之乎？行事：雷擊殺人，水火燒溺人，墻屋壓填人。如曰「雷擊殺我，水火燒溺我，墻屋壓填我」，子路頗信之。今引未曾有之禍，以自誓於子路，子路安肯曉解而信之？行事：適有卧厭不悟者，謂此爲天所厭邪？案諸卧厭不悟者，未皆爲鄙陋也。子路入道雖淺，猶知事之實。事非實，孔子以誓，子路必不解矣。孔子稱曰：「死生有命，富貴在天。」若此者，人之死生，自有長短，不在操行善惡也。成事：

顏淵蚤死，孔子謂之短命。由此知短命夭死之人，必有邪行也。宗祥案：「必」上疑脱「未」。子路入道雖淺，聞孔子之言，知死生之實。孔子誓以「予所鄙者，天厭之」，獨不爲子路言：「夫子惟命未當死，天安得厭殺之乎？」若此，誓子路以「天厭之」，終不見信。不見信，則孔子自解，終不解也？尚書曰：「毋若丹朱敖，惟慢游是好。」謂帝舜勑禹毋予不肖子也。宗祥案：「予」，各本「子」，從宋本。重天命，恐禹私其子，故引丹朱以勑戒之。禹曰：「予娶若時，辛壬癸甲，開呱呱而泣，宗祥案：書益稷作：「予創若時，娶於塗山，辛壬癸甲，啟呱呱而泣」。按「開」與「闓」通，見一切經音義十三引聲類，此「開」即「啟」。予弗子。」陳已行事，以往推來，以見下隱，效己不敢私不肖子也。不曰「天厭之」者，知俗人誓，好引天也。孔子爲子路行所疑，宗祥案：「行」字疑當在「子」下。不引行事，效己不鄙，而云「天厭之」，是與俗人解嫌，引天祝詛，何以異乎？原本段。

孔子曰：「鳳鳥不至，河不出圖，吾已矣夫！」夫子自傷不王也。己王致太平，太平則鳳鳥至，河出圖矣。今不得王，故瑞應不至，悲心自傷，故曰「吾已矣夫」。問曰：鳳鳥、河圖，審何據始起？始起之時，鳥、圖未至。如據太平，太平之帝，未必常致鳳鳥與河圖也。五帝、三王，皆致太平，案其瑞應，不皆鳳皇爲必然之瑞。於太平，鳳皇爲未必然之應。孔子，聖人也，思未必然以自傷，終不應矣。或曰：「孔子不自傷不得王也，傷時無明王，故己不用也。鳳鳥、河圖，明王之瑞也。瑞應不至，時無明王；明王不存，己遂不用矣。」夫致瑞應，何以致之？任賢使能，治定功成；治定功成，則瑞應至矣。瑞應至後，亦不須孔子。孔子所望，何其末也！不思其本而望其末也，不相其主而名其物，治有未定，物有不至，以至而效明王，必失之矣。孝文皇帝可謂明矣，案其本紀，不見鳳皇與河圖。使孔子在孝文之世，猶曰「吾已矣夫」。原本段。

子欲居九夷，或曰：「陋，如之何？」子曰：「君子居之，何陋之有？」孔子疾道不行於中國，志恨失意，故欲之九夷也。或人難之曰：「夷狄之鄙陋無禮義，如之何？」孔子曰：「君子居之，何陋之有？」言以君子之道，居而教之，何爲陋乎？問之曰：孔子欲之九夷者，何起乎？起道不行於中國，故欲之九夷。夫中國且不行，安能行於夷狄？「夷狄之有君，不若諸夏之亡」。言夷狄之難，諸夏之易也。不能行於易，能行於難乎？且孔子云：「以君子居之者，何謂陋邪？」謂修君子之道自容乎？謂以君子之道教之也？如修君子之道苟自容，中國亦可，何必之夷狄？如以君子之道教之，夷狄安可教乎？禹入躶國，躶入衣出，衣服之制，不通於夷狄也。禹不能教躶國衣服，孔子何能使九夷爲君子？或孔子實不欲往，患道不行，動發此言。或人難之，孔子知其陋，然而猶曰「何陋之有」者，欲遂已然，距或人之諫也。實不欲往，志動發言，是僞言也。君子於言，無所苟矣。如知其陋，苟欲自遂，此子路對孔子以子羔也。子路使子羔爲費宰，子曰：「賊夫人之子。」子路曰：「有社稷焉，有民人焉，何必讀書，然後爲學？」子曰：「是故惡夫佞者。」子路知其不可，苟對自遂，孔子惡之，比夫佞者。孔子亦知其不可，苟應或人，孔子、子路皆以佞也。原本段。

孔子曰：「賜不受命，而貨殖焉，億則屢中。」何謂不受命乎？説曰：「受當富之命，自以術知，數億中時也。」夫人富貴，在天命乎？在人知也？如在天命，知術求之不能得；如在人，孔子何爲言「死生有命，富貴在天」？夫謂富不受命而自知術得之，貴亦可不受命而自以努力求之。世無不受貴命而自得貴，亦知無不受富命而自得富者。成事：孔子不得富貴矣，周流應聘，行説諸侯，智窮策困，還定詩、書，望絶無冀，稱「已矣夫」。自知無貴命，周流無補益也。孔子知己不受貴命，周流求之不能得，而謂賜不受富命，而以術知得富，言行相違，未曉其故。或曰：「欲攻子貢之短也。子貢不好道德，而徒好貨殖，故攻其短，欲令窮服而更其行節。」夫攻子貢之短，可言賜不好道德而貨殖焉，何必立「不受命」，與前言「富貴在天」相違反也？原本段。

顔淵死，子曰：「噫！天喪予！」此言人將起，天與之輔；人將廢，天奪其佑。孔子有四友，宗祥案：尚書大傳：「孔子曰：『文王得四臣，丘亦得四友焉。自吾得回也，門人加親，是非胥附耶？自吾得賜也，遠方之言至，是非奔輳耶？自吾得師也，前有輝、後有光，是非先後耶？自吾得由也，惡言不至於門，是非禦侮耶？文王有四臣以免虎口，丘亦有四友以禦侮。』」欲因而起，顔淵早夭，故曰「天喪予」。問曰：顔淵之死，孔子不王，天奪之邪？不幸短命，自爲死也？如短命不幸，不得不死，孔子雖王，猶不得生。輔之於人，猶杖之扶疾也。人有病須杖而行，如斬杖本得短，可謂天使病人不得行乎？如能起行，杖短能使之長乎？夫顔淵之短命，猶杖之短度也。且孔子言「天喪予」者，以顔淵賢也。案賢者在世，未必爲輔也。夫賢者未必爲輔，猶聖人未必受命也。爲帝有不聖，爲輔有不賢。何則？禄命、骨法，與才異也。由此言之，顔淵生未必爲輔，其死未必有喪。孔子云「天喪予」，何據見哉？且天不使孔子王者，本意如何？本稟性命之時，不使之王邪？將使之王，復中悔之也？如本不使之王，顔淵死，何喪？如本使之王，復中悔之，此王無骨法，便宜自在天也。且本何善所見，而使之王？後何惡所聞，中悔不命？天神論議，誤不諦也。原本段。宗祥案：「諦，審也」，見說文。

孔子之衛，遇舊館人之喪，入而哭之。出，使子貢脱驂而賻之。子貢曰：「於門人之喪，未有所脱驂，脱驂於舊館，毋乃已重乎？」孔子曰：「予鄉者入而哭之，遇於一哀而出涕，予惡夫涕之無從也，小子行之。」孔子脱驂以賻舊館者，惡情不副禮也。副情而行禮，情起而恩動，禮情相應，君子行之。顔淵死，子哭之慟。門人曰：「子慟矣！」「吾非斯人之慟而誰爲？」夫慟，哀之至也。哭顔淵慟者，殊之衆徒，哀痛之甚也。死有棺無椁，顔路請車以爲之椁，孔子不予，爲大夫不可以徒行也。弔舊館脱驂以賻，惡涕無從；哭顔淵慟，請車不與，使慟無副。豈涕與慟殊，馬與車異邪？於彼則禮情相副，於此則恩義不稱，未曉孔子爲禮之意。孔子曰：「鯉也死，有棺無槨，吾不徒行以爲之槨。」鯉之恩深於顏淵，鯉死無槨，大夫之儀，不可徒行也。鯉，子也；顏淵，他姓也。子死且不禮，況其禮他姓之人乎？曰：是蓋孔子實恩之效也。副情於舊館，不稱恩於子，豈以前爲士，後爲大夫哉？如前爲士，士乘二馬；如爲大夫，大夫乘三馬。大夫不可去車徒行，何不截賣兩馬以爲槨，乘其一乎？爲士時乘二馬，截一以賻舊館，今亦何不截其二以副恩，乘一以解不徒行乎？不脱馬以賻舊館，未必亂制；葬子有棺無槨，廢禮傷法。孔子重賻舊人之恩，輕廢葬子之禮。此禮得於他人，制失親子也。然則孔子不粥車以爲鯉槨，宗祥案：「『鬻』，今俗作『粥』」，見説文。何以解於貪官好仕恐無車？而自云「君子殺身以成仁」，何難退位以成禮？原本段。

子貢問政，子曰：「足食，足兵，民信之矣。」曰：「必不得已而去，於斯三者何先？」曰：「去兵。」曰：「必不得已而去，於斯二者何先？」曰：「去食。自古皆有死，民無信不立。」信最重也。問：使治國無食，宗祥案：證之上下文，「問」下脱「曰」字。民餓，棄禮義。禮義棄，信安所立？傳曰：「倉廩實，知禮節；衣食足，知榮辱。」讓生於有餘，争生於不足。今言去食，信安得成？春秋之時，戰國饑餓，易子而食，析骸而炊。口饑不食，不暇顧恩義也。夫父子之恩，信矣，饑餓棄信，以子爲食。孔子教子貢去食存信，如何？夫去信存食，雖不欲信，信自生矣；去食存信，雖欲爲信，信不立矣。子適衛，冉子僕。子曰：「庶矣哉！」曰：「既庶矣，又何加焉？」曰：「富之。」曰：「既富矣，又何加焉？」曰：「教之。」語冉子先富而後教之，教子貢去食而存信，食與富何別？信與教何異？二子殊教，所尚不同，孔子爲國，意何定哉？原本段。

蘧伯玉使人於孔子，孔子曰：「夫子何爲乎？」對曰：「夫子欲寡其過而未能也。」使者出，孔子曰：「使乎！使乎！」非之也。說論語者曰：「非之者，非其代人謙也。」俞樾曰：按集解引陳說，以爲善之，陳乃魏人。而此云「非之」，則漢儒舊說也。今皆宗陳說，而漢儒舊說固不知矣。又按：「非之也」三字，即是說論語者之說，下引說論語者云云，則申說其故也。下文云：「不明其過，而徒云『使乎！使乎』。」又云：「孔子之言『使乎』，何其約也。」又曰：「使孔子爲伯玉諱，宜默而已，揚言曰：『使乎！使乎！』時人皆知孔子之非也。出言如此，何益於諱？」然則仲任所據，自同今本，止「使乎使乎」四字，無「非之也」三字。近時翟氏灝作四書考異，疑其所見四書正文，有此三字，非也。夫孔子之問使者曰：「夫子何爲？」問所治爲，非問操行也。如孔子之問也，使者宜對曰「夫子爲某事，治某政」，今反言「欲寡其過而未能也」，何以知其對不失指，宗祥案：「不」疑衍文。孔子非之也？且實孔子何以非使者，非其代人謙乎？宗祥案：「非乎」之「非」，各本誤「之」，從宋、元。其非乎對失指也？所非猶有一實，不明其過，而徒云「使乎使乎」，後世疑惑，不知使者所以爲過。韓子曰：「書約則弟子辨。」孔子之言「使乎」，何其約也？或曰：「春秋之義也，爲賢者諱。蘧伯玉賢，故諱其使者。」夫欲知其子，視其友；宗祥案：說苑雜言篇：「孔子曰：『不知其子，視其所友。』」此「友」上疑脱「所」字。欲知其君，視其所使。伯玉不賢，故所使過也。春秋之義，爲賢者諱，亦貶纖介之惡。今不非而諱貶纖介，安所施哉？使孔子爲伯玉諱，宜默而已，揚言曰「使乎！使乎」，時人皆知孔子之非也。出言如此，何益於諱？原本段。宗祥案：「之非」二字疑倒，或「非」下更有一「之」字。

佛肸召，子欲往。子路不說，曰：「昔者由也聞諸夫子曰：『親於其身爲不善者，君子不入也。』佛肸以中牟畔，子之往也，如之何？」子曰：「有是也，宗祥案：論語陽貨作「有是言也」，此疑脱「言」。不曰堅乎磨而不磷？不曰白乎涅而不淄？吾豈匏瓜也哉，焉能繫而不食也？」子路引孔子往時所言以非孔子也。往前孔子出此言，欲令弟子法而行之。子路引之以諫，孔子曉之，不曰「前言戲」，若非而不可行；而曰「有是言」者，審有，當行之也。「不曰堅乎磨而不磷；不曰白乎涅而不淄」，孔子言此言者，能解子路難乎？「親於其身爲不善者，君子不入也。」解之宜「佛肸未爲不善，尚猶可入」，而曰「堅，磨而不磷；白，涅而不淄」。如孔子之言，有堅白之行者，可以入之，「君子」之行，軟而易汙邪？何以獨「不入」也？孔子不飲盜泉之水，曾子不入勝母之閭，宗祥案：尸子曰：「孔子至於勝母，暮矣而不宿；過於盜泉，渴矣而不飲。惡其名也。」見文選陸士衡猛虎行注引。他書勝母事皆屬曾子，獨此異。避惡去汙，不以義，恥辱名也。盜泉、勝母有空名，而孔、曾耻之；佛肸有惡實，而子欲往。不飲盜泉是，則欲對佛肸非矣。「不義而富且貴，於我如浮雲」，枉道食篡畔之禄，所謂「浮雲」者，非也。或權時欲行道也。即權時行道，子路難之，當云「行道」，不言食。有權時以行道，無權時以求食。「吾豈匏瓜也哉，焉能繫而不食」，自比以瓠瓜者，言人當仕而食禄。我非匏瓜，繫而不食，非子路也。孔子之言，不解子路之難。子路難孔子，豈孔子不當仕也哉？當擇善國而入之也。孔子自比匏瓜，孔子欲安食也。且孔子之言，何其鄙也！何彼仕爲食哉？君子不宜言也。匏瓜繫而不食，亦繫而不仕等也。距子路可云：「吾豈匏瓜也哉，繫而不仕也？」今吾繫而不食，宗祥案：「吾」，宋、元本「瓜」，疑作「云」。孔子之仕，不爲行道，徒求食也。人之仕也，主貪禄也。禮義之言，爲行道也。猶人之娶也，主爲欲也。禮義之言，爲供親也。仕而直言食，娶而直言欲乎？孔子之言，解情而無依違之意，不假義理之名，是則俗人，非君子也。儒者説孔子周流應聘不濟，閔道不行，失孔子情矣。原本段。

公山弗擾以費畔，召，子欲往。子路曰：「末如也已，何必公山氏之之也？」子曰：「夫召我者，而豈徒哉？如用我，吾其爲東周乎？」爲東周，欲行道也。公山、佛肸俱畔者，行道於公山，求食於佛肸，孔子之言，無定趨也。言無定趨，則行無常務矣。周流不用，豈獨有以乎？陽貨欲見之，不見；呼之仕，不仕。何其清也？公山、佛肸召之，欲往，何其濁也？

公山不擾與陽貨俱畔，執季桓子，宗祥案：仲任所敘，與左傳不同。仲任當别有所本。二人同惡，呼召禮等，獨對公山，不見（楊）〔陽〕虎，豈公山尚可，陽虎不可乎？子路難公山之名，孔子宜解以尚及佛肸未甚惡之狀也。

論衡卷第十

漢　會稽王充著　海寧張宗祥校注

非韓篇　刺孟篇

非韓篇

韓子之術，明法尚功。賢無益於國，不加賞；不肖無害於治，不施罰。責功重賞，任刑用誅。故其論儒也，謂之「不耕而食」，比之於一蠹。論有益與無益也，比之於鹿馬。馬之似鹿者千金，天下有千金之馬，無千金之鹿。鹿無益，馬有用也。儒者猶鹿，有用之吏猶馬也。夫韓子知以鹿馬喻，不知以冠履譬。使韓子不冠，徒履而朝，吾將聽其言也。加冠於首而立於朝，受無益之服，增無益之仕，宗祥案：「仕」疑「任」譌。言與服相違，行與術相反，吾是以非其言而不用其法也。

煩勞人體，無益於人身，莫過跪拜。使韓子逢人不拜，見君父不謁，未必有賊於身體也。然須拜謁以尊親者，禮義至重，不可失也。故禮義在身，身未必肥；而禮義去身，身未必瘠而化衰。以謂有益，禮義不如飲食。使韓子賜食君父之前，不拜而用，肯爲之乎？夫拜謁，禮義之效，非益身之實也，然而韓子終不失者，不廢禮義以苟益也。夫儒生，禮義也；耕戰，飲食也。貴耕戰而賤儒生，是棄禮義求飲食也。宗祥案：「求」，宋、元本作「亡」，疑「匄」之譌。使禮義廢，綱紀敗，上下亂而陰陽繆，水旱失時，五穀不登，萬民饑死，農不得耕，士不得戰也。子貢去告朔之餼羊，孔子曰：「賜也，爾愛其羊，我愛其禮。」子貢惡費羊，孔子重廢禮也。故以舊防爲無益而去之，必有水災；以舊禮爲無補而去之，必有亂患。儒者之在世，禮義之舊防也，有之無益，無之有損。庠序之設，自古有之，重本尊始，故立官置吏。官不可廢，道不可棄。儒生，道官之吏也，宗祥案：「道」與「導」同，見荀子不苟、非相、王霸、性惡等注。以爲無益而廢之，是棄道也。夫道無成效於人，成效者須道而成。然足蹈路而行，宗祥案：「然」疑「猶」譌，或當在「成效者」「成」字上，錯互。所蹈之路，須不蹈者。身須手足而動，待不動者。故事或無益而益者須之，無效而效者待之。儒生，耕戰所須待也，棄而不存，如何也？韓子非儒，謂之無益有損。蓋謂俗儒無行操，舉措不重禮，以儒名而俗行，以實學而僞說，貪官尊榮，故不足貴。夫志潔行顯，不徇爵禄，宗祥案：「徇」，程刻誤「循」。去卿相之位，若脱躧者，居位治職，功雖不立，此禮義爲業者也。國之所以存者，禮義也。民無禮義，傾國危主。今儒者之操，重禮愛義，率無禮之士，激無義之人。人民爲善，愛其主上，此亦有益也。聞伯夷風者，貪夫廉，懦夫有立志；聞柳下惠風者，薄夫敦，鄙夫寬。此上化也，非人所見。

段干木闔門不出，魏文敬之，表式其閭。秦軍聞之，卒不攻魏。使魏無干木，俞樾曰：按史記老子傳云：「老子之子名宗，宗爲魏將，封於段干。」集解曰：「此云封於段干，段干應是魏邑名也。而魏世家有段干木、段干子；田完世家有段干明，疑此三人是姓段干也。蓋本因邑爲姓。風俗通氏姓注云：『姓段名干木。』恐或失之矣。」今據此文云「使魏無干木」，則亦以爲段姓干木名，漢人舊説，固如此也。宗祥案：元和姓纂曰：「三輔決録云：『段氏，李老君之自出，段干木之子隱如入淵，去干爲段氏。』」據此，則段干本雙姓，後去干始單姓。猶諸葛加諸爲雙姓，復析諸與葛爲單姓也。「干木」之稱，亦見吕氏春秋。「干木富於義」，蓋古人有此通稱。正如司馬遷或稱馬遷也。未可據爲單姓之證。秦兵入境，境土危亡。秦彊國也，兵無不勝，兵加於魏，魏國必破，三軍兵頓，流血千里。今魏文式闔門之士，卻彊秦之兵，全魏國之境，濟三軍之衆，功莫大焉，賞莫先焉。

齊有高節之士，曰狂譎、華士，二人昆弟也，義不降志，不仕非其主。太公封於齊，以此二子解沮齊衆，開不爲上用之路，同時誅之。韓子善之，以爲二子無益而有損也。夫狂譎、華士，段干木之類也。太公誅之，無所卻到；宗祥案：「到，耳逆聞也」，見太玄經注；「鋤拔反之更生者曰到植」，見莊子注。是「到」與「倒」通，此處義作「逆」訓。魏文侯式之，卻彊秦而全魏。功孰大者？使韓子善干木闔門高節，魏文式之，是也；狂譎、華士之操，干木之節也，善太公誅之，非也。使韓子非干木之行，下魏文之式，則干木以此行而有益，魏文用式之道爲有功，是韓子不賞功、尊有益也。論者或曰：「魏文式段干木之閭，秦兵爲之不至，非法度之功。一功特然，不可常行，雖全國有益，非所貴也。」夫法度之功者，謂何等也？養三軍之士，明賞罰之命，嚴刑峻法，富國彊兵，此法度也。案秦之彊，肯爲此乎？六國之亡，皆滅於秦兵。六國之兵非不鋭，士衆之力非不勁也，然而不勝，至於破亡者，彊弱不敵，衆寡不同，雖明法度，其何益哉？使童子變孟賁之意，孟賁怒之，童子操刃與孟賁戰，童子必不勝，力不如也。孟賁怒而童子修禮盡敬，孟賁不忍犯也。秦之與魏，孟賁之與童子也。魏有法度，秦必不畏，猶童子操刃，孟賁不避也。其尊士式賢者之閭，非徒童子修禮盡敬也。夫力少則修德，兵彊則奮威。秦以兵彊，威無不勝，卻軍還衆，不犯魏境者，賢干木之操，高魏文之禮也。夫敬賢，弱國之法度，力少之彊助也，謂之非法度之功，如何？高皇帝議欲廢太子，吕后患之，即召張子房而取策。子房教以敬迎四皓而厚禮之。高祖見之，心消意沮，太子遂安。使韓子爲吕氏議，進不過彊諫，退不過勁力。以此自安，取誅之道也。豈徒易哉？夫太子敬厚四皓，以消高帝之議，猶魏文式段干木之閭，卻彊秦之兵也。原本段。

治國之道，所養有二：一曰養德，二曰養力。養德者，養名高之人，以示能敬賢；養力者，養氣力之士，以明能用兵。此所謂文武張設，德力具足者也。宗祥案：「具」，各本「且」，從宋、元。事或可以德懷，或可以力摧。外以德自立，内以力自備。慕德者不戰而服，犯德者畏兵而卻。徐偃王修行仁義，陸地朝者三十二國，宗祥案：韓非子「三十六」，淮南人間訓「三十二」。彊楚聞之，舉兵而滅之。此有德守而無力備者也。夫德不可獨任以治國，力不可直任以御敵也。韓子之術不養德，偃王之操不任力。二者偏駮，各有不足。偃王有無力之禍，知韓子必有無德之患。

凡人禀性也，清濁貪廉，各有操行，猶草木異質，不可復變易也。狂譎、華士不仕於齊，猶段干木不仕於魏矣。性行清廉，不貪富貴，非時疾世，義不苟仕，雖不誅此人，此人行不可隨也。太公誅之，韓子是之，是謂人無性行，草木無質也。太公誅二子，使齊有二子之類，必不爲二子見誅之故，不清其身；使無二子之類，雖養之終無其化。堯不誅許由，唐民不皆櫟處；武王不誅伯夷，周民不皆隱餓；魏文侯式段干木之閭，魏國不皆闔門。由此言之，太公不誅二子，齊國亦不皆不仕。何則？清廉之行，人所不能爲也。夫人所不能爲，養使爲之，不能使勸；人所能爲，誅以禁之，不能使止。然則太公誅二子，無益於化，空殺無辜之民。賞無功，殺無辜，韓子所非也。太公殺無辜，韓子是之，以韓子之術殺無辜也。

夫執不仕者，未必有正罪也，太公誅之。如出仕未有功，太公肯賞之乎？賞須功而加，罰待罪而施。使太公不賞出仕未有功之人，則其誅不仕未有罪之民，非也。而韓子是之，失誤之言也。且不仕之民，性廉寡欲；好仕之民，性貪多利。利欲不存於心，則視爵禄猶糞土矣。廉則約省無極，貪則奢泰不止。奢泰不止，則其所欲不避其主。案古篡畔之臣，希清白廉潔之人。貪，故能立功；憍，故能輕生。積功以取大賞，奢泰以貪主位。太公遺此法而去，故齊有陳氏刼殺之患。太公之術，致刼殺之法也。韓子善之，是韓子之術，亦危亡也。

周公聞太公誅二子，非而不是，然而身執贄以下白屋之士。白屋之士，二子之類也。周公禮之，太公誅之，二子之操，孰爲是者？宋人有御馬者，不進，拔劍剄而棄之於溝中。又駕一馬，馬又不進，又剄而棄之於溝。若是者三。以此威馬，至矣，然非王良之法也。王良登車，馬無罷駑；堯、舜治世，民無狂悖。王良馴馬之心，堯、舜順民之意。人同性，馬殊類也。王良能調殊類之馬，太公不能率同性之士。然則周公之所下白屋，王良之馴馬也。太公之誅二子，宋人之剄馬也。舉王良之法與宋人之操，使韓子平之，韓子必是王良而非宋人矣。王良全馬，宋人賊馬也。馬之賊，則不若其全；然則民之死，不若其生。使韓子非王良，自同於宋人，賊善人矣。如非宋人，宋人之術，與太公同。非宋人，是太公，韓子好惡無定矣。治國猶治身也。治一身省恩德之行，多傷害之操，則交黨疎絶，耻辱至身。推治身以況治國，治國之道，當任德也。韓子任刑，獨以治世，是則治身之人任傷害也。韓子豈不知任德之爲善哉？以爲世衰事變，民心靡薄，故作法術，專意於刑也。夫世不乏於德，猶歲不絕於春也。謂世衰難以德治，可謂歲亂不可以春生乎？人君治一國，猶天地生萬物。天地不爲亂歲去春，人君不以衰世屏德。孔子曰：「斯民也，三代所以直道而行也。」原本段。宗祥案：以「治國不能廢德」諸語證之，當與下條不分。

周穆王之世，可謂衰矣，任刑治政，亂而無功。甫侯諫之，穆王存德，享國久長，功傳於世。夫穆王之治，初亂終治，非知昏於前，才妙於後也，前任蚩尤之刑，後用甫侯之言也。夫治人不能捨恩，治國不能廢德，治物不能去春。韓子欲獨任刑用誅，如何？原本段。

魯繆公問於子思曰：「吾聞龐撊是子不孝，宗祥案：韓非子難三作「龐⿰車間氏子」。「氏」、「是」古通，三國時吳人是儀，即氏儀，可證。顧廣圻說「⿰車間」作「撊」，是，詳韓非子識誤。不孝其行奚如？」宗祥案：韓非子無「不孝」二字。子思對曰：「君子尊賢以崇德，舉善以勸民。宗祥案：「勸」，韓非子「觀」。若夫過行，是細人之所識也，臣不知也。」子思出，子服厲伯見，君問龐撊是子。子服厲伯對以其過，皆君子所未曾聞。宗祥案：「子」，韓非子「之」。自是之後，君貴子思而賤子服厲伯。韓子聞之，以非繆公，以爲明君求姦而誅之，子思不以姦聞，而厲伯以姦對，厲伯宜貴，子思宜賤。今繆公貴子思，賤厲伯，失貴賤之宜，故非之也。夫韓子所尚者，法度也。人爲善，法度賞之；惡，法度罰之。雖不聞善惡於外，善惡有所制矣。夫聞惡不可以行罰，猶聞善不可以行賞也。非人不舉姦者，非韓子之術也。宗祥案：「非」字疑衍。使韓子聞善，必將試之，試之有功，乃肯賞之。夫聞善不輒加賞，虛言未必可信也。若此，聞善與不聞，無以異也。夫聞善不輒賞，則聞惡不輒罰矣。聞善必試之，聞惡必考之。試有功乃加賞，考有驗乃加罰。虛聞空見，實試未立，賞罰未加。賞罰未加，善惡未定。未定之事，須術乃立，則欲耳聞之，非也。

鄭子產晨出，過東匠之宮，宗祥案：「宮」，韓非子「閭」。聞婦人之哭也，撫其僕之手而聽之。有間，使吏執而問之，手殺其夫者也。翼日，宗祥案：「殺」，韓非子「絞」，「翼」作「異」。其僕問曰：「夫子何以知之？」子產曰：「其聲不慟。凡人於其所親愛也，知病而憂，宗祥案：「不慟」，韓非子作「懼」一字，「知病」作「始病」。臨死而懼，已死而哀。今哭夫已死，不哀而懼，是以知其有姦也。」韓子聞而非之曰：「子產不亦多事乎！姦必待耳目之所及而後知之，則鄭國之得姦寡矣。不任典城之吏，察參伍之正，宗祥案：「城」，韓非子「成」，注云：「典，主也，謂因事而責成之。」「察」上有「不」字。不明度量，待盡聰明、勞知慮而以知姦，宗祥案：「待」，韓非子「恃」，是。不亦無術乎！」韓子之非子產，是也；其非繆公，非也。夫婦人之不哀，猶龐擱子不孝也。非子產持耳目以知姦，獨欲繆公須問以定邪？子產不任典城之吏，而以耳定實；宗祥案：證之下文，「耳」下疑脫「聞」字。繆公亦不任吏，而以口問立誠。夫耳聞、口問，一實也，俱不任吏，皆不參伍。厲伯之對，不可以立實，猶婦人之哭，不可以定誠矣。不可定誠，使吏執而問之；不可以立實，不使吏考，獨信厲伯口，以罪不考之姦，如何？

韓子曰：「子思不以過聞，繆公貴之；子服厲伯以姦聞，繆公賤之，人情皆喜貴而惡賤，故季氏之亂成而不上聞，此魯君之所以刼也。」夫魯君所以刼者，以不明法度邪？以不早聞姦也？夫法度明，雖不聞姦，姦無由生；法度不明，雖日求姦，決其源，鄣之以掌也。御者無銜，見馬且奔，無以制也。使王良持轡，馬無欲奔之心，御之有數也。今不言魯君無術，而曰「不聞姦」；不言審法度，宗祥案：「審」上疑脱「不」字。而曰「不通下情」，韓子之非繆公也，與術意而相違矣。龐𢬵是子不孝，宗祥案：「𢬵」當作「撊」，下同。子思不言，繆公貴之。韓子非之，以爲明君求善而賞之，求姦而誅之。夫不孝之人，下愚之才也。下愚無禮，順情從欲，與鳥獸同。謂之惡，可也；謂姦，非也。姦人外善内惡，色厲内荏，作爲操止，像類賢行，以取升進，容媚於上，安肯作不孝，著身爲惡，以取棄殉之咎乎？龐𢬵是子可謂不孝，不可謂姦。韓子謂之姦，失姦之實矣。韓子曰：「布帛尋常，庸人不擇；孫詒讓曰：韓非子五蠹「擇」作「釋」，字通。爍金百鎰，盜跖不搏。」以此言之，法明，民不敢犯也。設明法於邦，有盜賊之心，不敢犯矣；不測之者，不敢發矣。姦心藏於胷中，不敢以犯罪法，罪法恐之也。明法恐之，則不須考姦求邪於下矣。使法峻，民無姦者；使法不峻，民多爲姦。而不言明王之嚴刑峻法，而云求姦而誅之，言求姦，是法不峻，民或犯之也。世不專意於明法，而專心求姦，韓子之言，與法相違。

人之釋溝渠也，宗祥案：「釋，理也」，見呂覽上德注。知者必溺身，宗祥案：「知」字下有脱文。不塞溝渠而繕船檝者，知水之性不可閼，其勢必溺人也。臣子之性，欲姦君父，猶水之性溺人也。不教所以防姦，而非其不聞知，是猶不備水之具，而徒欲早知水之溺人也。溺於水，不責水而咎己者，己失防備也。然則人君劫於臣，己失法也。備溺不閼水源，防劫不求臣姦，韓子所宜用教己也。水之性勝火，如裹之以釜，水煎而不得勝，必矣。夫君，猶火也，臣，猶水也，法度，釜也。火不求水之姦，君亦不宜求臣之罪也。

刺孟篇

孟子見梁惠王，王曰：「叟不遠千里而來，將何以利吾國乎？」孟子曰：「仁義而已，何必曰利。」夫利有二，有貨財之利，有安吉之利。惠王曰「何以利吾國」，何以知不欲安吉之利，宗祥案：「不」，程刻誤「吾」。而孟子徑難以貨財之利也？易曰：「利見大人。」「利涉大川。」「乾，元亨利貞」。尚書曰：「黎民亦尚有利哉？」皆安吉之利也。行仁義得安吉之利，孟子不且語問惠王：「何謂利吾國？」孫詒讓曰：按「不」當作「必」。「語」，余允文尊孟辨引作「詰」，義實爲長。惠王言貨財之利，乃可答。若設令惠王之問，未知何趣，孟子徑答以貨財之利。如惠王實問貨財，孟子無以驗效也；如問安吉之利，而孟子答以貨財之利，失對上之指，違道理之實也。

齊王問時子：「我欲中國而授孟子室，養弟子以萬鍾，使諸大夫、國人皆有所矜式。子盍爲我言之？」時子因陳子而以告孟子。孟子曰：「夫時子惡知其不可也？如使予欲富，辭十萬而受萬，是爲欲富乎？」夫孟子辭十萬，失謙讓之理也。夫富貴者，人之所欲也，不以其道得之，不居也。故君子之於爵禄也，有所辭，有所不辭。豈以己不貪富貴之故，而以距逆宜當受之賜乎？宗祥案：宋余允文尊孟續辨卷上全引仲任此文，今亦據校，余引此句，無「逆宜」二字。陳臻問曰：「於齊，王餽兼金一百鎰而不受；於宋，歸七十鎰而受；於薛，歸五十鎰而受取。前日之不受是，則今受之非也。今日之受是，則前日之不受非也。夫君子必居一於此矣。」孟子曰：「皆是也。當在宋也，予將有遠行，行者必以賮，辭曰：『歸賮。』予何爲不受？當在薛也，予有戒心，辭曰：『聞戒，故爲兵戒歸之備乎！』予何爲不受？若於齊，則未有處也。無處而歸之，是貨之也，焉有君子而可以貨取乎？」夫金歸或受或不受，皆有故，非受之時己貪，當不受之時己不貪也。金有受不受之義，而室亦宜有受不受之理。今不曰己無功，若己致仕、受室非理，而曰己不貪富，引前辭十萬以況後萬。前當受十萬之多，安得辭之？彭更問曰：「後車數十乘，從者數百人，以傳食於諸侯，不亦泰乎？」孟子曰：「非其道，則一簞食而不可受於人；如其道，則舜受堯之天下，不以爲泰。」受堯天下，孰與十萬？舜不辭天下者，是其道也。今不曰受十萬非其道，而曰己不貪富貴，失謙讓也，安可以爲戒乎？原本段。

沈同以其私問曰：「燕可伐與？」孟子曰：「可。子噲不得與人燕，子之不得受燕於子噲。有(人)〔士〕於此，而子悅之，不告於王，而私與之子之爵禄。夫士也，亦無王命而私受之於子，則可乎？何以異於是。」齊人伐燕，或問曰：「勸齊伐燕，有諸？」曰：「未也。沈同曰：『燕可伐與？』宗祥案：「曰」，余引「問」。吾應之曰：『可。』彼然而伐之。如曰：『孰可以伐之？』宗祥案：「如」，元本「彼」。則應之曰：『爲天吏則可以伐之。』今有殺人者，或問之曰：『人可殺與？』則將應之曰：『可。』彼如曰：『孰可以殺之？』則應之曰：『爲士師則可以殺之。』今以燕伐燕，何爲勸之也？」夫或問孟子勸王伐燕，不誠是乎？沈同問「燕可伐與」，此挾私意欲自伐之也。知其意慊於是，宜曰：「燕雖可伐，須爲天吏乃可以伐之。」沈同意絶，則無伐燕之計矣。不知有此私意，而徑應之，不省其語，是不知言也。公孫丑問曰：「敢問夫子惡乎長？」孟子曰：「我知言。」又問：「何謂知言？」曰：「詖辭知其所蔽，淫辭知其所陷，邪辭知其所離，遁辭知其所窮。生於其心，害於其政，發於其政，害於其事。雖聖人復起，必從吾言矣。」孟子，知言者也，又知言之所起之禍，其極所致之福，宗祥案：證之下文，「福」疑「害」譌。見彼之問，則知其措辭所欲之矣，知其所之，宗祥案：宋、元本之上有「致」字，無下「則」字。則知其極所當害矣。原本段。

孟子云：宗祥案：各本「云」上有「省」字，從宋、元。「民舉安，王庶幾改諸！予日望之。」孟子所去之王，豈前所不朝之王哉？而是，何其前輕之疾，宗祥案：余引「豈」下有「非」字，「是」上無「而」字。而後重之甚也？如非是前王，前不去，而於後去之，宗祥案：「前不去」之「前」，各本作「則」，從宋、元。「於」，宋、元作「復」。是後王不肖甚於前，而去，三日宿，於前不甚，不朝而宿於景丑氏，何孟子之操，前後不同，所以爲王，終始不一也？且孟子在魯，宗祥案：「且」，程刻「昔」。魯平公欲見之。嬖人臧倉毁孟子，止平公。樂正子以告。曰：「行，或使之，止，或尼之，行、止非人所能也。予之不遇魯侯，天也！」前不遇於魯，後不遇於齊，無以異也。前歸之天，今則歸之於王，孟子論稱，竟何定哉？夫不行於齊，王不用，則若臧倉之徒，毁讒之也。此亦「止，或尼之」也，皆天命不遇，非人所能也。去，何以不徑行，而留三宿乎？天命不當遇於齊，王不用其言，天豈爲三日之間，易命使之遇乎？在魯則歸之於天，絶意無冀；在齊則歸之於王，庶幾有望。夫如是，不遇之議，一在人也。或曰：「初去，未可以定天命也。冀三日之間，王復追之。天命或時在三日之間，故可也。」宗祥案：「時」，余引作「將」。夫言如是，齊王初使之去者，非天命乎？如使天命在三日之間，魯平公比三日，亦時棄臧倉之議，宗祥案：「時」，余引「將」。更用樂正子之言，往見孟子。孟子歸之於天，何其早乎？如三日之間，公見孟子，孟子奈前言何乎？

孟子去齊，充虞塗問曰：「夫子若不豫色然。宗祥案：「若」下余引有「有」字。前日虞聞諸夫子曰：『君子不怨天，不尤人。』」曰：「彼一時也，此一時也。五百年必有王者興，其間必有名世者矣。由周以來，七百有餘歲矣，以其數則過矣；以其時考之，則可矣。夫天未欲平治天下乎？宗祥案：「乎」，余引「也」。如欲平治天下，當今之世，舍我而誰也？宗祥案：「而」，余引「其」。吾何爲不豫哉？」夫孟子言五百年有王者興，何以見乎？帝嚳，王者，而堯又王天下。

堯傳於舜，舜又王天下。舜傳於禹，禹又王天下。四聖之王天下也，繼踵而興。禹至湯且千歲，湯至周亦然，宗祥案：仲任此説，與經史所紀夏四百年，商六百年之數不同，疑緯書之説。始於文王，而卒傳於武王。武王崩，成王、周公共治天下。由周至孟子之時，又七百年而無王者。五百歲必有王者之驗，在何世乎？云五百歲必有王者，誰所言乎？論不實事考驗，信浮淫之語，不遇去齊，有不豫之色，非孟子之賢效，與俗儒無殊之驗也。「五百年」者，以爲天出聖期也。又言以「天未欲平治天下也」，其意以爲天欲平治天下，當以五百年之間，生聖王也。如孟子之言，是謂天故生聖人也。然則五百歲者，天生聖人之期乎？如是其期，天何不生聖？聖王非其期故不生，孟子猶信之，宗祥案：「信」，余引「言」。孟子不知天也。「自周已來，七百餘歲矣，以其數則過矣；以其時考之，則可矣。」何謂「數過」？何謂「可乎」？宗祥案：余引「可」上有「時」字，是。此疑奪。數則時，時則數矣。數過，過五百年也。從周到今七百餘歲，踰二百歲矣。設或王者，生失時矣，又言「時可」，何謂也？云「五百年必有王者興」，又言「其間必有名世」，與「王者」同乎？異也？如同，爲再言之？宗祥案：余引「爲」上有「何」字。如異，「名世」者，謂何等也？謂孔子之徒、孟子之輩，教授後生，覺悟頑愚乎？已有孔子，已又以生矣。宗祥案：余引作「與已生矣」。如謂聖臣乎？當與聖同時。宗祥案：證之下文，「聖」下疑脱「王」字。聖王出，聖臣見矣。言「五百年」而已，何爲言「其間」？如不謂五百年時，謂其中間乎？是謂二三百年之時也，聖人不與五百年時聖王相得。宗祥案：各本無「人」字，從宋、元。「得」，余引作「等」，疑「待」字之譌。「等」亦可訓「待」，然決非「得」。夫如是，孟子言「其間必有名世」者，竟謂誰也？「夫天未欲平治天下也，如欲治天下，舍予而誰也？」言若此者，不自謂當爲王者，有王者，若爲王臣矣。爲王者臣，皆天也。已命不當平治天下，不浩然安之於齊，懷恨有不豫之色，失之矣。原本段。

彭更問曰：「士無事而食，可乎？」孟子曰：「不通功易事，以羨補不足，則農有餘粟，女有餘布。子如通之，則梓匠、輪輿，皆得食於子。於此有人焉，入則孝，出則悌，守先王之道，以待後世之學者，而不得食於子。子何尊梓匠、輪輿，而輕爲仁義者哉？」曰：「梓匠、輪輿，其志將以求食也。君子之爲道也，其志亦將以求食與？」孟子曰：「子何以其志爲哉？其有功於子，可食而食之矣。且子食志乎？食功乎？」曰：「食志。」曰：「有人於此，毀瓦畫墁，其志將以求食也，則子食之乎？」曰：「否。」曰：「然則子非食志，食功也。」夫孟子引毀瓦畫墁者，欲以詰彭更之言也。知毀瓦畫墁，無功而有志，彭更必不食也。雖然，引毀瓦畫墁，非所以詰彭更也。何則？諸志欲求食者，毀瓦畫墁者不在其中。不在其中，則難以詰人矣。夫人無故毀瓦畫墁，此不癡狂，則遨戲也。癡狂人之，志不求食，遨戲之人，亦不求食。求食者，皆多人所不得利之事，宗祥案：「不」，余引「共」。以作此鬻賣於市，得賈以歸，乃得食焉。今毁瓦畫墁，無利於人，何志之有？有知之人，知其無利，固不爲也；無知之人，與癡狂比，固無其志。夫毁瓦畫墁，猶比童子擊壞於塗，何以異哉？擊壞於塗者，其志亦欲求食乎？此尚童子，未有志也。巨人博戲，亦畫墁之類也。博戲之人，其志復求食乎？博戲者尚有相奪錢財，錢財衆多，己亦得食，或時有志。夫投石超距，亦畫墁之類也。投石超距之人，其志有求食者乎？然則孟子之詰彭更也，未爲盡之也。如彭更以孟子之言，可謂「禦人以口給」矣。原本段。

匡章子曰：「陳仲子豈不誠廉士乎！宗祥案：余引「章」下無「子」字，「誠」作「稱」，「乎」作「哉」。居於於陵，三日不食，耳無聞，目無見也。井上有李，螬食實者過半。宗祥案：余引「半」下有「矣」字。扶服往將食之，宗祥案：「扶服」，顧本作「匍匐」。三咽，然後耳有聞，目有見也。」孟子曰：「於齊國之士，吾必以仲子爲巨擘焉。雖然，仲子惡能廉？充仲子之操，則蚓而後可者也。夫蚓，上食槁壤，下飲黄泉。仲子之所居室，伯夷之所築與？抑亦盗跖之所築與？所食之粟，伯夷之所樹與？抑亦盗跖之所樹與？是未可知也。」曰：「是何傷哉？彼身織屨，妻辟纑，以易之也。」曰：「仲子，齊之世家，兄戴，蓋禄萬鍾。以兄之禄爲不義之禄，而不食也；以兄之室爲不義之室，而弗居也。辟兄離母，處於於陵。他日歸，則有饋其兄生鵝者也。己頻蹙曰：『惡用是鶃鶃者爲哉？』他日，其母殺是鵝也，與之食之。其兄自外至，曰：『是鶃鶂之肉也。』出而吐之，以母則不食，以妻則食之；以兄之室則不居，以於陵則居之。是尚能爲充其類也乎？若仲子者，蚓而後充其操者也。」夫孟子之非仲子也，不得仲子之短矣。仲子之怪鵝如吐之者，豈爲在母不食乎？宗祥案：余引「如」作「而」，「母」下有「則」字。乃先譴鵝曰：「惡用鶂鶂者爲哉？」他日，其母殺以食之，其兄曰：「是鶂鶂之肉。」仲子耻負前言，即吐而出之。而兄不告則不吐，不吐則是食於母也。謂之在母則不食，失其意矣。使仲子執不食於母，宗祥案：余引「於」下有「則」字。鵝膳至，不當食也。今既食之，知其爲鵝，怪而吐之。故仲子之吐鵝也，耻食不合己志之物也，非負親親之恩，而欲勿母食也。又「仲子惡能廉？充仲子之性，宗祥案：「性」，余引「操」。則蚓而後可者也。」夫蚓上食槁壤，下飲黃泉，是謂蚓爲至廉也。仲子如蚓，乃爲廉潔耳。今所居之宅，伯夷之所築；所食之粟，伯夷之所樹。仲子居而食之，於廉潔可也。或時食盜跖之所樹粟，居盜跖之所築室，汙廉潔之行矣。用此非仲子，亦復失之。室因人故，粟以屨纑易之，正使盜之所樹築，宗祥案：「盜」下疑脫「跖」字。己不聞知。今兄之不義，有其操矣。操見於衆，昭晳見論，宗祥案：「見」，各本「議」，從宋、元。余引亦「見」。故避於陵，不處其宅，織屨辟纑，不食其禄也。而欲使仲子處於陵之地，避若兄之宅，吐若兄之禄，宗祥案：此處文義當爲「欲使仲子舍去於陵，居兄宅，食兄禄，仲子所不爲。」而義有未顯，恐有誤奪。耳聞目見，昭晳不疑，仲子不處不食，明矣。今於陵之宅，不見築者爲誰，粟，不知樹者爲誰，何得成室而居之，得成粟而食之？孟子非之，是爲太備矣。仲子所居，或時盜之所築，仲子不知而居之，謂之不充其操，唯蚓然後可者也。夫盜室之地中，亦有蚓焉，食盜宅中之槁壤，飲盜宅中之黄泉，蚓惡能爲可乎？在仲子之操，滿孟子之議，魚然後乃可。夫魚處江海之中，食江海之土，海非盜所鑿，土非盜所聚也。然則仲子有大非，孟子非之，不能得也。夫仲子之去母辟兄，與妻獨處於陵，於兄之宅，爲不義之宅，以兄之禄，爲不義之禄，故不處不食，廉潔之至也。然則其徙於陵歸候母也，宗祥案：「徙」，余引「徙」，疑「從」字之譌。宜自齎食而行。鵝膳之進也，必與飯俱。母之所爲飯者，兄之禄也。母不自有私粟，以食仲子，明矣。仲子食兄禄也。伯夷不食周粟，餓死於首陽之下，豈一食周粟，而以汙其潔行哉？仲子之操，近不若伯夷，而孟子謂之若蚓乃可，失仲子之操所當比矣。原本段。

孟子曰：「莫非天命也，順受其正。是故知命者不立乎巖墻之下。盡其道而死者，爲正命也；桎梏而死者，非正命也。」夫孟子之言，是謂人無觸值之命也。順操行者得正命，妄行苟爲得非正，是天命於操行也。宗祥案：「苟」下余引有「且」字，非。「命」上無「天」字，「命」下有「定」字，是。夫子不王，顔淵早死，子夏失明，伯牛爲癘，四者行不順與？何以不受正命？比干剖，子胥烹，子路葅，天下極戮，非徒桎梏也。必以桎梏效非正命，則比干、子胥行不順也。人稟性命，或當壓溺兵燒，雖或慎操修行，其何益哉？竇廣國與百人俱卧積炭之下，炭崩，百人皆死，廣國獨濟，命當封侯也。積炭與巖墻何以異？命不壓，雖巖崩，有廣國之命者，猶將脱免。行，或使之；止，或尼之。命當壓，猶或使之立於墻下。孔甲所入主人子之天命當賤，雖載入宫，猶爲守者。不立巖墻之下，與孔甲載子入宫，同一實也。

論衡卷第十一

漢　會稽王充著
海寧張宗祥校注

談天篇　説日篇　荅佞篇

談天篇

儒書言：「共工與顓頊争爲天子，不勝，怒而觸不周之山，使天柱折，地維絶。女媧銷煉五色石以補蒼天，宗祥案：淮南子覽冥訓無「銷」字。斷鼇足以立四極。天不足西北，故日月移焉；地不足東南，故百川注焉。」此久遠之文，世間是之言也。宗祥案：「間，猶近也」，見左成十六年傳注。文雅之人，怪而無以非，若非而無以奪，又恐其實然，不敢正議。以天道人事論之，殆虚言也。與人争爲天子，不勝，怒觸不周之山，使天柱折，地維絶，有力如此，天下無敵。以此之力，與三軍戰，則士卒，螻蟻也；兵革，毫芒也，安得不勝之恨，怒觸不周之山乎？且堅重莫如山，以萬人之力，共推小山，不能動也。如不周之山，大山也，使是天柱乎，折之固難；使非柱乎，觸不周山而使天柱折，是亦復難信。顓頊與之爭，舉天下之兵，悉海内之衆，不能當也，何不勝之有？且夫天者，氣邪？體也？如氣乎，雲烟無異，安得柱而折之？女媧以石補之，是體也。如審然，天乃玉石之類也。石之質重，千里一柱，不能勝也。如五嶽之巔，不能上極天乃爲柱，如觸不周，上極天乎？不周爲共工所折，當此之時，天毀壞也？如審毀壞，何用舉之？「斷鼇之足以立四極」，説者曰：「鼇，古之大獸也，四足長大，故斷其足，以立四極。」夫不周，山也；鼇，獸也。夫天本以山爲柱，共工折之，代以獸足，骨有腐朽，宗祥案：宋、元「朽腐」。何能立之久？且鼇足可以柱天，體必長大，不容於天地，女媧雖聖，何能殺之？如能殺之，殺之何用？足可以柱天，則皮革如鐵石，刀劍矛戟，不能刺之，彊弩利矢，不能勝射也。察當今天去地甚高，古天與今無異。當共工缺天之時，天非墜於地也。女媧，人也。人雖長，無及天者。夫其補天之時，何登緣階據而得治之？豈古之天若屋廡之形，去人不遠，故共工得敗之，女媧得補之乎？如審然者，女媧多前，宗祥案：「多」字誤，或「之」字「以」字之譌。齒爲人者，人皇最先。人皇之時，天如蓋乎？説易者曰：「元氣未分，渾沌爲一。」儒書又言：「溟涬濛澒，氣未分之類也。及其分離，清者爲天，濁者爲地。」如説易之家，儒書之言，天地始分，形體尚小，相去近也。近則或枕於不周之山，共工得折之，女媧得補之也。含氣之類，無有不長。天地，含氣之自然也，從始立以來，年歲甚多，則天地相去，廣狹遠近，不可復計。儒書之言，殆有所見。然其言觸不周山而折天柱，絶地維，銷煉五石補蒼天，繼鼇之足以立四極，猶爲虚也。何則？山雖動，共工之力，不能折也。豈天地始分之時，山小而人反大乎？何以能觸而折之？以五色石補天，尚可謂五石若藥石治病之狀。至其斷鼇之足，以立四極，難論言也。從女媧以來久矣，四極之立自若，鼇之足乎？原本段。

鄒衍之書言：「天下有九州，禹貢之上，所謂九州也。禹貢九州，所謂一州也。若禹貢以上者，九焉。禹貢九州，方今天下九州也。宗祥案：此節蓋言禹貢九州，爲今中國九州，實即一州。如此者尚有九州。文句疑有顛倒。在東南隅，名曰赤縣神州。復更有八州，每一州者，四海環之，名曰裨海。宗祥案：「裨海，小海也」，見史記孟子荀卿列傳索隱。九州之外，更有瀛海。」此言詭異，聞者驚駭，然亦不能實然否，相隨觀讀諷述以談。故虚實之事，並傳世間，真僞不别也。世人惑焉，是以難論。案鄒子之知不過禹。禹之治洪水，以益爲佐。禹主治水，益之記物。宗祥案：别通篇作「禹主治水，益主記異物」。極天之廣，窮地之長，辨四海之外，竟四山之表，三十五國之地，鳥獸草木，金石水土，莫不畢載，宗祥案：指山海經也。列子湯問篇夏革曰：「大禹行而見之，伯益知而名之，夷堅聞而志之。」又見劉（向）〔歆〕校上山海經奏。不言復有九州。淮南王劉安，召術士伍被、左吳之輩，充滿宫殿，作道術之書，論天下之事。地形之篇，道異類之物，外國之怪，列三十五國之異，不言更有九州。鄒子行地不若禹、益，聞見不過被、吳，才非聖人，事非天授，安得此言？案禹之山經，淮南之地形，以察鄒子之書，虛妄之言也。太史公曰：「禹本紀言河出崑崙，其高三千五百餘里，日月所於辟隱爲光明也。宗祥案：見史記大宛傳，「三」作「二」，「於辟」作「相避」。其上有玉泉、華池。今自張騫使大夏之後，窮河源，惡睹本紀所謂崑崙者乎？故言九州山川，尚書近之矣。至禹本紀山經所有怪物，余不敢言也。」夫弗敢言者，謂之虛也。崑崙之高，玉泉、華池，世所共聞，張騫親行無其實。案禹貢九州，山川怪奇之物，金玉之珍，莫不悉載，不言崑崙山上有玉泉、華池。案太史公之言，山經、禹紀，虛妄之言。凡事難知，是非難測。極爲天中，方今天下在禹極之南，宗祥案：「禹」字疑衍。則天極北必高多民。宗祥案：「多民」二字疑有訛。禹貢：「東漸于海，西被于流沙。」此則天地之極際也。日刺徑千里，宗祥案：「刺」，宋、元本「剡」，義通。今從東海之上，會稽、鄞、鄮，宗祥案：「鄮」疑「鄮」訛。鄞、鄮，皆會稽屬縣，見續漢書郡國志。則察日之初出徑二尺，尚遠之驗也。遠則東方之地尚多。東方之地尚多，則天極之北，天地廣長，不復訾矣。夫如是，鄒衍之言未可非，禹紀、山海、淮南地形，未可信也。鄒衍曰：「方今天下在地東南，名赤縣神州。」天極爲天中，如方今天下在地東南，視極當在西北。今正在北，方今天下在極南也。以極言之，不在東南，鄒衍之言非也。如在東南，近日所出，日如出時，其光宜大。今從東海上察日，及從流沙之地視日，小大同也。

相去萬里，小大不變，方今天下得地之廣少矣。雒陽，九州之中也。從雒陽北顧，極正在北。東海之上，去雒陽三千里，視極亦在北。推此以度，從流沙之地視極，亦必復在北焉。東海、流沙，九州東西之際也，相去萬里，視極猶在北者，地小居狹，未能辟離極也。日南之郡，去雒且萬里。徙民還者，問之，言日中之時，所居之地，未能在日南也。宗祥案：御覽四引後漢書曰：「張重，字仲篤。明帝時，舉孝廉。帝曰：『何郡小吏？』答曰：『臣日南吏。』帝曰：『日南郡人，應向北看日。』答曰：『臣聞雁門不見壘雁爲門，金城郡不見積金爲郡，臣雖居日南，未嘗向北看日。』」查范書無張重傳，此引後漢書，未知何氏之書，是否書名有誤。度之復南萬里，日在日之南。宗祥案：上「日」字，疑「曰」字、「當」字之譌。是則去雒陽二萬里，乃爲日南也。今從雒地察日之去遠近，非與極同也，極爲遠也。今欲北行三萬里，未能至極下也。假令之至，是則名爲距極下也。以至日南五萬里，極北亦五萬里也。極北亦五萬里，極東西亦皆五萬里焉。東西十萬，南北十萬，相承百萬里。鄒衍之言：「天地之間，有若天下者九。」案周時九州，東西五千里，南北亦五千里。五五二十五，一州者二萬五千里。天下若此九之，乘二萬五千里，二十二萬五千里。如鄒衍之書，若謂之多，計度驗實，反爲少焉。原本段。

儒者曰：「天，氣也，故其去人不遠。人有是非，陰爲德害，天輒知之，又輒應之，近人之效也。」如實論之，天，體，非氣也。人生於天，何嫌天無氣？宗祥案：「嫌，疑也」，見漢書杜鄴傳集注。此言人生於天，何能疑天無氣，然天究體而非氣。故下文云：「猶有體在上，特與人相遠，人未審耳。」猶有體在上，與人相遠。祕傳或言：天之離天下，六萬餘里，數家計之，三百六十五度一周天。宗祥案：御覽二引洛書甄耀度曰：「周天三百六十五度四分度之一。」下有周度，高有里數。如天審氣，氣如雲烟，安得里、度？又以二十八宿效之，二十八宿爲日月舍，猶地有郵亭，爲長吏廨矣。郵亭著地，亦如星舍著天也。案附書者，天有形體，所據不虛。猶此考之，宗祥案：「『猶』，當爲『由』」，見禮記雜記注。此同。則無恍惚，明矣。

説日篇

儒者曰：「日朝見，出陰中；暮不見，入陰中。陰氣晦冥，故没不見。」如實論之，不出入陰中。何以效之？夫夜，陰也，氣亦晦冥。或夜舉火者，光不滅焉。夜之陰，北方之陰也；朝出日入，所舉之火也。火夜舉，光不滅，日暮入，獨不見，非氣驗也。夫觀冬日之出入，朝出東南，暮入西南，東南、西南非陰，何故謂之出入陰中？且夫星小猶見，日大反滅，世儒之論，竟虚妄也。

儒者曰：「冬日短，夏日長，亦復以陰陽。夏時陽氣多，陰氣少，陽氣光明，與日同耀，故日出輙無鄣蔽。冬陰氣晦冥，掩日之光，日雖出，猶隱不見，故冬日日短，陰多陽少，與夏相反。」如實論之，日之長短，不以陰陽。何以驗之？復以北方之星。北方之陰，日之陰也。北方之陰，不蔽星光。冬日之陰，何故猶滅日明？宗祥案：「猶」，「可也」，見爾雅釋言。由此言之，以陰陽説者，失其實矣。實者夏時日在東井，冬時日在牽牛。牽牛去極遠，故日道短；東井近極，故日道長。夏北至東井，冬南至牽牛，故冬夏節極，皆謂之至；春秋未至，故謂之分。或曰：「夏時陽氣盛，陽氣在南方，故天舉而高；冬時陽氣衰，天抑而下，高則日道多，故日長；下則日道少，故日短也。」日陽氣盛，宗祥案：「日」疑「曰」譌。天南方舉而日道長，月亦當復長。案夏日長之時，日出東北，而月出東南；冬日短之時，日出東南，月出東北。如夏時天舉南方，日月當俱出東北；冬時天復下，日月亦當俱出東南。由此言之，夏時天不舉南方，冬時天不抑下也。然則夏日之長也，其所出之星，在北方也；冬日之短也，其所出之星，在南方也。問曰：「當夏五月日長之時在東井，東井近極，故日道長。今案察五月之時，日出於寅，入於戌。日道長，去人遠，何以得見其出於寅，入於戌乎？」日東井之時，去人、極近。夫東井近極，若極旋轉，人常見之矣。使東井在極旁側，得無夜常爲晝乎？日晝行十六分，人常見之，不復出入焉。儒者或曰：「日月有九道，故曰：日行有近遠，晝夜有長短也。」夫復五月之時，晝十一分，夜五分；六月，晝十分，夜六分；從六月往至十一月，月減一分。此則日行，月從一分道也；歲，日行天十六道也，豈徒九道？或曰：「天高南方，下北方。日出高，故見；入下，故不見。天之居若倚蓋矣，故極在人之北，是其效也。極其天下之中，今在人北，其若倚蓋，明矣。」宗祥案：此古蓋天説也。天文録曰：「蓋天之説，又有三體：一云，天如車蓋，游乎八極之中；一云，天形如笠，中央高而四邊下；亦云天如欹車蓋，南高北下。」見御覽二引。日明既以倚蓋喻，當若蓋之形也。極星在上之北，若蓋之葆矣；其下之南，有若蓋之莖者，正何所乎？孫詒讓曰：案御覽天部引桓譚新論云：「北斗極，天樞；樞，天軸也。猶蓋有保斗矣。蓋雖轉而保斗不移，天亦轉周匝，而斗極常在。」即仲任所本。「葆」即「保斗」。考工記輪人：「爲蓋有部。」鄭注云：「部，蓋斗也。」「保斗」，猶言「部斗」，一聲之轉，即今之繖斗，與羽葆異。「莖」即考工記之「桯」，「桯」、「莖」亦聲相通。夫取蓋倚於地，不能運；立而樹之，然後能轉。今天運轉，其北際不著地者，觸礙何以能行？由此言之，天不若倚蓋之狀。日之出入，不隨天高下，明矣。或曰：「天北際下地中，日隨天而入地，地密鄣隱，故人不見。然天地，夫婦也，合爲一體。天在地中，地與天合，天地并氣，故能生物。北方陰也，合體并氣，故居北方。」天運行於地中乎？不則，北方之地，低下而不平也？如審運行地中，鑿地一丈，轉見水源，天行地中，出入水中乎？如北方低下不平，是則九川北注，不得盈滿也。實者天不在地中，日亦不隨天隱，天平正與地無異。然而日出上、日入下者，隨天轉運，視天若覆盆之狀，故視日上下然，似若出入地中矣。然則日之出，近也；其入，遠，不復見；故謂之入。運見於東方，近，故謂之出。何以驗之？繫明月之珠於車蓋之橑，宗祥案：「弓，蓋橑也，漢世呼弓爲橑子，所以庇車者」，見考工記注。轉而旋之，明月之珠旋邪？人望不過十里，天地合矣，遠非合也。今視日入，非入也，亦遠也。當日入西方之時，其下民亦將謂之日中。從日入之下，東望今之天下，或時亦天地合。如是，方天下在南方也。故日出於東方，入於北方之地，日出北方，入於南方，各於近者爲出，遠者爲入。實者不入，遠矣。臨大澤之濱，望四邊之際與天屬，其實不屬，遠若屬矣。日以遠爲入，澤以遠爲屬，其實一也。澤際有陸，人望而不見。陸在，察之若望；孫詒讓曰：「望」當爲「亡」，聲近，又涉上文而誤。

宗祥案：依「望」字本訓，則當屬下讀，義迂，應從孫説。日亦在，視之若入，皆遠之故也。太山之高，參天入雲，去之百里，不見埵塊。宗祥案：書虛篇作「蜼螺」，誤。「埵，聚土也」，見一切經音義六引字林。夫去百里不見太山，況日去人以萬里數乎？太山之驗，則既明矣，試使一人把大炬火夜行於道，平易無險，去人不一里，火光滅矣。非滅也，遠也。今日西轉不復見者，非入也。問曰：「天平正與地無異，今仰視天，觀日月之行，天高南方，下北方，何也？」曰：方今天下在東南之上，視天若高。日月道在人之南，今天下在日月道下，故觀日月之行，若高南下北也。何以驗之？即天高，南方之星亦當高，今視南方之星低下，天復低南方乎？夫視天之居近者則高，遠則下焉。極北方之民以爲高，南方爲下。極東極西，亦如此焉。皆以近者爲高，遠者爲下。從北塞下，近仰視斗極，且在人上。匈奴之北，地之邊陲，北上視天，天原注：一有「下」字。復高北下南，日月之道，亦在其上。立太山之上，太山高；去下十里，太山下。夫天之高下，猶人之察太山也。平正，四方中央，高下皆同。今望天之四邊若下者，非也，遠也。非徒下，若合矣。儒者或以旦暮日出入爲近，日中爲遠，或以日中爲近，日出入爲遠。其以日出入爲近，日中爲遠者，見日出入時大，日中時小也。察物近則大，遠則小，故日出入爲近，日中爲遠也。其以日出入爲遠，日中時爲近者，見日中時溫，日出入時寒也。夫火光近人則溫，遠人則寒，故以日中爲近，日出入爲遠也。二論各有所見，故是非曲直，未有所定。如實論之，日中近而日出入遠。何以驗之？以植竿於屋下。夫屋高三丈，竿於屋棟之下，正而樹之，上扣棟，下抵地，是以屋棟去地三丈。如旁邪倚之，則竿末旁跌，不得扣棟，是爲去地過三丈也。日中時日正在天上，猶竿之正樹，去地三丈也；日出入邪在人旁，猶竿之旁跌，去地過三丈也。夫如是，日中爲近，出入爲遠可知，明矣。試復以屋中堂而坐一人，一人行於屋上。其行中屋之時，正在坐人之上，是爲屋上之人與屋下坐人相去三丈矣。如屋上人在東危若西危上，宗祥案：「危，棟上也」，見禮記喪大記「中屋履危」注。其與屋下坐人，相去過三丈矣。日中時猶人正在屋上矣，其始出與入，猶人在東危與西危也。日中去人近，故溫，日出入遠，故寒。然則日中時日小，其出入時大者，日中光明故小，其出入時光暗故大，猶晝日察火光小，夜察之火光大也。俞樾曰：案：此論甚精。且以燈火爲喻，遠視甚大，近視之轉小矣。列子湯問篇載兩小兒論日遠近，孔子不能答。此可以解之。宗祥案：晉書天文志載葛洪議駁仲任蓋天文説極詳，可參考。既以火爲效，又以星爲驗，晝日星不見者，光耀滅之也；夜無光耀，星乃見。夫日月，星之類也。平旦日入光銷，故視大也。

儒者論：「日旦出扶桑，暮入細柳。扶桑，東方地；細柳，西方野也。桑、柳，天地之際，日月常所出入之處。」問曰：歲二月、八月時，日出正東，日入正西，可謂日出於扶桑，入於細柳。今夏日長之時，日出於東北，入於西北；冬日短之時，日出東南，入於西南，冬與夏日之出入，在於四隅，扶桑、細柳，正在何所乎？所論之言，猶謂春秋，不謂冬與夏也。如實論之，日不出於扶桑，入於細柳。何以驗之？隨天而轉，近則見，遠則不見。當在扶桑、細柳之時，從扶桑、細柳之民，謂之日中；之時，從扶桑、細柳察之，或時爲日出入。若以其上者爲中，旁則爲旦夕，安得出於扶桑入細柳？

儒者論曰："天左旋，日月之行，不繫於天，各自旋轉。"難之曰：使日月自行，不繫於天，日行一度，月行十三度，當日月出時，當進而東旋，何還始西轉？繫於天，隨天四時轉行也。其喻若蟻行於磑上，日月行遲，天行疾，天持日月轉，故日月實東行而反西旋也。原本段。

或問："日、月、天皆行，行度不同，三者舒疾，驗之人物，爲以何喻？"曰：天，日行一周。日行一度二千里，日晝行千里，夜行千里。麒麟晝日亦行千里，宗祥案：法苑珠林七引作"日行一日一度，一度二千里，晝行一千里，與騏驥之步相類也"。義更明顯。"麒麟"，初學記一引、御覽四引均作"騏驥"，此誤。下同。然則日行舒疾，與麒麟之步，相似類也。月行十三度，十度二萬里，三度六千里，月一旦夜行二萬六千里，與晨鳧飛相類似也。宗祥按：御覽四引作："月行一日一夜，行六萬六千里，與鳧飛相類。"此"旦"字當爲"日一"二字合成一字之誤。"六"字，御覽誤。天行三百六十五度，積凡七十三萬里也，其行甚疾，無以爲驗，當與陶鈞之運，弩矢之流，相類似乎？天行已疾，去人高遠，視之若遲。蓋望遠物者，動若不動，行若不行。何以驗之？乘船江海之中，順風而驅，近岸則行疾，遠岸則行遲。船行一實也，或疾或遲，遠近之視，使之然也。仰視天之運，不若麒麟負日而馳，皆暮而日在其前，宗祥案：「皆」疑「比日」二字之譌。何則？麒麟近而日遠也。遠則若遲，近則若疾，六萬里之程，難以得運行之實也。原本段。

儒者說曰：「日行一度，天一日一夜行三百六十五度。天左行，日月右行，與天相迎。」問：日月之行也，繫著於天也，日月附天而行，不直行也。宗祥案：證之下文，「直」下疑脱「自」字。何以言之？易曰：「日月星辰麗乎天，百果草木麗於土。」麗者，附也。附天所行，若人附地而圓行，其取喻若蟻行於磑上焉。原本段。

問曰：「何知不離天直自行也？」如日能直自行，當自東行，無爲隨天而西轉也。月行與日同，亦皆附天。何以驗之？驗之似雲。宗祥案：「似」疑「以」譌。雲不附天，常止於所處，使不附天，亦當自止其處。由此言之，日行附天明矣。問曰：「日，火也。火在地不行，日在天，何以爲行？」曰：附天之氣行，附地之氣不行。火附地，地不行，故火不行。難曰：「附地之氣不行，水何以行？」曰：水之行也，東流入海也。西北方高，東南方下，水性歸下，猶火性趨高也。使地不高西方，則水亦不東流。難曰：「附地之氣不行，人附地，何以行？」曰：人之行，求有爲也。人道有爲，故行求。古者質朴，鄰國接境，雞犬之聲相聞，終身不相往來焉。難曰：「附天之氣行，列星亦何以不行？」曰：列星著天，天已行也，隨天而轉，是亦行也。難曰：「人道有爲故行，天道無爲何行？」曰：天之行也，施氣自然也。施氣則物自生，非故施氣以生物也。不動，氣不施；氣不施，物不生，與人行異。日月五星之行，皆施氣焉。原本段。

儒者曰：「日中有三足烏，月中有兔、蟾蜍。」夫日者，天之火也，宗祥案：春秋元命苞曰：「陽數起於一，成於三，故日中有三足烏。」淮南精神訓曰：「日中有踆烏，而月中有蟾蜍。」注：「踆，猶蹲也。謂三足烏。蟾蜍，蝦蟇。」與地之火無以異也。地火之中無生物，天火之中，何故有烏？火中無生物，生物入火中，燋爛而死焉，烏安得立？宗祥案：御覽四引作：「安得而立？」珠林七作：「安得如立？」夫月者，水也。水中有生物，非兔、蟾蜍也。兔與蟾蜍，久在水中，無不死者。日月毀於天，螺蚌汨於淵，同氣審矣。所謂兔、蟾蜍者，豈反螺與蚌耶？且問儒者：烏、兔、蟾蜍，死乎，生也？如死，久在日月，燋枯腐朽；如生，日蝕時既，月晦常盡，烏、兔、蟾蜍皆何在？夫烏、兔、蟾蜍，日月氣也，若人之腹臟，萬物之心膂也。月尚可察也，人之察日無不眩，不能知日審何氣，通而見其中有物，名曰烏乎？宗祥案：「通，至也」，見國語晉語注。審日不能見烏之形，通而能見其足有三乎？此已非實。且聽儒者之言，蟲物非一，日中何爲有烏？月中何爲有兔、蟾蜍？

儒者謂：「日蝕，月蝕也。」彼見日蝕常於晦朔，晦朔月與日合，故得蝕之。夫春秋之時，日蝕多矣。經曰：「某月朔，日有蝕之。」日有蝕之者，未必月也。知月蝕之，何諱不言月？說日蝕之變，陽弱陰彊也。人物在世，氣力勁彊，乃能乘凌。宗祥案：「凌，犯也」，見楚辭國殤注。案月晦光既，朔則如盡，微弱甚矣，安得勝日？夫日之蝕，月蝕也。日蝕謂月蝕之，月誰蝕之者？無蝕月也，月自損也。以月論日，亦如日蝕，光自損也。大率四十一二月日一食，百八十日月一蝕，蝕之皆有時，非時爲變，及其爲變，氣自然也。日時晦朔，月復爲之乎？夫日當實滿，以虧爲變，必謂有蝕之者，山崩地動，蝕者誰也？或說：「日食者，月掩之也。日在上，月在下，障於日之形也。日月合相襲，月在上，日在下者，不能掩日。日在上，月在日下，障於日，月光掩日光，故謂之食也。障於月也，若陰雲蔽日月不見矣，其端合者，相食是也。其合相當如襲辟者，日既是也。」日月合於晦朔，天之常也。日食，月掩日光，非也。何以驗之？使日月合，月掩日光，其初食崖當與旦復時易處。宗祥案：「旦，明也」，見說文。假令日在東，月在西，月之行疾，東及日，掩日崖，須臾過日而東，西崖初掩之處光當復，東崖未掩者當復食。今察日之食，西崖光缺，其復也，西崖光復，過掩東崖復西崖，謂之合襲相掩障，如何？原本段。宗祥案：元本不連下條，是。

儒者謂：「日月之體皆至圓。」彼從下望見其形，若斗筐之狀，狀如正圓，不知望遠光氣，宗祥案：「知」，各本「如」。從宋本。氣不圓矣。夫日月不圓，視若圓者，人遠也。宗祥案：珠林七、御覽四作「去人遠也」，是。何以驗之？夫日者，火之精也；月者，水之精也，在地水火不圓，在天水火何故獨圓？日月在天猶五星，五星猶列星，列星不圓，光耀若圓，去人遠也。何以明之？春秋之時，星霣宋都，就而視之，石也，不圓。知日月五星宗祥案：珠林、御覽「知」上有「是」字。亦不圓也。原本段。

儒者說日，及工伎之家，皆以日爲一。禹貢、山海經言：「日有十，孫詒讓曰：按禹貢無「十日」之文，「貢」當作「益」。別通篇云：「禹、益以所聞見，作山海經。」此下文亦云：「禹、益見之，不能知其爲日也。」又云：「當禹、益見之，若斗筐之狀。」又云：「禹、益所見，意是日，非日也。」又云：「且禹、益見十日之時，終不以夜，猶以晝也。」皆其證。在海外東方有湯谷，上有扶桑，十日浴沐水中，有大木，九日居下枝，一日居上枝。」淮南書又言：「燭十日。堯時十日竝出，萬物焦枯，堯上射十日，以故不竝一日見也。」世俗又名甲乙爲日。甲至癸凡十日，日之有十，猶星之有五也。通人談士，歸於難知，不肯辨明。是以文二傳而不定，世兩言而無主。誠實論之，且無十焉。何以驗之？夫日猶月也。日而有十，月有十二乎？星有五，五行之精，金、木、水、火、土各異光色。如日有十，其氣必異。今觀日光，無有異者，察其小大，前後若一。如審氣異，光色宜殊；如誠同氣，宜合爲一，無爲十也。驗日陽遂，火從天來。日者，大火也。察火在地，一氣也。地無十火，天安得十日？然則所謂十日者，殆更自有他物，光質如日之狀，居湯谷中水，時緣據扶桑，禹、益見之，則紀十日。數家度日之光，數日之質，刺徑千里。假令日出是扶桑木上之日，扶桑木宜覆萬里，乃能受之。何則？一日徑千里，十日宜萬里也。天之去人，萬里餘也。仰察之，日光眩耀。火光盛明，不能堪也。使日出是扶桑木上之日，禹、益見之，不能知其爲日也。何則？仰察一日，目猶眩耀，況察十日乎？當禹、益見之，若斗筐之狀，故名之爲日。夫火如斗筐，望六萬之形，非就見之即察之體也。由此言之，禹、益所見，意似日，非日也。天地之間，物氣相類，其實非者多。海外西南有珠樹焉，察之是珠，然非魚中之珠也。夫十日之日，猶珠樹之珠也。珠樹似珠非真珠，十日似日非實日也。淮南見山海經，則虚言真人燭十日，妄紀堯時十日竝出。且日，火也；湯谷，水也。水火相賊，則十日浴於湯谷，當滅敗焉。火燃木，扶桑，木也，十日處其上，宜燋枯焉。今浴湯谷而光不滅，登扶桑而枝不燋不枯，與今日出同，不驗於五行，故知十日非真日也。且禹、益見十日之時，終不以夜，猶以晝也，則一日出，九日宜留，安得俱出十日？如平旦日未出，且天行有度數，日隨天轉行，安得留扶桑枝間，浴湯谷之水乎？留則失行度，行度差跌，不相應矣。如行出之日，與十日異，是意似日而非日也。宗祥案：「意」疑「竟」譌，上文同。春秋莊公七年，「夏四月辛卯，夜中，恒星不見，星霣如雨」者。宗祥案：「者」，衍字。藝增篇及公羊本文，均無「者」字。公羊傳曰：「『如雨』者何？非雨也。非雨，則曷爲謂之『如雨』？不修春秋曰：『雨星，不及地尺而復。』君子修之曰：『星霣如雨。』」「不修春秋」者，未修春秋時魯史記，曰：「星霣如雨，宗祥案：藝增篇作「雨星」，爲未修原文，此誤。不及地尺而復。」「君子」者，孔子。孔子修之曰：「星霣如雨。」孔子之意，以爲地有山陵樓臺，云「不及地尺」，恐失其實，更正之曰「如雨」。「如雨」者，爲從地上而下，星亦從天霣而復與同，故曰「如」。夫孔子雖云「不及地尺」，但言「如雨」，其謂霣之者皆是星也。孔子雖定其位，著其文，謂霣爲星，與史同焉。從平地望泰山之巔，鶴如烏，烏如爵者，泰山高遠，物之小大失其實。天之去地六萬餘里，高遠非直泰山之巔也。星著於天，人察之，失星之實，非直望鶴、烏之類也。數等星之質百里，體大光盛，故能垂耀。人望見之，若鳳卵之狀，遠失其實也。如星霣審者，天之星霣而至地，人不知其爲星也。何則？霣時小大不與在天同也。今見星霣，如在天時，是時星也非星，則氣爲之也。人見鬼如死人之狀，其實氣象聚，非真死人。然則霣星之形，其實非星。孔子云正霣者非星而徙，正言如雨非雨之文，蓋俱失星之實矣。春秋左氏傳：四月辛卯，夜中，恒星不見，夜明也；星霣如雨，與雨俱也。其言夜明故不見，與易之言「日中見斗」相依類也。日中見斗，幽不明也；夜中星不見，夜光明也。事異義同，蓋其實也。其言與雨俱之集也。宗祥案：「之集」，疑「非實」之譌。可證之下文。夫辛卯之夜明，故星不見，明則不雨之驗也。雨氣陰暗，安得明？明則無雨，安得與雨俱？夫如是，言與雨俱者非實。且言夜明不見，安得見星與雨俱？又僖公十六年正月戊申，霣石於宋五。左氏傳曰：「星也。」夫謂霣石爲星，則謂霣爲石矣。辛卯之夜，星霣爲星，則實爲石矣。辛卯之夜，星霣如是石，地有樓臺，樓臺崩壞。孔子雖不合言「及地尺」，雖地必有實數，宗祥案：「雖」疑「距」譌。魯史目見，不空言者也。云「與雨俱」，雨集於地，石亦宜然。至地而樓臺不壞，非星明矣。且左丘明謂石爲星，何以審之？當時石霣輕然，宗祥案：「輕」疑「硜」譌。何以其從天墜也？秦時三山亡，亡有不消散，孫詒讓曰：按元本「何」以下無「其」字。「亡有」疑「亡者」之誤。宗祥案：「其」上疑奪「知」字。有在其集下時必有聲音，或時夷狄之山，從集於宋，宋聞石霣，則謂之星也。左丘明省，則謂之星。夫星，萬物之精，與日月同。說五星者，謂五行之精之光也。五星衆星同光耀，獨謂列星爲石，恐失其實。實者辛卯之夜，霣星若雨而非星也。與彼湯谷之十日，若日而非日也。儒者又曰：雨從天下，謂正從天墜也。如當論之，宗祥案：此書例作「如實」，「當」義亦通，恐仍「實」譌。雨從地上，不從天下。見雨從上集，則謂從天下矣，其實地上也。然其出地起於山。何以明之？春秋傳曰：「觸石而出，膚寸而合，不崇朝而徧天下，惟太山也。」太山雨天下，小山雨一國，各以小大爲近遠差。雨之出山，或謂雲載而行，雲散水墜，名爲雨矣。夫雲則雨，雨則雲矣。初出爲雲，雲繁爲雨。猶甚而泥露濡污衣服，若雨之狀。非雲與俱，雲載行雨也。或曰：「尚書曰：『月之從星，則以風雨。』詩曰：『月麗于畢，俾滂沲矣。』二經咸言所謂爲之非天，如何？」夫雨從山發，月經星麗畢之時，麗畢之時當雨也。時不雨，月不麗，山不雲，天地上下自相應也。月麗於上，山烝於下，氣體偶合，自然道也。雲霧，雨之徵也，夏則爲露，冬則爲霜，温則爲雨，寒則爲雪。雨露凍凝者，皆由地發，不從天降也。

答佞篇

或問曰：「賢者行道，得尊官厚禄矣，宗祥案：「矣」，宋、元「人」，屬下讀。何必爲佞以取富貴？」曰：佞人知行道可以得富貴，必以佞取爵禄者，不能禁欲也；知力耕可以得穀，勉貿可以得貨，宗祥案：「貿」，宋本「商」。然而必盜竊，情欲不能禁者也。以禮進退也，人莫不貴，然而違禮者衆，尊義者希，心情貪欲，志慮亂溺也。夫佞與賢者同材，佞以情自敗；偷盜與田商同知，偷盜以欲自劾也。原本段。宗祥案：「劾，法有辠也」，見說文。

問曰：「佞與賢者同材，材行宜鈞，而佞人曷爲獨以情自敗？」曰：富貴皆人所欲也，雖有君子之行，猶有飢渴之情。君子耐以禮防情，以義割欲，宗祥案：「耐」，各本「則」，從宋、元。「割」，程本「制」。故得循道，循道則無禍；小人縱貪利之欲，踰禮犯義，故進得苟佞，苟佞則有罪。夫賢者，君子也；佞人，小人也。君子與小人本殊操異行，取捨不同。原本段。

問曰：「佞與讒者同道乎？有以異乎？」曰：讒與佞，俱小人也，同道異材，俱以嫉妬爲性，而施行發動之異。讒以口害人，佞以事危人。讒人以直道不違，佞人依違匿端。讒人無詐慮，佞人有術數。故人君皆能遠讒親仁，莫能知賢別佞。難曰：「人君皆能遠讒親仁，而莫能知賢別佞。然則佞人意不可知乎？」宗祥案：「意」疑「竟」譌。曰：佞可知，人君不能知。庸庸之君，不能知賢；不能知賢，不能知佞。唯聖賢之人，以九德檢其行，以事效考其言，行不合於九德，言不驗於事效，宗祥案：宋、元本脱「九」字。「驗」，宋本「檢」。「效」下宋本有「者其言」三字，從通津。人非賢則佞矣。夫知佞以知賢，知賢以知佞，知佞則賢智自覺，知賢則奸佞自得。賢佞異行，考之一驗；宗祥案：「驗」，宋本「檢」。情心不同，觀之一實。原本段。

問曰：「九德之法，張設久矣，觀讀之者，莫不曉見，斗斛之量多少，權衡之縣輕重也。然而君國有土之君，宗祥案：「君國」，各本作「居國」，從宋、元。曷爲常有邪佞之臣，與常有欺惑之患？」無患斗斛過，所量非其穀；不患無銓衡，所銓非其物故也。在人君位者，皆知九德之可以檢行，事效可以知情，然而惑亂不能見者，則明不察之故也。人有不能行，行無不可檢；人有不能考，情無不可知。原本段。

問曰：「行不合於九德，效不檢於考功，進近非賢，非賢則佞。夫庸庸之材無高，又知不能及賢，宗祥案：「又」，各本誤「之」，從宋、元。賢功不效，賢行不應，可謂佞乎？」曰：材有不相及，行有不相追，功有不相襲。若知無相襲，人材相什百，取舍宜同。賢佞殊行，是是非非，實名俱立，而效有成敗，是非之言俱當，功有正邪，言合行違，名盛行廢。原本段。

佞人。問曰：宗祥案：「佞人」二字疑衍。「行合九德則賢，不合則佞。世人操行者，可盡謂佞乎？」曰：諸非皆惡，惡中之逆者，謂之無道；惡中之功者，宗祥按：「功」，各本「巧」，從宋、元。

謂之佞人。聖王刑憲，佞在惡中；聖王賞勸，賢在善中。純潔之賢，善中殊高，賢中之聖也；宗祥案：證之上文，此疑有脱。善中大佞，惡中之雄也。故曰：觀賢由善，察佞由惡。善惡定成，賢佞形矣。原本段。

問曰：「聰明有蔽塞，推行有謬誤，今以是者爲賢，非者爲佞，殆不得賢之實乎？」曰：聰明蔽塞，推行謬誤，人之所歉也。故曰：刑故無小，宥過無大。聖君原心省意，故誅故貰誤。故賊加增，過誤減損，一獄吏所能定也，賢者見之不疑矣。原本段。

問曰：「言行無功效，可謂佞乎？」宗祥案：疑脱「曰」字。蘇秦約六國爲從，彊秦不敢窺兵於關外。張儀爲横，六國不敢同攻於關內。六國約從，則秦畏而六國彊；三秦稱横，則秦彊而天下弱。功著效明，載紀竹帛，雖賢何以加之？太史公敘言衆賢，儀、秦有篇，無嫉惡之文，功鈞名敵，不異於賢。夫功之不可以效賢，猶名之不可實也。宗祥案：「實」，宋、元本「失」。疑當作「失實」，各本俱脱誤。儀、秦排難之人也，處擾攘之世，行揣摩之術，當此之時，稷、契不能與之争計，禹、臯陶不能與之比效。若夫陰陽調和，風雨時適，五穀豐熟，盜賊衰息，人舉廉讓，家行道德之功，命禄貴美，術數所致，非道德之所成也。太史公記功，故高來禩，記録成則著效明驗，宗祥案：「則」疑「敗」譌。攬載高卓，以儀、秦功美，故列其狀。由此言之，佞人亦能以權説立功爲效。無效，未可爲佞也。難曰：「惡中立功者謂之佞。能爲功者，材高知明。

思慮遠者，必傍義依仁，亂於大賢。故覺佞之篇曰：宗祥案：「覺佞」，當爲此書佚文。『人主好辨，佞人言利；人主好文，佞人辭麗。』心合意同，偶當人主，説而不見其非，何以知其僞而伺其奸乎？」宗祥案：「伺」，宋、元本「司」。「司」、「伺」古今字；逢遇篇「審伺際會」，宋、元本作「審司」。曰：是謂庸庸之君也，材下知昏，蔽惑不見。后又賢之君宗祥案：御覽四百二引作「聖賢之君」。「后」疑「若」譌，「又」疑「聖」譌。察之審明，若視俎上之脯，指掌中之理，數局上之棊，摘轅中之馬。魚鱉匿淵，捕漁者知其源；禽獸藏山，畋獵者見其脉。佞人異行於世，世不能見，庸庸之主，無高材之人也。難曰：「人君好辨，佞人言利；人主好文，佞人辭麗。言操合同，何以覺之？」曰：文王官人法曰：「推其往行，以揆其來言；聽其來言，以省其往行。」俞樾曰：按今大戴禮文王官人篇曰：「太師，女推其往行，以揆其來行；聽其來言，以省往行。」與此不同。盧辯注引孔子曰：「始吾於人，聽其言而信其行。今吾於人，聽其言而觀其行。」然則無論來與往，皆以言揆行，不以行揆言，此所引或有誤也。觀其陽以考其陰；察其内以揆其外。是故詐善設節者可知，飾僞無情者可辨，質誠居善者可得，含忠守節者可見也。宗祥案：「含」，宋、元本「全」。人之舊性不辨，人君好辨，佞人學求合於上也；人之故能不文，人君好文，佞人意欲稱上。上奢，己麗服；上儉，己不飭。今操與古殊，朝行與家別。考鄉里之迹，證朝廷之行，宗祥案：「廷」，各本「庭」。從宋、元。察共親之節，宗祥案：「『共』，讀曰『供』」，見漢書昭帝紀集注。明事君之操，外内不相稱，名實不相副，際會發見，姦爲覺露也。原本段。宗祥案：「爲」或本作「僞」，古通。元本與下節分條，從之。

問曰：「人操行無恒，權時制宜。信者欺人，直者曲撓，權變所設，前後異操；事有所應，左右異語。儒書所載，權變非一。今以素故考之，毋乃失實乎？」曰：賢者有權，佞者有權。賢者之有權，後有應；佞人之有權，亦反經，後有惡。故賢人之權，爲事爲國；佞人之權，爲身爲家。觀其所權，賢佞可論；察其發動，邪正可名。原本段。

問曰：「佞人好毀人，有諸？」曰：佞人不毀人。如毀人，是讒人也。何則？佞人求利，故不毀人。苟利於己，曷爲毀之？苟不利己，於毀之無益。以計求便，以數取利，利則便得，妬人共事，然後危人。其危人也，非毀之；而其害人也，非泊之。譽而危之，故人不知；厚而害之，故人不疑。是故佞人危而不怨，害人之敗而不仇，隱情匿意，爲之功也。如毀人，人亦毀之，衆不親，士不附也，安能得容世取利於上？原本段。宗祥案：「危而不怨」句，證之下文，「危」下疑有脱。

問曰：「佞人不毀人於世間，毀人於將前乎？」曰：佞人以人欺將，不毀人於將。「然則佞人奈何？」曰：佞人毀人，譽之；危人，安之。毀危奈何？假令甲有高行奇知，名聲顯聞，將恐人君召問，扶而勝已，欲故廢不言，常騰譽之。薦之者衆，將議欲用，問人，人必不對曰：「甲賢而宜召也。何則？甲意不欲留縣，前聞其語矣，聲望欲入府，在郡則望欲入州。志高則操與人異，望遠則意不顧近。屈而用之，其心不滿，不則卧病。賤而命之，則傷賢，不則損威。故人君所以失名損譽者，好臣所常臣也。宗祥案：「常」，宋、元「當」。自耐下之，用之可也；自度不能下之，用之不便。夫用之不兩相益，舍之不兩相損。」人君畏其志，信佞人之言，遂置不用。原本段。

問曰：「佞人直以高才洪知考正世人乎？宗祥案：「正」，各本「上」，從宋、元。正，謂平之也，見禮記月令「正權概」注。將有師學檢也？」曰：人自有知以詐人，及其説人主，須術以動上，猶上人自有勇威人，及其戰鬭，須兵法以進衆。術則從横，師則鬼谷也。傳曰：「蘇秦、張儀從横習之鬼谷先生，宗祥案：御覽六十二引、四百八十八引均作：「蘇秦、張儀學從横之術於鬼谷先生。」掘地爲坑，曰：『下，説令我泣出，則耐分人君之地。』蘇秦下説，鬼谷先生泣下沾襟，張儀不若。蘇秦相趙，并相六國。張儀貧賤，往歸蘇秦，座之堂下，食以僕妾之食，數讓激怒，欲令相秦。儀忿恨，遂西入秦。蘇秦使人厚送。其後覺知，曰：『此在其術中，吾不知也。此吾所不及蘇君者。』」知深有術，權變鋒出，故身尊崇榮顯，爲世雄傑。深謀明術，深淺不能並行，明闇不能並知。原本段。

問曰：「佞人養名作高，有諸？」曰：佞人食利專權，不養名作高。貪權據凡，宗祥案：「凡，要也」，見小爾雅廣詁。則高名自立矣。稱於小人，不行於君子。何則？利義相伐，正邪相反。義動君子，利動小人。佞人貪利名之顯，君子不安下則身危。舉世爲佞者，皆以禍衆，不能養其身，安能養其名？上世列傳棄宗養身，宗祥案：「宗，本宗也」，見國語晉語「曲沃君之宗也」注。違利赴名，竹帛所載，伯成子高委國而耕，於陵子辭位灌園，近世蘭陵王仲子、宗祥案：王良，字仲子，見後漢書列傳。東都昔廬君陽，宗祥案：索盧放，字君陽，見後漢書獨行傳，東郡人。「都」字疑譌。索盧，雙姓也。索「昔」音近通用。然呂覽亦作「索盧」。寢位久病，不應上徵，可謂養名矣。夫不以道進，必不以道出身；不以義止，必不以義立名。佞人懷貪利之心，輕禍重身，傾死爲僇矣，何名之養？義廢德壞，操行隨辱，何云作高？原本段。

問曰：「大佞易知乎，小佞易知也？」曰：大佞易知，小佞難知。何則？大佞材高，其迹易察；小佞知下，其效難省。何以明之？成事，小盜難覺，大盜易知也。攻城襲邑，剽劫虜掠，發則事覺，道路皆知盜也；穿鑿垣墻，狸步鼠竊，莫知謂誰。曰：「大佞姦深惑亂，其人如大盜易知，人君何難？書曰：『知人則哲，惟帝難之。』虞舜大聖，驩兜大佞。大聖難知大佞，大佞不憂大聖，何易之有？」宗祥案：自「曰」字至此爲問難之辭。此下當有「曰」字，爲仲任語。是謂下知之，上知之。上知之，大難小易；下知之，大易小難。何則？佞人材高，論説麗美。因麗美之説，人主之威人立心，並不能責，宗祥案：此有誤奪，疑「威」爲「感」譌，當作「因麗美之說，感人主之心，並不能責」。知或不能覺。小佞材下，對鄉失漏，宗祥案：「鄉」，讀爲向，見荀子仲尼注。際會不密，人君警悟，得知其故。大難小易也。屋漏在上，知者在下。漏大，下見之著；漏小，下見之微。宗祥案：此下有脱文，與下文「雍也」一節不相屬。或曰：「雍也仁而不佞。」孔子曰：「焉用佞！禦人以口給，屢憎於民。」誤設計數，煩擾農商，損下益上，愁民説主。損上益下，忠臣之説也；損下益上，佞人之義也。「季氏富於周公，而求也爲之聚斂而附益之，小子鳴鼓而攻之可也。」聚斂，季氏不知其惡，不知百姓所共非也。宗祥案：此節説佞，義與上文不屬。豈覺佞篇中佚文，誤入於此乎？

論衡卷第十二

程材篇　量知篇　謝短篇

漢　會稽　王充　著
海寧　張宗祥　校注

程材篇

論者多謂儒生不及彼文吏，見文吏利便，而儒生陸落，宗祥案：「陸陸，猶碌碌也」，見後漢書馬援傳注。「碌碌，庸人」，見論語注。「落落，猶疏闊也」，見後漢書耿弇傳注。古二字皆疊用，仲任聯用，言俗視儒生爲疏庸也。則詆訾儒生以爲淺短，稱譽文吏謂之深長。是不知儒生，亦不知文吏也。儒生、文吏，皆有材智，非文吏材高，而儒生智下也。文吏更事，儒生不習也。謂文吏更事，儒生不習，可也；謂文吏深長，儒生淺短，知妄矣。世俗共短儒生，儒生之徒，亦自相少。何則？並好仕學宦，用吏爲繩表也。儒生有闕，俗共短之；文吏有過，俗不敢訾。歸非於儒生，付是於文吏也。夫儒生材非下於文吏，又非所習之業非所當爲也，然世俗共短之者，見將不好用也。將之不好用之者，事多已不能理，須文吏以領之也。夫論善謀材，施用累能，期於有益。文吏理煩，身役於職，職判功立，宗祥案：「判」，周禮朝士注曰：「故書判爲辨。」「辨，治也」，見荀子議兵注。將尊其能。儒生栗栗不能當劇，宗祥案：「栗栗，衆也」，見爾雅釋訓。將有煩疑，不能效力，力無益於時，則官不及其身也。將以官課材，材以官爲驗，是故世俗常高文吏，賤下儒生。儒生之下，文吏之高，本由不能之將。世俗之論，緣將好惡。

今世之將，材高知深，通達衆凡，舉綱持領，事無不定。其置文吏也，備數滿員，足以輔己志。志在修德，務在立化，則夫文吏瓦石，儒生珠玉也。夫文吏能破堅理煩，不能守身，身則亦不能輔將。宗祥案：「身」，宋本空格，疑衍。儒生不習於職，長於匡救，將相傾側，諫難不懼。案世間能建蹇蹇之節，成三諫之議，令將檢身自勑，不敢邪曲者，率多儒生。阿意苟取容幸，將欲放失，低嘿不言者，率多文吏。文吏以事勝，以忠負；儒生以節優，以職劣。二者長短各有所宜，世之將相各有所取。取儒生者，必軌德立化者也；取文吏者，必優事理亂者也。

材不自能則須助，須助則待勁。宗祥案：「勁，力也」，見列子說符注。官之立佐，爲力不足也；吏之取能，爲材不及也。日之照幽，不須燈燭。賁、育當敵，不待輔佐。使將相知力若日之照幽，賁、育之難敵，則文吏之能，無所用也。病作而醫用，禍起而巫使。如自能案方和藥，入室求祟，則醫不售而巫不進矣。橋梁之設也，足不能越溝也；車馬之用也，走不能追遠也。足能越溝，走能追遠，則橋梁不設，車馬不用矣。天地事物人所重敬，皆力劣知極，須仰以給足者也。今世之將相，不責己之不能，而賤儒生之不習；不原文吏之所得，得用而尊其材，謂之善吏。非文吏，憂不除；非文吏，患不救。是以選舉取常故，案吏取無害。儒生無閥閱，所能不能任劇，故陋於選舉，佚於朝庭。

聰慧捷疾者，隨時變化，學知吏事，則踵文吏之後，未得良善之名。守古循志，案禮脩義，輒爲將相所不任，文吏所毗戲。宗祥案：「毗，厚也」，見詩小雅傳。言爲文吏厚相戲。不見任則執欲息退，見毗戲則意不得，臨職不勸，察事不精，遂爲不能，斥落不習。有俗材而無雅度者，學知吏事，亂於文吏，觀將所知，適時所急，轉志易務，晝夜學問，無所羞耻，期於成能名文而已。其高志妙操之人，耻降意損崇，以稱媚取進，深疾才能之儒，洎入文吏之科，宗祥案：「洎」疑「汨」譌。堅守高志，不肯下學。亦時或精闇不及，意疏不密，臨事不識，宗祥案：「識」，元本「職」。對向謬誤，拜起不便，進退失度；奏記言事，蒙士解過，宗祥案：「蒙士」例謂下士，見書伊訓傳。援引古義；割切將欲，直言一指，觸諱犯忌；封蒙約縛，宗祥案：「封戎，散亂也」，見莊子釋文；「蒙戎以言亂也」，見詩旄丘傳。此「封蒙」二字，當亦訓作亂，言無序也。簡繩檢署，事不如法；文辭卓詭，辟刺離實，曲不應義。故世俗輕之，文吏薄之，將相賤之。

是以世俗學問者，不肯竟經明學，深知古今，急欲成一家章句。義理略具，同超學史書，宗祥案：「同超」，疑「因趨」之譌。讀律諷令，治作情奏，習對向，滑習詭拜，宗祥案：「滑，利也」，見説文。「詭，異也」，見增韻。此言習滑而禮詭，異於士行也。或改「詭」爲「跪」，恐非。家成室就，召署輒能。徇今不顧古，趨讎不存志，競進不案禮，廢經不念學。是以古經廢而不修，舊學闇而不明，儒者寂於空室，文吏譁於朝堂。材能之士，隨世驅馳；節操之人，守隘屏竄。驅馳日以巧，屏竄日以拙。非材頓、知不及也，希見闕爲，不狎習也。蓋足未嘗行，堯、禹問曲折；目未嘗見，孔、墨問形象。齊部世刺繡，恒女無不能；襄邑俗織錦，鈍婦無不巧。日見之，日爲之，手狎也。宗祥案：御覽八百十五引，「部」作「郡」，「世」作「能」，「俗」作「能」，「能」下、「巧」下有「者」字，末作「目見而手狎也」。使材士未嘗見，巧女未嘗爲，異事詭手，暫爲卒睹，顯露易爲者，猶憒憒焉。方今論事，不謂希更，而曰材不敏；不曰未嘗爲，而曰知不達，失其實也。儒生材無不能敏，業無不能通，志不肯爲。宗祥案：「通」，各本作「達」，下同。「肯」，各本「有」，從宋、元。今俗見不習謂之不能，睹不爲謂之不通。

科用累能，故文吏在前，儒生在後，是從朝庭謂之也。如從儒堂訂之，則儒生在上，文吏在下矣。從農論田，田夫勝；從商講賈，賈人賢。今從朝庭謂之，文吏，朝庭之人也，幼爲幹吏，以朝庭爲田畝，以刀筆爲耒耜，以文書爲農業，宗祥案：意林引作「農桑」。猶家人子弟，生長宅中，其知曲折，愈於賓客也。賓客暫至，雖孔、墨之材，不能分別。儒生猶賓客，文吏猶子弟也。以子弟論之，則文吏曉於儒生，儒生闇於文吏。今世之將相，知子弟以文吏爲慧，宗祥案：證之上下文，「文吏」二字當誤。不能知文吏以狎爲能；知賓客以暫爲固，不知儒生以希爲拙：惑蔽闇昧，不知類也。

一縣佐史之材，任郡掾史；一郡修行之能，堪州從事。然而郡不召佐史，州不取修行者，巧習無害，宗祥案：「無害，猶言無比也」，見漢書蕭何傳「(何)以文毋害爲沛主吏掾」注引蘇林。文少德高也。五曹自有條品，簿書自有故事，勤力玩弄，成爲巧吏，安足多矣。賢明之將程吏取材，不求習論高，存志不顧文也。稱良吏曰忠，忠之所以爲效，非簿書也。夫事可學而知，禮可習而善，忠節公行，不可立也。文吏、儒生皆有所志，然而儒生務忠良，文吏趨理事。苟有忠良之業，疏拙於事，無損於高。

論者以儒生不曉簿書，置之於下第。法令比例，吏斷決也。文吏治事，必問法家。縣官事務，莫大法令。必以吏職程高，是則法令之家，宜最爲上。或曰：「固然，法令漢家之經，吏議決焉。事定於法，誠爲明矣。」曰：夫五經亦漢家之所立，儒生善政大義，皆出其中。董仲舒表春秋之義，稽合於律，無乖異者。然則春秋，漢之經，孔子制作，垂遺於漢。論者徒尊法家，不高春秋，是闇蔽也。春秋、五經，義相關穿。既是春秋，不大五經，是不通也。五經以道爲務，事不如道，道行事立，無道不成。然則儒生所學者，道也；文吏所學者，事也。假使材同，當以道學。如比於文吏，洗洿泥者以水，燔腥生者用火。水火，道也，用之者，事也，事末於道。儒生治本，文吏理末，道本與事末比，定尊卑之高下，可得程矣。堯以俊德致黎民雍。孔子曰：「孝悌之至，通於神明。」張釋之曰：「秦任刀筆小吏，陵遲至於二世，天下土崩。」張湯、趙禹，漢之惠吏，太史公序累，置於酷部。而致土崩，孰與通於神明，令人填膺也？宗祥案：「填，滿也」，見漢書鄭當時傳集注。將相知經學至道，而不尊經學之生。彼見經學之生，能不及治事之吏也。

牛刀可以割雞，雞刀難以屠牛。刺繡之師，能縫帷裳；納縷之工，不能織錦。儒生能爲文吏之事，文吏不能立儒生之學。文吏之能，誠劣不及，儒生之不習，實優而不爲。禹決江河，不秉钁鍤；周公築雒，不把築杖。夫筆墨簿書，钁鍤築杖之類也，而欲合志大道者，躬親爲之，是使將軍戰而大匠斲也。說一經之生，治一曹之事，旬月能之；典一曹之吏，學一經之業，一歲不能立也。何則？吏事易知，而經學難見也。儒生擿經，窮竟聖意；文吏搖筆，考跡民事。夫能知大聖之意，曉細民之情，孰者爲難？以主難之材，含懷章句十萬以上，行有餘力。博學覽古今，計胷中之顥，出溢十萬。文吏所知，不過辨解簿書。富累千金，孰與貲直百十也？京廩如丘，孰與委聚如坻也？世名材爲名器，器大者盈物多。然則儒生所懷，可謂多矣。

蓬生麻間，不扶自直；白紗入緇，不染自黑。此言所習善惡，變易質性也。儒生之性，非能皆善也，被服聖教，日夜諷詠，得聖人之操矣。文吏幼則筆墨手習而行，無篇章之誦，不聞仁義之語。長大成吏，舞文巧法，狗私爲己，勉赴權利。考事則受賂，臨民則采漁，處右則弄權，幸上則賣將。一旦在位，鮮冠利劍；一歲典職，田宅并兼。性非皆惡，所習爲者，違聖教也。故習善儒路，歸化慕義，志操則勵，變從高明。將見之顯用儒生：宗祥案：證之下文，「見」疑「相」譌。東海相宗叔犀，宗祥案：後漢書：「宗均（編者按：今本誤作「宋均」。），字叔庠。永平元年，爲東海相。」「犀」爲「庠」譌，下「犀」字衍。犀廣召幽隱，春秋會饗，設置三科，以第補吏，一府員吏，儒生什九。陳留太守陳子瑀，開廣儒路，列曹掾史，皆能教授，簿書之吏，什置一二。兩將知道事之理，曉多少之量，故世稱褒其名，書記紀累其行也。

量知篇

程材所論，論材能行操，未言學知之殊奇也。

夫儒生之所以過文吏者，學問日多，簡練其性，彫琢其材也。故夫學者所以反情治性，盡材成德也。材盡德成，其比於文吏亦彫琢者，程量多矣。

貧人與富人，俱賫錢百，並爲賻禮死哀之家。知之者，知貧人劣能共百，以爲富人饒羨有奇餘也；不知之者，見錢俱百，以爲財貨貧富皆若一也。文吏、儒生，皆有似於此。皆爲掾吏，並典一曹。將知之者，知文吏、儒生筆同，而儒生胷中之藏，尚多奇餘；不知之者，以爲皆吏，深淺多少同一量，失實甚矣。地性生草，山性生木。如地種葵韭，山樹棗栗，名曰美園茂林，不復與一恒地庸山比矣。宗祥案：「一，猶等也」，見吕氏春秋情欲注。文吏、儒生，有似於此。俱有材能，並用筆墨，而儒生奇有先王之道。先王之道，非徒葵韭、棗栗之謂也。恒女之手，紡績織經；宗祥案：「經」，無義，疑「紝」譌。如或奇能，織錦刺繡，名曰卓殊，不復與恒女科矣。夫儒生與文吏程材，而儒生侈有經傳之學，猶女工織錦刺繡之奇也。

貧人好濫，而富人守節者，貧人不足，而富人饒侈。儒生不爲非，而文吏好爲姦者，文吏少道德，而儒生多仁義也。貧人富人並爲賓客，受賜於主人，富人不慙，而貧人常媿者，富人有以效，貧人無以復也。儒生、文吏，俱以長吏爲主人者也。儒生受長吏之禄，報長吏以道；文吏空胷無仁義之學，居住食禄，終無以效，所謂尸位素飡者也。素者，空也；空虚無德，飡人之禄，故曰素飡。無道藝之業，不曉政治，默坐朝庭，不能言事，與尸無異，故曰尸位。俞樾曰：按「素飡尸位」之語，至今猶爲恒言，而實本於「素飡尸禄」之古語。文選潘安仁關中詩注引薛君韓詩章句曰：「何謂素飡？素者，質也。人但有質朴而無治民之材，名曰素飡。尸禄者，頗有所知，善惡不言，默然苟欲得禄而已，譬如尸焉。」是古有「素飡尸禄」之語。後漢梁冀傳論：「永言終制，未解尸官之尤。」注曰：「尸官猶尸禄。」「尸禄」二字，即本韓詩。然變「禄」言「官」，「官」即「位」矣。此言「素飡尸位」，當是漢人常語。至東晉古文出，乃有「太康尸位」之文。然僞傳訓「尸」爲「主」，義又有别。然則文吏，所謂尸位素飡者也。居右食嘉，見將傾邪，豈能舉記陳言得失乎？一則不能見是非，二則畏罰不敢直言。禮曰：「情欲巧。」宗祥按：小戴禮作「情欲信，辭欲巧」。疑譌脱。其能力言者，文醜不好者，宗祥案：「者」字疑衍。有骨無肉，脂腴不足，犯干將相指，遂取間郤。爲地戰者，不能立功名；貪爵禄者，不能諫於上。文吏貪爵禄，一日居位，輒欲圖利以當資用，侵漁徇身，不爲將貪官顯義，宗祥案：「貪」疑衍字。雖見太山之惡，安肯揚舉毛髮之言？事理如此，何用自解於尸位素飡乎？儒生學大義，以道事將，不可則止，有大臣之志，以經勉爲公正之操，敢言者也。位又疏遠，遠而近諫，禮謂之諂，此則郡縣之府庭所以常廓無人者也。

或曰：「文吏筆扎之能，而治定簿書，考理煩事，雖無道學，筋力材能，盡於朝廷，此亦報上之效驗也。」曰：此有似於貧人負官重責，貧無以償，則身爲官作，責乃畢竟。夫官之作，非屋廡則牆壁也。屋廡則用斧斤，牆壁則用築鍤。荷斧斤，把築鍤，與彼握刀持筆何以殊？苟謂治文書者報上之效驗，此則治屋廡牆壁之人，亦報上也。俱爲官作，刀筆、斧斤、築鍤鈞也。抱布貿絲，交易有亡，各得所願。儒生抱道貿祿，文吏無所抱，何用貿易？農商殊業，所畜之貨，貨不可同，計其精麤，量其多少，其出溢者，名曰富人。富人在世，鄉里願之。夫先王之道，非徒農商之貨也。其爲長吏立功致化，非徒富多出溢之榮也。且儒生之業，豈徒出溢哉？其身簡練，知慮光明，見是非審，尤可奇也。

蒸所與衆山之材幹同也，代以爲蒸，燻以火，烟熱究浹，孫詒讓曰：「代」當作「伐」，「烟」當作「熛」，並形近而誤。宗祥案：「薪之細者曰蒸」，見周禮委人注。「代」爲「伐」譌，淮南主術有「冬伐薪蒸」語可證。光色澤潤，焫之於堂，其耀浩廣，火竈之效加也。繡之未刺，錦之未織，恒絲庸帛，何以異哉？加五綵之巧，施針縷之飾，文章炫耀，黼黻華蟲，山龍日月。學士有文章之學，宗祥案：初學記二十七引御覽八百十五引無「之學」二字，疑衍。猶絲帛之有五色之巧也。本質不能相過，學業積聚，超踰多矣。物實無中核者謂之郁，無刀斧之斷者謂之樸。孫詒讓曰：按「斷」當爲「斲」之誤。文吏不學，世之教無核也，郁樸之人，孰與程哉？骨曰切，象曰瑳，玉曰琢，石曰磨。切瑳琢磨，乃成寶器。人之學問知能成就，猶骨象玉石切磋琢磨也。雖欲勿用，賢君其舍諸？孫武、闔廬，世之善用兵者也，知或學其法者，戰必勝。不曉什伯之陣，不知擊刺之術者，彊使之軍，軍覆師敗，無其法也。

穀之始熟曰粟，舂之於臼，簸其粃糠，蒸之於甑，爨之以火，成熟爲飯，乃甘可食。可食而食之，味生肌腴成也。粟未爲米，米未成飯，氣腥未熟，食之傷人。夫人之不學，猶穀未成粟，粟未爲飯也。知心亂少，猶食腥穀，氣傷人也。學士簡練於學，成熟於師。身之有益，猶穀成飯，食之生肌腴也。銅錫未採，在衆石之間，工師鑿掘，鑪橐鑄鑠，宗祥案：「橐，冶鑪排橐也」，見淮南本經「鼓橐吹埵以消銅鐵」注。此即俗謂之「皮排」，漢時尚用此，則「風箱」在後矣。乃成器。未更鑪橐，宗祥案：「鑪」，程刻「鑄」。名曰積石。積石與彼路畔之瓦、山間之礫，一實也。故夫穀未舂蒸曰粟，銅未鑄鑠曰積石，人未學問曰矇。矇者，竹木之類也。夫竹生於山，木長於林，未知所入。截竹爲筒，破以爲牒，加筆墨之跡，乃成文字，大者爲經，小者爲傳記。斷木爲槧，析之爲板，力加刮削，乃成奏牘。夫竹木，麤苴之物也，彫琢刻削，乃成爲器用。況人含天地之性，最爲貴者乎！不入師門，無經傳之教，以郁樸之實，不曉禮義，立之朝庭，植笮樹表之類也。宗祥案：釋名：「笮，迮也，編竹相連近迮也。」其何益哉？山野草茂，鉤鐮斬刈，乃成道路也。士未入道門，邪惡未除，猶山野草木未斬刈，不成路也。染練布帛，名之曰采，貴吉之服也。無染練之治，名縠麤，縠麤不吉，宗祥案：「縠」，説文：「細縛也」，與麤不類。釋名：「縠，粟也。其文足足而踧踧，視之如粟也。」從此訓狀其麤，義乃可通。縠麤，當爲漢世喪服通名。喪人服之。人無道學，仕宦朝庭，其不能招致也，猶喪人服麤，不能招吉也。

能斲削柱梁，謂之木匠。能穿鑿穴埳，謂之土匠。能彫琢文書，謂之史匠。夫文吏之學，學治文書也，當與木、土之匠同科，安得程於儒生哉？御史之遇文書，不失分銖；有司之陳籩豆，不誤行列。其巧習者，亦先學之，人不貴者也，小賤之能，非尊大之職也。無經藝之本，有筆墨之末，大道未足，而小伎過多，雖曰吾多學問，御史之知，有司之惠也。宗祥案：「惠」通「慧」，此書通用亦多。論語「衛靈公好行小惠」，鄭注云：「魯讀慧爲惠，今從古。」飯黍粱者饜，飡糟糠者飽，雖俱曰食，爲腴不同。儒生文吏，學俱稱習，其於朝庭，有益不鈞。鄭子皮使尹何爲政，子産比於未能操刀使之割也。子路使子羔爲費宰，孔子曰：「賊夫人之子。」皆以未學不見大道也。醫無方術，云：「吾能治病。」問之曰：「何用治病？」曰：「用心意。」病者必不信也。吏無經學，曰：「吾能治民。」問之曰：「何用治民？」曰：「以材能。」是醫無方術，以心意治病也。百姓安肯信嚮，而人君任用使之乎？手中無錢之市，使貨主問曰：「錢何在？」對曰：「無錢。」貨主必不與也。夫曾中不學，宗祥案：御覽六百七引作「胷中無學」。猶手中無錢也。欲人君任使之，百姓信嚮之，奈何也！

謝短篇

程材、量知言儒生、文吏之材不能相過，以儒生修大道，以文吏曉簿書，道勝於事，故謂儒生頗愈文吏也。此職業外相程相量也，其内各有所以爲短，未實謝也。宗祥案：「謝，辭去也」，見説文。程本作「嘗謝」。夫儒生能説一經，自謂通大道以驕文吏；文吏曉簿書，自謂文無害以戲儒生，各持滿而自藏，非彼而是我，不知所爲短，不悟於己未足。論衡訓之，宗祥案：「訓」作「酬」同，見一切經音義。「酬」之言用，見儀禮鄉飲酒禮注。顧本作「訓」，義亦通。將使懊然各知所之。宗祥案：「懊」，程刻「傸」，疑「懊」之譌。「懊」，許極切，嗔怒貌。見廣韻。元本作「慎」，誤。「之」字疑誤，證之上下文，或爲「乏」字之譌。

夫儒生所短，不徒以不曉簿書；文吏所劣，不徒以不通大道也，反以閑闇不覽古今，不能各自知其所業之事未具足也。二家各短，不能自知也。世之論者，而亦不能訓之。如何？夫儒生之業，五經也，南面爲師，旦夕講授章句，滑習義理，究備於五經，可也。五經之後，秦、漢之事，無不能知者，短也。宗祥案：「無」字疑衍。夫知古不知今，謂之陸沉，然則儒生所謂陸沉者也。五經之前，至於天地始開，帝王初立者，主名爲誰，儒生又不知也。夫知今不知古，謂之盲瞽。五經比於上古，猶爲今也。徒能説經，不曉上古，然則儒生所謂盲瞽者也。儒生猶曰：「上古久遠，其事闇昧，故經不載而師不説也。」夫三王之事雖近矣，經雖不載。宗祥案：「近」上疑脱「非」字。義所連及，五經所當共知，儒生所當審説也。夏自禹嚮國幾載而至於殷？宗祥案：「嚮」、「饗」古通。書洪範「嚮用五福」，漢書谷永傳引作「饗」。殷自湯幾祀而至於周？周自文王幾年而至於秦？桀亡夏而紂棄殷，滅周者，何王也？周猶爲遠，秦則漢之所伐也。夏始於禹，殷本於湯，周祖后稷，秦初爲人者誰？宗祥案：「人」疑「君」譌。秦燔五經，坑殺儒士，五經之家，所共聞也。秦何起而燔五經，何感而坑儒生？秦則前代也，漢國自儒生之家也。從高祖至今朝幾世？歷年訖今幾載？初受何命？復獲何瑞？得天下難易孰與殷、周？家人子弟，學問歷幾歲，人問之曰：「居宅幾年？祖先何爲？」不能知者，愚子弟也。然則儒生不能知漢事，世之愚蔽人也。「温故知新，可以爲師」。古今不知，稱師如何！

彼人問曰：「二尺四寸，宗祥案：後漢書光武紀上注：「策書者，編簡也，其制長二尺，短者半之。」聖人文語，朝夕講習，義類所及，故可務知。漢事未載於經，名爲尺籍短書，比於小道，其能知，非儒者之貴也。」儒不能都曉古今，欲各别説其經，經事義類，乃以不知爲貴也？事不曉，不以爲短！

請復别問儒生，各以其經，旦夕之所講説。先問易家：「易本何所起？造作之者爲誰？」彼將應曰：「伏羲作八卦，文王演爲六十四，孔子作彖、象、繫辭。三聖重業，易乃具足。」問之曰：「易有三家，一曰連山，二曰歸藏，三曰周易。伏羲所作，文王所造，連山乎？歸藏、周易也？秦燔五經，易何以得脱？漢興幾年而復立？宣帝之時，河內女子壞老屋，得易一篇，名爲何易？此時易具足未？」問尚書家曰：「今旦夕所授二十九篇，奇有百二篇，又有百篇。二十九篇何所起？百二篇何所造？秦焚諸書之時，尚書諸篇皆何在？漢興，始録尚書者何帝？初受學者何人？」問禮家曰：「前孔子時，周已制禮，殷禮、夏禮，凡三王因時損益，篇有多少，文有增減。不知今禮，周乎？殷、夏也？」彼必以漢承周，將曰：「周禮。」夫周禮六典，又六轉，六六三十六，三百六十，是以周官三百六十也。案今禮不見六典，無三百六十官，又不見天子。天子禮廢何時？豈秦滅之哉？宣帝時河內女子壞老屋，得佚禮一篇，六十篇中是何篇是者？高祖詔叔孫通制作儀品十六篇何在？而復定儀禮？見在十六篇，秦火之餘也，宗祥案：叔孫通所制儀品爲十二篇，見後漢書，與儀禮篇數不同。更秦之時，篇凡有幾？問詩家曰：「詩作何帝王時也？」彼將曰：「周衰而詩作，蓋康王時也。康王德缺於房，大臣刺晏，故詩作也。」宗祥案：各本無「也」，從宋、元。夫文、武之隆，貴在成、康，康王未衰，詩安得作？周非一王，何知其康王也？二王之末皆衰，夏、殷衰時，詩何不作？尚書曰：「詩言志，歌詠言。」此時已有詩也，斷取周以來而謂興於周。古者采詩，詩有文也，今詩無書，何知非秦燔五經，詩獨無餘禮也？孫詒讓曰：按「餘禮」無義，「禮」疑「札」之誤，「札」誤爲「礼」，轉寫作「禮」，遂不可通。莊子人間世篇：「名也者，相札也。」釋文引崔譔云：「『札』或作『礼』。」與此説同。問春秋家曰：「孔子作春秋，周何王時也？自衛反魯，然後樂正，春秋作矣。自衛反魯，哀公時也。自衛，何君也？俟孔子以何禮，宗祥案：「俟」與「待」通。儀禮大射儀「皆適次而俟」注：「今文『俟』作『待』。」而孔子反魯作春秋乎？孔子録史記以作春秋，史記本名春秋乎？制作以爲經，乃歸春秋也？」法律之家，亦爲儒生。問曰：「九章，誰所作也？」彼聞臯陶作獄，必將曰：「臯陶也。」詰曰：「臯陶，唐、虞時，唐、虞之刑五刑，案今律無五刑之文。」或曰：「蕭何也。」詰曰：「蕭何，高祖時也。孝文之時，齊太倉令淳于德有罪，宗祥案：史記作「淳于意」，此誤。徵詣長安，其女緹縈爲父上書，言肉刑一施，不得改悔。文帝痛其言，乃改肉刑。案今九章象刑，非肉刑也。文帝在蕭何後，知時肉刑也。蕭何所造，反具肉刑也？宗祥案：「肉」疑「象」譌。而云九章蕭何所造乎？」古禮三百，威儀三千，刑亦正刑三百，科條三千。出於禮，入於刑，禮之所去，刑之所取，故其多少同一數也。今禮經十六，蕭何律有九章，不相應，又何？五經題篇，皆以事義别之，至禮與律獨經也，宗祥案：「獨」疑「猶」譌。題之，禮言昬禮，律言盜律，何？宗祥案：唐律疏議名例一曰：「魏文侯師里悝，造法經六篇：一盜，二賊，三囚，四捕，五雜，六具。商鞅傳授，改法爲律。蕭何更加户、興、廄，爲九章之律。」據此，知律始盜、猶禮始昏也。夫總問儒生以古今之義，儒生不能知，别名以其經事問之，又不能曉，宗祥案：「名」疑「各」譌。斯則坐守，何信師法，宗祥案：「信」，各本「言」，從宋、元本。不頗博覽之咎也。

文吏自謂知官事，曉簿書。問之曰：「曉知其事，當能究達其義，通見其意否？」文吏必將罔然。宗祥案：「罔」，「失志」也，見漢書司馬相如傳注。問之曰：「古者封侯，各專國土，今置太守令長，何義？古人井田，民爲公家耕，今量租芻，何意？一業使民居更一月，何據？年二十三儒，十五賦，七歲頭錢二十三，何緣？孫詒讓曰：按漢書昭帝紀顏注，如淳云：「古者正卒無常人，皆當迭爲之，一月一更是爲卒更也。律說，卒踐更者，居也，居更縣中五月乃更也。後從尉律，卒踐更一月，休十一月也。」此云「一業使民居更一月」，「業」疑當爲「歲」之誤。又高帝紀注如淳云：「律，年二十三傅之疇官。」顏師古云：「傅，著也。言著名籍，給公家徭役也。」此云「年二十三儒」，「儒」即「傅」之誤。「儒」俗書或作「偄」，（干禄字書「襦」通作「䙇」，亦以「耎」爲「需」。）與「傅」形相似，又漢舊儀云：「算民年七歲以至十四歲，出口錢，人二十三。二十錢以食天子，其三錢者，武帝加口錢以補車騎馬。又令民男女年十五以上至五十六，出賦錢百二十爲一算，以給車馬。」即此云「十五賦，七歲頭錢二十三」也。有臘，何帝王時？門户井竈何立？社稷，先農，靈星，何祠？歲終逐疫何驅使？立桃象人於門户何旨？挂蘆索於户上，畫虎於門闌，何放？除墻壁書畫厭火丈夫，何見？步之六尺，冠之六寸，何應？有尉史、令史，無承長史，何制？孫詒讓曰：「承」當爲「丞」。漢舊儀云：「更令史曰令史，丞史曰丞史，尉史曰尉史。」然則漢時自有丞史，此疑有譌。無長史者，蓋小縣令爲長，其史則不曰長史，仍曰令史也。兩郡移書曰『敢告卒人』，兩縣不言，何解？宗祥案：此漢時公文程式，王嘉所謂章文必有「敢告」之字，廼下之也。郡言事二府曰『敢言之』，司空曰『上』，何狀？宗祥案：此亦漢公文程式。王莽傳曰：「加公爲宰衡，位上公。三公言事偁『敢言之』。」言使三公之於莽，如郡守言事於二府也。賜民爵八級，何法？名曰簪褭、上造，何謂？宗祥案：「褭，以組帶馬也」，見説文。又韻會：「褭蹄，金名。」此言簪飾諸物，法尚方所造，名曰云者，當時習尚以此爲名耳。吏上功曰伐閱，名籍墨將，何指？宗祥案：漢書高祖紀：詔「詣相國府，署行、義、年」蘇林注：「行狀年紀也。」「名籍墨將」即此義。「將」當作「狀」。七十賜王杖，何起？孫詒讓曰：按「王」，何允中本作「玉」，非。周禮伊耆氏：「共王之齒杖。」鄭司農注云：「謂年七十，當以王命受杖者。今時亦命之爲王杖。」續漢書禮儀志云：「仲秋之月，縣道皆案户比民，年始七十者，授之以玉杖。玉杖長九尺，端以鳩鳥爲飾。」「玉」亦「王」字之譌。著鳩於杖末，不著爵，何杖？苟以鳩爲善，不賜鳩而賜鳩杖，而不爵，何説？曰分六十，漏之盡自，鼓之致五，何故？孫詒讓曰：「自」當爲「百」之誤。「漏之盡百」句絶。周禮挈壺氏鄭注云：「漏之箭，晝夜共百刻。」吏衣黑衣，宮闕赤單，何慎？服革於腰，佩刀於右，舞劍於左，何人備？孫詒讓曰：案「舞」當作「帶」，隸書「帶」字或作「帶」，又變作「帶」，（禮記襍記：「牽帶」。釋文云：「本又作『帶』。」漢孟郁修堯廟（碑）、張壽碑「帶」竝作「帶」。）與舞形近而誤。宗祥案：「人」字疑衍。著鉤於履，孫詒讓曰：案「鉤」當爲「絇」。儀禮士冠禮鄭注云：「絇之言拘也。以爲行戒，狀如刀衣鼻，在屨頭。」冠在於首，何象？吏居城郭，出乘車馬，坐治文書，起城郭何王？造車輿何工？生馬何地作？書何人王？」宗祥案：「王」字疑衍。造城郭及馬所生，難知也，遠也。造車作書，易曉也，必將應曰：「倉頡作書，奚仲作車。」詰曰：「倉頡何感而作書？奚仲何起而作車？」又不知也。文吏所當知，然而不知，亦不博覽之過也。

夫儒生不覽古今，何知一永？宗祥案：「永」，「遠也」，「遐也」，見爾雅釋詁。此言安能知一切遠事。不過守信經文，滑習章句，解剥互錯，分明乖異。文吏不曉吏道，所能不過案獄考事，移書下記，對卿便給。宗祥案：「卿」疑「鄉」譌。「鄉」讀曰「向」，見漢書李陵傳集注。之准無一閱備，宗祥案：「之准」二字疑倒。「閱」者，具也。見尚書呂刑注。此言准比之儒生，文吏之材，無一具備也。皆淺略不及，偏駮不純，俱有闕遺，何以相言？

論衡卷第十三

效力篇　别通篇　超奇篇

漢　會稽王充著
海寧張宗祥校注

效力篇

程才、量知之篇，徒言知學，未言才力也。人有知學，則有力矣。文吏以理事爲力，而儒生以學問爲力。

或問楊子雲曰：「力能扛鴻鼎、揭華旗，宗祥案：「鴻，大也」，見史記夏本紀索隱。「華，葆也」，見文選上林賦「建翠華之旗」郭注。知德亦有之乎？」答曰：「百人矣。」夫知德百人者，與彼扛鴻鼎、揭華旗者爲料敵也。宗祥案：「料，量也」，見漢書韓信傳集注。夫壯士力多者，扛鼎揭旗；儒生力多者，博達疏通。故博達疏通，儒生之力也；舉重拔堅，壯士之力也。梓材曰：「彊人有王開賢，厥率化民。」此言賢人亦壯彊於禮義，故能開賢，其率化民。化民須禮義，禮義須文章，「行有餘力，則以「學文」，能學文，有力之驗也。

問曰：「說一經之儒，可謂有力者？」曰：非有力者也。陳留龐少都每薦諸生之吏，常曰：「王甲某子，才能百人。」太守非其能，不答。少都更曰：「言之尚少，王甲某子，才能百萬人。」太守怒曰：「親吏妄言！」少都曰：「文吏不通一經一文，孫詒讓曰：按：上「一」字，疑涉下而衍。不調師一言，諸生能說百萬章句，非才知百萬人乎？」太守無以應。夫少都之言實也，然猶未也。何則？諸生能傳百萬言，不能覽古今，守信師法，雖辭說多，終不爲博。殷、周以前，頗載六經，儒生所不能說也。秦、漢之事，儒生不見，力劣不能覽也。周監二代，漢監周、秦，周、秦以來，儒生不知；漢欲觀覽，儒生無力。使儒生博觀覽，則爲文儒。文儒者，力多於儒生。如少都之言，文儒才能千萬人矣。

曾子曰：「士不可以不弘毅，任重而道遠。仁以爲己任，不亦重乎！死而後已，不亦遠乎！」由此言之，儒者所懷，獨已重矣，志所欲至，獨已遠矣，身載重任，至於終死，不倦不衰，力獨多矣。夫曾子載於仁，而儒生載於學，所載不同，輕重均也。夫一石之重，一人挈之，十石以上，二人不能舉也。世多挈一石之任，寡有舉十石之力。儒生所載，非徒十石之重也。地力盛者，草木暢茂。一畝之收，當中田五畝之分。苗田，人知出穀多者地力盛，不知出文多者才知茂，失事理之實矣。

夫文儒之力，過於儒生，況文吏乎？能舉賢薦士，世謂之多力也。然能舉賢薦士，上書日記也。能上書日記者，文儒也。宗祥案：「日」，文選王元長策秀才文第四問注作「白」，又漢書游俠陳遵傳「口占書吏」注：「口隱其辭以授吏也。」「白」、「占」二字義長，是「日」字當誤。文儒非必諸生也，賢達用文則是矣。谷子雲、唐子高章奏百上，筆有餘力，極言不諱，文不折乏，非夫才知之人，不能爲也。孔子，周世多力之人也，作春秋，刪五經，祕書微文，無所不定。山大者雲多，泰山不崇朝辦雨雨天下。宗祥案：「辦」疑「辨」譌。「辨」，「徧也」，見廣雅釋詁。明雩篇：「不崇朝而辨雨天下。」尤可證，衍一「雨」字。夫然則賢者有雲雨之知，宗祥案：「知，猶爲也」，見呂覽長見注。故原注：一有「曰」字。其吐文萬牒以上，可謂多力矣。

世稱力者常褒烏獲，然則董仲舒、楊子雲，文之烏獲也。秦武王與孟說舉鼎不任，絶脉而死。宗祥案：史記秦本紀：「王與孟説舉鼎絶臏。八月，武王死。」「臏」，徐廣曰：「一作『脈』。」少文之人，與董仲舒等較其胷中之思，宗祥案：「較其」二字，通津、程刻作「涌」一字，從宋、元。必將不任有絶脉之變。王莽之時，省五經章句，皆爲二十萬，博士弟子郭路，宗祥案：御覽二百三十六、三百七十五、五百四十八引，均作「郭略」。夜定舊說，死於燭下，精思不任，絶脉氣滅也。顔氏之子，已曾馳過孔子於塗矣，劣倦罷極，髮白齒落。夫以庶幾之材，猶有仆頓之禍，孔子力優，顔淵不任也。才力不相如，則其知思不相及也。勉自什伯，鬲中嘔血，失魂狂亂，遂至氣絶。書五行之牘，書十奏之記，宗祥案：疑當作「奏十行之記」。其才劣者，筆墨之力尤難，況乃連句結章，篇至十百哉！力獨多矣！

江河之水，馳涌滑漏，席地長遠，無枯竭之流，本源盛矣。知江河之流遠，地中之源盛，不知萬牒之人，胷中之才茂，原注：一有「無」字。迷惑者也。故望見驥足，不異於衆馬之蹄，躡平陸而馳騁，千里之跡，斯須可見。夫馬足人手，同一實也。稱驥之足，不薦文人之手，不知類也。夫能論筋力以見比類者，則能取文力之人，立之朝庭。故夫文力之人，助有力之將，乃能以力爲功。有力無助，以力爲禍。何以驗之？長巨之物，彊力之人，乃能舉之；重任之車，彊力之牛，乃能輓之。是任車上阪，彊牛引前，力人推後，乃能升踰。如牛羸人罷，任車退却，還墮坑谷，有破覆之敗矣。文儒懷先王之道，含百家之言，其難推引，非徒任車之重也。薦致之者，罷羸無力，遂却退竄於巖穴矣。

河發崑崙，江起岷山，水力盛多，滂沛之流，浸下益盛，不得廣岸低地，不能通流入乎東海。如岸狹地仰，溝洫決洪，散在丘墟矣。文儒之知，有似於此。文章滂沛，不遭有力之將，援引薦舉，亦將棄遺於衡門之下，固安得升陟聖主之庭，論説政事之務乎？火之光也，不舉不明。有人於斯，其知如京，宗祥案：「絶高謂之京」，見爾雅釋丘。其德如山，力重不能自稱，須人乃舉，而莫之助，抱其盛高之力，竄於閭巷之深，何時得達？奡、育，古之多力者，身能負荷千鈞，手能決角伸鉤，宗祥案：「決，猶斷也」，見禮記曲禮注。使之自舉，不能離地。智能滿胷之人，宜在王闕，須三寸之舌，一尺之筆，宗祥案：漢錢尺當今市尺，每尺約七寸弱。漢慮俿尺略同。然後自動，宗祥案：御覽四百三十二引，作「乃能自通」；六百五引，作「然後能自通」。不能自進，進之又不能自安，須人能動，待人能安。道重知大，位地難適也。

小石附於山，山力能得持之；在沙丘之間，小石輕微，亦能自安。至於大石，沙土不覆，山不能持，處危峭之際，則必崩墜於坑谷之間矣。大智之重，遭小才之將，無左右沙土之助，雖在顯位，將不能持，則有大石崩墜之難也。或伐薪於山，輕小之木，合能束之。至於大木十圍以上，引之不能動，推之不能移，則委之於山林，收所束之小木而歸。由斯以論，知能之大者，其猶十圍以上木也；人力不能舉薦，其猶薪者不能推引大木也。孔子周流無所留止，非聖才不明，道大難行，人不能用也。故夫孔子，山中巨木之類也。原本段。

桓公九合諸侯，一匡天下，管仲之力。管仲有力，桓公能舉之，可謂壯彊矣。吳不能用子胥，楚不能用屈原，二子力重，二主不能舉也。舉物不勝，委地而去可也，時或恚怒，斧斲破敗，此則子胥、屈原所取害也。淵中之魚，遞相吞食，度口所能容，然後嚥之；口不能受，哽咽不能下。故夫商鞅三說孝公，後說者用，前二難用，後一易行也。觀管仲之明法，察商鞅之耕戰，固非弱劣之主所能用也。

六國之時，賢才之臣，入楚楚重，出齊齊輕，爲趙趙完，畔魏魏傷。韓用申不害，行其三符，兵不侵境，蓋十五年。不能用之，又不察其書，兵挫軍破，國并於秦。殷、周之世，亂跡相屬，亡禍比肩，豈其心不欲爲治乎？力弱智劣，不能納至言也。是故塠重，一人之跡，不能蹈也；礚大，一人之掌，不能推也。宗祥案：「磓」，廣韻云：「聚石也，又以石投下也，亦作塠。」宋本作「搥」，誤。「礚，兩石相擊聲」，見正字通。賢臣有勁彊之優，愚主有不堪之劣，以此相求，禽魚相與遊也。干將之刃，人不推頓，苽瓠不能傷；篠簵之箭，機不能動發，宗祥案：上文「人不」下，宋、元本有「能」字，及此「能」字，疑均衍。魯縞不能穿。非無干將、篠簵之才也，無推頓、發動之主。苽瓠、魯縞不穿傷，焉望斬旗、穿革之功乎？故引弓之力，不能引彊弩。弩力五石，引以三石，筋絶骨折，不能舉也。故力不任彊引，則有變惡折脊之禍；知不能用賢，則有傷德毀名之敗。論事者不曰才大道重，上不能用，而曰不肖不能自達。自達者帶絶不抗，自衒者賈賤不讎。宗祥案：「帶」或可作「行」訓，見方言，然義究未安。「抗，舉也」，見詩車攻釋文。「讎」與「售」通。詩仰釋文云：「售本作讎。」

案諸爲人用之物，須人用之，功力乃立。鑿所以入木者，槌叩之也；鍤所以能撅地者，跖蹈之也。諸有鋒刃之器，所以能斷斬割削者，手能把持之也，力能推引之也。韓信去楚入漢，項羽不能安，高祖能持之也。能用其善，能安其身，則能量其力，能別其功矣。樊、酈有攻城野戰之功，高祖行封，先及蕭何，則比蕭何於獵人，同樊、酈於獵犬也。夫蕭何安坐，樊、酈馳走，封不及馳走而先安坐者，蕭何以知爲力，而樊、酈以力爲功也。蕭何所以能使樊、酈者，以入秦收斂文書也。衆將拾金，何獨掇書，坐知秦之形勢，是以能圖其利害。衆將馳走者，何驅之也。故叔孫通定儀，而高祖以尊；蕭何造律，而漢室以寧。案儀、律之功，重於野戰；斬首之力，不及尊主。故夫墾草殖穀，農夫之力也；勇猛攻戰，士卒之力也；構架斲削，工匠之力也；治書定簿，佐史之力也；論道議政，賢儒之力也。人人莫不有力，所以爲力者，或尊或卑。孔子能舉北門之關，宗祥案：「能舉北」三字，宋、元本作「力糾國」。不以力自章，宗祥案：「章」，明也。見書堯典鄭注。知夫筋骨之力，不如仁義之爲榮也。宗祥案：「爲」，各本「力」，從宋、元。

別通篇

富人之宅，以一丈之地爲内，内中所有櫃柙，所贏縑布絲帛也。宗祥案：「櫃柙」，通津、程刻「柙匱」，從宋、元。「贏」，各本「羸」，惟宋本不誤，作「贏」從之。「帛」，各本「綿」，從程刻。貧人之宅，亦以一丈爲内，内中空虚，徒四壁立，宗祥案：「徒，但也」，見漢書欒布傳集注。故名曰貧。夫通人猶富人，不通者猶貧人也。俱以七尺爲形，通人胷中懷百家之言，不通者空腹無一牒之誦。貧人之内，徒四所壁立也。宗祥案：「貧人」句上，疑脱敘富人句。慕料貧富不相如，則夫通與不通，不相及也。世人慕富不榮通，羞貧不賤不賢，不推類以況之也。

夫富人可慕者，貨財多則饒裕，故人慕之。夫富人不如儒生，儒生不如通人。通人積文十篋以上，聖人之言，賢者之語，上自黄帝，下至秦、漢，治國肥家之術，刺世譏俗之言備矣。使人通明博見，其爲可榮，非徒縑布絲綿也。孫詒讓曰：按「綿」上文作「帛」。此誤益「系」旁。蕭何入秦，收拾文書，漢所以能制九州者，文書之力也。以文書御天下，天下之富，孰與家人之財？

人目不見青黄曰盲，耳不聞宫商曰聾，鼻不知香臭曰癰。宗祥案：御覽三百六十七引，「癰」作「齆」，下有「人不知是非爲閉」七字。癰、聾與盲，不成人者也。人不博覽者，不聞古今，不見事類，不知然否，猶目盲、耳聾、鼻癰者也。儒生不博覽，宗祥案：通津、程刻脱「博」字，從宋、元。猶爲閉闇，況庸人無篇章之業，不知是非，其爲閉闇，甚矣！此則土木之人，耳目俱足，無聞見也。涉淺水者見蝦，其頗深者察魚鼈，其尤甚者觀蛟龍。足行跡殊，宗祥案：「行」，程本「形」，從宋、元。故所見之物異也。入道淺深，其猶此也。淺者則見傳記諧文，深者入聖室，觀祕書，故入道彌深，所見彌大。人之遊也，必欲入都，都多奇觀也；入都必欲見市，市多異貨也。百家之言，古今行事，其爲奇異，非徒都邑大市也。遊於都邑者心厭，觀於大市者意飽，況遊於道藝之際哉！

大川旱不枯者，多所疏也。潢汙兼日不雨，泥輒見者，無所通也。是故大川相間，小川相屬，東流歸海，故海大也。海不通於百川，安得巨大之名？夫人含百家之言，猶海懷百川之流也。不謂之大者，是謂海小於百川也。夫海大於百川也，人皆知之，通者明於不通，莫之能別也。潤下作鹹，水之滋味也。東海水鹹，流廣大也；西州鹽井，源泉深也。人或無井而食，或穿井不得泉，有鹽井之利乎？不與賢聖通業，望有高世之名，難哉！法令之家，不見行事，議罪不可審。宗祥案：「可」字疑衍。章句之生，不覽古今，論事不實。

或以説一經爲是，何須博覽。夫孔子之門，講習五經。五經皆習，庶幾之才也。顏淵曰：「博我以文。」才智高者，能爲博矣。顏淵之曰博者，豈徒一經哉？我不能博五經，又不能博衆事，守信一學，不好廣觀，無温故知新之明，而有守愚不覽之闇。其謂一經是者，其宜也。開户内日之光，日光不能照幽，鑿窗啟牖，以助户明也。夫一經之説，猶日明也，助以傳書，猶窗牖也。百家之言，令人曉明，非徒窗牖之開，日光之照也。是故日光照室内，道術明胸中。開户内光，坐高堂之上，眇升樓臺，宗祥案：「眇，眺也」，見楚辭招魂注。窺四鄰之廷，人之所願也。閉户幽坐，向冥冥之内，穿壙穴卧，造黄泉之際，人之所惡也。夫閉心塞意，不高瞻覽者，死人之徒也哉！

孝武皇帝時，燕王旦在明光宫，欲入所卧，户三百盡閉，孫詒讓曰：按漢書燕刺王旦傳云：「殿上户自閉，不可開。」又云：「因迎后姬諸夫人之明光殿。」當即此明光宫也。殿上户不當有三百，此云「户三百盡閉」，疑當作「户三盡自閉」，今本「自」譌爲「百」，又誤著「盡」上，遂不可通。宗祥案：白孔六帖十、御覽百八十四引，均作「三户盡閉」。使侍者二十人開户，户不開。其後旦坐謀反自殺。夫户閉，燕王旦死之狀也。死者，凶事也，故以閉塞爲占。齊慶封不通，六國大夫會而賦詩，慶封不曉，其後果有楚靈之禍也。夫不開通於學者，尸尚能行者也。亡國之社，屋其上，柴其下者，示絶於天地。春秋薄社，周以爲城。夫經藝傳書，人當覽之，猶社當通氣於天地也。故人之不通覽者，薄社之類也。是故氣不通者，彊壯之人死，榮華之物枯。

東海之中，可食之物，集糅非一，宗祥案：「集，雜也」，見方言。劉本作「襍」。以其大也。海水精氣渥盛，宗祥案：「海」，各本「夫」，從宋、元。故其生物也，衆多奇異。故夫大人之胷懷非一，才高知大，故其於道術無所不包。學士同門，高業之生，衆共宗之。何則？知經指深，曉師言多也。夫古今之事，百家之言，其爲深多也，豈徒師門高業之生哉！甘酒醴不酟飴蜜，宗祥案：「酟，和也」，見文選張景陽七命「酟以春梅」呂向注。「酟」字當爲「酟」譌。未爲能知味也。耕夫多殖嘉穀，謂之上農夫，其少者謂之下農夫。學士之才，農夫之力，一也。能多種穀，謂之上農，能博學問，謂之上儒，宗祥案：證之下文，「謂」上疑脱「不」字。是稱牛之服重，不譽馬速也。譽手毁足，孰謂之慧矣！

縣道不通於野，野路不達於邑，騎馬乘舟者必不由也。故血脉不通，人以甚病。夫不通者，惡事也，故其禍變致不善。是故盜賊宿於穢草，邪心生於無道。無道者，無道術也。醫能治一病謂之巧，能治百病謂之良。是故良醫服百病之方，宗祥案：「服，習也」，見楚辭橘頌注。治百人之疾；大才懷百家之言，故能治百族之亂。扁鵲之衆方，孰若巧之一枝？宗祥案：「巧」下疑奪「醫」字。子貢曰：「不得其門而入，不見宗廟之美，百官之富。」蓋以宗廟、百官喻孔子道也。孔子道美，故譬以宗廟，衆多非一，故喻以百官。由此言之，道達廣博者，孔子之徒也。

殷、周之地，極五千里，荒服、要服，勤能牧之。宗祥案：「勤」疑「勵」僞，即「僅」字。漢氏廓土，牧萬里之外，要、荒之地，褒衣博帶。夫德不優者，不能懷遠，才不大者，不能博見。故多聞博識，無頑鄙之訾；深知道術，無淺闇之毁也。

人好觀圖畫者，圖上所畫，古之列人也。宗祥案：列，陳也，見廣雅釋詁。見列人之面，孰與觀其言行？置之空壁，形容具存，人不激勸者，不見言行也。古賢之遺文，竹帛之所載粲然，豈徒牆壁之畫哉？空器在廚，金銀塗飾，其中無物益於饑，人不顧也。肴膳甘醢，土釜之盛，入者鄉之。孫詒讓曰：按「鄉」當爲「饗」之壞字。古賢文之美善可甘，非徒器中之物也。讀觀有益，非徒膳食有補也。故器空無實，饑者不顧；胸虛無懷，朝廷不御也。

劍伎之家，鬭戰必勝者，得曲城、越女之學也。兩敵相遭，一巧一拙，其必勝者，有術之家也。孔、墨之業，賢聖之書，非徒曲城、越女之功也。成人之操，益人之知，非徒戰鬭必勝之策也。故劍伎之術，有必勝之名；賢聖之書，有必尊之聲。縣邑之吏，召諸治下，宗祥案：「諸」疑「詣」譌。將相問以政化，曉慧之吏，陳所聞見，將相覺悟，得以改政。古文聖賢言行，宗祥案：「古」，通津、程刻「右」，從宋、元。竹帛所傳，練人之心，聰人之知，非徒縣邑之吏，對向之語也。禹、益並治洪水，禹主治水，益主記異物，海外山表，無遠不至，以所聞見作山海經。非禹、益不能行遠，山海不造。然則山海之造，見物博也。董仲舒睹重常之鳥，宗祥案：劉歆上山經奏作「東方朔」。郭璞山海經序：「東方生曉畢方之名。」事及鳥名與此異。劉子政曉貳負之尸，皆見山海經，故能立二事之説。使禹、益行地不遠，不能作山海經，董、劉不讀山海經，不能定二疑。實沉、臺台，子產博物，故能言之；龍見絳郊，蔡墨曉占，故能禦之。父兄在千里之外，且死，遺教戒之書，子弟賢者，求索觀讀，服膺不舍，重先敬長，謹慎之原注：一有「力」字。也。不肖者輕慢佚忽，無原察之意。古聖先賢，遺後人文字，其重非徒父兄之書也，或觀讀采取，或棄捐不録，二者之相高下也，行路之人，皆能論之，況辯照然否者，不能别之乎？

孔子病，商瞿卜期日中。孔子曰：「取書來，比至日中何事乎？」聖人之好學也，且死不休。念在經書，不以臨死之故，棄忘道藝，其爲百世之聖，師法祖修，宗祥案：「法」，宋、元本「漢」。「修」，遠也。見離騷經注。此言孔子可作萬世師表。蓋不虚矣！自孔子以下，至漢之際，有才能之稱者，非有飽食終日無所用心也，不説五經，則讀書傳。書傳文大，難以備之。卜卦占射吉凶，皆文、武之道。昔有商瞿，能占爻卦，末有東方朔、翼少君，能達占射覆。道雖小微，宗祥案：「微」，通津「亦」字，屬下讀，從宋、元。御覽六百七引亦「微」。聖人之術也。曾又不知人生稟五常之性，好道樂學，故辨於物。今則不然，飽食快飲，慮深求卧，腹爲飯坑，腸爲酒囊，是則物也。倮蟲三百，人爲之長。天地之性人爲貴，貴其識知也。今閉闇脂塞，無所好欲，與三百倮蟲何以異？而謂之爲長而貴之乎？原本段。

諸夏之人，所以貴於夷狄者，以其通仁義之文，知古今之學也。如徒作其胸中之知，宗祥案：「作，用也」，見易離卦釋文。以取衣食，經歷年月，白首没齒，終無曉知，夷狄之次也。觀夫蜘蛛之經絲，以罔飛蟲也；人之用作，宗祥案：「作」，御覽九百四十八引作「詐」。安能過之？任胸中之知，舞權利之詐，以取富壽之樂，無古今之學，蜘蛛之類也。含血之蟲，無餓死之患，皆能以知求索飲食也。

人不通者，亦能自供，仕官爲吏，宗祥案：「官」疑「宦」譌。亦得高官，將相長吏，猶吾大夫高子也，宗祥案：論語公冶長釋文：「鄭注云：『魯讀「崔」爲「高」。』今從古。」是仲任從魯論，故作高。安能別之？隨時積功，以命得官，不曉古今，以位爲賢，與文之異術，宗祥案：「之」疑「人」譌。安能識別通人，俟以不次乎？宗祥案：「俟」，「待也」，見爾雅釋詁。將相長吏，不得若右扶風蔡伯偕、鬱林太守張孟嘗、東萊太守李季公之徒，心自通明，覽達古今，故其敬通人也，如見大賓。燕昭爲鄒衍擁篲，彼獨受何性哉？東成令董仲綬，知爲儒梟，海内稱通，故其接人，能別奇律。宗祥案：「律」，常也。見爾雅釋詁。是以鍾離產公以編户之民，受圭璧之敬，知之明也。故夫能知之也，凡石生光氣；不知之也，金玉無潤色。

自武帝以至今朝，數舉賢良，令人射策甲乙之科，若董仲舒、唐子高、谷子雲、丁伯玉，宗祥案：「丁」，通津「下」。劉棻，字伯玉。意林引新論：「劉子政、子駿、伯玉，並呻吟左氏。」漢書楊雄傳：「棻從雄問古文奇字。」爲劉歆子。「丁」、「下」等字，疑皆「劉」字之誤。策既中實，文説美善，博覽膏腴之所生也。使四者經徒能摘，筆徒能記疏，不見古今之書，安能建美善於聖王之庭乎？孝明之時，讀蘇武傳，見武官名曰「栘中監」，以問百官，百官莫知。夫倉頡之章，小學之書，文字備具，至於無能對聖國之問者，宗祥案：「國」疑「王」譌。是皆美命隨牒之人多在官也。「木」旁「多」文字且不能知，其欲及若董仲舒之知重常，劉子政之知貳負，難哉！

或曰：「通人之官，蘭臺令史，職校書定字，比夫太史、太祝，宗祥案：「祝」，各本「柷」，從宋本。職在文書，無典民之用，不可施設。是以蘭臺之史，班固、賈逵、楊終、傅毅之徒，名香文美，委積不紲，宗祥案：「紲」，「馬韁」，見左傳僖二十四年注。此蓋言不加繫縲，放任不用。或係「泄」譌，積而不通。大用於世。」宗祥案：意林引作「無大用也」。「大」上疑脱「無」字。曰：此不繼周世通覽之人，鄒衍之徒，孫卿之輩，受時王之寵，尊顯於世。董仲舒雖無鼎足之位，知在公卿之上。周監二代，漢監周、秦，然則蘭臺之官，國所監得失也。以心如丸卵，爲體内藏；眸子如豆，宗祥案：「眸」，宋、元「牟」，誤。一本作「眸」，是。爲身光明。令史雖微，典國道藏，通人所由進，猶博士之官，儒生所由興也。委積不紲，豈聖國微遇之哉！宗祥案：「微，賤也」，見華嚴經音義引王肅注。殆以書未定而職未畢也。

超奇篇

通書千篇以上，萬卷以下，弘暢雅閑，審定文讀，而以教授爲人師者，通人也。杼其義旨，損益其文句，而以上書奏記，或興論立說，結連篇章者，文人鴻儒也。好學勤力，博聞强識，世間多有；著書表文，論説古今，萬不耐一。然則著書表文，博通所能用之者也。入山見木，長短無所不知；入野見草，大小無所不識，然而不能伐木以作室屋，採草以和方藥者，宗祥案：各本無「者」字，從宋、元。此知草木所不能用也。夫通人覽見廣博，不能掇以論説，此爲匿生書主人，孔子所謂「誦詩三百，授之以政，不達」者也；與彼草木不能伐採，一實也。孔子得史記以作春秋，及其立義創意，褒貶賞誅，不復因史記者，眇思自出於胷中也。宗祥案：「眇」，「遠也」，見廣雅釋訓。凡貴通者，貴其能用之也。即徒誦讀，讀詩諷術，雖千篇以上，鸚鵡能言之類也。衍傳書之意，出膏腴之辭，非俶儻之才，不能任也。夫通覽者，世間比有；著文者，歷世希然。近世劉子政父子、楊子雲、桓君山，其猶文、武、周公，並出一時也。其餘直有往往而然，宗祥案：「直，言正也」，見史記留侯世家「直墜其履圮下」索隱引崔浩。譬珠玉不可多得，以其珍也。

故夫能説一經者爲儒生，博覽古今者爲通人，采掇傳書以上書奏記者爲文人，能精思著文、連結篇章者爲鴻儒。故儒生過俗人，通人勝儒生，文人踰通人，鴻儒超文人。故夫鴻儒，所謂超而又超者也。以超之奇，退與儒生相料，文軒之比於敝車，錦繡之方於緼袍也，其相過遠矣。如與俗人相料，太山之巔墆，宗祥案：墆，高貌也，見爾雅釋宮注。長狄之項跖，不足以喻。故夫丘山以土石爲體，其有銅鐵，山之奇也。銅鐵既奇，或出金玉。然鴻儒，世之金玉也，奇而又奇矣。奇而又奇，才相超乘，皆有品差。

儒生說名於儒門，過俗人遠也。或不能說一經，教誨後生，或帶徒聚衆，說論洞溢，稱爲經明。或不能成牘，治一說。或能陳得失，奏便宜，言應經傳，文如星月。其高第若谷子雲、唐子高者，說書於牘奏之上，不能連結篇章。或抽列古今，紀著行事，若司馬子長、劉子政之徒，累積篇第，文以萬數，其過子雲、子高遠矣。然而因成紀前，無胸中之造。若夫陸賈、董仲舒，論說世事，由意而出，不假取於外，然而淺露易見，觀讀之者，猶曰傳記。陽成子長作樂經，惠棟曰：按班彪傳注，即陽城衡也。宗祥案：下對作篇云：「陽城子張作樂。」新論云：「陽城子張名衡。」是「成」當作「城」，「長」當作「張」。楊子雲作太玄經，造於助思，孫詒讓曰：按「助」當爲「眇」，形近而誤。上文云「眇思出於胷中也」。極窗冥之深，非庶幾之才，不能成也。孔子作春秋，二子作兩經，所謂卓爾蹈孔子之跡，鴻茂參貳聖之才者也。

王公子問於桓君山以楊子雲。孫詒讓曰：按此「王公」，即王莽也。「子」字衍。此文出桓譚新論。御覽四百三十二引新論云：「楊子雲何人邪？答曰：才知開通，能入聖道，漢興以來，未有此人也。」即仲任所本。譚嘗仕王莽，故新論多稱莽爲王翁。（見意林。）此「王公」猶云王翁也，御覽不著所問之人，此可以補其闕。君山對曰：「漢興以來，未有此人。」君山差才，可謂得高下之實矣。采玉者心羨於玉，鑽龜能知神於龜。能差衆儒之才，累其高下，賢於所累。又作新論，論世間事，辯照然否，虚妄之言，僞飾之辭，莫不證定。彼子長、子雲説論之徒，君山爲甲。自君山以來，皆爲鴻眇之才，故有嘉令之文。筆能著文，則心能謀論，文由胸中而出，心以文爲表。觀見其文，奇偉俶儻，可謂得論也。由此言之，繁文之人，人之傑也。

有根株於下，有榮葉於上；有實核於內，有皮殼於外。文墨辭説，士之榮葉皮殼也。實誠在胸臆，文墨著竹帛，外內表裏，自相副稱，意奮而筆縱，故文見而實露也。人之有文也，猶禽之有毛也。毛有五色，皆生於體。苟有文無實，是則五色之禽，毛妄生也。選士以射，心平體正，執弓矢審固，然後射中。論説之出，猶弓矢之發也。論之應理，猶矢之中的。夫射以矢中效巧，論以文墨驗奇。奇巧俱發於心，其實一也。

文有深指巨略，君臣治術，身不得行，口不能紲，孫詒讓曰：「紲」當爲「泄」，形聲相近而誤。表著情心，以明己之必能爲之也。孔子作春秋，以示王意。然則孔子之春秋，素王之業也；諸子之傳書，素相之事也。觀春秋以見王意，讀諸子以睹相指。故曰：陳平割肉，丞相之端見；孫叔敖決期思，令尹之兆著。孫詒讓曰：「君」當爲「尹」，淮南子人間訓云：「孫叔敖決期思之水，而灌雩婁之野。莊王知其可以爲令尹也。」宗祥案：「孫叔」，各本「叔孫」；「尹」，各本「君」，從宋、元。觀讀傳書之文，治道政務，非徒割肉決水之占也。足不彊則跡不遠，鋒不銛則割不深。連結篇章，必大才智鴻懿之俊也。

或曰：「著書之人，博覽多聞，學問習熟，則能推類興文。文由外而興，未必實才學文相副也。且淺意於華葉之言，無根核之深，不見大道體要，故立功者希。安危之際，文人不與，無能建功之驗，徒能筆說之效也。」曰：此不然。周世著書之人，皆權謀之臣；漢世直言之士，皆通覽之吏，豈謂文非華葉之生，根核推之也？心思爲謀，集札爲文，情見於辭，意驗於言。商鞅相秦，致功於霸，作耕戰之書。虞卿爲趙決計定說行，退作春秋之思。趙城中之議。孫詒讓曰：「虞卿」二句有挩文。「春秋之思」四字，疑當重。「起」，元本作「趙」，是，當據改正。宗祥案：「起」，宋本「趙」，今從之。證之下文，「春秋之思」四字當重。然文義均不明晳，疑多挩誤。耕戰之書，秦堂上之計也。陸賈消呂氏之謀，與新語同一意；桓君山易鼂錯之策，與新論共一思。觀谷永之陳說，唐林之直言，宗祥案：「直」，各本「宜」，從宋、元。劉向之切議，以知爲本，筆墨之文，將而送之，豈徒雕文飾辭，苟爲華葉之言哉？精誠由中，故其文語感動人深。是故魯連飛書，燕將自殺；鄒陽上疏，梁孝開牢。書疏文義，奪於肝心，非徒博覽者所能造，習熟者所能爲也。

夫鴻儒希有，而文人比然，將相長吏，安可不貴？豈徒用其才力，游文於牒牘哉？州郡有憂，能治章上奏，解理結煩，使州郡連事，宗祥案：「連」疑「從」譌。有如唐子高、谷子雲之吏，出身盡思，竭筆牘之力，煩憂適有不解者哉？古昔之遠，四方辟匿，文墨之士，難得紀録。且近自以會稽言之，周長生者，宗祥案：「自」，元本「日」。孫詒讓曰：按：「長生」，名樹，北堂書鈔七十三引謝承後漢書有周樹傳，范書無。洞曆，隋書、唐志不著録，惟范成大吴郡志人物門角里先生引史記正義：「周樹洞歷云：『姓周，名述，字元遂，太伯之後。漢高帝時，與東園公、綺里季、夏黄公俱出定太子，號曰四皓。』」（今宋本史記附正義，爲宋人所删削，無此文。）則其書唐時尚存也。文士之雄也，在州爲刺史任安舉奏，在郡爲太守孟觀上書，事解憂除，州郡無事，二將以全。長生之身不尊顯，非其才知少、功力薄也，二將懷俗人之節，不能貴也。使遭前世燕昭，則長生已蒙鄒衍之寵矣。長生死後，州郡遭憂，無舉奏之吏，以故事結不解，徵詣相屬，文軌不尊，筆疏不續也。豈無憂上之吏哉？乃其中文筆不足類也。長生之才，非徒鋭於牒牘也，作洞歷十篇，上自黄帝，下至漢朝，鋒芒毛髮之事，莫不紀載，與太史公表、紀相似類也。上通下達，故曰「洞歷」。然則長生非徒文人，所謂鴻儒者也。前世有嚴夫子，後有吴君商，孫詒讓曰：按：「商」當爲「高」。「君高」，吴平字。案書篇云：「會稽吴君高。」又云：「君高之越紐録。」即今越絶書也。書虚篇述君高説會稽山名，亦見越絶外傳記越地傳。末有周長生。白雉貢於越，暢草獻於宛，雍州出玉，荆、揚生金。宗祥案：「揚」，各本誤「楊」，從宋、元改正。珍物産於四遠，幽遼之地，未可言無奇人也。孔子曰：「文王既没，文不在兹乎！」文王之文在孔子，孔子之文在仲舒。仲舒既死，豈在長生之徒與？何言之卓殊，文之美麗也！唐勒、宋玉，亦楚文人也，竹帛不紀者，屈原在其上也。會稽文才，豈獨周長生哉？所以未論列者，長生尤踰出也。九州多山，而華、岱爲嶽；四方多川，而江、河爲瀆者，華、岱高而江、河大也。長生，州郡高大者也。同姓之伯賢，舍而譽他族之孟，未爲得也。長生説文辭之伯，文人之所共宗，獨紀録之，春秋記元於魯之義也。

俗好高古而稱所聞，前人之業，菜果甘甜；後人新造，蜜酪辛苦。長生家在會稽，生在今世，文章雖奇，論者猶謂稺於前人。天稟元氣，人受元精，豈爲古今者差殺哉？宗祥案：「者」疑有譌。優者爲高，明者爲上。實事之人，見然否之分者，睹非却前，退置於後；見是推今，進置於古，心明知昭，不惑於俗也。班叔皮續太史公書百篇以上，記事詳悉，義浹理備。宗祥案：「浹」，各本「淺」，從宋本。觀讀之者以爲甲，而太史公乙。子男孟堅，爲尚書郎，文比叔皮，非徒五百里也，乃夫周、召、魯、衛之謂也。苟可高古，而班氏父子，不足紀也。

周有郁郁之文者，在百世之末也。漢在百世之後，文論辭説，安得不茂？喻大以小，推民家事以睹王廷之義。廬宅始成，桑麻纔有，居之歷歲，子孫相續，桃李梅杏，菴丘蔽野。宗祥案：「奄」，覆也。見説文。「菴」疑「奄」譌。根莖衆多，則華葉繁茂。漢氏治定久矣，土廣民衆，義興事起，華葉之言，安得不繁？夫華與實俱成者也。無華生實，物希有之。山之秃也，孰其茂也？地之瀉也，宗祥案：「瀉」，鹵也。見集韻。孰其滋也？文章之人滋茂漢朝者，乃夫漢家熾盛之瑞也。天晏，列宿焕炳；陰雨，日月蔽匿。方今文人並出見者，乃夫漢朝明明之驗也。高祖讀陸賈之書，歎稱萬歲；徐樂、主父偃上疏，徵拜郎中，方今未聞。膳無苦酸之肴，口所不甘味，手不舉以啖人。宗祥案：自「未聞」至「啖人」十九字，疑他篇誤簡。詔書每下，文義經傳四科，詔書斐然，郁郁好文之明驗也。上書不實核，著書無義指，宗祥案：「指」與「旨」同。見荀子大略注。萬歲之聲，徵拜之恩，何從發哉？飾面者皆欲爲好，而運目者希；文音者皆欲爲悲，宗祥案：「文」，宋、元「聞」，非。而驚耳者寡。陸賈之書未奏，徐樂、主父之策未聞，羣諸瞽言之徒，言事麤醜，文不美，潤不指，宗祥案：疑「指不潤」之倒。所謂文辭淫滑，不被濤沙之謫，幸矣！焉蒙徵拜爲郎中之寵乎？

論衡卷第十四

漢　會稽王充著
海寧張宗祥校注

狀留篇　寒温篇　譴告篇

狀留篇

論賢儒之才，既超程矣，世人怪其仕宦不進，官爵卑細。以賢才退在俗吏之後，信不怪也。夫如是，而適足以見賢不肖之分，睹高下多少之實也。

龜生三百歲，大如錢，游於蓮葉之上；三千歲青邊緣，巨尺二寸。蓍生七十歲生一莖，七百歲生十莖。神靈之物也，故生遲留，歷歲長久，故能明審。實賢儒之在世也，猶靈蓍、神龜也。計學問之日，固已盡年之半矣。鋭意於道，遂無貪仕之心。及其仕也，純特方正，無員鋭之操。故世人遲取進難也。宗祥案：「世人」疑「入仕」二字之譌，又誤倒。針錐所穿，無不暢達。使針錐末方，穿物無一分之深矣。賢儒方節而行，無針錐之鋭，固安能自穿取暢達之功乎？且驥一日行千里者，無所服也；使服任車輿，駑馬同音。驥曾以引鹽車矣，垂頭落汗，行不能進，伯樂顧之，王良御之，空身輕馳，故有千里之名。今賢儒懷古今之學，負荷禮義之重，内累於胸中之知，外劬於禮義之操，不敢妄進苟取，故有稽留之難。無伯樂之友，不遭王良之將，安得馳於清明之朝，立千里之迹乎？

且夫含血氣物之生也，行則背在上而腹在下；其病若死，則背在下而腹在上。何則？背肉厚而重，腹肉薄而輕也。賢儒俗吏，並在當世，有似於此。將明道行，則俗吏載賢儒，賢儒乘俗吏；將闇道廢，則俗吏乘賢儒，賢儒處下位，猶物遇害，腹在上而背在下也。且背法天而腹法地，生行得其正，故腹背得其位；病死失其宜，故腹反而在背上。非唯腹也，凡物仆僵者，足又在上。賢儒不遇，仆廢於世，踝足之吏，皆在其上。

東方朔曰：「目不在面而在於足，救昧不給，孫詒讓曰：按：「昧」當爲「眯」，形近而誤。説文目部云：「眯，草入目中也。」能何見乎？」汲黯謂武帝曰：「陛下用吏，如積薪矣，後來者居上。」原汲黯之言，察東方朔之語，獨非以俗吏之得地、宗祥案：各本「以非」，從元本。賢儒之失職哉！故夫仕宦失地難以觀德，得地難以察不肖。名生於高官，而毁起於卑位。卑位，固常賢儒之所在也。遵禮蹈繩，修身守節，在下不汲汲，故有沉滯之留。沉滯在能自濟，故有不拔之扼。其積學於身也多，故用心也固。俗吏無以自修，身雖拔進，利心摇動，則有下道侵漁之操矣。

楓桐之樹生而速長，故其皮肌不能堅剛。樹檀以五月生葉，後彼春榮之木，其材彊勁，車以爲軸。殷之桑穀，七日大拱，長速大暴，故爲變怪。大器晚成，寶貨難售者。不崇一朝，輒成賈者，菜果之物也。是故湍瀨之流，沙石轉而大石不移。何者？大石重而沙石輕也。沙石轉積於大石之上，大石没而不見。賢儒俗吏，並在世俗，有似於此。遇闇長吏，轉移俗吏，超在賢儒之上，賢儒處下，受馳走之使，至或巖居穴處，没身不見。咎在長吏不能知賢，而賢者道大力劣，不能拔舉之故也。夫手指之物器也，宗祥案：「物，物色之以知其所宜之事」，見周禮「載師以物地事」注。度力不能舉，則不敢動。賢儒之道，非徒物器之重也。是故金鐵在地，猋風不能動，宗祥案：「猋，火華也」，見説文。「猋，暴風從上下」，見爾雅釋天注。「猋」疑「猋」譌。毛芥在其間，飛揚千里。夫賢儒所懷，其猶水中大石，在地金鐵也。其進不若俗吏速者，長吏力劣不能用也。毛芥在鐵石間也，一口之氣，能吹毛芥，非必猋風。俗吏之易遷，猶毛芥之易吹也。故夫轉沙石者，湍瀨也；飛毛芥者，猋風也。活水洋風，毛芥不動。宗祥案：「水」下疑脱「沙石不轉」四字。「洋」與「佯」同，見史記吴王濞傳注。「徜徉，猶徘徊也」，見文選風賦注。無道理之將，用心暴猥，宗祥案：「猥，凡也」，見文選潘安仁河陽縣詩注引淮南許注。察吏不詳，遭以好遷，妄授官爵，猛水之轉沙石，猋風之飛毛芥也。是故毛芥因異風而飛，沙石遭猛流而轉，俗吏遇悖將而遷。

且圓物投之地，東西南北，無之不可，策杖叩動，纔微輒停。宗祥案：「微，無也」。見詩式微傳。方物集地，一投而止，及其移徙，須人動舉。賢儒，世之方物也，其難轉移者，其動須人也。鳥輕便於人，趨遠人不如鳥。然而天地之性人爲貴。蝗蟲之飛，能至萬里；麒麟須獻，乃達闕下。然而蝗蟲爲災，麒麟爲瑞。麟有四足，尚不能自致；人有兩足，安能自達？故曰：「燕飛輕於鳳凰，兔走疾於麒麟，鼃躍躁於靈龜，蚍騰便於神龍。」呂望之徒，白首乃顯；百里奚之知，明於黄髮。深爲國謀，因爲王輔，皆夫沉重難進之人也。輕躁早成，禍害暴疾。故曰：「其進鋭者，退速。」陽温陰寒，歷月乃至；災變之氣，一朝成怪。故夫河冰結合，非一日之寒；積土成山，非斯須之作。干將之劍，久在鑪炭，銛鋒利刃，百熟煉厲。久銷乃見，作留成遲，故能割斷。肉暴長者曰腫，泉暴出者曰涌，酒暴熟者易酸，醢暴酸者易臭。由此言之，賢儒遲留，皆有狀故。狀故云何？學多道重，爲身累也。

草木之生者溼，溼者重，死者枯。枯而輕者易舉，溼而重者難移也。然原注：一有「能」字。元氣所在，在生不在枯。是故車行於陸，船行於溝，其滿而重者行遲，空而輕者行疾。先王之道，載在胸腹之内，其重不徒船車之任也。任重，其取進疾速，難矣！竊人之物，其得非不疾速也，宗祥案：各本「速疾」，從宋、元。然而非其有，得之非己之力也。世人早得高官，非不有光榮也，而尸位素飡之謗，宗祥案：「位」，各本「禄」。從宋、元。諠譁甚矣。

且賢儒之不進，將相長吏，不開通也。農夫載穀奔都，賈人齎貨赴遠，皆欲得其願也。如門郭閉而不通，津梁絶而不過，雖有勉力趨時之勢，奚由早至以得盈利？故長吏妒賢，宗祥案：「故」，各本「哉」，屬上讀。從宋本。不能容善，不被鉗赭之刑，幸矣！焉敢望官位升舉，道理之早成也？

寒温篇

説寒温者曰：人君喜則温，怒則寒。何則？喜怒發於胸中，然後行出於外，外成賞罰。賞罰，喜怒之效。故寒温渥盛，凋物傷人。

夫寒温之代至也，在數日之間，人君未必有喜怒之氣發胷中，然後渥盛於外。見外寒温，則知胷中之氣也。當人君喜怒之時，胷中之氣，未必更寒温也。胷中之氣，何以異於境内之氣？胷中之氣，不爲喜怒變，境内寒温，何所生起？六國之時，秦、漢之際，諸侯相伐，兵革滿道，國有相攻之怒，將有相勝之志。夫有相殺之氣，當時天下未必常寒也。太平之世，唐、虞之時，政得民安，人君常喜。絃歌鼓舞，比屋而有，當時天下未必常温也。豈喜怒之氣，爲小發不爲大動邪？何其不與行事相中得也？

夫近水則寒，近火則温，遠之漸微。何則？氣之所加，遠近有差也。成事，火位在南，水位在北。北邊則寒，南極則熱。火之在鑪，水之在溝，氣之在軀，其實一也。當人君喜怒之時，寒温之氣，閨門宜甚，境外宜微。今案寒温外内均等，殆非人君喜怒之所致。世儒説稱，妄處之也。王者之變在天下，諸侯之變在境内，卿大夫之變在其位，庶人之變在其家。夫家人之能致變，則喜怒亦能致氣。父子相怒，夫妻相督，若當怒反喜，縱過飾非，一室之中，宜有寒温。由此言之，變非喜怒所生明矣。

或曰：「以類相招致也。喜者和温，和温賞賜，陽道施予，陽氣温，故温氣應之。怒者愠恚，愠恚誅殺，陰道肅殺；陰氣寒，故寒氣應之。虎嘯而谷風至，龍興而景雲起。同氣共類，動相招致。故曰：『以形逐影，以龍致雨。』雨應龍而來，影應形而去。天地之性，自然之道也。秋冬斷刑，小獄微原，大辟盛寒，寒隨刑至，相招審矣。」夫比寒温於風雲，齊喜怒於龍虎，同氣共類，動相招致，可矣。虎嘯之時，風從谷中起；龍興之時，雲起百里内。他谷異境，無有風雲。今寒温之變，並時皆然。百里用刑，千里皆寒，殆非其驗。齊、魯接境，賞罰同時，設齊賞魯罰，所致宜殊，當時可齊國温、魯地寒乎？

案前世用刑者，蚩尤、亡秦甚矣。蚩尤之民，湎湎紛紛；宗祥案：「湎湎，流移也」，見漢書敘傳下「湎湎紛紛」注。亡秦之路，赤衣比肩。當時天下未必常寒也。帝都之市，屠殺牛羊，日以百數，刑人殺牲，皆有賊心，帝都之市，氣不能寒。

或曰：「人貴於物，唯人動氣。」夫用刑者動氣乎？用受刑者爲變也？如用刑者，刑人殺禽，同一心也。如用受刑者，人禽皆物也，俱爲萬物，百賤不能當一貴乎？

或曰：「唯人君動氣，衆庶不能。」夫氣感必須人君，世何稱於鄒衍？鄒衍匹夫，一人感氣，世又然之。刑一人而氣輒寒，生一人而氣輒温乎？赦令四下，萬刑並除，當時歲月之氣不温。往年萬户失火，烟焱參天；河決千里，四望無垠。火與温氣同，水與寒氣類。失火、河決之時，不寒、不温。然則寒温之至，殆非政治所致。然而寒温之至，遭與賞罰同時，變復之家，因緣名之矣。

春温夏暑，秋涼冬寒，人君無事，四時自然。夫四時非政所爲，而謂寒温獨應政治？正月之始，正月之後，立春之際，百刑皆斷，囹圄空虚，然而一寒一温。當其寒也，何刑所斷？當其温也，何賞所施？由此言之，寒温天地節氣，非人所爲，明矣。

人有寒温之病，非操行之所及也。遭風逢氣，身生寒温。變操易行，寒温不除。夫身近而猶不能變除其疾，國邑遠矣，安能調和其氣？人中於寒，飲藥行解，所苦稍衰；轉爲温疾，吞發汗之丸而應愈。燕有寒谷，不生五穀。鄒衍吹律，寒谷可種。燕人種黍其中，號曰黍谷。宗祥案：「谷」，程刻、顧本誤「穀」，從宋、元。御覽五十四引劉向別録曰：「方士傳言鄒衍在燕，有谷，地美而寒，不生五穀，鄒子居之，吹律而温氣至，而生黍穀，今名黍谷。」如審有之，寒温之災，復以吹律之事，調和其氣，變政易行，何能滅除？是故寒温之疾，非藥不愈；黍谷之氣，非律不調。堯遭洪水，使禹治之。寒温與堯之洪水，同一實也。堯不變政易行，知夫洪水非政行所致。洪水非政行所致，亦知寒温非政治所招。

或難曰：「洪範庶徵曰：『急，恒寒若；舒，恒燠若。』若，順；燠，温；恒，常也。人君急，則常寒順之；舒，則常温順之。寒温應急舒，謂之非政，如何？」夫豈謂急不寒，舒不温哉？人君急、舒，而寒、温遞至，偶適自然，若故相應，猶卜之得兆、筮之得數也。人謂天地應令問，其實適然。夫寒温之應急舒，猶兆數之應令問也。外若相應，其實偶然。何以驗之？夫天道自然，自然無爲，二令參偶，遭適逢會，人事始作，天氣已有，故曰道也。使應政事，是有，非自然也。宗祥案：「有」下疑脱「爲」字。譴告篇云：「是有爲，非自然也。」可證。易京氏布六十四卦於一歲中，六日七分，一卦用事。卦有陰陽，氣有升降，陽升則温，陰升則寒。由此言之，寒温隨卦而至，不應政治也。宗祥案：漢書京房傳：「房分六十卦，更直日用事。」孟康注：「餘四卦：震、離、兑、坎，爲方伯監司之官。」案易無妄之應，水旱之至，自有期節。百災萬變，殆同一曲。變復之家，疑且失實。何以爲疑？夫大人與天地合德，先天而天不違，後天而奉天時。洪範曰：「急，恒寒若；舒，恒燠若。」如洪範之言，天氣隨人易徙，當先天而天不違耳，何故復言後天而奉天時乎？後者，天已寒温於前，而人賞罰於後也。由此言之，人言與尚書不合，一疑也。京氏占寒温，以陰陽升降，變復之家，以刑賞喜怒，兩家乖迹，二疑也。民間占寒温，今日寒而明日温，朝有繁霜，夕有列光，旦雨氣温，宗祥案：列光，列星之光也。「旦」疑「且」譌。「且，將也」，見國策秦策注。下皆同。旦暘氣寒。夫雨者陰，暘者陽也。寒者陰而温者陽也。雨旦暘反寒，暘旦雨反温，不以類相應，三疑也。三疑不定，自然之説，亦未立也。

譴告篇

論災異謂古之人君爲政失道，天用災異譴告之也。災異非一，復以寒温爲之效。人君用刑非時則寒，施賞違節則温。天神譴告人君，猶人君責怒臣下也。故楚嚴王曰：宗祥案：「嚴」即「莊」也，避明帝諱，故改之。見後漢書吳漢傳注。「天不下災異，天其忘予乎！」災異爲譴告，故嚴王懼而思之也。

曰：此疑也。夫國之有災異也，猶家人之有變怪也。有災異謂天譴，人君有變怪，天復譴告家人乎？家人既明，人之身中，亦將可以喻。身中病，猶天有災異也。血脉不調，人生疾病；風氣不和，歲生災異。災異謂天譴告國政，疾病天復譴告人乎？釀酒於罌，烹肉於鼎，皆欲其氣味調得也。時或鹹苦酸淡不應口者，猶人與藥失其和也。宗祥案：「勺藥，五味也」，見史記司馬相如傳「勺藥之和具而後御之」集解引郭璞注。夫政治之有災異也，猶烹釀之有惡味也。苟謂災異爲天譴告，是其烹釀之誤，得見譴告也。占大以小，明物事之喻，足以審天。使嚴王知如孔子，則其言可信。衰世霸者之才，猶夫變復之家也，言未必信，故疑之。

夫天道，自然也，無爲。如譴告人，是有爲，非自然也。黄老之家，論説天道，得其實矣。且天審能譴告人君，宜變易其氣，以覺悟之。用刑非時，刑氣寒而天宜爲温；施賞違節，賞氣温而天宜爲寒。變其政而易其氣，故君得以覺悟，知是非。今乃隨寒從温，爲寒爲温以譴告之，意欲令變更之。且太王亶父以王季之可立，故易名爲歷。歷者，適也。宗祥案：漢書孝成趙皇后傳耿育上疏曰：「太伯見歷知適。」顔師古注：「知適，謂知其當爲適嗣也。」太伯覺悟，之吴、越，採藥，以避王季。使太王不易季名而復字之季，太伯豈覺悟以避之哉？今刑賞失法，天欲改易其政，宜爲異氣，若太王之易季名，今乃重爲同氣以譴告之，人君何時將能覺悟，以見刑賞之誤哉？

鼓瑟者誤於張弦設柱，宫商易聲，其師知之，易其弦而復移其柱。夫天之見刑賞之誤，猶瑟師之睹弦柱之非也。不更變氣以悟人君，反增其氣以渥其惡，則天無心意，苟隨人君爲誤，非也。紂爲長夜之飲，文王朝夕曰：「祀兹酒。」齊奢於祀，晏子祭廟，豚不掩俎。何則？非疾之者，宜有以改易之也。子弟傲慢，父兄教以謹敬；吏民横悖，長吏示以和順。是故康叔、伯禽失子弟之道，見於周公，拜起驕悖，三見三笞；往見商子，商子令觀橋梓之樹，二子見橋梓，心感覺悟，以知父子之禮。宗祥案：「父」疑「弟」譌。周公可隨爲驕，商子可順爲慢，必須加之捶杖，教觀於物者，冀二人之見異，以奇自覺悟也。夫人君之失政，猶二子失道也。天不告以政道，令其覺悟，若二子觀見橋梓，而顧隨刑賞之誤，爲寒温之報，此則天與人君俱爲非也。無相覺悟之感，有相隨從之風，非皇天之意，愛下譴告之宜也。

凡物能相割截者，必異性者也；能相奉成者，必同氣者也。是故離下兑上曰「革」。革，更也。火金殊氣，故能相革。如俱火而皆金，安能相成？屈原疾楚之臬洿，宗祥案：「臬」，俗臭字。見玉篇。故稱香潔之辭；漁父議以不隨俗，故陳沐浴之言。凡相溷者，或教之薰隧，宗祥案：「隧」疑「燧」譌。楚人燒香自薰，謂之薰燧。見淮南說山訓注。或令之負冢。二言之於除臬洿也，孰是孰非，非有不易，少有以益。夫用寒温非刑賞也，能易之乎？西門豹急，佩韋以自寬；董安于緩，帶絃以自促。二賢知佩帶變己之物，而以攻身之短。天至明矣，宗祥案：「天」，各本誤「夫」，從元本。人君失政，不以他氣譴告變易，反隨其誤，就起其氣，此則皇天用意，不若二賢審也。楚莊王好獵，樊姬爲之不食鳥獸之肉；秦繆公好淫樂，華陽后爲之不聽鄭、衛之音。二姬非兩主，拂其欲而不順其行；皇天非賞罰，而順操而渥其氣。此蓋皇天之德，不若婦人賢也。

故諫之爲言「間」也，持善間惡，必謂之一亂。宗祥案：「亂，治之理也。」見爾雅釋詁孫注。周繆王任刑，甫刑篇曰：「報虐用威。」威、虐，皆惡也。用惡報惡，亂莫甚焉。今刑失賞寬，惡也。夫復爲惡以應之，宗祥案：「夫」疑「天」譌。此則皇天之操，與繆王同也。故以善駁惡，以惡懼善，告人之理，勸厲爲善之道也。舜戒禹曰：「毋若丹朱敖！」周公勑成王曰：「毋若殷王紂！」毋者，禁之也。丹朱、殷紂至惡，故曰「毋」以禁之。夫言「毋若」，孰與言「必若」

哉？故「毋」、「必」二辭，聖人審之。況肯譴非爲非，順人之過以增其惡哉？天人同道，大人與天合德。聖賢以善返惡，皇天以惡隨非，豈道同之效，合德之驗哉？

孝武皇帝好仙，司馬長卿獻大人賦，上乃僊僊原注：宜讀爲「飄飄」字。宗祥案：史記、漢書均作「飄飄」。有凌雲之氣。孝成皇帝好廣宮室，楊子雲上甘泉頌，妙稱神怪，若曰非人力所能爲，鬼神力乃可成。皇帝不覺，爲之不止。長卿之賦，如言仙無實效，子雲之頌，言奢有害，孝武豈有僊僊之氣者，孝成豈有不覺之惑哉？然即天之不爲他氣以譴告人君，宗祥案：「則，即也」，見廣雅。故「即」、「則」通。反順人心以非應之，猶二子爲賦頌，令兩帝惑而不悟也。竇嬰、灌夫，疾時爲邪，相與日引繩以糾纆之。宗祥案：「如繩索糾纆相附會也。」見史記賈誼傳注。心疾之甚，安肯從其欲？太伯教吳冠帶，孰與隨從其俗，與之俱倮也？故吳之知禮義也，太伯改其俗也。蘇武入匈奴，終不左衽。趙他入南越，箕踞椎髻。漢朝稱蘇武而毀趙他，之性習越土氣，宗祥案：「之」疑「他」譌。畔冠帶之制。陸賈說之夏服雅禮，風告以義，趙他覺悟，運心嚮內。如陸賈復越服夷談，從其亂俗，安能令之覺悟，自變從漢制哉？

三教之相違，宗祥案：三教，謂夏、殷、周三代之教也，說見下齊世篇。文質之相反，政失，不相反襲也。譴告人君誤，不變其失而襲其非，欲行譴告之教，不從如何？管、蔡篡畔，周公告教之，至於再三。其所以告教之者，豈云當篡畔哉？人道善善惡惡，施善以賞，加惡以罪，天道宜然。刑賞失實，惡也。爲惡氣以應之，惡惡之義，安所施哉？漢正首匿之罪，制亡從之法，惡其隨非而與惡人爲羣黨也。如束罪人以詣吏，離惡人以異居，首匿亡從之法除矣。狄牙之調味也，酸則沃之以水，淡則加之以鹹。水火相變易，故膳無鹹淡之失也。今刑罰失實，不爲異氣以變其過，而又爲寒於寒，爲温於温，原注：一有「寒温」字。此猶憎酸而沃之以鹹，惡淡而灌之以水也。由斯言之，譴告之言，疑乎？必信也？今熯薪燃釜，火猛則湯熱，火微則湯冷。夫政猶火，寒温猶熱冷也。顧可言人君爲政，賞罰失中也，逆亂陰陽，使氣不和，乃言天爲人君爲寒爲温以譴告之乎？

儒者之說，又言：「人君失政，天爲異；不改，災其人民；不改，乃災其身也。先異後災，先教後誅之義也。」曰：此復疑也。以夏樹物，物枯不生；以秋收穀，穀棄不藏。夫爲政教猶樹物收穀也，顧可言政治失時氣物爲災，乃言天爲異以譴告之，不改爲災以誅伐之乎？儒者之說，俗人言也。盛夏陽氣熾烈，陰氣干之，激射㲼裂，宗祥案：即「霹靂」。中殺人物，謂天罰陰過。外一聞若是，宗祥案：「一」字疑衍。內實不然。夫謂災異爲譴告誅伐，猶爲雷殺人罰陰過也。非謂之言，不然之說也。

或曰：「谷子雲上書陳言變異，明天之譴告。不改，後將復有，願貫械待時。後竟復然。即不爲譴告，原注：一有「復告復」字。何故復有？子雲之言，故後有以示改也。」曰：夫變異自有占候，陰陽物氣，自有終始。履霜以知堅冰必至，天之道也。子雲識微，知後復然，借變復之說，以效其言，故願貫械以待時也。猶齊晏子見鉤星在房、心之間，則知地且動也。使子雲見鉤星，則將復曰：「天以鉤星譴告政治，不改將有地動之變矣。」然則子雲之願貫械待時，猶子韋之願伏陛下以俟熒惑徙處。必然之驗，故譴告之言信也。

予之譴告，何傷於義？損皇天之德，使自然無爲，轉爲人事，故難聽之也。稱天之譴告，譬天之聰察也，反以聰察傷損於天德。「何以知其聾也？以其聽之聰也。何以知其盲也？以其視之明也。何以知其狂也？以其言之當也。」夫言當視聽聰明，而道家謂之狂而盲聾。今言天之譴告，是謂天狂而盲聾也。

易曰：「大人與天地合其德。」故太伯曰：「天不言，殖其道於賢者之心。」夫大人之德，則天德也；賢者之言，則天言也。大人刺而賢者諫，是則天譴告也，而反歸告於災異，故疑之也。六經之文，聖人之語，動言天者，欲化無道，懼愚者。之言非獨吾心，亦天意也。及其言天，猶以人心，非謂上天蒼蒼之體也。變復之家，見誣言天，災異時至，則生譴告之言矣。

驗古以知今天以人。宗祥案：「知今」二字疑誤倒。「受終于文祖」，不言受終于天。堯之心知天之意也。宗祥案：堯典：「受終于文祖。」馬融云：「文祖，天也。」鄭玄注：「文祖，五府之大名，猶周之明堂。」

王肅注：「文祖，廟名。」仲任之説，又出諸家之外。堯授之，天亦授之，百官臣子，皆鄉與舜。舜之授禹，禹之傳啟，皆以人心效天意。詩之「眷顧」，洪範之「震怒」，皆以人身效天之意。文、武之卒，成王幼少，周道未成，周公居攝，當時豈有上天之教哉？周公推心合天志也。上天之心，在聖人之胷，及其譴告，在聖人之口。宗祥案：御覽四百一引作：「上天之心，在聖人之胷，其譴告在聖人之口。世無聖人，安得知天變動？」不信聖人之言，反然災異之氣，求索上天之意，何其遠哉？世無聖人，安所得聖人之言？賢人庶幾之才，亦聖人之次也。

論衡卷第十五

變動篇　招致篇闕　明雩篇　順鼓篇

漢　會稽王充著
海寧張宗祥校注

變動篇

論災異者，已疑於天用災異譴告人矣，更説曰：「災異之至，殆人君以政動天，天動氣以應之。譬之以物擊鼓，以椎扣鐘，鼓猶天，椎猶政，鐘鼓聲猶天之應也。人主爲於下，則天氣隨人而至矣。」

曰：此又疑也。夫天能動物，物焉能動天？何則？人物繫於天，天爲人物主也。故曰：「王良策馬，車騎盈野。」非車騎盈野，而乃王良策馬也。天氣變於上，人物應於下矣。宗祥案：史記天官書：「漢中四星曰天駟，旁一星曰王良。王良策馬，車騎盈野。」索隱：「春秋合誠圖云：『王良，主天馬也。』」正義：「王良五星，在奎北河中，天子奉御官也。其動策馬，則兵車滿野。」故天且雨，商羊起舞，使天雨也。商羊者，知雨之物也。天且雨，屈其一足起舞矣。故天且雨，螻蟻徙，丘蚓出，琴絃緩，固疾發。宗祥案：「固」一作「故」，見史記魯周公世家集注。此物爲天所動之驗也。故天且風，巢居之蟲動；且雨，穴處之物擾。風雨之氣，感蟲物也。故人在天地之間，猶蚤虱之在衣裳之內，螻蟻之在穴隙之中。蚤虱、螻蟻爲逆順横從，能令衣裳、穴隙之間，氣變動乎？蚤虱、螻蟻不能，而獨謂人能，不達物氣之理也。夫風至而樹枝動，樹枝不能致風。是故夏末蜻蛚鳴，宗祥案：御覽二十三引有注云：「蟋蟀也。」寒螿啼，感陰氣也。雷動而雉驚，發蟄而蛇出，起氣也。宗祥案：御覽二十三引，作「啟蟄而虵出，感陽氣也」，是。夜及半而鶴唳，晨將旦而雞鳴，此雖非變，天氣動物，物應天氣之驗也。顧可言寒温感動人君，人君起氣而以賞罰，迺言以賞罰感動皇天，天爲寒温以應政治乎？

六情風家言，風至，爲盜賊者感應之而起，宗祥案：五行大義：「翼奉以風通六情。」即此六情風家。非盜賊之人精氣感天，使風至也。風至，怪不軌之心，而盜賊之操發矣。何以驗之？盜賊之人，見物而取，睹敵而殺，皆在徙倚漏刻之間，未必宿日有其思也，而天風已以貪狼陰賊之日至矣。以風占貴賤者，風從王相鄉來則貴，從囚死地來則賤。夫貴賤多少斗斛故也。風至而糴穀之人，宗祥案：治期篇作「糶穀之人」。貴賤其價，天氣動怪人物者也。故穀價低昂，一貴一賤矣。天官之書，以正月朝占四方之風。風從南方來者旱，從北方來者湛，東方來者爲疫，西方來者爲兵。太史公實道言，以風占水旱兵疫者，人物吉凶統於天也。使物生者，春也；物死者，冬也。春生而冬殺也。天者如或欲春殺冬生，物終不死生，何也？物生統於陽，物死繫於陰也。故以口氣吹人，人不能寒；吁人，人不能温。使見吹吁之人，涉冬觸夏，將有凍暍之患矣。寒温之氣，繫於天地而統於陰陽。人事國政，安能動之？

且天本而人末也。登樹怪其枝，不能動其株。如伐株，萬莖枯矣。人事猶樹枝，能温猶根株也。生於天含天之氣，宗祥案：「能」疑「寒」譌。「生」上疑脱「人」字。以天爲主，猶耳目手足繫於心矣。心有所爲，耳目視聽，手足動作，謂天應人，是謂心爲耳目手足使乎？旌旗垂旒，旒綴於杆，原注：「杆」宜讀爲「韜杠」之「杠」。杆東則旒隨而西。苟謂寒温隨刑罰而至，是以天氣爲綴旒也。鉤心在房、心之間，地且動之占也。齊太卜知之，謂景公：「臣能動地。」景公信之。夫謂人君能致寒温，猶齊景公信太卜之能動地。夫人不能動地，而亦不能動天。夫寒温，天氣也。天至高大，人至卑小。篙原注：或作「筳」。宗祥案：「筳」，小竹也。見東方朔答客難「以莛撞鐘」注。作「筳」是。不能鳴鐘，而螢火不爨鼎者，何也？鐘長而篙短，鼎大而螢小也。以七尺之細形，感皇天之大氣，其無分銖之驗，必也。

占大將且入國邑，氣寒則將且怒，温則將喜。夫喜怒起事而發，未入界，未見吏民，是非未察，喜怒未發，而寒温之氣，已豫至矣。怒喜致寒温，怒喜之後，氣乃當至，是竟寒温之氣，使人君怒喜也。

或曰：「未至誠也。行事至誠，若鄒衍之呼天而霜降，杞梁妻哭而城崩，何天氣之不能動乎？」夫至誠，猶以心意之好惡也。有果蓏之物，在人之前，去口一尺。心欲食之，口氣吸之，不能取也。手掇送口，然後得之。夫以果蓏之細，員圌易轉，宗祥案：「圌，以草作之，團團然也」，見釋名、釋宫室。去口不遠，至誠欲之，不能得也，況天去人高遠，其氣莽蒼無端末乎？盛夏之時，當風而立，隆冬之月，嚮日而坐。其夏欲得寒，而冬欲得温也，至誠極矣。欲之甚者，至或當風鼓箑，嚮日燃爐，而天終不爲冬夏易氣，寒暑有節，不爲人變改也。夫正欲得之，而猶不能致，況自刑賞，意思不欲求寒温乎？

萬人俱歎，未能動天，一鄒衍之口，安能降霜？鄒衍之狀，孰與屈原？見拘之寃，孰與沉江？離騷、楚辭，悽愴孰與一歎？屈原死時，楚國無霜，此懷、襄之世也。厲、武之時，卞和獻玉，刖其兩足，奉玉泣出，涕盡續之以血。夫鄒衍之誠，孰與卞和？見拘之寃，孰與刖足？仰天而歎，孰與泣血？夫歎固不如泣，拘固不如刖，料計寃情，衍不如和，當時楚地不見霜。李斯、趙高讒殺太子扶蘇，并及蒙恬、蒙驁。宗祥案：「驁」疑「毅」譌，當從史記。其時皆吐痛苦之言，與歎聲同；又禍至死，非徒苟徙。宗祥案：「苟」疑「拘」譌。而其死之地，寒氣不生。秦坑趙卒於長平之下，四十萬衆，同時俱陷。當時啼號，非徒歎也。誠雖不及鄒衍，四十萬之寃，度當一賢臣之痛；入坑埳之啼，度過拘囚之呼。當時長平之下，不見隕霜。甫刑曰：「庶僇旁告無辜于天帝。」此言蚩尤之民被寃，旁告無罪於上天也。以衆民之叫，不能致霜，鄒衍之言，殆虛妄也。

南方至熱，煎沙爛石，父子同水而浴。北方至寒，凝冰坼土，父子同穴而處。燕在北邊，鄒衍時，周之五月，正歲三月也。中州内正月二月，霜雪時降。北邊至寒，三月下霜，未爲變也。此殆北邊三月尚寒，霜適自降，而衍適呼，與霜逢會。

傳曰：「燕有寒谷，不生五穀。鄒衍吹律，寒谷復温。」則能使氣温，亦能使氣復寒。何知衍不令時人知己之寃，以天氣表己之誠，竊吹律於燕谷獄，宗祥案：「谷」字疑衍。令氣寒而因呼天乎？即不然者，霜何故降？

范雎爲須賈所讒，魏齊僇之，折幹摺脅。張儀游於楚，楚相掠之，被捶流血。二子寃屈，太史公列記其狀。鄒衍見拘，雎、儀之比也，且子長何諱不言？案衍列傳，不言見拘而使霜降。僞書遊言，猶太子丹使日再中、天雨粟也。由此言之，衍呼而降霜，虛矣！則杞梁之妻哭而崩城，妄也！

頓牟叛，趙襄子帥師攻之，軍到城下，頓牟之城崩者十餘丈，襄子擊金而退之。夫以杞梁妻哭而城崩，襄子之軍，有哭者乎？秦之將滅，都門内崩；霍光家且敗，第墻自壞。誰哭於秦宫，泣於霍光家者？然而門崩墻壞，秦、霍敗亡之徵也。或時杞國且圮，宗祥案：「杞」疑「莒」僞。事見左襄公二十三年傳。而杞梁之妻，適哭城下，猶燕國適寒，而鄒衍偶呼也。事以類而時相因，聞見之者，或而然之。又城老墻朽，猶有崩壞。一婦之哭，崩五丈之城，是城則一指摧三仞之楹也。宗祥案：「城」疑「誠」譌。春秋之時，山多變。山、城，一類也。哭能崩城，復能壞山乎？女然素縞而哭河。宗祥案：事見穀梁成五年傳。「女」字疑衍。河流通，信哭城崩，固其宜也。案杞梁從軍死不歸，其婦迎之，魯君弔於途，宗祥案：據左傳，「魯」當作「齊」。妻不受弔，棺歸於家，魯君就弔。不言哭於城下。本從軍死，從軍死不在城中，妻向城哭，非其處也。然則杞梁之妻，哭而崩城，復虚言也。

因類以及荆軻、秦王，宗祥案：感虚篇作：「荆軻刺秦王。」此脱「刺」字。白虹貫日；衛先生爲秦畫長平之計，太白食昴。復妄言也。夫豫子謀殺襄子，伏於橋下，襄子至橋心動。貫高欲殺高祖，藏人於壁中，高祖至柏人，亦動心。二子欲刺兩主，兩主心動。實論之，尚謂非二子精神所能感也。而況荆軻欲刺秦王，秦王之心不動，而白虹貫日乎？然則白虹貫日，天變自成，非軻之精爲虹而貫日也。鉤星在房、心間，地且動之占也。地且動，鉤星應房、心。夫太白食昴，猶鉤星在房、心也。謂衛先生長平之議，令太白食昴，疑矣！歲星害鳥尾，周、楚惡之；緐然之氣見，宗祥案：左昭公十七年傳，梓慎曰：「其居火也久矣，其與不然乎。」「不然」無義。據此，則「不然」當作「緐然」。「緐縭，盛貌」，見後漢書張衡傳注。此言氣紛盛也。宋、衛、陳、鄭災。案時周、楚未有非，而宋、衛、陳、鄭未有惡也。然而歲星先守尾，災氣署垂於天，孫詒讓曰：「署」當作「著」，形聲近而誤。宗祥案「署，表也」。見漢書禮樂志集注。從「表」義訓非誤字。其後周、楚有禍，宋、衛、陳、鄭同時皆然。歲星之害周、楚，天氣災四國也。何知白虹貫日，不致刺秦王；太白食昴，使長平計起也？

明雩篇

變復之家，以久雨爲湛，久暘爲旱。旱應亢陽，湛應沉溺。或難曰：「夫一歲之中，十日者一雨，五日者一風。雨頗留，湛之兆也；暘頗久，旱之漸也。湛之時，人君未必沉溺也；旱之時，未必亢陽也。人君爲政，前後若一。然而一湛一旱，時氣也。」范蠡、計然曰：「太歲在子，水，毀；金，穰；木，饑；火，旱。」宗祥案：越絶書計倪内經：「太陰三歲處金則穰，三歲處水則毀，三歲處木則康，三歲處火則旱。」史記貨殖列傳引計然：「故歲在金，穰；水，毀；木，饑；火，旱。」均無「在子」之説，「子」字疑衍。夫如是，水、旱、饑、穰，有歲運也。歲直其運，氣當其世，變復之家，指而名之。人君用其言，求過自改。暘久自雨，雨久自暘，變復之家，遂名其功。人君然之，遂信其術。試使人君恬居安處，不求己過，天猶自雨，雨猶自暘。暘濟雨濟之時，人君無事，變復之家，猶名其術。是則陰陽之氣，以人爲主，不説於天也。宗祥案：「説」疑「統」譌。又，「説，舍也」，見詩召南「召伯所説」，通「税」，義亦通。夫人不能以行感天，天亦不隨行而應人。

春秋魯大雩，旱求雨之祭也。旱久不雨，禱祭求福，若人之疾病，祭神解禍矣。此變復也。詩云：「月離于畢，比滂沲矣。」書曰：「月之從星，則以風雨。」然則風雨隨月所離從也。宗祥案：「離，麗也」，見易彖上注。又仲任本書及淮南原道引詩亦有作「麗」者。房星四表三道，宗祥案：

「房有三道」，見洪範五行傳「出入不節」注。「房，四表之道也」，見古微書引書運期授。「天駟，房也」，見爾雅釋天。「房、心爲明堂」，見洪範五行傳注。無以房星爲主雨者。然「四表三道」之説則固指房星而非畢星也。此蓋指日月出入房星三道而言。日月之行，出入三道。出北則湛，出南則旱。或言出北則旱，南則湛。案月爲天下占，房爲九州候。月之南北，非獨爲魯也。孔子出，使子路齎雨具。有頃，天果大雨。子路問其故，孔子曰：「昨暮月離于畢。」後日，月復離畢。孔子出，子路請齎雨具，孔子不聽。出果無雨。子路問其故，孔子曰：「昔日月離其陰，故雨。昨暮月離其陽，故不雨。」夫如是，魯雨自以月離，豈以政哉？宗祥案：「哉」，元本「致」。如審以政令，月離于畢爲雨占，天下共之。魯雨，天下亦宜皆雨。六國之時，政治不同，人君所行賞罰異時，必以雨爲應政令，月離六七畢星，然後足也？魯繆公之時，歲旱。繆公問縣子：「天旱不雨，寡人欲暴巫，奚如？」縣子不聽。「欲徙市，奚如？」對曰：「天子崩，巷市七日；諸公薨，巷市五日。爲之徙市，不亦可乎？」案縣子之言，徙市得雨也。案詩、書之文，月離星得雨。日月之行，有常節度，肯爲徙市故離畢之陰乎？夫月畢天下占，徙魯之市，安耐移月？月之行天，三十日而周。一月之中，一過畢星，離陽則陽。宗祥案：「則陽」疑「則暘」之譌。假令徙市之感，能令月離畢陽，其時徙市而得雨乎？宗祥案：「陽」疑「陰」譌。夫如縣子言，未可用也。

董仲舒求雨，申春秋之義，設虛立祀，父不食於枝庶，天不食於下地，諸侯雩禮，所祀未知何神？如天神也，唯王者天乃歆，諸侯及今長吏，天不享也。神不歆享，安耐得神？如雲雨者，氣也。雲雨之氣，何用歆享？觸石而出，膚寸而合，不崇朝而辨雨天下，泰山也。泰山雨天下，小山雨國邑。然則大雩所祭，豈祭山乎？假令審然，而不得也。宗祥案：「而不」二字疑倒。「而」作「能」訓。何以效之？水異川而居，相高分寸，不決不流，不鑿不合。誠令人君禱祭水旁，能令高分寸之水，流而合乎？夫見在之水，相差無幾，人君請之，終不耐行。況雨無形兆，深藏高山，人君雩祭，安耐得之？

夫雨水在天地之間也，猶夫涕泣在人形中也。或賫酒食請於惠人之前，宗祥案：「惠，愛也。」見論語憲問「惠人也」集解引孔注。求出其泣，宗祥案：「求」，各本「未」，誤，從程刻。惠人終不爲之隕涕。夫泣不可請而出，雨安可求而得？雍門子悲哭，孟嘗君爲之流涕。蘇秦、張儀悲説坑中，鬼谷先生泣下沾襟。或者儻可爲雍門之聲，出蘇、張之説，以感天乎？天又耳目高遠，音氣不通。杞梁之妻，又已悲哭，天不雨而城反崩。夫如是，竟當何以致雨？雩祭之家，何用感天？

案月出北道，離畢之陰，希有不雨。由此言之，北道，畢星之所在也。北道星肯爲雩祭之故，下其雨乎？孔子出，使子路齎雨具之時，魯未必雩祭也。不祭，沛然自雨；不求，曠然自暘。夫如是，天之暘雨，自有時也。一歲之中，暘雨連屬，當其雨也，誰求之者？當其暘也，誰止之者？人君聽請，以安民施恩，必非賢也。天至賢矣，時未當雨，僞請求之故，宗祥案：「僞」疑「爲」譌。妄下其雨，人君聽請之類也。變復之家，不推類驗之，空張法術惑人君。或未當雨，而賢君求之而不得；或適當自雨，惡君求之，遭遇其時。是使賢君受空責，而惡君蒙虛名也。

世稱聖人純而賢者駮，純則行操無非，無非則政治無失。然而世之聖君，莫有如堯、湯。堯遭洪水，湯遭大旱。如謂政治所致，堯、湯惡君也；如非政治，是運氣也。運氣有時，安可請求？世之論者，猶謂堯、湯水旱。水旱者，時也；其小旱湛，皆政也。假令審然，何用致湛。宗祥案：證之上下文，「湛」上疑脱「旱」字。審以政致之，不修所以失之，而從請求，安耐復之？世審稱堯、湯水旱，天之運氣，非政所致。夫天之運氣，時當自然，雖雩祭請求，終無補益。而世又稱湯以五過禱於桑林，宗祥案：本書感類篇亦作「五過」，感虛篇作「六過」，後漢書鍾離意傳「成湯遭旱，以六事自責」，均作「六」，「五」字疑誤。時立得雨。夫言運氣，則桑林之説絀；稱桑林，則運氣之論消。世之説稱者，竟當何由？救水旱之術，審當何用？

夫災變大抵有二：宗祥案：「抵」，宋、元本「都」。有政治之災，有無妄之變。政治之災，須耐求之，求之雖不耐得，而惠愍惻隱之恩，不得已之意也。慈父之於子，孝子之於親，知病不祀神，疾痛不和藥，宗祥案：兩「不」字上疑脱「無」字。又知病之必不可治，治之無益，然終不肯安坐待絶，猶卜筮求祟，召醫和藥者，惻痛慇懃，冀有驗也。既死氣絶，不可如何，升屋之危，以衣招復，悲恨思慕，冀其悟也。宗祥案：「悟，覺也」，見説文。又通「寤」。「寤，寐之覺也」，見漢書董仲舒傳注。雩祭者之用心，慈父孝子之用意也。無妄之災，百民不知，必歸於主。爲政治者，慰民之望，故亦必雩。

問：「政治之災，無妄之變，何以別之？」曰：德酆政得，宗祥案：「酆」、「豐」古通。左傳文七年「酆舒」，漢書古今人表作「豐舒」。災猶至者，無妄也；德衰政失，變應來者，政治也。夫政治，原注：一有「也治」字。則外雩而内改，以復其虧；無妄，則内守舊政，外修雩禮，以慰民心。故夫無妄之變，宗祥案：「變」，各本「氣」，從宋、元。歷世時至，當固自一，不宜改政。何以驗之？周公爲成王陳立政之言曰：「時則物有間之。宗祥案：「物，謂精怪及藥物也。」見史記留侯世家「然言有物」索隱。「物，謂鬼物」，見漢書郊祀志集注。尚書作「勿」，仲任義長。自一話一言，我則末，惟成德之彥，宗祥案：「惟」，各本「維」，從宋、元。尚書亦「惟」。以乂我受民。」周公立政，可謂得矣。知非常之物，不賑不至，宗祥案：「賑」通「振」，匡謬正俗云，「今人之作文書者，以其事涉貨財，輒改『振』爲『賑』」，是也。「振，動也」，見易恒釋文引馬注。故敕成王自一話一言，政事無非，毋敢變易。然則非常之變，無妄之氣，間而至也。水氣間堯，旱氣間湯。周宣以賢，遭遇久旱。建初孟季，北州連旱，宗祥案：「季」疑「秊」譌，後漢書楊終傳：「建初元年，大旱，穀貴。」可證。牛死民乏，放流就賤。聖主寬明於上，百官共職於下，太平之明時也。政無細非，旱猶有，氣間之也。聖主知之，不改政行，轉穀賑贍，損酆濟耗。斯見之審明，所以救赴之者得宜也。魯文公間歲大旱，宗祥案：「文」疑「僖」誤，左傳在僖公二十一年。臧文仲曰：「修城郭，貶食省用，務嗇勸分。」文仲知非政，故徒修備，不改政治。變復之家，見變輒歸於政，不揆政之無非，見異懼惑，變易操行，以不宜改而變，祇取災焉！

何以言必當雩也？曰：春秋大雩，傳家在宣公羊、穀梁無譏之文，宗祥案：「在宣」疑「左丘明」三字之誤，書虛篇「傳家左丘明、公羊、穀梁何諱不言」句可證。當雩明矣。曾晳對孔子言其志曰：「暮春者，春服既成，冠者五六人，童子六七人，浴乎沂，風乎舞雩，詠而歸。」孔子曰：「吾與點也。」魯設雩祭於沂水之上。暮者，晚也；春，謂四月也。俞樾曰：按包注以「暮春」爲「季春三月」，自是建辰之月。周頌臣工篇：「維暮之春。」鄭謂：「周之季春，於夏爲孟春。」則以爲建寅之月，而此乃以爲建卯之月，在夏正爲仲春，不得爲暮，在周正爲孟夏，并不得言春。雖漢人舊說，不敢從也。桓五年左傳云：「啟蟄而郊，龍見而雩。」杜注：「龍見建巳之月。」禮記月令篇：「仲夏之月，乃命百縣雩祀。」鄭注曰：「雩之正，當以四月。凡周之秋三月之中而旱，亦修雩禮以求雨。因著正雩此月，失之矣。」然則正雩當在建巳之月，而午、未、申三月，不雨亦得行雩禮。若卯月，非雩祭時也。左傳言「啟蟄而郊」，此乃改爲「啟蟄而雩」，未知其說。春服既成，謂四月之服成也。冠者、童子，雩祭樂人也。浴乎沂，涉沂水也，象龍之從水中出也。風乎舞雩，風歌也。詠而饋，詠歌饋祭也，歌詠而祭也。說論之家，以爲浴者，浴沂水中也；風，乾身也。周之四月，正歲二月也，尚寒，安得浴而風乾身？由此言之，涉水不浴，雩祭審矣。春秋左氏傳曰：「啟蟄而雩。」孫詒讓曰：按左桓五年傳作「啟蟄而郊」，不云「雩」。仲任不知據何本。後祭意篇亦云：「二月之時，龍星始出，故傳曰：『龍見而雩。』龍星見時，歲已啟蟄而雩。」此文有譌，疑當云：「龍星見時，歲已啟蟄，故又曰啟蟄而雩。」今本挩五字耳。又曰：「龍見而雩。」啟蟄、龍見，皆二月也。春二月雩，秋八月亦雩。春祈穀雨，秋祈穀實。當今靈星，秋之雩也。春雩廢，秋雩在。故靈星之祀，歲雩祭也。孔子曰：「吾與點也！」善點之言，欲以雩祭調和陰陽，故與之也。使雩失正，點欲爲之，孔子宜非，不當與也。樊遲從游，感雩而問，刺魯不能崇德而徒雩也。夫雩，古而有之。故禮曰：「雩祭，祭水旱也。」孫詒讓曰：按此祭法文。「雩祭」當作「雩宗」，祭意篇引禮不誤。故有雩禮，故孔子不譏，而仲舒申之。夫如是，雩祭，祀禮也。雩祭得禮，則大水，鼓用牲于社，亦古禮也。得禮無非，當雩一也。

禮：祭也社，孫詒讓曰：「也」當爲「地」之壞字。報生萬物之功。土地廣遠，難得辨祭，故立社爲位，主心事之。爲水旱者，陰陽之氣也，滿六合，難得盡祀，故修壇設位，敬恭祈求，效事社之義，復災變之道也。推生事死，推人事鬼。陰陽精氣，儻如生人能飲食乎？故共馨香，奉進旨嘉，區區惓惓，冀見荅享。推祭社言之，當雩二也。

歲氣調和，災害不生，尚猶而雩。今有靈星，古昔之禮也。況歲氣有變，水旱不時，人君之懼，必痛甚矣。雖有靈星之祀，猶復雩，恐前不備，形繹之義也。宗祥案：「繹，又祭也。」「商曰彤」。見爾雅釋天。冀復災變之虧，獲豐穰之報，三也。

禮之心悃愊，樂之意歡忻。悃愊以玉帛效心，歡忻以鐘鼓驗意。雩祭請祈，人君精誠也。精誠在內，宗祥案：「內」，宋、元「中」。無以效外。故雩祀盡己，惶懼關納，宗祥案：「關，通也。」見禮記曾子問注。精心於雩祀之前，玉帛鐘鼓之義，四也。

臣得罪於君，子獲過於父，比自改更，且當謝罪。惶懼於旱，如政治所致，臣子得罪獲過之類也。默改政治，潛易操行，不彰於外，天怒不釋，故必雩祭，惶懼之義，五也。

漢立博士之官，師弟子相訶難，欲極道之深，形是非之理也。不出橫難，不得從說；不發苦詰，不聞甘對。導才低仰，欲求裨也；孫詒讓曰：「導才低仰，欲求裨也。」按此文難通，疑當作「導米低仰，欲求粺也」。後漢書和熹鄧皇后紀李注云：「導官，主導擇米，以供祭祀。謂導擇米粟，簸揚低仰之，所以去粗糲，求精粺也。」「粺」，説文米部云：「粺，穀也。」九章算術粟米篇云：「糲米三十，粺米二十七。」此文蓋「米」、「才」，「粺」、「裨」二字，形聲近而誤。宗祥按：「裨」元本誤「惲」。砥石劘厲，欲求銛也。推春秋之義，求雩祭之説，實孔子之心，考仲舒之意。孔子既殁，仲舒已死，世之論者，孰當復問？唯若孔子之徒，仲舒之黨，爲能説之。

順鼓篇

春秋之義，大水，鼓用牲於社。說者曰：「鼓者，攻之也。」或曰：「脅之。」脅則攻矣。陽勝，攻社以救之。宗祥案：「陽」疑「陰」譌。

或難曰：「攻社謂得勝負之義，未可得順義之節也。人君父事天，母事地，母之黨類爲害，可攻母以救之乎？以政令失道，陰陽繆盭者，人君也。宗祥案：「盭，古戾字。」見漢書膠西王傳注。不自攻以復之，反逆節以犯尊，天地安肯濟？使湛水害傷天，不以地害天，攻之可也。今湛水所傷，物也。萬物於地，卑也。害犯至尊之體，於道違逆。」論春秋者，曾不知難。

案雨出於山，流入於川，湛水之類，山川是矣。大水之災，不攻山川。社，土也。五行之性，水土不同。以水爲害而攻土，土勝水。攻社之義，毋乃如今世工匠之用椎鑿也？以椎擊鑿，令鑿穿木。今儻攻土，令厭水乎？且夫攻社之義，以爲攻陰之類也。甲爲盜賊，傷害人民，甲在不亡，舍甲而攻乙之家，耐止甲乎？今雨者，水也。水在，不自攻水，而乃攻社。案天將雨，山先出雲，雲積爲雨，雨流爲水。然則山者父母，水者子弟也。重罪刑及族屬，罪父母子弟乎？罪其朋徒也？計山水與社，俱爲雨類也，孰爲親者？社，土也，五行異氣，相去遠。

殷太戊桑穀俱生。或曰：高宗恐駭，宗祥案：史記殷本紀，祥桑枯死事屬太戊，號中宗。自中宗至帝武丁，凡十三君，相去遼遠。此書異虛篇云：「殷高宗之時，桑穀俱生于朝。」是仲任所據，與史記異。今作「太戊」，又云「高宗」，既非史記，又失仲任本旨。疑「太戊」當作「太社」，「或曰」二字衍。側身行道，思索先王之政，興滅國，繼絶世，舉逸民，明養老之義，桑穀消亡，享國長久。此説者春秋所共聞也。宗祥案：疑當作「此説春秋者」，誤倒。水災與桑穀之變何以異？殷王改政，春秋攻社，道相違反，行之何從？周成王之時，天下雷雨，偃禾拔木，爲害大矣。成王開金縢之書，求索行事周公之功，執書以泣，遏雨止風，反禾，大木復起。大雨、久湛，其實一也。成王改過，春秋攻社，兩經二義，行之如何？

月令之家，蟲食穀稼，取蟲所類象之吏，笞擊僇辱，以滅其變。實論者謂之未必真是，然而爲之，厭合人意。今致雨者，政也、吏也，不變其政，不罪其吏，而徒攻社，能何復塞？苟以爲當攻其類，衆陰之精，月也，方諸鄉月，水自下來。月離于畢，出房北道，宗祥案：此可證上文「房星三道」之説。希有不雨。月中之獸，兔、蟾蜍也。其類在地，螺與蚄也。宗祥案：「蚄」，疑即「蚌」也，見字彙補。月毁於天，螺蚄舀缺，同類明矣。雨久不霽，攻陰之類，宜捕斬兔、蟾蜍，椎破螺蚄，宗祥案：「破」，各本「被」，從宋、元。爲得其實。宗祥案：各本作「爲其得實」，從崇文局本。蝗蟲時至，或飛或集。所集之地，穀草枯索。吏卒部民，塹道作埳，榜驅内於塹埳，杷蝗積集，宗祥案：「杷，手掊之也」，見漢書貢禹傳注。以千斛數，正攻蝗之身，蝗猶不止，況徒攻陰之類，雨安肯霽？

尚書大傳曰：「煙氛郊社不修，山川不祝，風雨不時，霜雪不降，責於天公；臣多弑主，孽多殺宗，五品不訓，責於人公；城郭不繕，溝池不修，水泉不隆，孫詒讓曰：此引尚書大傳語。「不隆」當作「不降」，二字聲類同，故伏傳「降」字多作「隆」。王應麟王會篇補注引大傳「隆谷玄玉」，鄭注云「隆讀如龐降之降」，是其證。水爲民害，責於地公。」王者三公，各有所主；諸侯卿大夫，各有分職。大水不責卿大夫，而擊鼓攻社，何知？宗祥案：「知」疑「如」譌。

不然，魯國失禮，孔子作經，表以爲戒也。公羊高不能實，董仲舒不能定，故攻社之義，至今復行之。使高尚生，仲舒未死，將難之曰：久雨湛水溢，誰致之者？使人君也，宜改政易行以復塞之；如人臣也，宜罪其人，以過解天。如非君臣，陰陽之氣，偶時運也，擊鼓攻社，而何救止？

春秋說曰：「人君亢陽致旱，沉溺致水。」夫如是，旱則爲沉溺之行，水則爲亢陽之操，何乃攻社？攻社不解，朱絲縈之，亦復未曉。說者以爲社，陰；朱，陽也。水，陰也，以陽色縈之，助鼓爲救。夫大山失火，灌以壅水，孫詒讓曰：「壅」當爲「甕」形聲之誤。下同。衆知不能救之者，何也？火盛水少，熱不能勝也。今國湛水，猶大山失火也；以若繩之絲，縈社爲救，猶以壅水灌大山也。原天心以人意，狀天治以人事。人相攻擊，氣不相兼，兵不相負，宗祥案：「負，倍也」，見易「解負且乘」虞注。不能取勝。今一國水，使真欲攻陽以絶其氣，悉發國人，操刀把杖以擊之，若歲終逐疫，然后爲可。楚、漢之際，六國之時，兵革戰攻，力彊則勝，弱劣則負。攻社一人擊鼓，無兵革之威，安能救雨？

夫一暘一雨，猶一晝一夜也；其遭若堯、湯之水旱，猶一冬一夏也。如或欲以人事祭祀，復塞其變，冬求爲夏，夜求爲晝也。何以效之？久雨不霽，試使人君高枕安卧，雨猶自止；止久，至於大旱，試使人君高枕安卧，旱猶自雨。何則？暘極反陰，陰極反暘。宗祥案：二「暘」字疑皆「陽」譌。故夫天地之有湛也，何以知不如人之有水病也？其有旱也，何以知不如人有癉疾也？宗祥案：「癉，旱也」，見史記扁鵲倉公傳「風癉客病」正義。禱請求福，終不能愈；變操易行，終不能救；使醫食藥，冀可得愈，命盡期至，醫藥無效。堯遭洪水，春秋之大水也，聖君知之，不禱於神，不改乎政，使禹治之，百川東流。夫堯之使禹治水，猶病水者使醫也。然則堯之洪水，天地之水病也。禹之治水，洪水之良醫也。説者何以易之？

攻社之義，於事不得。雨不霽，祭女媧，於禮何見？伏羲、女媧，俱聖者也。舍伏羲而祭女媧，春秋不言。董仲舒之議，其故何哉？夫春秋經但言「鼓」，豈言「攻」哉？説者見有「鼓」文，則言「攻」矣。夫鼓未必爲攻，説者用意異也。季氏富於周公，而求也爲之聚斂而附益之。孔子曰：「非吾徒也，小子鳴鼓而攻之可也。」宗祥案：各本無「而」字，從宋本。攻者，責也，責讓之也。云國兵革相攻，不得難此。此又非也。以卑而責尊，爲逆矣。或據天責之也，王者母事地，母有過，子可據父以責之乎？下之於上，宜言諫。若事，臣子之禮也；責讓，上之禮也。乖違禮意，行之如何？

夫禮以鼓助號呼，明聲響也。古者人君將出，撞鐘擊鼓，故警戒下也。必以伐鼓爲攻此社，此則鐘聲鼓鳴攻擊上也。大水用鼓，或時再告社，陰之太盛，雨湛不霽。陰盛陽微，非道之宜，口祝不副，以鼓自助，與日食鼓用牲於社，同一義也。俱爲告急，彰陰盛也。事大而急者用鐘鼓，小而緩者用鈴⿱竹狄，孫詒讓曰：按「⿱竹狄」非鈴之類，字當作「篍」。說文竹部云：「篍，吹筩也。」急就篇云：「箛篍起居課後先。」「篍」與「⿱竹狄」形近而誤。彰事告急，助口氣也。天道難知。宗祥案：「天」，各本皆作「大」，從崇文局本改。大水久湛，假令政治所致，猶先告急，乃斯政行。盜賊之發，與此同操。盜賊亦政所致，比求闕失，猶先發告。鼓用牲于社，發覺之也。社者，衆陰之長。故伐鼓使社知之。說鼓者以爲攻之。故攻母逆義之難，緣此而至。今言告以陰盛陽微，攻尊之難，奚從來哉？且告宜於用牲，用牲不宜於攻。告事用牲，禮也；攻之用牲，於禮何見？朱絲如繩，示在暘也。暘氣實微，宗祥案：二「暘」字疑「陽」譌。故用物微也。投一寸之鍼，布一丸之艾，於血脈之蹊，宗祥案：「蹊」、「道也」，見廣雅釋室。篤病有瘳。朱絲如一寸之鍼、與一丸之艾也。宗祥案：各本無「與」字，從宋本。吴攻破楚，昭王亡走。申包胥間步赴秦，哭泣求救，卒得助兵，却吴而存楚。擊鼓之人，伐如何耳。宗祥案：「伐」疑「誠」譌。使誠若申包胥，一人擊得。假令一人擊鼓，將耐令社與秦王同感，以土勝水之威，却止雲雨。雲雨氣得與吴同恐，消散入山，百姓被害者，得蒙霽晏，有楚國之安矣。

迅雷風烈，君子必變，雖夜必興，衣冠而坐，懼威變異也。夫水旱，猶雷風也。雖運氣無妄，欲令人君高枕幄卧，原注：「幄」字，一本作「据」。以俟其時，無惻怛憂民之心。堯不用牲，或時上世質也。倉頡作書，奚仲作車，可以前代之時，無書車之事，非後世爲之乎？時同作殊，事乃可難；異世易俗，相非如何！

俗圖畫女媧之象，爲婦人之形，又其號曰「女」。仲舒之意，殆謂女媧古婦人帝王者也。男陽而女陰，陰氣爲害，故祭女媧求福祐也。傳又言：「共工與顓頊争爲天子，不勝，怒而觸不周之山，使天柱折，地維絶。女媧消煉五色石以補蒼天，斷鼇之足，以立四極。」仲舒之祭女媧，殆見此傳也。本有補蒼天、立四極之神，天氣不和，陽道不勝，儻女媧以精神助聖王止雨湛乎！

附録

亡獵犬于山林，大呼犬名，其犬則鳴號而應其主人。人犬異類而相應者，識其主也。

東風至，酒湛溢。案酒味從酸，東方木，其味酸，故酒湛溢。

將有赦，鑰動，感應也。

蠶合絲而商弦易，新穀登而舊穀缺。案子生而父母氣衰。新絲既登，故舊者自壞耳。

宗祥案：以上四則，見馬總意林卷三引論衡文。今本無之。周廣業注意林，定爲論衡招致篇佚文。仲任佚文，不止一篇。今從周説，附十五卷之後。

論衡卷第十六

亂龍篇　遭虎篇　商蟲篇　講瑞篇

漢　會稽王充著　海寧張宗祥校注

亂龍篇

董仲舒申春秋之雩，設土龍以招雨，其意以雲龍相致。易曰：「雲從龍，風從虎。」以類求之，故設土龍。陰陽從類，雲雨自至。

儒者或問曰：夫易言「雲從龍」者，謂真龍也，豈謂土哉？楚葉公好龍，墻壁槃盂皆畫龍。必以象類爲若真是，則葉公之國，常有雨也。易又曰「風從虎」，謂虎嘯而谷風至也。風之與虎，亦同氣類。設爲土虎，置之谷中，風能至乎？夫土虎不能而致風，土龍安能而致雨？宗祥案：此書「耐」、「而」、「能」三字通用，二「而」字疑衍。古者畜龍，乘車駕龍，故有豢龍氏、御龍氏。夏后之庭，二龍常在；季年夏衰，二龍低伏。真龍在地，猶無雲雨，况僞象乎？禮畫雷樽象雷之形，雷樽不聞能致雷，土龍安能而動雨？頓牟掇芥，宗祥案：「而」疑衍，「頓牟」疑爲「虎魄」異名。磁石引針，皆以其真是，不假他類。他類肖似，不能掇取者，何也？氣性異殊，不能相感動也。劉子駿掌雩祭，典土龍事，桓君山亦難以頓牟、磁石不能真是，何能掇針、取芥。子駿窮無以應。子駿，漢朝智囊，筆墨淵海，窮無以應者，是事非議誤，不得道理實也。

曰：夫以非真難，是也；不以象類説，非也。夫東風至，原注：一有「感」字。酒湛溢，鯨魚死，彗星出，天道自然，非人事也。事與彼雲龍相從，同一實也。日，火也。月，水也。水火感動，常以真氣。今伎道之家，鑄陽燧取飛火於日，作方諸取水於月，宗祥案：御覽二十二引：「陽燧取火，於五月丙午日中之時，消鍊五石，鑄以爲器，摩勵生光，仰以嚮日，則火來至。此真取火之道也。」又曰：「陽燧取火於天，消鍊五石，五月盛夏，鑄以爲器，乃能得火。今又但取刀劍銅鉤之屬，摩以嚮日，亦得火焉。」據此，則「五石」當屬金類。二引皆無「飛」字，「飛」疑衍。又御覽三引莊子曰：「陽燧見日，則燃爲火。」御覽四引淮南子曰：「方諸見月則津而爲水。」高誘注：「方諸，陰燧，大蛤也。」許慎注：「諸，珠也；方，石也。以銅盤受之，下水數升。」高、許二訓不同，未知孰是？然諸物皆能感受溼氣，凝結爲水也。非自然也，而天然之也。土龍亦非真，何爲不能感天？一也。

陽燧取火於天，五月丙午日中之時，消煉五石，鑄以爲器，乃能得火。今妄取刀劍偃月之鉤，摩以向日，亦能感天。夫土龍既不得比於陽燧，當與刀劍偃月鉤爲比。二也。

齊孟嘗君夜出秦關，關未開，客爲雞鳴，而真雞鳴和之。夫雞可以姦聲感，則雨亦可以僞象致。三也。

李子長爲政，欲知囚情，以梧桐爲人，象囚之形。鑿地爲埳，以盧爲槨，臥木囚其中。囚罪正則木囚不動，因冤侵奪，木囚動出。宗祥案：太平廣記一百七十一引論衡，「長」作「萇」，「桐」作「櫝」，「象囚之形」作「象囚人形」，「埳」作「陷」，「盧」作「蘆」，「槨」作「郭」，「則」作「是」，義較長。不知囚之精神着木人乎？將精神之氣動木囚也？夫精神感動木囚，何爲獨不應從土龍？四也。

舜以聖德入大麓之野，虎狼不犯，蟲蛇不害。禹鑄金鼎象百物，以入山林，亦辟凶殃。論者以爲非實，然而上古久遠，周鼎之神，不可無也。夫金與土，同五行也。使作土龍者如禹之德，則亦將有雲雨之驗。五也。

頓牟掇芥，磁石、鉤象之石，非頓牟也，皆能掇芥，土龍亦非真，當與磁石、鉤象爲類。六也。

楚葉公好龍，墻壁盂樽，皆畫龍象，真龍聞而下之。夫龍與雲雨同氣，故能感動以類相從。葉公以爲畫致真龍，宗祥案：「爲」疑「僞」譌。今獨何以不能致雲雨？七也。

神靈示人，以象不以實，故寢臥夢悟見事之象。將吉，吉象來；將凶，凶象至。神靈之氣，雲雨之類，八也。

神靈以象見實，土龍何獨不能以僞致真也？宗祥案：以文義察之，「八也」二字，當移在此句下。上古之人，有神荼、鬱壘者，昆弟二人，性能執鬼，居東海度朔山上，立桃樹下，簡閱百鬼。鬼無道理，妄爲人禍，荼與鬱壘，縛以盧索，宗祥案：謝短篇作「蘆索」，御覽八百八十三、一千並引作「蘆索」。「盧」疑作「蘆」。執以食虎。故今縣官斬桃爲人，立之户側，畫虎之形，著之門闌。夫桃人，非荼、鬱壘也；畫虎，非食鬼之虎也，刻畫效象，冀以禦凶。今土龍亦非致雨之龍，獨信桃人、畫虎，不知土龍。九也。

此尚因緣昔書，不見實驗。魯般、墨子刻木爲鳶，蜚之三日而不集，爲之巧也。使作土龍者，若魯般、墨子，則亦將有木鳶蜚不集之類。夫蜚鳶之氣，雲雨之氣也。氣而蜚木鳶，何獨不能從土龍？十也。

夫雲雨之氣也，知於蜚鳶之氣，未可以言。釣者以木爲魚，丹漆其身，近之水流而擊之，宗祥案：此七字意林引作「迎水浮之」四字。起水動作，魚以爲真，並來聚會。夫丹木，非真魚也。魚含血而有知，猶爲象至。雲雨之知，不能遇魚，見土龍之象，何能疑之？十一也。

此尚魚也，知不如人。匈奴敬畏郅都之威，刻木象都之狀，交弓射之，莫能一中。不知都之精神在形象邪？亡也？將匈奴敬鬼，精神在木也？如都之精神在形象，天龍之神，亦在土龍；如匈奴精在於木人，則雩祭者之精，亦在土龍。十二也。

金翁叔，休屠王之太子也，與父俱來降漢。父道死，與母俱來，拜爲騎都尉。母死，武帝圖其母於甘泉殿上，署曰「休屠王焉提」。宗祥案：「焉提」，即閼氏，爲匈奴稱后之名。翁叔從上上甘泉，拜謁起立，向之泣涕沾襟，久乃去。夫圖畫，非母之實身也。因見形象，涕泣輒下，思親氣感，不待實然也。夫土龍，猶甘泉之圖畫也，雲雨見之，何爲不動？十三也。

此尚夷狄也。有若似孔子。孔子死，弟子思慕，共坐有若孔子之座。弟子知有若非孔子也，猶共坐而尊事之。雲雨之知，使若諸弟子之知，雖知土龍非真，然猶感動思類而至。十四也。

有若，孔子弟子，疑其體象，則謂相似。孝武皇帝幸李夫人，夫人死，思見其形。道士以術爲李夫人，夫人步入殿門，武帝望見，知其非也，然猶感動喜樂近之。使雲雨之氣，如武帝之心，雖知土龍非真，然猶愛好感起而來。十五也。

既效驗有十五，又亦有義四焉。

立春東耕，爲土象人，男女各二人，秉耒把鋤。或立土牛，未必能耕也。宗祥案：類聚三十九、御覽二十皆引作：「或立土牛、象人，土牛未必能耕也。」順氣應時，示率下也。今設土龍，雖知不能致雨，亦當夏時以類應變，與土人、土牛，同一義也。

禮：宗廟之主，以木爲之，長尺二寸，以象先祖。孝子入廟，主心事之，雖知木主非親，亦當盡敬，有所主事。土龍與木主同。雖知非真，亦當感動，立意於象。二也。塗車、芻靈，聖人知其無用，示象生存，不敢無也。夫設土龍，知其不能動雨也，示若塗車、芻靈而有致。三也。

天子射熊，諸侯射麋，卿大夫射虎豹，士射鹿豕，孫詒讓曰：按此文據儀禮。鄉射記：「天子熊侯，諸侯麋侯，大夫布侯，畫以虎豹；士布侯，畫以鹿豕。」與周禮司裘大射侯異也。宗祥案：白虎通引含文嘉，與鄉射記及此文正同。是仲任所據非周禮。示服猛也。名布爲侯，示射無道諸侯也。夫畫布爲熊麋之象，名布爲侯，禮貴意象，示義取名也。土龍亦夫熊麋、布侯之類。四也。

夫以象類有十五驗，以禮示意有四義。仲舒覽見深鴻，立事不妄，設土龍之象，果有狀也。龍暫出水，雲雨乃至。古者畜龍、御龍常存，無雲雨。猶舊交相闊遠，卒然相見，歡欣歌笑，或至悲泣涕偃伏，少久則示行各恍忽矣。宗祥案：「示，語之也」，見漢書趙充國傳注。易曰：「雲從龍。」非言龍從雲也。雲樽刻雷雲之象，宗祥案：證之前文，「雲樽」疑「雷樽」之譌。龍安肯來？夫如是，傳之者何？可解，宗祥案：「何，問也」，見廣雅釋詁。「何」字當逗，言所傳儒家之問，皆可因之解答也。則桓君山之難可說也，則劉子駿不能對，劣也，劣則董仲舒之龍說不終也。論衡終之，故曰「亂龍」者，終也。宗祥案：意林引作：「故曰『亂龍』。『亂龍』者，『亂』有終也。」

遭虎篇

變復之家，謂虎食人者，功曹爲姦所致也。其意以爲功曹衆吏之率，虎亦諸禽之雄也。功曹爲姦，采漁於吏，故虎食人以象其意。

夫虎食人，人亦有殺虎。謂虎食人，功曹受取於吏，如人食虎，吏受於功曹也乎？案世清廉之士，百不能一。居功曹之官，皆有姦心，私舊故可以倖，苞苴賂遺，小大皆有。必謂虎應功曹，是野中之虎，常害人也。夫虎出有時，猶龍見有期也。陰物以冬見，陽蟲以夏出。出應其氣，氣動其類。參、伐以冬出，心、尾以夏見。參、伐則虎星，心、尾則龍象。象出而物見，氣至而類動，天地之性也。動於林澤之中，遭虎搏噬之時，稟性狂勃，貪叨饑餓，宗祥案：「勃」，本作「悖」，見莊子庚桑楚「徹志之勃」釋文。「叨，食也。」見一切經音義引埤蒼。觸自來之人，安能不食？人之筋力，羸弱不適，巧便不知，宗祥案：「適」、「鄭本作『敵』」，見論語里仁釋文。「知」、「一本作『如』」，見列子仲尼篇釋文。故「適」通「敵」，「知」通「如」。故遇輒死。使孟賁登山，馮婦入林，亦無此害也。

孔子行魯林中，婦人哭甚哀，使子貢問之：「何以哭之哀也？」曰：「去年虎食吾夫，今年食吾子，是以哭哀也。」子貢曰：「若此，何不去也？」對曰：「吾善其政之不苛，吏之不暴也。」子貢還報孔子。孔子曰：「弟子識諸！苛政暴吏，甚於虎也！」夫虎害人，古有之矣。政不苛，吏不暴，德化之足以却虎。然而二歲比食二人，林中獸不應善也。爲廉不應，姦吏亦不應矣。

或曰：「虎應功曹之姦，所謂不苛政者，非功曹也。婦人，廉吏之部也，雖有善政，安耐化虎？」夫魯無功曹之官，功曹之官，相國是也。魯相者殆非孔、墨，必三家也。爲相必無賢操，以不賢居權位，其惡必不廉也。必以相國爲姦，令虎食人，是則魯野之虎常食人也。

水中之毒，不及陵上；陵上之氣，不入水中。各以所近，罹殃取禍。是故漁者不死於山，獵者不溺於淵，好入山林，窮幽測深，涉虎窟寢，虎搏噬之，何以爲變？魯公牛哀病化爲虎，搏食其兄，同變化者，不以爲怪。入山林草澤，見害於虎，怪之，非也。蝮蛇悍猛，亦能害人。行止澤中，於蝮蛇應何官吏？蜂蠆害人，入毒氣害人，入水火害人。人爲蜂蠆所螫，爲毒氣所中，爲火所燔，爲水所溺，又誰致之者？苟諸禽獸乃應吏政，行山林中，麋鹿、野猪、牛象、熊羆、豺狼、蜼蠼，皆復殺人。苟謂食人乃應爲變，蛤蝨閩蝱皆食人，人身彊大，故不至死。倉卒之世，穀食之貴，百姓饑餓，自相啖食，厥變甚於虎。變復之家，不處苛政。

且虎所食非獨人也，含血之禽，有形之獸，虎皆食之。人謂應功曹之姦，食他禽獸，應何官吏？夫虎，毛蟲；人，倮蟲。毛蟲饑，食倮蟲，何變之有？四夷之外，大人食小人，虎之與蠻夷，氣性一也。平陸、廣都，虎所不由也；山林草澤，虎所生出也。必以虎食人應功曹之姦，是則平陸、廣都之縣，功曹常爲賢，山林、草澤之邑，功曹常伏誅也。

夫虎食人於野，應功曹之姦，虎時入邑行於民間，功曹游於閭巷之中乎？實說，虎害人於野不應政，其行都邑乃爲怪。夫虎，山林之獸，不狎之物也，常在草野之中，不爲馴畜。猶人家之有鼠也，伏匿希出，非可常見也。命吉居安，鼠不擾亂；祿衰居危，鼠爲殃變。夫虎亦然也。邑縣吉安，長吏無患，虎匿不見；長吏且危，則虎入邑行於民間。何則？長吏光氣已消，都邑之地，與野均也。推此以論，虎所食人，亦命時也。命訖時衰，光氣去身，視肉猶尸也，故虎食之。天道偶會，虎適食人，長吏遭惡，故謂爲變應上天矣。

古今凶驗，非唯虎也，野物皆然。楚王英宮樓未成，鹿走上階，其後果薨。魯昭公旦出，鸜鵒來巢，宗祥案：「旦」疑「且」譌。其後季氏逐昭公，昭公奔齊，遂死不還。賈誼爲長沙王傅，鵩鳥集舍，發書占之曰：「主人將去。」其後遷爲梁王傅。懷王好騎，墜馬而薨；賈誼傷之，亦病而死。昌邑王時，夷鴣鳥集宮殿下，王射殺之，以問郎中令龔遂。龔遂對曰：「夷鴣野鳥，入宮，亡之應也。」其後昌邑王竟亡。盧奴令田光與公孫弘等謀反，宗祥案：宋、元本「公孫弘」作「桑弘羊」，誤。後漢書虞延傳：「又欲辟幽州從事公孫弘，以弘交通楚王而止。並不奏聞。」即此人也。其且覺時，狐鳴光舍屋上，光心惡之。其後事覺，坐誅。會稽東部都尉禮文伯時，羊伏廳下，其後遷爲東萊太守。都尉王子鳳時，麕入府中，其後遷丹陽太守。夫吉凶同占，遷免一驗，俱象空亡，精氣消去也。故人且亡也，野鳥入宅；城且空也，草蟲入邑。等類衆多，行事比肩，略舉較著，以定實驗也。

商蟲篇

變復之家，謂蟲食穀者，部吏所致也。貪則侵漁，故蟲食穀。宗祥案：說文蟲部「螟」、「蟘」字，及詩小雅大田鄭箋，孔疏引李巡、孫炎說蟲災，並以爲政貪所致。漢書五行志引京房易傳，其說尤詳。身黑頭赤，則謂武官；頭黑身赤，則謂文官。使加罰於蟲所象類之吏，則蟲滅息不復見矣。

夫頭赤則謂武吏，頭黑則謂文吏所致也，時或頭赤身白，頭黑身黃，或頭身皆黃，或頭身皆青，或皆白若魚肉之類，應何官吏？時或白布豪民猾吏，宗祥案：「布」疑「市」譌。此猶賈誼傳所云「白晝大都之市」，意言橫行於白晝市中也。被刑乞貸者，威勝於官，取多於吏，其蟲形象，何如狀哉？蟲之滅也，皆因風雨。案蟲滅之時，則吏未必伏罰也。陸田之中時有鼠，水田之中，時有魚蝦蟹之類，皆爲穀害。或時希出而暫爲害，或常有而爲災，等類衆多，應何官吏？魯宣公履畝而稅，應時而有蝝生者，或言若蝗。蝗時至，蔽天如雨，集地食物，不擇穀草。察其頭身，象類何吏？變復之家，謂蝗何應？建武三十一年，蝗起太山郡，西南過陳留、河南，遂入夷狄，所集鄉縣，以千百數。當時鄉縣之吏，未皆履畝，蝗食穀草，連日老極，或蜚徙去，或止枯死。當時鄉縣之吏，未必皆伏罪也。夫蟲食穀自有止期，猶蠶食桑自有足時也。生出有日，死極有月，期盡變化，不常爲蟲。使人君不罪其吏，蟲猶自亡。夫蟲，風氣所生，蒼頡知之，故「凡」、「蟲」爲「風」之字，取氣於風，故八日而化，生春夏之物，或食五穀，或食衆草。食五穀，吏受錢穀也。其食他草，受人何物？

倮蟲三百，人爲之長。由此言之，人亦蟲也。人食蟲所食，蟲亦食人所食，俱爲蟲而相食物，何爲怪之？設蟲有知，亦將非人曰：「女食天之所生，吾亦食之，謂我爲變，不自謂爲災。」凡含氣之類，所甘嗜者，口腹不異。人甘五穀，惡蟲之食；自生天地之間，惡蟲之出。設蟲能言，以此非人，亦無以詰也。夫蟲之在物間也，知者不怪，其食萬物也，不謂之災。甘香渥味之物，蟲生常多。故穀之多蟲者，粢也。宗祥案：「粢，(亦)〔六〕穀也」，見周禮肆師注。稻時有蟲，麥與豆無蟲。必以有蟲責主者吏，是其粢鄉部吏，常伏罪也。神農、后稷藏種之方，煮馬屎以汁漬種者，令禾不蟲。宗祥案：漢書藝文志有神農二十篇。后稷無書。此可補佚。如或以馬屎漬種，其鄉部吏，鮑焦、陳仲子也。是故后稷、神農之術用，則其鄉吏，何免爲姦。宗祥案：「『何』，或作『可』」，見左襄十年傳釋文。何則？蟲無從生，上無以察也。

蟲食他草，平事不怪，食五穀葉，乃謂之災。桂有蠹，桑有蝎，桂中藥而桑給蠶，其用亦急，與穀無異。蠹蝎不爲怪，獨謂蟲爲災，不通物類之實，闇於災變之情也。穀蟲曰蠱，蠱若蛾矣。粟米饐熱生蠱。夫蟲食粟米，不謂之災，蟲食苗葉，歸之於政。如說蟲之家，謂粟輕苗重也。

蟲之種類，衆多非一。魚肉腐臭有蟲，醯醬不閉有蟲，飯温溼有蟲，書卷不舒有蟲，衣襞不懸有蟲，蝸疽螥螻蟙蝦有蟲。孫詒讓曰：此當作「瘑疽瘡瘻癰瘕」，玉篇疒部云：「瘑疽，瘡也。」說文疒部云：「瘻，頸腫也。」（山海經郭注云：「瘻癰屬中多有蟲。」）「瘕，女病也。」急就篇顔注云：「瘕，癥也。」或白或黑，或長或短，大小鴻殺，宗祥案：「『殺』，或作『小』。」見呂覽審時注。不相似類，皆風氣所生，并連以死。生不擇日，若生日短促，見而輒滅。變復之家，見其希出，出又食物，則謂之災。災出當有所罪，則依所似類之吏，順而説之。人腹中有三蟲，下地之澤，其蟲曰蛭。蛭食人足，三蟲食腸，順説之家，將謂三蟲何似類乎？宗祥案：「將謂」，宋、元作「輕與」。孫詒讓曰：以上下文校之，「輕」疑「蛭」之形誤。凡天地之間，陰陽所生，蛟蟯之類，宗祥案：「蛟」疑「蚑」譌。「蚑蟯」，貞蟲，見淮南原道注。又或「蟭」音之轉。蜫蠕之屬，宗祥案：「蜫」同「䖵」，「蟲之總名也。」「蠕，動也。」均見說文虫部。含氣而生，開口而食。食有甘不，同心等欲，彊大食細弱，知慧反頓愚。宗祥案：「頓，讀爲鈍」，見史記屈原賈誼傳索隱。他物小大連相齧噬，不謂之災，獨謂蟲食穀物爲應政事，失道理之實，不達物氣之性也。

然夫蟲之生也，必依温溼。温溼之氣，常在春夏。秋冬之氣，寒而乾燥，蟲未曾生。若以蟲生罪鄉部吏，是則鄉部吏貪於春夏，廉於秋冬。雖盜跖之吏，以秋冬署，蒙伯夷之舉矣。夫春夏非一，而蟲時生者，温溼甚也。甚則陰陽不和，陰陽不和，政也，徒當歸於政治，而指謂部吏爲姦，失事實矣。何知蟲以温溼生也？以蠱蟲知之。穀乾燥者蟲不生，温溼饐餲，蟲生不禁。藏宿麥之種，烈日乾暴，投於燥器，則蟲不生。如不乾暴，閘喋之蟲，宗祥案：「閘」疑「呷」譌。「呷，吸呷也。」見說文。喋，唼喋，「鳥食之聲也。」見史記司馬相如傳正義。此狀蟲嗜食。生如雲煙。以蠱閘喋，准況衆蟲，温溼所生，明矣。

詩云：「營營青蠅，止于藩。愷悌君子，無信讒言。」讒言傷善，青蠅污白，同一禍敗，詩以爲興。昌邑王夢西階下有積蠅矢，明旦，召問郎中龔遂。遂對曰：「蠅者，讒人之象也。夫矢積於階下，王將用讒臣之言也。」由此言之，蠅之爲蟲，應人君用讒。何故不謂蠅爲災乎？如蠅可以爲災，夫蠅歲生，世間人君常用讒乎？案蟲害人者莫如蚊虻，蚊虻歲生。如以蚊虻應災，世間常有害人之吏乎？必以食物乃爲災，人則物之最貴者也，蚊虻食人，尤當爲災。必以暴生害物乃爲災，夫歲生而食人，與時出而害物，災孰爲甚？人之病疥，亦希非常，疥蟲何故不爲災？且天將雨，螘出蚋蜚，爲與氣相應也。或時諸蟲之生，自與時氣相應，如何輒歸罪於部吏乎？天道自然，吉凶偶會，非常之蟲適生，貪吏遭署。人察貪吏之操，又見災蟲之生，則謂部吏之所爲致也。

講瑞篇

儒者之論，自說見鳳皇、騏驎而知之。何則？案鳳皇、騏驎之象。又春秋獲麟文曰：「有麏而角。」麏而角者，則是騏驎矣。其見鳥而象鳳皇者，則鳳皇矣。黃帝、堯、舜、周之盛時，皆致鳳皇。孝宣帝之時，鳳皇集于上林，後又於長樂之宮東門樹上，高五尺，文章五色。周獲麟，麟似麏而角。武帝之麟，亦如麏而角。如有大鳥，文章五色，獸狀如麏，首戴一角，考以圖象，驗之古今，則鳳、麟可得審也。

夫鳳皇，鳥之聖者也；騏驎，獸之聖者也。五帝、三王、臯陶、孔子，人之聖也。十二聖相各不同，而欲以麏戴角，則謂之騏驎，相與鳳皇象合者，謂之鳳皇，如何？夫聖鳥獸毛色不同，猶十二聖骨體不均也。戴角之相，猶戴午也。顓頊戴午，堯、舜未必然。宗祥案：「未必」，通津、程刻作「必未」，從宋、元。今魯所獲麟戴角，即後所見麟未必戴角也。如用魯所獲麟，求知世間之麟，則必不能知也。何則？毛羽骨角不合同也。假令不同，或時似類，未必真是。虞舜重瞳，王莽亦重瞳；晉文駢脅，張儀亦駢脅。如以骨體毛色比，則王莽，虞舜，而張儀，晉文也。有若在魯，最似孔子。孔子死，弟子共坐有若，問以道事，有若不能對者，何也？體狀似類，實性非也。今五色之鳥，一角之獸，或時似類鳳皇、騏驎，其實非真。而說者欲以骨體毛色定鳳皇、騏驎，誤矣！是故顏淵庶幾，不似孔子；有若恒庸，反類聖人。由是言之，或時真鳳皇、騏驎，骨體不似，恒庸鳥獸，毛色類真，知之如何？

儒者自謂見鳳皇、騏驎輒而知之，宗祥案：輒，「每事即然也」，見韻會。則是自謂見聖人輒而知之也。皋陶馬口，孔子反宇，設後輒有知而絶殊，馬口反宇，尚未可謂聖。何則？十二聖相不同，前聖之相，難以照後聖也。骨法不同，姓名不等，身形殊狀，生出異土，雖復有聖，何如知之？桓君山謂楊子雲曰：「如後世復有聖人，徒知其才能之勝己，多不能知其聖與非聖人也。」子雲曰：「誠然。」夫聖人難知，知能之美若桓、楊者，尚復不能知，世儒懷庸庸之知，齎無異之議，見聖不能知，可保必也。夫不能知聖，則不能知鳳皇與騏驎。世人名鳳皇、騏驎，何用自謂能之乎？夫上世之名鳳皇、騏驎，聞其鳥獸之奇者耳。毛角有奇，又不妄翔苟遊，與鳥獸争飽，則謂之鳳皇、騏驎矣。

世人之知聖，亦猶此也。聞聖人人之奇者，身有奇骨，知能博達，則謂之聖矣。及其知之，非卒見暫聞而輒名之爲聖也，與之偃伏，從文受學，然後知之。何以明之？子貢事孔子一年，自謂過孔子；二年，自謂與孔子同；三年，自知不及孔子。當一年、二年之時，未知孔子聖也；三年之後，然乃知之。以子貢知孔子，三年乃定。世儒無子貢之才，其見聖人，不從之學，任倉卒之視，無三年之接，自謂知聖，誤矣！少正卯在魯，與孔子並。孔子之門，三盈三虛，唯顏淵不去。顏淵獨知孔子聖也。夫門人去孔子，歸少正卯，不徒不能知孔子之聖，又不能知少正卯，門人皆惑。子貢曰：「夫少正卯，魯之聞人也。子爲政，何以先之？」孔子曰：「賜退！非爾所及。」夫才能知佞若子貢，尚不能知聖，世儒見聖，自謂能知之，妄也！

夫以不能知聖言之，則亦知其不能知鳳皇與騏驎也。使鳳皇羽翮長廣，騏驎體高大，則見之者以爲大鳥巨獸耳，何以別之？如必巨大別之，則其知聖人亦宜以巨大。春秋之時，鳥有爰居，不可以爲鳳皇；長狄來至，不可以爲聖人。然則鳳皇、騏驎，與鳥獸等也，世人見之，何用知之？如以中國無有，從野外來而知之，則是鸜鵒同也。鸜鵒，非中國之禽也。鳳皇、騏驎，亦非中國之禽獸也。皆非中國之物，儒者何以謂鸜鵒惡，鳳皇、騏驎善乎？

或曰：「孝宣之時，鳳皇集于上林，羣鳥從上以千萬數。以其衆鳥之長，聖神有異，故羣鳥附從。」如見大鳥來集，羣鳥附之，則是鳳皇，鳳皇審則定矣。夫鳳皇與騏驎同性，鳳皇見，羣鳥從，騏驎見，衆獸亦宜隨。案春秋之麟，不言衆獸隨之。宣帝、武帝，皆得騏驎，無衆獸附從之文。如以騏驎爲人所獲，附從者散，鳳皇人不獲，自來蜚翔，附從可見。書曰：「簫韶九成，鳳皇來儀。」大傳曰：「鳳皇在列樹。」不言羣鳥從也。豈宣帝所致者異哉？

或曰："記事者失之。唐、虞之君，鳳皇實有附從。上世久遠，記事遺失，經書之文，未足以實也。"夫實有而記事者失之，亦有實無而記事者生之。夫如是，儒書之文，難以實事，案附從以知鳳皇，未得實也。且人有佞猾而聚者，鳥亦有狡黠而從羣者。宗祥案："狡"，各本"佼"，從宋、元，下同。當唐、虞之時，鳳愨愿，宣帝之時狡黠乎？何其俱有聖人之德行，動作之操不均同也？無鳥附從，或時是鳳皇；羣鳥附從，或時非也。君子在世，清節自守，不廣結從，出入動作，人不附從。豪猾之人，任使用氣，往來進退，士衆雲合。夫鳳皇，君子也，必以隨多者效鳳皇，是豪黠爲君子也。歌曲彌妙，和者彌寡；行操益清，交者益鮮。鳥獸亦然。必以附從效鳳皇，是用和多爲妙曲也。龍與鳳皇爲比類。宣帝之時，黄龍出于新豐，羣蛇不隨。神雀、鸞鳥，皆衆鳥之長也。其仁聖雖不及鳳皇，然其從羣鳥亦宜數十。信陵、孟嘗，食客三千，稱爲賢君。漢將軍衛青及將軍霍去病，門無一客，亦稱名將。太史公曰："盜跖横行，聚黨數千人。伯夷、叔齊，隱處首陽山。"鳥獸之操，與人相似。人之得衆，不足以別賢。以鳥附從審鳳皇，如何？

或曰："鳳皇、騏驎，太平之瑞也。太平之際，見來至也。然亦有未太平而來至也，鳥獸奇骨異毛，卓絶非常則是矣，何爲不可知？"鳳皇、騏驎，通常以太平之時來至者？春秋之時，騏驎嘗嫌於王孔子而至。光武皇帝生於濟陽，鳳皇來集。夫光武始生之時，成、哀之際也，時未太平而鳳皇至。如以自爲光武有聖德而來，是則爲聖王始生之瑞，不爲太平應也。嘉瑞或應太平，或爲始生，其實難知。獨以太平之際驗之，如何？

或曰：「鳳皇、騏驎，生有種類，若龜、龍有種類矣。龜故生龜，龍故生龍，形色小大，不異於前者也。見之父，察其子孫，何爲不可知？」夫恒物有種類，瑞物無種適生，故曰德應，龜、龍然也。人見神龜、靈龍，而別之乎？宋元王之時，漁者網得神龜焉，漁父不知其神也。方今世儒，漁父之類也。以漁父而不知神龜，則亦知夫世人而不知靈龍也。龍或時似蛇，蛇或時似龍。韓子曰：「馬之似鹿者千金。」良馬似鹿，神龍或時似蛇。如審有類，形色不異。王莽時，有大鳥如馬，五色龍文，與衆鳥數十，集于沛國蘄縣。宣帝時，鳳皇集于地，高五赤。宗祥案：各本「尺」，從宋本。古「尺」借作「赤」字。與言「如馬」，身高同矣；文章五色，與言「五色龍文」，物色均矣；「衆鳥數十」，與言「俱集」、「附從」等也。如以宣帝時鳳皇體色、衆鳥附從，安知鳳皇，宗祥案：「安，語助，猶言抑也。」見荀子勸學注。則王莽所致鳥，鳳皇也。如審是王莽致之，是非瑞也。如非鳳皇，體色、附從，何爲均等？且瑞物皆起和氣而生，生於常類之中，而有詭異之性，則爲瑞矣。故夫鳳皇之至也，猶赤烏之集也。謂鳳皇有種，赤烏復有類乎？嘉禾、醴泉、甘露。嘉禾生於禾中，與禾中異穗，宗祥案：「中」字疑衍。謂之嘉禾；醴泉、甘露，出而甘美也，皆泉、露之所生出，宗祥案：各本無「之所」二字，從宋、元。非天上有甘露之種，地下有醴泉之類，聖治公平，而乃沾下産出也。宗祥案：「而乃」疑「乃而」之倒。「而」亦訓「能」。蓂莢、朱草，亦生在地，集於衆草，宗祥案：「集，雜也。」見孟子公孫丑上注。無常本根，暫時産出，旬月枯折，故謂之瑞。夫鳳皇、騏驎，亦瑞也，何以有種類？

按周太平，越常獻白雉。白雉生短而白色耳，孫詒讓曰：按「生短」當作「雉生」，謂白雉猶常雉，但生而毛色白耳，非别有種類也。宗祥案：短，可訓少，見吕覽先識注。此言白雉生少色白，遂爲世珍，義亦可通。非有白雉之種也。魯人得戴角之麞，謂之騏驎，亦或時生於麞，非有騏驎之類。由此言之，鳳皇亦或時生於鵠鵲，毛奇羽殊，出異衆鳥，則謂之鳳皇耳，安得與衆鳥殊種類也？有若曰：「騏驎之於走獸，鳳皇之於飛鳥，太山之於丘垤，河海之於行潦，類也。」然則鳳皇、騏驎，都與鳥獸同一類，體色詭耳，安得異種？同類而有奇，奇爲不世，不世難審，識之如何？

堯生丹朱，舜生商均。商均、丹朱，堯、舜之類也，骨性詭耳。鮌生禹，瞽瞍生舜。舜、禹，鮌、瞽瞍之種也，知德殊矣。試種嘉禾之實，不能得嘉禾。恒見粢粱之粟，宗祥案：「粱」，各本誤「梁」，從元本。莖穗怪奇。宗祥案：此處文義通貫，文字不接，疑有脱誤。人見叔梁紇，不知孔子父也；見伯魚，不知孔子之子也。張湯之父五尺，宗祥案：「湯」爲「蒼」譌，下同。事見史記、漢書任敖傳。湯長八尺，湯孫長六尺。孝宣鳳皇高五尺，所從生鳥，或時高二尺；後所生之鳥，或時高一尺。安得常種？種類無常，故曾晳生參，氣性不世；顏路出回，古今卓絶。馬有千里，不必騏驎之駒；宗祥案：「驎」疑「驥」譌。鳥有仁聖，不必鳳皇之雛。山頂之溪，不通江湖，然而有魚，水精自爲之也。廢庭壞殿，基上草生，地氣自出之也。按溪水之魚，殿基上之草，無類而出。瑞應之自至，天地未必有種類也。

夫瑞應，猶災變也。瑞以應善，災以應惡。善惡雖反，其應一也。災變無種，瑞應亦無類也。陰陽之氣，天地之氣也，遭善而爲和，遇惡而爲變，豈天地爲善惡之政，更生和變之氣乎？然則瑞應之出，殆無種類，因善而起，氣和而生。亦或時政平氣和，衆物變化，猶春則鷹變爲鳩，秋則鳩化爲鷹，蛇鼠之類，輒爲魚鼈，蝦蟇爲鶉，雀爲蜄蛤。物隨氣變，不可謂無。黄石爲老父，授張良書，去復爲石也。儒知之，或時太平氣和，麞爲騏驎，鵠爲鳳皇。是故氣性隨時變化，豈必有常類哉？褒姒，玄黿之子，二龍漦也。晉之二卿，熊羆之裔也。吞燕子、薏苡、履大人之語，世之人然之，獨謂瑞有常類哉？以物無種計之，以人無類議之，以體變化論之，鳳皇、騏驎，生無常類，則形色何爲當同？

案禮記瑞命篇云：「雄曰鳳，雌曰皇。雄鳴曰即即，雌鳴足足。」詩云：「梧桐生矣，于彼高岡。鳳皇鳴矣，于彼朝陽。菶菶萋萋，噰噰喈喈。」瑞命與詩，俱言鳳皇之鳴。瑞命之言「即即」、「足足」，詩云「雍雍喈喈」，此聲異也。使聲審，則形不同也。使聲同，詩與禮異。宗祥案：「聲」，通津、程刻「審」，從宋、元。世傳鳳皇之鳴，故將疑焉。

案魯之獲麟，云「有麞而角」。言「有麞」者，色如麞也。麞色有常，若烏色有常矣。武王之時，火流爲烏，云「其色赤」。赤非烏之色，故言「其色赤」。如似麞而色異，亦當言其色白若黑。今成事色同，故言「有麞」。麞無角，有異於故，故言「而角」也。夫如是，魯之所得麟者，若麞之狀也。武帝之時，西巡狩，得白麟，一角而五趾。角或時同，言「五趾」者，足不同矣。魯所得麟，云「有麞」，不言色者，麞無異色也。武帝云「得白麟」，色白不類麞，故言「有麞」，宗祥案：「言」上疑脱「不」字。正言「白麟」，色不同也。孝宣之時，九真貢，獻麟，狀如麞而兩角者。孝武言「一角」，不同矣。春秋之麟如麞，宣帝之麟言如鹿，鹿與麞，小大相倍，體不同也。夫三王之時，麟毛色、角趾，身體高大，不相似類。推此准後世麟出，必不與前同，明矣。夫騏驎、鳳皇之類，騏驎前後體色不同，而欲以宣帝之時所見鳳皇，高五尺，文章五色，准前況後，當復出鳳皇，謂與之同，誤矣！後當復出見之鳳皇、騏驎，必已不與前世見出者相似類，而世儒自謂見而輒知之，奈何？

案魯人得麟，不敢正名麟，曰「有麞而角」者，時誠無以知也。武帝使謁者終軍議之，終軍曰：「野禽并角，明天下同本也。」不正名麟而言「野禽」者，終軍亦疑無以審也。當今世儒之知，不能過魯人與終軍，其見鳳皇、騏驎，必從而疑之宗祥案：「疑，度之」也，見儀禮士相見禮鄭注。非恒之鳥獸耳，何能審其鳳皇、騏驎乎？

以體色言之，未必等；以鳥獸隨從多者，未必善；以希見言之，有鸜鵒來；以相奇言之，聖人有奇骨體，賢者亦有奇骨。聖賢俱奇，人無以别。由賢聖言之，聖鳥、聖獸，亦與恒鳥、庸獸，俱有奇怪。聖人賢者，亦有知而絶殊、骨無異者，聖賢鳥獸，亦有仁善廉清、體無奇者。世或有富貴不聖，身有骨爲富貴表，不爲聖賢驗。然則鳥亦有五采，獸有角，而無仁聖者。夫如是，上世所見鳳皇、騏驎，何知其非恒鳥獸？今之所見鵲䴢之屬，安知非鳳皇、騏驎也？

方今聖世，堯、舜之主，流布道化，仁聖之物，何爲不生？或時以有鳳皇、騏驎，亂於鵲鵲、䴢鹿，世人不知。美玉隱在石中，楚王、令尹不能知，故有抱玉泣血之痛。今或時鳳皇、騏驎以仁聖之性，隱於恒毛庸羽，無一角、五色表之，世人不之知，猶玉在石中也。何用審之？爲此論草於永平之初，時來有瑞，其孝明宣惠，衆瑞並至。至元和、章和之際，孝章耀德，天下和洽，嘉瑞奇物，同時俱應，鳳皇、騏驎，連出重見，盛於五帝之時。此篇已成，故不得載。

或問曰："講瑞謂鳳皇、騏驎難知，世瑞不能别。今孝章之所致鳳皇、騏驎，不可得知乎？"曰：五鳥之記："四方中央，皆有大鳥，其出，衆鳥皆從，小大毛色類鳳皇。"實難知也。故夫世瑞不能别，别之如何？以政治、時王之德，不及唐、虞之時，其鳳皇、騏驎，目不親見，然而唐、虞之瑞，必真是者，堯之德明也。孝宣比堯、舜，天下太平，萬里慕化，仁道施行，鳥獸仁者，感動而來，瑞物小大、毛色足翼，必不同類。以政治之得失，主之明闇，準況衆瑞，無非真者。事或難知而易曉，其此之謂也。又以甘露驗之。甘露，和氣所生也，露無故而甘，和氣獨已至矣。和氣至，甘露降，德洽而衆瑞湊。案永平以來，訖於章和，甘露常降，故知衆瑞皆是，而鳳皇、騏驎皆真也。

論衡卷第十七

漢　會稽王充著　海寧張宗祥校注

指瑞篇　是應篇　治期篇

指瑞篇

儒者説鳳皇、騏驎爲聖王來，以爲鳳皇、騏驎，仁聖禽也，思慮深，避害遠，中國有道則來，無道則隱。稱鳳皇、騏驎之仁知者，欲以褒聖人也，非聖人之德，不能致鳳皇、騏驎。此言妄也。

夫鳳皇、騏驎聖，聖人亦聖。聖人恓恓憂世，宗祥案：元本「栖栖」。鳳皇、騏驎亦宜率教。聖人游于世間，鳳皇、騏驎亦宜與鳥獸會，何故遠去中國，處於邊外，豈聖人濁，鳳皇、騏驎清哉？何其聖德俱而操不同也？如以聖人者當隱乎，十二聖宜隱；如以聖者當見，鳳、驎亦宜見。如以仁聖之禽，思慮深，避害遠，則文王拘於羑里，孔子厄於陳、蔡，非也。文王、孔子，仁聖之人，憂世憫民，不圖利害，故其有仁聖之知，遭拘厄之患。凡人操行能修身正節，不能禁人加非於己。案人操行莫能過聖人，聖人不能自免於厄，而鳳、驎獨能原注：一有「而」字。自全於世，是鳥獸之操，賢於聖人也。且鳥獸之知，不與人通，何以能知國有道與無道也？人同性類，好惡均等，尚不相知，鳥獸與人異性，何能知之？人不能知鳥獸，鳥獸亦不能知人，兩不能相知，鳥獸爲愚於人，何以反能知之？儒者咸稱鳳皇之德，欲以表明王之治，反令人有不及鳥獸，論事過情，使實不著。

且鳳、驎豈獨爲聖王至哉！孝宣皇帝之時，鳳皇五至，騏驎一至，神雀、黄龍，甘露、醴泉，莫不畢見，故有五鳳、神雀、甘露、黄龍之紀。使鳳、驎審爲聖王見，則孝宣皇帝聖人也。如孝宣帝非聖，則鳳、驎爲賢來也。爲賢來，則儒者稱鳳皇、騏驎，失其實也。鳳皇、騏驎爲堯、舜來，亦爲宣帝來矣。夫如是，爲聖且賢也。儒者説聖太隆，則論鳳、驎亦過其實。春秋曰：「西狩獲死驎，人以示孔子。孔子曰：『孰爲來哉？孰爲來哉？』反袂拭面，泣涕沾襟。」儒者説之，以爲天以驎命孔子，孔子，不王之聖也。夫驎爲聖王來，孔子自以不王，而時王魯君，無感驎之德，怪其來而不知所爲，故曰：「孰爲來哉？孰爲來哉？」知其不爲治平而至，爲己道窮而來，望絶心感，故涕泣沾襟。以孔子言「孰爲來哉」，知驎爲聖王來也。曰：前孔子之時，世儒已傳此説，孔子聞此説而希見其物也，見驎之至，怪所爲來。實者麟至無所爲來，常有之物也，行邁魯澤之中，而魯國見其物，遭獲之也。孔子見麟之獲，獲而又死，則自比於麟，自謂道絶不復行，將爲小人所徯獲也。宗祥案：此「徯」字，即漢書貨殖傳所云「矰弋不施於徯隧」之「徯」，言小人俟于徑道以獲之。若假作「徯」，則爲「繫囚」之「繫」，見淮南子本經高注。故孔子見麟而自泣者，據其見得而死也，非據其本所爲來也。然則麟之至也，自與獸會聚也。其死，人殺之也。使麟有知，爲聖王來，時無聖王，何爲來乎？思慮深，避害遠，何故爲魯所獲殺乎？夫以時無聖王而麟至，知不爲聖王來也，爲魯所獲殺，知其避害不能遠也。聖獸不能自免於難，聖人亦不能自免於禍。禍難之事，聖者所不能避，而云鳳、麟思慮深，避害遠，妄也。

且鳳、麟非生外國也，中國有聖王，乃來至也。生於中國，長於山林之間，性廉見希，人不得害也，則謂之思慮深，避害遠矣。生與聖王同時，行與治平相遇，世間謂之聖王之瑞，爲聖來矣。剥巢破卵，鳳鳥爲之不翔；焚林而畋，漉池而漁，龜、龍爲之不遊。鳳皇，龜、龍之類也。皆生中國，與人相近。巢剥卵破，屏竄不翔；林焚池漉，伏匿不遊。無遠去之文，何以知其在外國也？龜、龍、鳳皇，同一類也。希見不害，謂在外國；龜、龍希見，亦在外國矣。孝宣皇帝之時，鳳皇、騏驎、黄龍、神雀皆至。其至同時，則其性行相似類，則其生出宜同處矣。龍不生於外國，外國亦有龍。鳳、麟不生外國，外國亦有鳳、麟。然則中國亦有，未必外國之鳳、驎也。人見鳳、驎希見，則曰在外國；見遇太平，則曰爲聖王來。

夫鳳皇、騏驎之至也，猶醴泉之出，朱草之生也。謂鳳皇在外國，聞有道而來，醴泉、朱草何知，而生於太平之時？醴泉、朱草，和氣所生，然則鳳皇、騏驎，亦和氣所生也。和氣生聖人，聖人生於衰世。物生爲瑞，人生爲聖，同時俱然，時其長大，相逢遇矣。衰世亦有和氣，和氣時生聖人。聖人生於衰世，衰世亦時有鳳、驎也。孔子生於周之末世，騏驎見於魯之西澤。光武皇帝生於成、哀之際，鳳皇集於濟陽之地。聖人聖物，生於盛、衰世。宗祥案：「盛」下疑脱「世亦生」三字，或衍「盛」字。聖王遭原注：一有「出聖物遭」字。見聖物，猶吉命之人，逢吉祥之類也。其實相遇，非相爲出也。

夫鳳、驎之來，與白魚、赤烏之至，無以異也。魚遭自躍，王舟逢之；火偶爲烏，王仰見之。非魚聞武王之德而入其舟，烏知周家當起，集於王屋也。謂鳳、驎爲聖王來，是謂魚、烏爲武王至也。王者受富貴之命，故其動出見吉祥異物，見則謂之瑞。瑞有小大，各以所見，定德薄厚，若夫白魚、赤烏，小物小安之兆也；鳳皇、騏驎，大物太平之象也。故孔子曰：「鳳鳥不至，河不出圖，吾已矣夫！」不見太平之象，自知不遇太平之時矣。

且鳳皇、騏驎何以爲太平之象？鳳皇、騏驎，仁聖之禽也，仁聖之物至，天下將爲仁聖之行矣。尚書大傳曰：「高宗祭成湯之廟，有雉升鼎耳而鳴。高宗問祖乙，宗祥案：「乙」疑

「己」譌，下同。類聚、藝、御引尚書大傳均作「祖己」，本書異虚篇亦「祖己」，可證。祖乙曰：『遠方君子，殆有至者。』」祖乙見雉有似君子之行，今從外來，則曰「遠方君子將有至者」矣。夫鳳皇、騏驎，猶雉也，其來之象，亦與雉同。孝武皇帝西巡狩，得白驎，一角而五趾，又有木，枝出復合於本。武帝議問羣臣，謁者終軍曰：「野禽并角，明同本也；衆枝内附，示無外也。如此瑞者，外國宜有降者，是若應，殆且有解編髮、削左衽、襲冠帶而蒙化焉。」其後數月，越地有降者，匈奴名王亦將數千人來降，竟如終軍之言。終軍之言，得瑞應之實矣。

推此以况白魚、赤烏，猶此類也。魚，水精。宗祥案：「水」，通津、程刻「木」，從宋本。白者，殷之色也。烏者，孝烏。赤者，周之應氣也。先得白魚，後得赤烏，殷之統絶，色移在周矣。據魚、烏之見以占武王，則知周之必得天下也。世見武王誅紂，出遇魚、烏，則謂天用魚、烏命使武王誅紂，事相似類，其實非也。

春秋之時，鸜鵒來巢，占者以爲凶。夫野鳥來巢，魯國之都，且爲丘墟，昭公之身，且出奔也。後昭公爲季氏所攻，出奔於齊，死不歸魯。賈誼爲長沙太傅，服鳥集舍，發書占之，云：「服鳥入室，主人當去。」其後賈誼竟去。野鳥雖殊，其占不異。夫鳳、驎之來，與野鳥之巢、服鳥之集，無以異也。是鸜鵒之巢，服鳥之集，偶巢適集，占者因其野澤之物，巢集城宫之内，則見魯國且凶，傳舍人不吉之瑞矣。非鸜鵒、服鳥知二國禍將至，而故爲之巢集也。

王者以天下爲家，家人將有吉凶之事，而吉凶之兆，豫見於人，知者占之，則知吉凶將至。非吉凶之物有知，故爲吉凶之人來也，猶蓍龜之有兆數矣。龜兆蓍數，常有吉凶，吉人卜筮與吉相遇，凶人與凶相逢，非蓍龜神靈，知人吉凶，出兆見數，以告之也。虚居卜筮，前無過客，猶得吉凶。然則天地之間，常有吉凶，吉凶之物來至，自當與吉凶之人相逢遇矣。或言天使之所爲也。夫巨大之天，使細小之物，音語不通，情指不達，何能使物？物亦不爲天使，其來神怪，若天使之，則謂天使矣。夏后孔甲畋于首山，天雨晦冥，入于民家，主人方乳。或曰：「後來之子必大貴。」或曰：「不勝之子必有殃。」夫孔甲之入民室也，偶遭雨而蔭庇也，非知民家將生子，而其子必凶，爲之至也。既至，人占則有吉凶矣。夫吉凶之物，見於王朝，若入民家，猶孔甲遭雨入民室也。孔甲不知其將生子，爲之故到，謂鳳皇諸瑞，有知應吉而至，誤矣。

是應篇

儒者論太平瑞應，皆言氣物卓異，朱草、醴泉、翔鳳、甘露、景星、嘉禾、萐脯、蓂莢、屈軼之屬。宗祥案：「翔鳳」，類聚九十八引作「祥風」，下文亦作「風祥」，「翔鳳」疑譌。又言山出車，澤出舟，男女異路，市無二價，耕者讓畔，行者讓路，頒白不提挈，關梁不閉，道無虜掠，風不鳴條，雨不破塊，五日一風，十日一雨。其盛茂者，致黃龍、騏驎、鳳皇。

夫儒者之言，有溢美過實。瑞應之物，或有或無。夫言鳳皇、騏驎之屬，大瑞較然，不得增飾；其小瑞徵應，恐多非是。夫風氣雨露，本當和適，言其鳳翔、甘露、風不鳴條、雨不破塊，可也；言其五日一風，十日一雨，褒之也。風雨雖適，不能五日、十日，正如其數。言男女不相干，市價不相欺，可也；言其異路、無二價，褒之也。太平之時，豈更爲男女各作道哉？不更作道，一路而行，安得異乎？太平之時，無商人則可；如有，必求便利以爲業，買物安肯不求賤，賣貨安肯不求貴？有求貴賤之心，必有二價之語。此皆有其事，而褒增過其實也。

若夫萐脯、蓂莢、屈軼之屬，殆無其物。何以驗之？說以實者，太平無有此物。

儒者言萐脯生於庖廚者，宗祥案：書鈔百四十五、類聚七十二引，「言」下有「泰平時」三字。言廚中自生肉脯，薄如萐形，摇鼓生風，寒涼食物，使之不臭。夫太平之氣雖和，不能使廚生肉萐以爲寒涼。若能如此，則能使五穀自生，不須人爲之也。能使廚自生肉萐，何不使飯自蒸於甑，火自燃於竈乎？凡生萐者，欲以風吹食物也，何不使食物自不臭，何必生萐以風之乎？廚中能自生萐，則冰室何事而復伐冰以寒物乎？人夏月操萐，須手摇之，然後生風。從手握持，以當疾風，萐不鼓動。言萐脯自鼓，可也，須風乃鼓，不風不動，從手風來，自足以寒廚中之物，何須萐脯？世言燕太子丹使日再中，天雨粟，烏白頭，馬生角，廚門象生肉足。宗祥案：「象」上感應篇有「木」字，是。史記刺客列傳索隱引論衡作「木鳥」。論之既虚，則萐脯之語，五應之類，恐無其實。

儒者又言，古者蓂莢夾階而生，月朔日，一莢生，至十五日而十五莢；於十六日，日一莢落，至月晦，莢盡。來月朔，一莢復生。王者南面視莢生落，則知日數多少，不須煩擾按日曆以知之也。夫天既能生莢以爲日數，何不使莢有日名，王者視莢之字，則知今日名乎？徒知日數，不知日名，猶復案曆然後知之，是則王者視日，則更煩擾不省。蓂莢之生，安能爲福？夫蓂，草之實也，猶豆之有莢也，春夏未生，其生必於秋末。冬月隆寒，霜雪霣零，萬物皆枯，儒者敢謂蓂莢達冬獨不死乎？如與萬物俱生俱死，莢成而以秋末，是則季秋得察莢，春、夏、冬三時不得案也。且月十五日生十五莢，於十六日莢落，二十一日六莢落，落蓂棄殞，不可得數，猶當計未落莢以知日數，是勞心苦意，非善祐也。使莢生於堂上，人君坐戶牖間，望察莢生，以知日數，匪謂善矣。宗祥案：「匪，彼也」，見廣雅釋言。意言彼以爲善。今云夾階而生，生於堂下也。王者之堂，墨子稱堯、舜高三尺，宗祥案：類聚六十三、御覽百七十六引，「高」上有「堂」字。儒家以爲卑下。假使之然，高三尺之堂，蓂莢生於階下，王者欲視其莢，不能從戶牖之間見也，須臨堂察之，乃知莢數。夫起視堂下之莢，孰與懸曆日於扆坐，傍顧輒見之也？天之生瑞，欲以娛王者，須起察乃知日數，是生煩物以累之也。且莢，草也，王者之堂，旦夕所坐，古者雖質，宮室之中，草生輒耘，安得生莢，而人得經月數之乎？且凡數日一二者，欲以紀識事也，古有史官典曆主日，王者何事而自數莢？堯候四時之中，命羲和察四星以占時氣，四星至重，猶不躬視，而自察莢以數日也？

儒者又言：太平之時，屈軼生於庭之末，若草之狀，主指佞人。佞人入朝，屈軼庭末以指之，聖王則知佞人所在。夫天能故生此物以指佞人，不使聖王性自知之，或佞人本不生出，宗祥案：「或」，宋、元本「若」。必復更生一物，以指明之，何天之不憚煩也！聖王莫過堯、舜，堯、舜之治，最爲平矣。即屈軼已自生於庭之末，佞人來輒指知之，則舜何難於知佞人，而使皋陶陳知人之術？經曰：「知人則哲，惟帝難之。」人含五常，音氣交通，且猶不能相知。屈軼，草也，安能知佞？如儒者之言是，則太平之時，草木踰賢聖也。獄訟有是非，人情有曲直，何不并令屈軼指其非而不直者，必苦心聽原注：一有「獄」字。訟，三人斷獄乎？故夫屈軼之草，或時無有而空言生，或時實有而虛言能指，假令能指，或時草性見人而動。古者質樸，見草之動，則言能指，能指則言指佞人。司南之杓，投之於地，其柢指南。宗祥案：「杓」，「斗端星也」，見漢書律曆注。「柢」，本也，見爾雅釋言。御覽七百六十二引「杓」作「勺」，「柢」作「柄」，義同。魚肉之蟲，集地北行，夫蟲之性然也。今草能指，亦天性也。聖人因草能指，宣言曰：「庭末有屈軼，能指佞人。」百官臣子懷姦心者，則各變性易操，爲忠正之行矣，猶今府廷畫皋陶觟䚦也。宗祥案：「觟䚦」，御覽六百四十三、八百九十引作「獬豸」，事類賦二十二引作「獬廌」。「觟」與「獬」同，見集韻。「䚦」同「廌」，亦作「豸」，見類篇。

儒者說云：「觟䚦者，一角之羊也，性知有罪。皋陶治獄，其罪疑者，令羊觸之，有罪則觸，無罪則不觸。斯蓋天生一角聖獸，助獄爲驗，故皋陶敬羊，起坐事之。」宗祥案：御覽八百九十引，「知」作「識」，「無」作「免」，「敬」作「禮」，「起」作「跪」。此則神奇瑞應之類也。曰：夫觟䚦則復屈軼之語也。羊本二角，觟䚦一角，體損於群，不及衆類，何以爲奇？鼈三足曰能，龜三足曰賁，案能與賁，不能神於四足之龜鼈；一角之羊，何能聖於兩角之禽？狌狌知往，乾鵲知來，鸚鵡能言，天性能一，不能爲二。或時觟䚦之性，徒能觸人，未必能知罪人，皋陶欲神事助政，惡受罪者之不厭服，因觟䚦觸人則罪之，欲人畏之不犯，受罪之家，没齒無怨言也。夫物性各自有所知，如以鮭鯱能觸謂之爲神，則狌狌之徒，皆爲神也。巫知吉凶，占人禍福，無不然者。如以鮭鯱謂之巫類，則巫何奇而以爲善？斯皆人欲神事五化也。

師尚父爲周司馬，將師伐紂，到孟津之上，杖鉞把旄，號其衆曰：「倉兕！」宗祥案：「兕」，各本「光」，從元本，下同。御覽三百七引亦作「兕」。倉兕者，水中之獸也，善覆人船，因神以化，欲令急渡，不急渡倉兕害汝，則復鮭鯱之類也。河中有此異物，時出浮揚，一身九頭，人畏惡之，未必覆人之舟也。尚父緣河有此異物，因以威衆。夫鮭鯱之觸罪人，猶倉兕之覆舟也，蓋有虛名無其實效也。人畏怪奇，故空褒增。

又言：太平之時有景星。尚書中候曰：「堯時景星見於軫。」夫景星，或時五星也。大者歲星、太白也。彼或時歲星、太白，行於軫度，古質不能推步五星，不知歲星、太白何如狀，見大星則謂景星矣。詩又言：「東有啓明，西有長庚。」亦或時復歲星、太白也。或時昏見於西，或時晨出於東，詩人不知，則名曰啓明、長庚矣。然則長庚與景星同，皆五星也。太平之時，日月精明。五星，日月之類也，太平更有景星，可復更有日月乎？詩人，俗人也；中候之時，質世也。俱不知星。王莽之時，太白經天，精如半月，使不知星者見之，則亦復名之曰景星。爾雅釋四時章曰：「春爲發生，夏爲長贏，宗祥案：「贏，滿也。」見太玄元數注。宋、元本作「養」。秋爲收成，冬爲安寧。四氣和爲景星。」宗祥案：今本爾雅作：「四時和爲通正，謂之景風。」夫如爾雅之言，景星乃四時氣和之名也，恐非着天之大星。爾雅之書，五經之訓，故儒者所共觀察也，而不信從，更謂大星爲景星，豈爾雅所言景星，與儒者之所説異哉？

爾雅又言：「甘露時降，宗祥案：「露」，今本爾雅作「雨」。阮元校勘記曰：「作甘雨，非。」萬物以嘉，謂之醴泉。」醴泉乃謂甘露也。今儒者説之，謂泉從地中出，其味甘若醴，故曰醴泉。二説相遠，實未可知。案爾雅釋水章：「泉宗祥案：通津、程刻「章泉」誤倒。一見一否曰瀸。檻泉正出，宗祥案：「檻」，毛詩亦「檻」，今本爾雅作「濫」。正出，涌出也。沃泉懸出。懸出，下出也。」是泉出之異，輒有異名。使太平之時，更有醴泉從地中出，當於此章中言之，何故反居釋四時章中，言甘露爲醴泉乎？若此，儒者之言醴泉從地中出，又言甘露其味甚甜，未可然也。儒曰：「道至大者，宗祥案：「大」，御覽十一引作「天」。援神契曰：「德及於天，斗極明，日月光，甘露降。」作「天」義長，「大」疑「天」譌。日月精明，星辰不失其行，翔風起，甘露降。」雨濟而陰一者宗祥案：「翔」作「祥」，見易豐：「天際翔也。」釋文引王肅。「露」，御覽十一引作「雨」，「濟」作「霽」，「一」作「曀」。「霽，雨止也。」「曀，陰而風也。」均見説文。四字：「翔」通「祥」，「露」疑作「雨」，「濟」疑「霽」譌，「一」疑「曀」譌。謂之甘雨，非謂雨水之味甘也。推此以論甘露，必謂其降下時，適潤養萬物，未必露味甘也。亦有露甘味如飴蜜者，俱太平之應，非養萬物之甘露也。何以明之？案甘露如飴蜜者，着於樹木，不着五穀。彼露味不甘者，其下時土地滋潤，流溼萬物，洽沾濡溥。由此言之，爾雅且近得實。緣爾雅之言，驗之於物，案味甘之露，下着樹木，察所着之樹不能茂於所不着之木。然今之甘露，殆異於爾雅之所謂甘露。欲驗爾雅之甘露，以萬物豐熟，災害不生，此則甘露降下之驗也。甘露下，是則醴泉矣。

治期篇

世謂古人君賢則道德施行，施行則功成治安；人君不肖則道德頓廢，頓廢則功敗治亂。古今論者，莫謂不然。何則？見堯、舜賢聖致太平，桀、紂無道致亂得誅。如實論之，命期自然，非德化也。

吏百石以上，若升食以下，孫詒讓曰：按此當作「吏百石以下，斗食以上」。今本「上」、「下」互易，又譌「斗」爲「升」，遂不可通。漢書百官公卿表云：「縣百石以下，有斗食佐史之秩，是爲少吏。」顏注引漢官名秩簿云：「斗食，月俸十一斛是也。」居位治民，爲政布教，教行與止，宗祥案：「與止」，宋本作「以正」。民治與亂，皆有命焉。或才高行潔，居位職廢；或智淺操污，治民而立。上古之黜陟幽明、考功，據有功而加賞，案無功而施罰。是考命而長祿，非實才而厚能也。論者因考功之法，據效而定賢，則謂民治國安者，賢君之所致；民亂國危者，無道之所爲也。故危亂之變至，論者以責人君，歸罪於爲政不得其道。人君受以自責，愁神苦思，撼動形體，而危亂之變，終不減除。空憒人君之心，使明知之主，虛受之責，世論傳稱，使之然也。夫賢君能治當安之民，不能化當亂之世。良醫能行其針藥，使方術驗者，遇未死之人，得未死之病也。如命窮病困，則雖扁鵲末如之何。夫命窮病困之不可治，猶夫亂民之不可安也。藥氣之愈病，猶教導之安民也。皆有命時，不可令勉力也。公伯寮愬子路於季孫，子服景伯以告孔子。孔子曰：「道之將行也與，命也！道之將廢也與，命也！」由此言之，教之行廢，國之安危，皆在命時，非人力也。

夫世亂民逆，國之危殆災害，繫於上天，賢君之德，不能消卻。詩道周宣王遭大旱矣。詩曰：「周餘黎民，靡有孑遺。」言無有可遺一人不被害者。宣王賢者，嫌於德微。仁惠盛者，莫過堯、湯。堯遭洪水，湯遭大旱。水旱，災害之甚者也，而二聖逢之，豈二聖政之所致哉？天地歷數當然也。以堯、湯之水旱，準百王之災害，非德所致。非德所致，則其福祐非德所爲也。賢君之治國也，猶慈父之治家。慈父耐平教明令，耐使子孫皆爲孝善。宗祥案：意林引作：「猶慈父治家，亦不能使子孫皆孝也。」「耐」上疑脱「不」字。子孫孝善，是家興也；百姓平安，是國昌也。昌必有衰，興必有廢。興昌非德所能成，然則衰廢非德所能敗也。宗祥案：「敗，破也」，見吕覽義賞注。昌衰興廢，皆天時也。此善惡之實，未言苦樂之效也。家安人樂，富饒財用足也。案富饒者命厚所致，非賢惠所獲也。人皆知富饒居安樂者命禄厚，而不知國安治化行者歷數吉也。故世治非賢聖之功，衰亂非無道之致。國當衰亂，賢聖不能盛；時當治，惡人不能亂。世之治亂，在時不在政；國之安危，在數不在教。賢不賢之君，明不明之政，無能損益。

世稱五帝之時，天下太平，家有十年之蓄，人有君子之行。或時不然，世增其美，亦原注：一有「然」字。或時政所致。宗祥案：通津、程刻無「所」字，從宋、元。何以審之？夫世之所以爲亂者，不以賊盜衆多，兵革並起，民棄禮義，負畔其上乎？若此者，由穀食乏絶，不能忍饑寒。夫饑寒並至，而能無爲非者寡，然則温飽並至，而能不爲善者希。傳曰：「倉廩實，民知禮節；衣食足，民知榮辱。」讓生於有餘，争起於不足。穀足食多，禮義之心生；禮豐義重，平安之基立矣。故饑歲之春，不食親戚，穰歲之秋，召及四鄰。不食親戚，惡行也；召及四鄰，善義也。爲善惡之行，不在人質性，在於歲之饑穰。由此言之，禮義之行，在穀足也。案穀成敗，自有年歲。年歲水旱，五穀不成，非政所致，時數然也。必謂水旱政治所致，不能爲政者，莫過桀、紂，桀、紂之時，宜常水旱。案桀、紂之時，無饑耗之災。災至自有數，或時返在聖君之世。實事者説堯之洪水，湯之大旱，皆有遭遇，非政惡之所致。説百王之害，獨謂爲惡之應，此見堯、湯德優，百王劣也。審一足以見百，明惡足以照善。堯、湯證百王，至百王遭變，非政所致，以變見而明禍福。五帝致太平，非德所就，明矣。

人之温病而死也，先有凶色見於面部。其病遇邪氣也，其病不愈。至於身死，命壽訖也。國之亂亡，與此同驗。有變見於天地，猶人温病而死，色見於面部也。有水旱之災，猶人遇氣而病也。災禍不除，至於國亡，猶病不愈，至於身死也。論者謂變徵政治，賢人温病色凶，可謂操行所生乎？謂水旱者無道所致，賢者遭病，可謂無狀所得乎？謂亡者爲惡極，賢者身死，可謂罪重乎？夫賢人有被病而早死，惡人有完彊而老壽。人之病死，不在操行爲惡也。然則國之亂亡，不在政之是非。惡人完彊而老壽，非政平安而常存。由此言之，禍變不足以明惡，福瑞不足以表善，明矣。

在天之變，日月薄蝕，四十二月日一食，五月六月月亦一食。宗祥案：「五月」，通津、程刻「五十」，誤，從宋、元。食有常數，不在政治。百變千災，皆同一狀，未必人君政教所致。歲害鳥帑，周、楚有禍；宗祥案：「鳥尾曰帑。」見左襄公二十八年傳「以害鳥帑」注。綝然之氣見，宋、衛、陳、鄭皆災。當此之時，六國政教，未必失誤也。歷陽之都，一夕沉而爲湖，當時歷陽長吏，未必誑妄也。成敗繫於天，吉凶制於時。人事未爲，天氣已見，非時而何？五穀生地，一豐一耗；穀糴在市，一貴一賤。豐者未必賤，耗者未必貴。豐耗有歲，貴賤有時。時當貴，豐穀價增；時當賤，耗穀直減。夫穀之貴賤，不在豐耗，猶國之治亂，不在善惡。

賢君之立，偶在當治之世，德自明於上，民自善於下，世平民安，瑞祐並至，世則謂之賢君所致。無道之君，偶生於當亂之時，世擾俗亂，災害不絕，遂以破國，亡身滅嗣，世皆謂之爲惡所致。若此，明於善惡之外形，不見禍福之內實也。禍福不在善惡，善惡之證，不在禍福。長吏到官，未有所行，政教因前，無所改更，然而盜賊或多或寡，災害或無或有，夫何故哉？長吏秩貴，當階平安以升遷；或命賤不任，當由危亂以貶詘也。以今之長吏，況古之國君，安危存亡，可得而論也。

論衡卷第十八

自然篇　感類篇　齊世篇

漢　會稽王充著　海寧張宗祥校注

自然篇

天地合氣，萬物自生，猶夫婦合氣，子自生矣。萬物之生，含血之類，知飢知寒，見五穀可食，取而食之，見絲麻可衣，取而衣之。或説以爲天生五穀以食人，生絲麻以衣人，此謂天爲人作農夫桑女之徒也，不合自然，故其義疑，未可從也。試依道家論之。

天者，普施氣萬物之中，穀愈飢而絲麻救寒，故人食穀、衣絲麻也。夫天之不故生五穀、絲麻以衣食人，由其有災變不欲以譴告人也。物自生而人衣食之，氣自變而人畏懼之。以若説論之，厭於人心矣。如天瑞爲故，自然焉在？無爲何居？何以天之自然也？宗祥案：「天」上疑脱「知」字。以天無口目也。案有爲者，口目之類也。口欲食而目欲視，有嗜欲於内，發之於外，口目求之，得以爲利欲之爲也。今無口目之欲，於物無所求索，夫何爲乎？何以知天無口目也？以地知之。地以土爲體，土本無口目。天地，夫婦也，地體無口目，亦知天無口目也。使天體乎，宜與地同。使天氣乎，氣若雲烟。雲烟之屬，安得口目？

或曰：「凡動行之類，皆本無有爲。宗祥案：此言動行之類，皆本無有所爲，因欲動而始有所爲也。有欲故動，動則有爲。今天動行與人相似，安得無爲？」曰：天之動行也，施氣也，體動，氣乃出，物乃生矣。由人動氣也，體動，氣乃出，子亦生也。夫人之施氣也，非欲以生子，氣施而子自生矣。天動不欲以生物，則物自生，此則自然也。施氣不欲爲物，而物自爲，此則無爲也。謂天自然無爲者何？氣也。恬澹無欲，無爲無事者也，老聃得以壽矣。老聃禀之於天，使天無此氣，老聃安所禀受此性？師無其説，而弟子獨言者，未之有也。或復於桓公，公曰：「以告仲父。」左右曰：「一則仲父，二則仲父，爲君乃易乎？」桓公曰：「吾未得仲父，故難；已得仲父，何爲不易？」夫桓公得仲父，任之以事，委之以政，不復與知。皇天以至優之德與王政，而譴告人，則天德不若桓公，而霸君之操過上帝也。

或曰：「桓公知管仲賢，故委任之；如非管仲，亦將譴告之矣。使天遭堯、舜，必無譴告之變。」曰：天能譴告人君，則亦能故命聖君。擇才若堯、舜，受以王命，宗祥案：「受，相付也。」見説文。委以王事，勿復與知。今則不然，生庸庸之君，失道廢德，隨譴告之，何天不憚勞也？曹參爲漢相，縱酒歌樂，不聽政治，其子諫之，笞之二百。當時天下無擾亂之變。淮陽鑄僞錢，吏不能禁，汲黯爲太守，不壞一鑪，不刑一人，高枕安卧，而淮陽政清。夫曹參爲相，若不爲相；汲黯爲太守，若郡無人。然而漢朝無事，淮陽刑錯者，參德優而黯威重也。計天之威德，孰與曹參、汲黯？而謂天與王政隨而譴告之，是謂天德不若曹參厚，而威不若汲黯重也。蘧伯玉治衛，子貢使人問之：「何以治衛？」對曰：「以不治治之。」夫不治之治，無爲之道也。

或曰：「太平之應，河出圖，洛出書。不畫不就，不爲不成。天地出之，有爲之驗也。張良遊泗水之上，遇黃石公，授太公書，蓋天佐漢誅秦，故命令神石，爲鬼書授人，復爲有爲之效也。」曰：此皆自然也。夫天安得以筆墨而爲圖書乎？天道自然，故圖書自成。晉唐叔虞、原注：一有「生」字。魯成季友生，文在其手，故叔曰「虞」，季曰「友」。宋仲子生，有文在其手，曰：「爲魯夫人。」三者在母之時，文字成矣，而謂天爲文字，在母之時，天使神持錐筆墨刻其身乎？自然之化，固疑難知，外若有爲，内實自然。是以太史公紀黃石事，疑而不能實也。趙簡子夢上天，見一男子，在帝之側，後出，見人當道，則前所夢見在帝側者也。論之以爲趙國且昌之狀也。黃石授書，亦漢且興之象也。妖氣爲鬼，鬼象人形，自然之道，非或爲之也。草木之生，華葉青葱，皆有曲折，象類文章，謂天爲文字，復爲華葉乎？宋人或刻木爲楮原注：一本作「約」。葉者，三年乃成。孔子曰：「使地三年乃成一葉，宗祥案：「孔子」，列子説符、淮南泰族均作「列子」。「地」上均有「天」字。則萬物之有葉者寡矣。」如孔子之言，萬物之葉，自爲生也。自爲生也，故能並成。如天爲之，其遲當若宋人刻楮葉矣。觀鳥獸之毛羽，毛羽之采色，通可爲乎？鳥獸未能盡實。春觀萬物之生，秋觀其成，天地爲之乎？物自然也。如謂天地爲之，爲之宜用手，天地安得萬萬千千手，並爲萬萬千千物乎？諸物在天地之間也，猶子在母腹中也。母懷子氣，十月而生，鼻、口、耳、目、髮膚、毛理、血脉、脂腴、骨節、爪齒，自然成腹中乎？母爲之也？偶人千萬，不名爲人者，何也？鼻、口、耳、目，非性自然也。武帝幸王夫人，王夫人死，思見其形。道士以方術作夫人形，形成，出入宫門，武帝大驚，立而迎之，忽復不見。宗祥案：此事漢書外戚傳作李夫人，亂龍篇引之。史記封禪書作王夫人。此篇所引，蓋據史記。蓋非自然之真，方士巧妄之僞，故一見恍忽，宗祥案：「恍」，宋、元本「荒」，義同。消散滅亡。有爲之化，其不可久行，猶王夫人形，不可久見也。

道家論自然，不知引物事以驗其言行，故自然之説，未見信也。然雖自然，亦須有爲輔助。耒耜耕耘，因春播種者，人爲之也；及穀入地，日夜長大，宗祥案：「日」，程刻誤「曰」。「大」，通津、程刻誤「夫」，從宋、元。人不能爲也。或爲之者，敗之道也。宋人有憫其苗之不長者，就而揠之，明日枯死。夫欲爲自然者，宋人之徒也。

問曰："人生於天地，天地無爲。人稟天性者，亦當無爲，而有爲，何也？"曰：至德純渥之人，稟天氣多，故能則天，自然無爲。稟氣薄少，不遵道德，不似天地，故曰不肖。不肖者，不似也。不似天地，不類聖賢，故有爲也。天地爲鑪，造化爲工，稟氣不一，安能皆賢？賢之純者，黄、老是也。黄者，黄帝也；老者，老子也。黄、老之操，身中恬澹，其治無爲，正身共己，而陰陽自和，無心於爲而物自化，無意於生而物自成。易曰："黄帝、堯、舜垂衣裳而天下治。"垂衣裳者，垂拱無爲也。孔子曰："大哉，堯之爲君也！惟天爲大，惟堯則之。"又曰："巍巍乎！舜、禹之有天下也，而不與也。"周公曰："上帝引佚。"上帝，謂舜、禹也。舜、禹承安繼治，任賢使能，恭己無爲，而天下治。舜、禹承堯之安，堯則天而行，不作功邀名，無爲之化自成，故曰："蕩蕩乎！民無能名焉。"年五十者擊壤於塗，不能知堯之德，蓋自然之化也。易曰："大人與天地合其德。"黄帝、堯、舜，大人也，其德與天地合，故知無爲也。天道無爲，故春不爲生，而夏不爲長，秋不爲成，冬不爲藏。陽氣自出，物自生長；陰氣自起，物自成藏。汲井決陂，灌溉園田，物亦生長，霈然而雨，物之莖葉根荄，宗祥案："荄"，通津、程刻誤"垓"，從宋、元。莫不洽濡。程量澍澤，孰與汲井決陂哉？故無爲之爲大矣。本不求功，故其功立；本不求名，故其名成。沛然之雨，功名大矣，而天地不爲也，氣和而雨自集。

儒家説夫婦之道，取法於天地。知夫婦法天地，不知推夫婦之道，以論天地之性，可爲惑矣。夫天覆於上，地偃於下，下氣烝上，上氣降下，萬物自生其中間矣。當其生也，天不須復與也，由子在母懷中，父不能知也。物自生，子自成，天地、父母，何與知哉？及其生也，人道有教訓之義。天道無爲，聽恣其性，故放魚於川，縱獸於山，從其性命之欲也。不驅魚令上陵，不逐獸令入淵者，何哉？拂詭其性，失其所宜也。夫百姓，魚獸之類也。上德治之，若烹小鮮，與天地同操也。商鞅變秦法，欲爲殊異之功，不聽趙良之議，以取車裂之患。德薄多欲，君臣相憎怨也。道家德厚，下當其上，上安其下，純蒙無爲，宗祥案：「蒙者，蒙也，物之穉也。」見易序卦傳。此言幼而天真。何復譴告？故曰：「政之適也，君臣相忘於治，魚相忘於水，獸相忘於林，人相忘於世，故曰天也。」孔子謂顏淵曰：「吾服汝，忘也；汝之服於我，亦忘也。」以孔子爲君，顏淵爲臣，尚不能譴告，況以老子爲君，文子爲臣乎？老子、文子，似天地者也。淳酒味甘，飲之者醉不相知；薄酒酸苦，賓主嚬蹙。夫相譴告，道薄之驗也。謂天譴告，曾謂天德不若淳酒乎？

禮者，忠信之薄，亂之首也。相譏以禮，故相譴告。三皇之時，坐者于于，行者居居，乍自以爲馬，乍自以爲牛，純德行而民瞳矇，曉惠之心，宗祥案：「曉」，「智也」，見廣雅釋詁。「惠」，魯讀爲「慧」。見魯論語衛靈公鄭注。未形生也。當時亦無災異。雖有災異，宗祥案：「雖」，通津「如」，從宋、元。不名曰譴告。何則？時人愚惷，不知相繩責也。末世衰微，上下相非，災異時至，則造譴告之言矣。夫今之天，古之天也，非古之天厚，而今之天薄也。譴告之言，生於今者，人以心准況之也。誥誓不及五帝，要盟不及三王，交質子不及五伯。德彌薄者信彌衰。心險而行詖，則犯約而負教；教約不行，則相譴告。譴告不改，舉兵相滅。由此言之，譴告之言，衰亂之語也，而謂之上天爲之，斯蓋所以疑也。

且凡言譴告者，以人道驗之也。人道，君譴告臣，上天譴告君也，謂災異爲譴告。夫人道，臣亦有諫君，以災異爲譴告，而王者亦當時有諫上天之義，其效何在？苟謂天德優，人不能諫，優德亦宜玄默，不當譴告。萬石君子有過，不言，對案不食，至優之驗也。夫人之優者，猶能不言，皇天德大，而乃謂之譴告乎？夫天無爲，故不言。災變時至，氣自爲之。夫天地不能爲，亦不能知也。腹中有寒，腹中疾痛，人不使也，氣自爲之。夫天地之間，猶人背腹之中也。謂天爲災變，凡諸怪異之類，無小大薄厚，皆天所爲乎？牛生馬，桃生李，如論者之言，天神入牛腹中爲馬，把李實提桃間乎？牢曰：「子云：『吾不試，故藝。』」又曰：「吾少也賤，故多能鄙事。」人之賤不用於大者，類多伎能。天尊貴高大，安能撰爲災變以譴告人？且吉凶蜚色見於面，人不能爲，色自發也。天地猶人身，氣變猶蜚色。人不能爲蜚色，天地安能爲氣變？然則氣變之見，殆自然也。變自見，色自發。占候之家，因以言也。

夫寒温、譴告、變動、招致，四疑皆已論矣。譴告於天道尤詭，故重論之。論之所以難別也。説合於人事，不入於道意。從道不隨事，雖違儒家之説，合黄、老之義也。

感類篇

陰陽不和，災變發起，或時先世遺咎，或時氣自然。賢聖感類慊懼，自思災變惡徵，何爲至乎？引過自責，恐有罪，畏慎恐懼之意，未必有其實事也。何以明之？以湯遭旱自責以五過也。聖人純完，行無缺失矣，何自責有五過？然如書曰：「湯自責，天應以雨。」湯本無過，以五過自責，天何故雨？以無過致旱，亦知自責不能得雨也。由此言之，旱不爲湯至，雨不應自責。然而前旱後雨原注：一有「之」字。者，自然之氣也。此言書之語也。難之曰：「春秋大雩，董仲舒設土龍，皆爲一時間也。一時不雨，恐懼雩祭，求陰請福，憂念百姓也。」湯遭旱七年，以五過自責，謂何時也？夫遭旱一時，輒自責乎？旱至七年，乃自責也？謂一時輒自責，原注：一有「也」字。七年乃雨，天應之誠，何其留也？如謂七年乃自責，宗祥案：「留」「遲」，見周書武成注。「如」，通津、程刻誤「始」，從元本。憂念百姓，何其遲也？不合雩祭之法，不厭憂民之義。書之言未可信也。由此論之，周成王之雷風發，亦此類也。

金縢曰：「秋，大熟未獲。天大雷電以風，宗祥案：王引之以爲「雷電」當作「雷雨」，詳經義述聞。禾盡偃，大木斯拔，邦人大恐。」當此之時，周公死。儒者説之，以爲成王狐疑於周公。宗祥案：證之下文，「周」上疑脱「葬」字。又，周公死於此時，乃今文尚書家之説。欲以天子禮葬公，公，人臣也；

欲以人臣禮葬公，公有王功。狐疑於葬周公之間，天大雷雨，動怒亦變，以彰聖功。古文家以武王崩，周公居攝，管、蔡流言，王意狐疑周公，周公奔楚，故天雷雨以悟成王。宗祥案：此即古文尚書金縢篇周公居東二年事也。漢自孔安國、鄭康成後，始專尚古文尚書。 夫一雷一雨之變，或以爲葬疑，或以爲信讒，二家未可審。且訂葬疑之說。

秋夏之際，陽氣尚盛，未嘗無雷雨也，故其拔木偃禾頗爲狀耳。宗祥案：故書「狀」作「壯」，見考工記梟氏注，是「狀」通「壯」。 當雷雨時，成王感懼，開金縢之書，見周公之功，執書泣過，自責之深。自責適已，天偶反風，書家則謂天爲周公怒也。千秋萬夏，不絕雷雨，苟謂雷雨爲天怒乎？是則皇天歲歲怒也。正月陽氣發泄，雷聲始動，秋夏陽至極而雷折。宗祥案：「折，斷也」，見說文。 苟謂秋夏之雷，原注：一有「陽至極」字。爲天大怒，正月之雷，天小怒乎？雷爲天怒，雨爲恩施。使天爲周公怒，徒當雷，不當雨。今雨俱至，天怒且喜乎？「子於是日也，哭則不歌。」周禮：「子、卯稷食菜羹。」哀樂不並行。哀樂不並行，喜怒反并至乎？

秦始皇帝東封岱嶽，雷雨暴至。劉媼息大澤，雷雨晦冥。始皇無道，自同前聖，治亂自謂太平，天怒可也。劉媼息大澤，夢與神遇，是生高祖，何怒於生聖人，而爲雷雨乎？堯時大風爲害，堯激大風於青丘之野。宗祥案：淮南本經訓：「堯乃使羿繳大風于青丘之澤。」高誘注：「繳，遮使不爲害也。」「激」疑「繳」譌。 舜入大麓，烈風雷雨。堯、舜世之隆主，何過於天，天爲風雨也？大旱，春秋雩祭，又董仲舒設土龍，以類招氣。如天應雩、龍，必爲雷雨。何則？秋夏之雨，與雷俱也。必從春秋、仲舒之術，則大雩、龍，求怒天乎？師曠奏白雪之曲，雷電下擊；鼓清角之音，風雨暴至。苟爲雷雨爲天怒，宗祥案：「爲」、「謂」，古可通用，故「苟謂」作「苟爲」。天何憎於白雪、清角，而怒師曠爲之乎？此雷雨之難也。

又問之曰：「成王不以天子禮葬周公，天爲雷風，偃禾拔木。成王覺悟，執書泣過，天乃反風，偃禾復起。何不爲疾反風以立大木，必須國人起築之乎？」應曰：「天不能。」曰：「然則天有所不能乎？」應曰：「然。」難曰：「孟賁推人，人仆；接人而起，接人立。宗祥案：以文義求之，「而起接」三字疑衍。天能拔木，不能復起，是則天力不如孟賁也。秦時三山亡，猶謂天所徙也。夫木之輕重，孰與三山？能徙三山，不能起大木，非天用力宜也。如謂三山非天所亡，然則雷雨獨天所爲乎？」

問曰：「天之欲令成王以天子之禮葬周公，以公有聖德，以公有王功。經曰：『王乃得周公所自以爲功，代武王之說。』宗祥案：「所」，各本作「死」，從宋、元。今天動威以彰周公之德也。」難之曰：「伊尹相湯伐夏，爲民興利除害，致天下太平。湯死，復相太甲。太甲佚豫，放之桐宮，攝政三年，乃退復位。周公曰：『伊尹格于皇天。』天所宜彰也。伊尹死時，天何以不爲雷雨？」應曰：「以百雨篇曰：孫詒讓曰：按「百雨」，當作「百兩」。漢書儒林傳云：「世所傳百兩篇者，出東萊張霸，分析二十九篇以爲數十。又采左氏傳、書叙，爲作首尾，凡百二篇。」（亦見後佚文篇。）「東海張霸」以下十八字，審校文義，似是仲任自注之語。蓋此書本有自注，今本皆與正文淆亂，不可析别矣。宗祥案：「雨」爲「兩」譌。下同。『伊尹死，大霧三日。』」大霧三日，亂氣矣，非天怒之變也。東海張霸造百雨篇，其言雖未可信，且假以問：「天爲雷雨以悟成王，成王未開金匱雷止乎？已開金匱雷雨乃止也？」應曰：「未開金匱雷止也。開匱得書見公之功，覺悟泣過，決以天子禮葬公，出郊觀變，天止雨反風，宗祥案：「止」，宋、元本「乃」，疑各脱一字，當作「天乃止雨反風」。禾盡起。」由此言之，成王未覺悟，雷雨止矣。難曰：「伊尹霧三日，宗祥案：竹書紀年、抱朴子皆言伊尹爲太甲所戮，天大霧三日。御覽十五引帝王世紀則云伊尹卒于帝沃丁八年，年百餘歲，卒時大霧三日，沃丁葬以天子之禮。百兩篇主被戮之説，故此引之。天何不三日雷雨？須成王覺悟乃止乎？太戊之時，桑穀生朝，七日大拱，太戊思政，桑穀消亡。宋景公時，熒守心，宗祥案：「熒」下脱「惑」字。出三善言，熒惑徙舍。使太戊不思政，景公無三善言，桑穀不消，熒惑不徙，何則？災變所以譴告也。所譴告未覺，災變不除，天之至意也。今天怒爲雷雨以責成王，成王未覺，雨雷之息，何其早也？」

又問曰：「禮：諸侯之子稱公子，諸侯之孫稱公孫，皆食采地，殊之衆庶。何則？公子、公孫，親而又尊，得體公稱，又食采地，名實相副，猶文質相稱也。天彰周公之功，令成王以天子禮葬，何不令成王號周公以周王，副天子之禮乎？」應曰：「王者，名之尊號也，人臣不得名也。」難曰：「人臣猶得名王，禮乎？武王伐紂，下車，追王太王、王季、文王。三人者，諸侯，亦人臣也，以王號加之。何爲獨可於三王，不可於周公？天意欲彰周公，豈能明乎？豈以王迹起於三人哉？然而王功亦成於周公。江起岷山，流爲濤瀨。相濤瀨之流，孰與初起之源？秬鬯之所爲到，白雉之所爲來，三王乎？周公原注：一有「乎」字。也？周公功德，盛於三王，不加王號，豈天惡人妄稱之哉？周衰，六國稱王，齊、秦更爲帝，當時天無禁怒之變。周公不以天子禮葬，天爲雷雨以責成王，何天之好惡，不純一乎？」

又問曰：「魯季孫賜曾子簀，曾子病而寢之。童子曰：『華而睆者，大夫之簀。』而曾子感慚，命元易簀。蓋禮：大夫之簀，士不得寢也。今周公，人臣也，以天子禮葬，魂而有靈，將安之不也？」應曰：「成王所爲，天之所予，何爲不安？」難曰：「季孫所賜大夫之簀，豈曾子之所自制乎？何獨不安乎？子疾病，子路遣門人爲臣。病間，曰：『久矣哉，由之行詐也！無臣而爲有臣，吾誰欺，欺天乎？』孔子罪子路者也。己非人君，原注：一有「也」字。子路使門人爲臣，非天之心而妄爲之，是欺天也。周公亦非天子也，以孔子之心況周公，周公之心，必不安也。宗祥案：各本無「之心」二字，從宋、元。季氏旅於泰山，孔子曰：「曾謂泰山，不如林放乎？」以曾子之細，猶却非禮；周公至聖，豈安天子之葬？曾謂周公不如曾子乎？由此原之，周公不安也。大人與天地合德，周公不安，天亦不安，何故爲雷雨以責成王乎？」

又問曰：「死生有命，富貴在天。武王之命，何可代乎？」應曰：「九齡之夢，天奪文王年以益武王。克殷二年之時，九齡之年未盡，武王不豫，則請之矣。人命不可請，獨武王可，非世常法，故藏於金縢；不可復爲，故掩而不見。」難曰：「九齡之夢，武王已得文王之年未？」應曰：「已得之矣。」難曰：「已得文王之年，命當自延。克殷二年，雖病猶將不死，周公何爲請而代之？」應曰：「人君爵人以官，議定未之即與，曹下案目，然後可諾。天雖奪文王年以益武王，猶須周公請乃能得之。命數精微，非一卧之夢，所能得也。」應曰：「九齡之夢能得也」，宗祥案：此九字疑衍文。難曰：「九齡之夢，文王夢與武王九齡。武王夢帝予其九齡，其天已予之矣，武王已得之矣，何須復請？人且得官，先夢得爵，其後莫舉，猶自得官。何則？兆象先見，其驗必至也。古者謂年爲齡，已得九齡，猶人夢得爵也。周公因必效之夢，請之於天，功安能大乎？」

又問曰：「功無大小，德無多少，人須仰恃賴之者，則爲美矣。使周公不代武王，武王病死，周公與成王而致天下太平乎？」應曰：「成事，周公輔成王而天下不亂。使武王不見代，遂病至死，周公致太平，何疑乎？」難曰：「若是，武王之生無益，其死無損，須周公功乃成也。周衰，諸侯背畔，管仲九合諸侯，一匡天下。孔子曰：『微管仲，吾其被髮左衽矣。』使無管仲，不合諸侯，夷狄交侵，中國絶滅。此無管仲有所傷也。程量有益，管仲之功，偶於周公。管仲死，桓公不以諸侯禮葬，以周公況之，天亦宜怒，微雷薄雨不至，何哉？豈以周公聖而管仲不賢乎？夫管仲爲反坫，有三歸，孔子譏之，以爲不賢。反坫、三歸，諸侯之禮；天子禮葬，王者之制。皆以人臣，俱不得爲。大人與天地合德，孔子，大人也，譏管仲之僭禮，皇天欲周公之侵制，非合德之驗。書家之説，未可然也。」

以見鳥跡而知爲書，見蜚蓬而知爲車。天非以鳥跡命倉頡，以蜚蓬使奚仲也，奚仲感蜚蓬，而倉頡起鳥跡也。晉文反國，命徹麋墨，宗祥案：淮南説山：「文公棄荏席，後徽墨，舅犯辭歸。」「麋墨」，即淮南所云「徽墨」。韓非子外儲「文公反國，至河，令手足胼胝、面目黧黑者後之。舅犯聞而夜哭，再拜而辭」。即此事。舅犯心感，辭位歸家。夫文公之徹麋墨，非欲去舅犯，舅犯感慙，自同於麋墨也。宋華臣弱其宗，使家賊六人，以鈹殺華吴於宋命合左師之後。宗祥案：「鈹，大鍼也。一曰劍如刀裝者。」見説文。又左襄公十七年傳：「殺諸盧門合左師之後。」杜注：「盧門，宋城門。合，向成邑。後，屋後。」據傳注，則此文「命」字疑衍。左師懼曰：「老夫無罪。」其後左師怨咎華臣，華臣備之。國人逐瘈狗，瘈狗入華臣之門，華臣以爲左師來攻己也，踰墻而走。夫華臣自殺華吴而左師懼，國人自逐瘈狗而華臣自走。成王之畏懼，猶此類也。心疑於不以天子禮葬公，卒遭雷雨之至，則懼而畏過矣。夫雷雨之至，天未必責成王也。雷雨至，成王懼以自責也。夫感則倉頡、奚仲之心，懼則左師、華臣之意也。懷嫌疑之計，遭暴至之氣，以類之驗見，則天怒之效成矣。見類驗於寂寞，宗祥案：「寞」，各本「漠」，義亦通。此從宋、元。猶感動而畏懼，況雷雨揚軒轞之聲，成王庶幾能不怵惕乎？迅雷風烈，孔子必變。禮：君子聞雷，雖夜，衣冠而坐。所以敬雷、懼激氣也。聖人君子於道無嫌，然猶順天變動。況成王有周公之疑，聞雷雨之變，安能不振懼乎？然則雷雨之至也，殆且自天氣，成王畏懼，殆且感物類也。

夫天道無爲，如天以雷雨責怒人，則亦能以雷雨殺無道。古無道者多，可以雷雨誅殺其身，必命聖人興師動軍，頓兵傷士，難以一雷行誅，輕以三軍剋敵，何天之不憚煩也？或曰：「紂父帝乙射天毆地，游涇、渭之間，雷電擊而殺之。斯天以雷電誅無道也。」帝乙之惡，孰與桀、紂？鄒伯奇論桀、紂惡不如亡秦，亡秦不如王莽。然而桀、紂、秦、莽之死，宗祥案：「死」，通津、程刻誤「地」，從宋、元。不以雷電。孔子作春秋，采毫毛之善，貶纖介之惡，采善不踰其美，貶惡不溢其過。責小以大，夫人無之。成王小疑，天大雷雨。如定以臣葬公，其變何以過此？洪範稽疑，不悟災變者，人之才不能盡曉，天不以疑責備於人也。成王心疑未決，天以大雷雨責之，殆非皇天之意。書家之說，恐失其實也。

齊世篇

語稱上世之人，侗長佼好，堅强老壽，百歲左右；下世之人，短小陋醜，夭折早死。何則？上世和氣純渥，婚姻以時，人民禀善氣而生，生又不傷，骨節堅定，故長大老壽，狀貌美好。下世反此，故短小夭折，形面醜惡。此言妄也。

夫上世治者，聖人也；下世治者，亦聖人也。聖人之德，前後不殊，則其治世，古今不異。上世之天，下世之天也。天不變易，氣不改更。上世之民，下世之民也。俱禀元氣。元氣純和，古今不異。則禀以爲形體者，何故不同？夫禀氣等則懷性均，懷性均則形體同，形體同則醜好齊，醜好齊則夭壽適。一天一地，並生萬物。萬物之生，俱得一氣。氣之薄渥，萬世若一。帝王治世，百代同道。人民嫁娶，同時共禮。雖言男三十而娶，女二十而嫁，法制張設，未必奉行。何以效之？以今不奉行也。禮樂之制，存見於今，今之人民，肯行之乎？今人不肯行，古人亦不肯舉。以今之人民，知古之人民也。

物，亦物也。宗祥案：證之文義，此句上疑脱「人物也」三字。人生一世，壽至一百歲。生爲十歲兒時，所見地上之物，生死改易者多。至於百歲，臨且死時，所見諸物，與年十歲時所見，無以異也。使上世下世，民人無有異，則百歲之間，足以卜筮。六畜長短，五穀大小，昆蟲草木，金石珠玉，蜎蜚蠕動，跂行喙息，無有異者，此形不異也。古之水火，今之水火也。今氣爲水火也，使氣有異，則古之水清火熱，而今水濁火寒乎？人生長六七尺，大三四圍，面有五色，壽至於百，萬世不異。如以上世人民侗長佼好，堅彊老壽，下世反此，則天地初立，始爲人時，長可如防風之君，色如宋朝，壽如彭祖乎？從當今至千世之後，人可長如莢英，色如嫫母，壽如朝生乎？王莽之時，長人生長一丈，名曰霸，出建武年中。孫詒讓曰：漢書王莽傳云：「有奇士，長丈，大十圍，自謂巨無霸，出於蓬萊東南，五城西北，昭如海瀕。」「出」下疑有捝文。宗祥案：建武爲光武年號，巨無霸出時，光武未建元。又案：御覽三百七十八引纂文曰：「漢光武時，潁川張仲師長二尺二寸。」注云：「亦出王充論衡。」御覽所引，雖「丈」、「尺」有誤，然姓名相同，且注出論衡，可知「建武年中」四字，當屬下文，非巨無霸出建武年中也。「出」字下如據漢書，則當脱「蓬萊」等字。潁川張仲師，長一丈二寸。張湯八尺有餘，其父不滿五尺。俱在今世，或長或短，儒者之言，竟非誤也。宗祥案：「非」疑有譌。語稱上世使民以宜，傴者抱關，侏儒俳優。如皆侗長佼好，安得傴侏之人乎？

語稱上世之人，質朴易化，下世之人，文薄難治。故易曰：「上古之時，結繩以治，後世易之以書契。」先結繩，易化之故；後書契，難治之驗也。故夫宓犧之前，人民至質朴，卧者居居，宗祥案：自然篇作「行者居居」。詩羔裘「自我人居居」傳：「居居，懷惡不相親比之貌。」又爾雅釋訓李注：「居居，不狎習之惡。」蓋言不相親狎，故行卧通用之。坐者于于，羣居聚處，知其母不識其父。至宓犧時，人民頗文，知欲詐愚，勇欲恐怯，彊欲淩弱，衆欲暴寡，故宓犧作八卦以治之。至周之時，人民文薄，八卦難復因襲，故文王衍爲六十四首，極其變使民不倦。至周之時，人民久薄，故孔子作春秋，采毫毛之善，貶纖介之惡，稱曰：「周監於二代，郁郁乎文哉！吾從周。」孔子知世浸弊，文薄難治，故加密致之罔，設纖微之禁，檢柙守持，孫詒讓曰：按「狎」當作「柙」。法言君子篇云：「蠢迪檢柙。」李注云：「檢柙，猶隱括也。」又説文木部云：「柙，檢柙也。」宗祥案：各本作「狎」，從劉本。備具悉極。此言妄也。

上世之人，所懷五常也，下世之人，亦所懷五常也。俱懷五常之道，共稟一氣而生，上世何以質朴，下世何以文薄？彼見上世之民，飲血茹毛，無五穀之食，後世穿地爲井，耕土種穀，飲井食粟，有水火之調；又見上古巖居穴處，衣禽獸之皮，後世易以宮室，有布帛之飾，則謂上世質朴，下世文薄矣。夫器業變易，性行不異，然而有質朴文薄之語者，世有盛衰，衰極久有弊也。譬猶衣食之於人也，初成鮮完，始熟香潔，少久穿敗，連日臭茹矣。宗祥案：「茹，臭敗之義也」，見文選魏都賦注。文質之法，古今所共。一質一文，一衰一盛，古而有之，非獨今也。何以效之？傳曰：「夏后氏之王教以忠。上教以忠，君子忠，其失也，小人野。救野莫如敬，殷王之教以敬。上教用敬，君子敬，其失也，小人鬼。救鬼莫如文，故周之王教以文。上教以文，君子文，其失也，小人薄。救薄莫如忠，承周而王者，當教以忠。」夏所承唐、虞之教薄，故教以忠；唐、虞以文教，則其所承有鬼失矣。世人見當今之文薄也，狎侮非之，則謂上世朴質，下世文薄。猶家人子弟不謹，則謂他家子弟謹良矣。

語稱上世之人，重義輕身，遭忠義之事，得己所當赴死之分明也，則必赴湯趨鋒，死不顧恨。故弘演之節，陳不占之義，行事比類，書籍所載，亡命捐身，衆多非一。今世趨利苟生，棄義妄得，不相勉以義，不相激以行，義廢身不以爲累，行隳事不以相畏。此言妄也。

夫上世之士，今世之士也，俱含仁義之性，則其遭事，並有奮身之節。古有無義之人，今有建節之士。善惡雜厠，何世無有。述事者好高古而下今，貴所聞而賤所見。辨士則談其久者，文人則著其遠者。近有奇而辨不稱，今有異而筆不記。若夫琅邪兒子明，歲敗之時，宗祥案：「兒」即「倪」。「敗，謂凶年。」見穀梁莊二十八年傳注。兄爲飢人所食，宗祥案：「所」，意林引作「欲」。自縛叩頭，代兄爲食，餓人美其義，兩舍不食。宗祥案：事見後漢書趙孝傳，作齊國兒萌子明。兄死收養其孤，愛不異於己之子，歲敗穀盡，不能兩活，餓殺其子，活兄之子。臨淮許君叔，亦養兄孤子，歲倉卒之時，餓其親子，活兄之子，與子明同義。會稽孟章，父英爲郡決曹掾，郡將撾殺非辜，事至覆考，英引罪自予，卒代將死。章後復爲郡功曹，從役攻賊，兵卒北敗，爲賊所射，以身代將，卒死不去。此弘演之節，陳不占之義，何以異？當今著文書者，肯引以爲比喻乎？比喻之證，上則求虞、夏，下則索殷、周。秦、漢之際，功奇行殊，猶以爲後，又況當今在百代下，言事者目親見之乎？畫工好畫上代之人，秦、漢之士，功行譎奇，不肯圖。今世之士者，尊古卑今也。貴鵠賤雞，鵠遠而雞近也。使當今說道深於孔、墨，名不得與之同；立行崇於曾、顏，聲不得與之鈞。何則？世俗之性，賤所見、貴所聞也。有人於此，立義建節，實核其操，古無以過。爲文書者，肯載於篇籍，表以爲行事乎？作奇論，造新文，不損於前人，好事者肯舍久遠之書，而垂意觀讀之乎？楊子雲作太玄、造法言，張伯松不肯壹觀，與之並肩，故賤其言。使子雲在伯松前，伯松以爲金匱矣！

語稱上世之時，聖人德優，而功治有奇。故孔子曰：「大哉，堯之爲君也！唯天爲大，唯堯則之。蕩蕩乎民無能名焉！巍巍乎其有成功也！煥乎其有文章也！」舜承堯，不墮洪業；禹襲舜，不虧大功。其後至湯，舉兵伐桀，武王把鉞討紂，無巍巍蕩蕩之文，而有動兵討伐之言。蓋其德劣而兵試，武用而化薄。化薄，不能相逮之明驗也。及至秦、漢，兵革雲擾，戰力角勢，秦以得天下。既得天下，無嘉瑞之美，若「叶和萬國」、「鳳皇來儀」之類，非德劣不及，功薄不若之徵乎？此言妄也。

夫天地氣和，即生聖人。聖人之治，即立大功。和氣不獨在古先，則聖人何故獨優？世俗之性，好褒古而毀今，少所見而多所聞。又見經傳增賢聖之美，孔子尤大堯、舜之功。又聞堯、禹禪而相讓，宗祥案：禹非禪，證之上文，疑「舜」之譌。湯、武伐而相奪，則謂古聖優於今，功化渥於後矣。夫經有褒增之文，世有空加之言，讀經覽書者，所共見也。孔子曰：「紂之不善，不若是之甚也。是以君子惡居下流，天下之惡皆歸焉。」世常以桀、紂與堯、舜相反，稱美則説堯、舜，言惡則舉桀、紂。孔子曰：「紂之不善，不若是之甚也。」則知堯、舜之德，不若是其盛也。

堯、舜之禪，湯、武之誅，皆有天命，非優劣所能爲，人事所能成也。使湯、武在唐、虞，亦禪而不伐；堯、舜在殷、周，亦誅而不讓。蓋有天命之實，而世空生優劣之語。經言「叶和萬國」，時亦有丹朱；「鳳皇來儀」，時亦有有苗。兵皆動而並用，則知德亦何優劣而小大也！

世論桀、紂之惡，甚於亡秦。實事者謂亡秦惡甚於桀、紂。秦、漢善惡相反，猶堯、舜、桀、紂相違也。亡秦與漢，皆在後世，亡秦惡甚於桀、紂，則亦知大漢之德，不劣於唐、虞也。唐之「萬國」，固增而非實者也；有虞之「鳳皇」，宣帝已五致之矣。孝明帝符瑞並至。夫德優故有瑞，瑞鈞則功不相下。宣帝、孝明如劣不及堯、舜，何以能致堯、舜之瑞？光武皇帝龍興鳳舉，取天下若拾遺，何以不及殷湯、周武？世稱周之成、康，不虧文王之隆，舜巍巍不虧堯之盛功也。方今聖朝，承光武、襲孝明，有浸酆溢美之化，無細小毫髮之虧，上何以不逮舜禹，下何以不若成康？世見五帝、三王，事在經傳之上，而漢之記故，尚原注：一有「書」字。爲文書，則謂古聖優而功大，後世劣而化薄矣！

論衡卷第十九

宣漢篇　恢國篇　驗符篇

漢　會稽王充著　海寧張宗祥校注

宣漢篇

儒者稱五帝、三王致天下太平，漢興已來，未有太平。彼謂五帝、三王致太平，漢未有太平者，見五帝、三王聖人也，聖人之德，能致太平；謂漢不太平者，漢無聖帝也，賢者之化，不能太平。又見孔子言：「鳳鳥不至，河不出圖，吾已矣夫！」方今無鳳鳥、河圖，瑞頗未至悉具，故謂未太平。此言妄也。

夫太平以治定爲效，百姓以安樂爲符。孔子曰：「修己以安百姓，堯、舜其猶病諸！」百姓安者，太平之驗也。夫治人以人爲主，百姓安而陰陽和，陰陽和則萬物育，萬物育則奇瑞出。視今天下，安乎？危乎？安則平矣，瑞雖未具，無害於平。故夫王道定事以驗，立實以效，效驗不彰，實誠不見。時或實然，證驗不具。是故王道立事以實，不必具驗。聖主治世，期於平安，不須符瑞。

且夫太平之瑞，猶聖主之相也。聖主骨法未必同，太平之瑞，何爲當等？彼聞堯、舜之時，鳳皇、景星皆見，河圖、洛書皆出，以爲後王治天下，當復若等之物，乃爲太平。用心若此，猶謂堯當復比齒，舜當復八眉也。夫帝王聖相，前後不同，則得瑞古今不等，而今王無鳳鳥、河圖爲未太平，妄矣。孔子言鳳皇、河圖者，假前瑞以爲語也，未必謂世當復有鳳皇與河圖也。

夫帝王之瑞，衆多非一，或以鳳鳥、麒麟，或以河圖、洛書，或以甘露、醴泉，或以陰陽和調，或以百姓乂安。今瑞未必同於古，古應未必合於今，遭以所得，未必相襲。何以明之？以帝王興起，命祐不同也。宗祥案：「祐」，「福也。」見說文。周則烏、魚，漢斬大虵。推論唐、虞，猶周、漢也，初興始起，事效物氣，無相襲者，太平瑞應，何故當鈞？以已至之瑞，效方來之應，猶守株待兔之蹊，藏身破罝之路也。天下太平，瑞應各異，猶家人富殖，物不同也：或積米穀，或藏布帛，或畜牛馬，或長田宅。夫樂米穀不愛布帛，歡牛馬不美田宅，則謂米穀愈布帛，牛馬勝田宅矣。今百姓安矣，符瑞至矣，終謂古瑞河圖、鳳皇不至，謂之未安，是猶食稻之人，入食稷之鄉，不見稻米，謂稷爲非穀也。

實者，天下已太平矣。未有聖人，何以致之？未見鳳皇，何以效實？問世儒不知聖，何以知今無聖人也？世人見鳳皇，何以知之？既無以知之，何以知今無鳳皇也？委不能知有聖與無，又不能別鳳皇是鳳與非，則必不能定今太平與未平也。

孔子曰：「如有王者，必世然後仁。」三十年而天下平。漢興，至文帝時二十餘年，賈誼創議，以爲天下洽和，當改正朔、服色、制度，定官名，興禮樂。文帝初即位，謙讓未遑。夫如賈生之議，文帝時已太平矣。漢興二十餘年，應孔子之言「必世然後仁」也。漢一代之年數已滿，宗祥案：「代」當作「世」，疑唐人諱改未正字。太平立矣，賈生知之。況至今且三百年，謂未太平，誤也。且孔子所謂一世，三十年也；漢家三百歲，十帝耀德，未平如何？夫文帝之時，固已平矣，歷世持平矣。至平帝時，前漢已滅，光武中興，復致太平。

問曰：「文帝有瑞，可名太平；光武無瑞，謂之太平，如何？」曰：夫帝王瑞應，前後不同。雖無物瑞，百姓寧集，風氣調和，是亦瑞也。何以明之？帝王治平，升封太山，告安也。秦始皇升封太山，遭雷雨之變，治未平，氣未和。光武皇帝升封，天晏然無雲，太平之應也，治平氣應。光武之時，氣和人安，物瑞等至，人氣已驗，論者猶疑。孝宣皇帝元康二年，鳳皇集於太山，後又集於新平。四年，神雀集於長樂宫，或集於上林，九真獻麟。神雀二年，鳳皇、甘露降集京師。四年，鳳皇下杜陵及上林。五鳳三年，帝祭南郊，神光並見，或興子谷，燭燿齋宫，十有餘日。宗祥案：後漢書宣帝紀「子」作「于」，「日」作「刻」，是。明年，祭后土，靈光復至，至如南郊之時。甘露、神雀降集延壽萬歲宫。其年三月，鸞鳳集長樂宫東門中樹上。甘露元年，黄龍至，宗祥案：「至」，宋、元本「三」。見于新豐，醴泉滂流。彼鳳皇雖五六至，或時一鳥而數來，或時異鳥而各至。麒麟、神雀、黄龍、鸞鳥、甘露、醴泉，祭后土、天地之時，神光靈耀，可謂繁盛累積矣。孝明時雖無鳳皇，亦致麟、甘露、醴泉、神雀、白雉、紫芝、嘉禾，金出鼎見，離木復合。五帝、三王，經傳所載瑞應，莫盛孝明。如以瑞應效太平，宣、明之年，倍五帝、三王也。夫如是，孝宣、孝明，可謂太平矣。

能致太平者，聖人也。世儒何以謂世未有聖人？天之禀氣，豈爲前世者渥，後世者泊哉？周有三聖，文王、武王、周公，並時猥出。宗祥案：「猥，多也。」見漢書溝洫志集注。漢亦一代也，何以當少於周？周之聖王，何以當多於漢？漢之高祖、光武，周之文、武也。文帝、武帝、宣帝、孝明今上，過周之成、康、宣王。非以身生漢世，可褒增頌歎，以求媚稱也。核事理之情，定説者之實也。俗好褒遠稱古，講瑞上世爲美，論治則古王爲賢，睹奇於今，終不信然。使堯、舜更生，恐無聖名。獵者獲禽，觀者樂獵，不見漁者之心不顧也。宗祥案：「之」下疑脱「獲」字。是故觀於齊，不虞魯，宗祥案：「虞，樂也」，見周書酆謀注。遊於楚，不懽宋。唐、虞、夏、殷，同載在二尺四寸，儒者推讀，朝夕講習，宗祥案：「推，輔也，前也」，見一切經音義六引蒼頡。此言向前追尋其義。不見漢書，謂漢劣不若，亦觀獵不見漁，游齊、楚不願宋、魯也。使漢有弘文之人，經傳漢事，則尚書、春秋也。儒者宗之，學者習之，將襲舊六爲七，今上上王至高祖，宗祥案：「六」謂六經。此書五經、六經兼稱。「王」字疑衍。皆爲聖帝矣。觀杜撫、班固等所上漢頌，頌功德符瑞，汪濊深廣，滂沛無量，踰唐、虞，入皇域。

三代隘辟，厥深洿沮也。宗祥案：「辟，小也」，見呂覽審時注。殷監不遠，在夏后之世。且舍唐、虞、夏、殷，近與周家斷量功德，實商優劣，周不如漢。何以驗之？周之受命者，文、武也，漢則高祖、光武也。文、武受命之降怪，不及高祖、光武初起之祐；孝宣、明之瑞，美於周之成、康、宣王。孝宣、孝明符瑞，唐、虞以來，可謂盛矣。今上即命，奉成持滿，四海混一，天下定寧，物瑞已極，人應訂隆。宗祥案：「訂者，比並之言」，見詩周頌疏。此言更以人應比並其隆替也。唐世黎民雍熙，今亦天下修仁，歲遭運氣，穀頗不登，宗祥案：「頗，少也」，見釋名。此言少不登，即穀盡登也。迥路無絶道之憂，深幽無屯聚之姦。周家越常獻白雉，方今匈奴、鄯善、哀牢貢獻牛馬。周時僅治五千里内，漢氏廓土收荒服之外。牛馬珍於白雉，近屬不若遠物。古之戎狄，今爲中國；古之躶人，今被朝服；古之露首，今冠章甫；古之跣跗，今履商舄。宗祥案：「商」字疑誤。「複下曰舃，禪下曰履」，見周禮屨人注。「達履謂之金舃，舃而金絇也」，見小爾雅廣服。據此，則「商」爲「高」譌，取其複；「商」爲「屨」譌，取其通用；「商」爲「金」譌，取其華。均有可能。以盤石爲沃田，以桀暴爲良民，夷埳坷爲平均，化不賓爲齊民，非太平而何？夫實德化則周不能過漢，論符瑞則漢盛於周，度土境則周狹於漢，漢何以不如周？獨謂周多聖人，治致太平？儒者稱聖泰隆，使聖卓而無跡；稱治亦泰盛，使太平絶而無續也。

恢國篇

顏淵喟然歎曰：「仰之彌高，鑽之彌堅。」此言顏淵學於孔子，積累歲月，見道彌深也。宣漢之篇，高漢於周，擬漢過周，論者未極也。恢而極之，彌見漢奇。夫經熟講者，要妙乃見；國極論者，恢奇彌出。恢論漢國，在百代之上，審矣。何以驗之？

黄帝有涿鹿之戰，堯有丹水之師。舜時有苗不服，夏啟有扈叛逆。高宗伐鬼方，三年剋之；周成王管、蔡悖亂，周公東征。前代皆然，漢不聞此。高祖之時，陳豨反，彭越叛，治始安也。孝景之時，吴、楚興兵，怨鼂錯也。匈奴時擾，正朔不及，天荒之地，王功不加兵，今皆内附，貢獻牛馬。此則漢之威盛，莫敢犯也。

紂爲至惡，天下叛之。武王舉兵，皆願就戰，八百諸侯，不期俱至。項羽惡微，號而用兵，與高祖俱起，威力輕重，未有所定，則項羽力勁。折鐵難於摧木，高祖誅項羽，折鐵；武王伐紂，摧木。然則漢力勝周多矣。凡克敵一則易，二則難。湯、武伐桀、紂，一敵也；高祖誅秦殺項，兼勝二家，力倍湯、武。武王爲殷西伯，臣事於紂。以臣伐周，宗祥案：「周」疑「君」譌。夷、齊耻之，扣馬而諫，武王不聽，不食周粟，餓死首陽。高祖不爲秦臣，光武不仕王莽，誅惡伐無道，無伯夷之譏，可謂順於周矣。

丘山易以起高，淵洿易以爲深。起於微賤，無所因階者難；襲爵乘位，尊祖統業者易。堯以唐侯入嗣帝位，舜以司徒因堯授禪，禹以司空立功代舜，湯由七十里，文王百里，武王爲西伯，襲文王位。宗祥案：「文王」二字，各本作「承帝」，從宋、元。三郊五代之起，宗祥案：「三郊」二字疑衍。皆有因緣，力易爲也。高祖從亭長提三尺劍取天下，光武由白水奮威武海内，宗祥案：類聚十二引「海」上有「帝」字，是。無尺土所因，一位所乘，直奉天命，推自然。此則起高於淵洿，爲深於丘山也。比方五代，孰者爲優？

傳書或稱武王伐紂，太公陰謀食小兒以丹，令身純赤，長大教言殷亡。殷民見兒身赤，以爲天神，及言殷亡，皆謂商滅。兵至牧野，晨舉脂燭，姦謀惑民，權掩不備，周之所諱也，世謂之虛。漢取天下，無此虛言。武成之篇，言周伐紂，血流浮杵。以武成言之，食兒以丹，晨舉脂燭，殆且然矣。漢伐亡新，光武將五千人，王莽遣二公將三萬人，戰于昆陽，俞樾曰：按「二公」者，王莽大司徒王尋、大司空王邑也。袁宏後漢紀載此事，亦屢言二公，殆由東漢時侈言光武昆陽之戰，以爲美談，人所熟習，故於尋、邑正言二公，不舉其名也。雷雨晦冥，前後不相見。漢兵出昆陽城，擊二公軍，一而當十，二公兵散。天下以雷雨助漢威敵，孰與舉脂燭以人事譎取殷哉？

或云：「武王伐紂，紂赴火死，武王就斬以鉞，懸其首於大白之旌。」齊宣王憐釁鐘之牛，睹其色之觳觫也。楚莊王赦鄭伯之罪，見其肉袒而形暴也。君子惡，不惡其身。紂屍赴於火中，所見悽愴，非徒色之觳觫，祖之暴形也。就斬以鉞，懸乎其首，何其忍哉！高祖入咸陽，閻樂誅二世，項羽殺子嬰，高祖雍容入秦，不戮二屍。光武入長安，劉聖公已誅王莽，乘兵即害，不刃王莽之死。孫詒讓曰：元本「刃」作「忍」。按「死」、「尸」通，不刃死，謂不戮尸也。元本作「忍」，非。夫斬赴火之首，與貫被刃者之身，德虐孰大也？豈以羑里之恨哉？以人君拘人臣，其逆孰與秦奪周國，莽酖平帝也？鄒伯奇論桀、紂之惡，不若亡秦，亡秦不若王莽。然則紂惡微而周誅之痛，秦、莽罪重而漢伐之輕，寬狹誰也？

高祖母妊之時，蛟龍在上，夢與神遇。好酒貫飲，酒舍負讎，宗祥案：漢書高帝紀：「常從王媼、武負貰酒。」顏注：「貰，賒也。」「貫」疑「貰」譌。又史記高祖紀：「留飲酒讎數倍。」「讎亦售」，見集解引如淳。「負，倍也」，見易「解負且乘」虞注。此「負讎」二字之義。及醉留臥，其上常有神怪。夜行斬虵，虵嫗悲哭。與呂后俱之田廬，時自隱匿，光氣暢見，呂后輒知。始皇望見東南有天子氣，及起，五星聚於東井。楚望漢軍，雲氣五色。光武且生，鳳皇集於城，嘉禾滋於屋，皇妣之身，夜半無燭，空中光明。初者，蘇伯阿望舂陵氣，鬱鬱葱葱。光武起，過舊廬，見氣憧憧上屬於天。五帝、三王，初生始起，不聞此怪。堯母感於赤龍，及起，不聞奇祐。禹母吞薏苡，將生，得玄圭。契母咽燕子，湯起，白狼銜鉤。后稷母履大人之跡，文王起，得赤雀，武王得魚、烏。皆不及漢太平之瑞。黃帝、堯、舜，鳳皇一至，凡諸衆瑞，重至者希。漢文帝黃龍、玉棓。孫詒讓曰：

按驗符篇亦云：「文帝之時，玉棓見。」「棓」當作「格」，即「桮」字也。（山海經海内北經：「蛇巫之山，有人操柸。」郭注云：「柸或作棓，字同。」彼以「杯」爲「棓」，與此以「棓」爲「杯」同。）文帝十六年，得玉杯。事見漢書文帝紀及郊祀志。武帝黃龍、麒麟、連木。宣帝鳳皇五至，麒麟、神雀、甘露、醴泉、黃龍、神光。平帝白雉、黑雉。孝明麒麟、神雀、甘露、醴泉、白雉、黑雉、芝草、連木、嘉禾，與宣帝同奇，有神鼎、黃金之怪。一代之瑞，累仍不絶。宗祥案：「仍」，「重也」。見廣雅釋詁。此則漢德豐茂，故瑞祐多也。孝明天崩，今上嗣位，元二之間，宗祥案：此明言元年二年，故下接三年。讀此可證章懷注漢書鄧騭傳「元二之災」，二作重文，解爲「元元」之誤。嘉德布流。三年，零陵生芝草五本。四年，甘露降五縣。五年，芝復生。六年，宗祥案：後漢書章帝紀及本書驗符篇均作「五年復生六本」，是「年」字爲「本」字之譌。又按下文黃龍事，章帝紀亦作：「建初五年，有八龍見於泉陵。」更可證「年」爲誤字。黃龍見，大小凡八。前世龍見不雙，芝生無二，甘露一降。而今八龍並出，十一芝累生，甘露流五縣。德惠盛熾，故瑞繁夥也。自古帝王，孰能致斯？

儒者論曰：「王者推行道德，受命於天。」論衡初秉，宗祥案：「秉」，宋、元「稟」。秉，執持也，見禮記禮運注，義長。以爲王者生稟天命，性命難審，且兩論之。酒食之賜，一則爲薄，再則爲厚。如儒者之言，五代皆一受命，唯漢獨再，此則天命於漢厚也。如審論衡之言，生稟自然，此亦漢家所稟厚也。絶而復屬，死而復生。世有死而復生之人，人必謂之神。漢統絶而復屬，光武存亡，可謂優矣。武王伐紂，庸、蜀之夷，佐戰牧野。成王之時，越常獻雉，倭人貢暢。幽、厲衰微，戎、狄攻周，平王東走，以避其難。至漢，四夷朝貢，孝平元始元年，越常重譯，獻白雉一、黑雉二。夫以成王之賢，輔以周公，越常獻一，平帝得三。後至四年，金城塞外羌良橋橋種良願等，宗祥案：王莽傳平憲奏言：「羌豪良願等種，人口可萬二千人，願爲內臣，鮮水海允谷鹽池。」莽奏請受良願等所獻地爲西海郡。此文「良願」以上，是否有衍誤，未明。獻其魚鹽之地，願內屬漢，遂得西王母石室，因爲西海郡。周時戎、狄攻王，至漢內屬，獻其寶地。西王母國在絕極之外，而漢屬之。德孰大？壤孰廣？方今哀牢、鄯善諾降附歸德，宗祥案：西域傳：「出陽關自近者始，曰婼羌。」顏注：「音而遮反。」「諾」疑「婼」譌，下脫「羌」字。匈奴時擾，遣將攘討，獲虜生口千萬數。夏禹倮入吳國。太伯採藥，斷髮文身。唐、虞國界，吳爲荒服，越在九夷，罽衣關頭，宗祥案：「罽，毛布也」，見後漢書杜篤傳注。「關」與「貫」通，孟子「越人關弓而射之」。史記陳涉世家「士亦不敢貫弓而報怨」，是其證。此言衣毛貫髮。今皆夏服，褒衣履舄。巴、蜀、越嶲、鬱林、日南、遼東、樂浪，周時被髮椎髻，今戴皮弁；周時重譯，今吟詩、書。

春秋之義，君親無將，將而必誅。廣陵王荆迷於孽巫，楚王英惑於狹客，事情列見，孝明三宥，二王吞藥。周誅管、蔡，違斯遠矣。楚外家許氏，與楚王謀議，孝明曰：「許氏有屬於王，宗祥案：「氏」，通津、程刻「民」，從宋、元。欲王尊貴，人情也。」聖心原之，不繩於法。隱彊侯傳懸書市里，誹謗聖政。今上海恩，免奪爵土。宗祥案：「恩免」，通津、程刻「恩犯」，從宋、元。惡其人者，憎其胥餘。宗祥案：「胥」，古「胥」字。「胥餘，里落之壁」，見書大傳「不愛人者及其胥餘」注。立二王之子，安楚、廣陵，彊弟員嗣祀陰氏。二王，帝族也，位爲王侯，與管、蔡同。管、蔡滅嗣，二王立後，恩已褎矣。隱彊，異姓也，尊重父祖，復存其祀。立武庚之義，繼祿父之恩，方斯羸矣。何則？並爲帝王，舉兵相征，貪天下之大，絶成湯之統，非聖君之義，失承天之意也。隱彊，臣子也。漢統自在，絶滅陰氏，無損於義，而猶存之，惠滂沛也。故夫雨露之施，内則注於骨肉，外則布於他族。唐之晏晏，宗祥案：堯典「文思安安」，今文作「晏晏」。「寬容覆載謂之晏。」見尚書考靈耀鄭注。舜之烝烝，豈能踰此！驩兜之行，靖言庸回，宗祥案：尚書作「静言庸違」。「靖」、「静」均可訓「善」，「違」即「回」。共工私之，稱薦於堯。三苗巧佞之人，或言有罪之國。鯀不能治水，知力極盡，罪皆在身，不加於上，唐、虞放流，死於不毛。怨惡謀上，懷挾叛逆，考事失實，誤國殺將，罪惡重於四子。孝明加恩，則論徙邊，今上寬惠，還歸州里。開闢以來，恩莫斯大。晏子曰：「鉤星在房、心之間，地其動乎！」夫地動天時，非政所致。皇帝振畏，猶歸於治，廣徵賢良，訪求過闕。高宗之側身，周成之開匱，勵能逮此。宗祥案：「勵」，通津、程刻「勵」，從宋、元。「勵，少也」，見禮記射義釋文。穀登歲平，庸主因緣，以建德政；顛沛危殆，聖哲優者，宗祥案：「者」疑「著」譌。乃立功化。是故微病恒醫皆巧，篤劇扁鵲乃良。建初孟年，無妄氣至，歲之疾疫也。比旱不雨，牛死民流，可謂劇矣。皇帝敷德，俊乂在官，第五司空股肱國維，宗祥案：即第五倫，後漢書有傳。轉穀振贍，民不乏餓，天下慕德，雖危不亂。民饑於穀，飽於道德，身流在道，心回鄉内。以故道路無盜賊之跡，深幽迥絶，無劫奪之姦，以危爲寧，以困爲通，五帝、三王，孰能堪斯哉？

驗符篇

永平十一年，廬江皖侯國民際有湖。宗祥案：廣記四百引無「民」字，是。皖民小男曰陳爵、陳挺，年皆十歲以上，相與釣於湖涯。挺先釣，爵後往。爵問挺曰：「釣寧得乎？」挺曰：「得。」爵即歸取竿綸，去挺四十步所，見湖涯有酒罇，色正黃，没水中。爵以爲銅也，涉水取之，滑重不能舉。挺望見，號曰：「何取？」爵曰：「是有銅，不能舉也。」挺往助之，涉水未持，罇頓衍更爲盟盤，宗祥案：「衍，演也」，見易繫辭上釋文引鄭注。「盟」與「明」通，詩黄鳥「不可與明」箋「明當作盟」，是其證。此言罇演化爲明器中盤也。動行入深淵中，復不見。挺、爵留顧，見如錢等正黃數百千枚，宗祥案：廣記引事類賦九引，「枝」作「枚」，是。即共掇摝，宗祥案：事類賦廣記引，「摝」作「摭」，是。各得滿手，走歸示其家。爵父國故免吏，字君賢，驚曰：「安所得此？」爵言其狀。君賢曰：「此黃金也。」即馳與爵俱往到金處。水中尚多，賢自涉水掇取。爵、挺鄰伍並聞，俱競採之，合得十餘斤。賢自言於相，相言太守。太守遣吏收取。遣門下掾程躬奉獻，具言得金狀。詔書曰：「如章則可。不如章，有正法。」躬奉詔書，歸示太守。太守以下思省詔書，以爲疑隱言之不實，苟飾美也，即復因却上得黃金實狀如前章。事寢。十二年，賢等上書曰：「賢等得金湖水中，郡牧獻訖，今不得直。」詔書下廬江，上不畀賢等金直狀。郡上「賢等所採金，自官湖水，非賢等私瀆，故不與直」。十二年，詔書曰：「視時金價，畀賢等金直。」漢瑞非一，金出奇怪，故獨紀之。金玉神寶，故出詭異。金物色先爲酒罇，後爲盟盤，動行入淵，豈不怪哉！

夏之方盛，遠方圖物，貢金九牧，禹謂之瑞，鑄以爲鼎。周之九鼎，遠方之金也，人來貢之，自出於淵者，其實一也。皆起盛德，爲聖王瑞。金玉之世，故有金玉之應。文帝之時，玉棓見。金之與玉，瑞之最也。金聲玉色，人之奇也。永昌郡中亦有金焉，纖靡大如黍粟，在水涯沙中，民採得日重五銖之金，一色正黃。土生金，土色黃。漢土德也，故金化出。金有三品，黃比見者，黃爲瑞也。圯橋老人遺張良書，化爲黃石。黃石之精，出爲符也。夫石，金之類也，質異色鈞，皆土瑞也。

建初三年，零陵泉陵女子傅寧宅土中，忽生芝草五本，長者尺四五寸，短者七八寸，莖葉紫色，蓋紫芝也。太守沈酆遣門下掾衍盛奉獻，皇帝悦懌，賜錢衣食。詔會公卿，郡國上計吏民皆在，以芝告示天下。天下並聞，吏民歡喜，咸知漢德豐雍，瑞應出也。四年，甘露下泉陵、零陵、洮陽、始安、冷道五縣，榆柏梅李，葉皆洽薄，威委流漉，宗祥案：「威紆、威夷，紆餘流長之貌也」，見文選謝元暉詩注。「委委，行之貌」，見爾雅釋訓孫注。民嗽吮之，甘如飴蜜。五年，芝草復生泉陵男子周服宅上，六本，色狀如三年芝，并前凡十一本。湘水去泉陵城七里，水上聚石曰燕室丘，臨水有俠山，其下巖唫，孫詒讓曰：按水經注深水篇云：「過泉陵縣西北七里，至燕室，邪入于湘。」酈注云：「水上有燕室丘，亦因爲聚名也。其下水深不測，號曰龍淵。」即此。「淦」，元本作「唫」，是也。穀梁僖三十三年傳云：「蹇叔子送其子而戒之曰：『女死必於殽之巖唫之下。』」釋文云：「『唫』本或作『崟』。」「唫」即「崟」之借字。宗祥案：「唫」，通津、程刻「淦」，從宋、元。水深不測，二黃龍見，長出十六丈，身大於馬，舉頭顧望，狀如圖中畫龍，燕室丘民皆觀見之。去龍可數十步，又見狀如駒馬，小大凡六，出水遨戲陵上，蓋二龍之子也。并二龍爲八，出移一時乃入。

宣帝時，鳳皇下彭城，彭城以聞。宣帝詔侍中宋翁一，翁一曰：「鳳皇當下京師，集於天子之郊，乃遠下彭城，不可收，與無下等。」宣帝曰：「方今天下合爲一家，下彭城與京師等耳，何令可與無下等乎？」宗祥案：「令」，宋、元「命」，義同。令左右通經者，論難翁一，宗祥案，「論」，通津、程刻「語」，從宋、元。翁一窮，免冠叩頭謝。宣帝之時，與今無異。鳳皇之集，黃龍之出，鈞也。彭城、零陵，遠近同也。帝宅長遠，四表爲界，零陵在内，猶爲近矣。

魯人公孫臣，孝文時言漢土德，其符黃龍當見。其後黃龍見於成紀。成紀之遠，猶零陵也。孝武、孝宣時，黃龍皆出。黃龍比出，於兹爲四，漢竟土德也。賈誼創議於文帝之朝，云：「漢色當尚黃，數以五爲名。」賈誼，智囊之臣，色黃數五，土德審矣。

芝生於土，土氣和，故芝生土。土爰稼穡，稼穡作甘，故甘露集。龍見，往世不雙，唯夏盛時，二龍在庭。今龍雙出，應夏之數，治諧偶也。龍出往世，其子希出，今小龍六頭，並出遨戲，象乾坤六子，嗣後多也。宗祥案：「嗣後」二字疑倒。唐、虞之時，百獸率舞，今亦八龍遨戲良久。芝草延年，仙者所食，往世生出，不過一二，今并前後凡十一本，多獲壽考之徵，生育松、喬之糧也。宗祥案：「喬，王子喬。」「松，赤松。」見國策注。甘露之降，往世一所，今流五縣，應土之數，德布濩也。

皇瑞比見，其出不空，必有象爲，隨德是應。孔子曰：「知者樂，仁者壽。」皇帝聖人，故芝草壽徵生。黄爲土色，位在中央，故軒轅德優，以黄爲號。皇帝寬惠，德侔黄帝，故龍色黄，示德不異。東方曰仁，龍，東方之獸也，皇帝聖人，故仁瑞見。甘者，養育之味也。宗祥案：「甘」，通津、程刻「仁」，誤，從宋、元。皇帝仁惠愛黎民，故甘露降。龍，潛藏之物也，陽見於外，皇帝聖明，招拔巖穴也。瑞出必由嘉士，祐至必依吉人也。天道自然，厥應偶合。聖主獲瑞，亦出羣賢。君明臣良，庶事以康。文、武受命，力亦周、邵也。

論衡卷第二十

漢　會稽王充著

海寧張宗祥校注

須頌篇　佚文篇　論死篇

須頌篇

古之帝王建鴻德者，須鴻筆之臣褒頌紀載，鴻德乃彰，萬世乃聞。問説書者：「『欽明文思』以下，誰所言也？」曰：「篇家也。」「篇家誰也？」「孔子也。」然則孔子鴻筆之人也。「自衛反魯，然後樂正，雅、頌各得其所也。」鴻筆之奮，蓋斯時也。或説尚書曰：「尚者，上也；上所爲，下所書也。」「下者，誰也？」曰：「臣子也。」然則臣子書上所爲矣。問儒者：「禮言制，樂言作，何也？」曰：「禮者上所制，故曰制；樂者下所作，故曰作。天下太平，頌聲作。」方今天下太平矣，頌詩樂聲，可以作未？傳者不知也，故曰拘儒。衛孔悝之鼎銘，周臣勸行。孝宣皇帝稱潁川太守黄霸有治狀，賜金百斤，漢臣勉政。夫以人主頌稱臣子，臣子當褒君父，於義較矣。宗祥案：「較」，「明也」，見廣雅釋詁。虞氏天下太平，夔歌舜德；宣王惠周，詩頌其行。召伯述職，周歌棠樹。是故周頌三十一，殷頌五，魯頌四，凡頌四十篇，詩人所以嘉上也。由此言之，臣子當頌，明矣。

儒者謂漢無聖帝，治化未太平，宣漢之篇，論漢已有聖帝，治已太平；恢國之篇，極論漢德，非但實然，宗祥案：「但」，通津、程刻「常」，從宋本。乃在百代之上。表德頌功，宣褒主上，詩之頌言，右臣之典也。宗祥案：「右，親。」見國策魏策注。舍其家而觀他人之室，忽其父而稱異人之翁，未爲德也。宗祥案：「得」或「德」，見漢書項籍傳集注引晉灼。是「德」即「得」。漢今天下之家也，先帝、今上，民臣之翁也。夫曉主德而頌其美，識國奇而恢其功，孰與疑暗不能也？

孔子稱：「大哉！堯之爲君也。唯天爲大，唯堯則之。蕩蕩乎民無能名焉！」或年五十擊壤於塗，或曰：「大哉！堯之德也。」擊壤者曰：「吾日出而作，日入而息，鑿井而飲，耕田而食，堯何等力？」孔子乃言「大哉！堯之德」者，乃知堯者也。涉聖世不知聖主，是則盲者不能別青黄也。知聖主不能頌，是則暗者不能言是非也。然則方今盲暗之儒，與唐擊壤之民，同一才矣。夫孔子及唐人言「大哉」者，知堯德，蓋堯盛也。擊壤之民云「堯何等力」，是不知堯德也。夜舉燈燭，光曜所及，可得度也；日照天下，遠近廣狹，難得量也。浮於淮、濟，皆知曲折；入東海者，不曉南北。故夫廣大，原注：一有「廣大」字。從横難數；極深，揭厲難測。漢德酆廣，日光、海外也。知者知之，不知者不知漢盛也。漢家著書，多上及殷、周，諸子並作，皆論他事，無褒頌之言，論衡有之。又詩頌國名周頌，與杜撫、班固所上漢頌，宗祥案：各本脱「班」字，從宋本。孫詒讓曰：按「固」上脱「班」字。後文云「班孟堅頌孝明」，亦見後佚文篇。宗祥案：宣漢篇亦有「班」字。相依類也。宣帝之時，畫圖漢列士，或不在於畫上者，子孫耻之。何則？父祖不賢，故不畫圖也。夫頌言非徒畫文也，如千世之後，讀經書不見漢美，後世怪之。故夫古之通經之臣，紀主令功，記於竹帛；頌上令德，刻於鼎銘。文人涉世，以此自勉。漢德不及六代，論者不德之故也。地有丘洿，故有高平，或以钁鍤平而夷之，爲平地矣。世見五帝、三王爲經書，漢事不載，則謂三、五優於漢矣。或以論爲钁鍤，損三、五，少豐滿漢家之下，豈徒並爲平哉！漢將爲丘，五、三轉爲洿矣。湖池非一，廣狹同也，宗祥案：宋、元本「轉」下有「而」字。「狹」作「從」。樹竿測之，深淺可度。漢與百代，俱爲主也，實而論之，優劣可見。故不樹長竿，不知深淺之度；無論衡之論，不知優劣之實。漢在百代之末，上與百代料德，湖池相與比也。無鴻筆之論，不免庸庸之名。論好稱古而毁今，恐漢將在百代之下，豈徒同哉！

謚者，行之跡也。謚之美者，成、宣也；惡者，靈、厲也。成湯遭旱，周宣亦然。然而成湯加成，宣王言宣，無妄之災，不能虧政，臣子累謚，不失實也。由斯以論堯，堯亦美謚也，時亦有洪水，百姓不安，猶言堯者，得實考也。夫一字之謚，尚猶明主，况千言之論，萬文之頌哉？

船車載人，孰與其徒多也？宗祥案：「徒，步也」，見國語晉語注。素車朴船，孰與加漆采畫也？然則鴻筆之人，國之船車采畫也。農無彊夫，宗祥案：「彊」，各本譌「疆」，從宋本。穀粟不登；國無彊文，德闇不彰。漢德不休，亂在百代之間，宗祥案：「亂，雜也。」見荀子解蔽注。彊筆之儒不著載也。高祖以來，著書非不講論。漢司馬長卿爲封禪書，文約不具。司馬子長紀黄帝以至孝武，楊子雲録宣帝以至哀、平，陳平仲紀光武，宗祥案：惠棟後漢書補注以爲即後漢書班固傳中之前睢陽令陳宗。宗，名，平仲，其字也。班孟堅頌孝明，漢家功德，頗可觀見。今上即命，未有褒載，論衡之人，爲此畢精，故有齊世、宣漢、恢國、驗符。

龍無雲雨，不能參天。鴻筆之人，國之雲雨也。載國德於傳書之上，宣昭名於萬世之後，厥高非徒參天也。城墻之上，平地之壤也，人加築蹈之力，樹立臨池。國之功德，崇於城墻，文人之筆，勁於築蹈。聖主德成功立，莫不褒頌紀載，宗祥案：「不」疑「爲」譌。奚得傳馳流去無疆乎？人有高行，或譽得其實，或欲稱之不能言，或謂不善，不肯陳一。斷此三者，孰者爲賢？五、三之際，於斯爲盛。孝明之時，衆瑞並至，百官臣子，不爲少矣，唯班固之徒，稱頌國德，可謂譽得其實矣。頌文譎以奇，彰漢德於百代，使帝名如日月，孰與不能言，言之不美善哉？秦始皇東南遊，升會稽山，李斯刻石紀頌帝德。至瑯琊亦然。秦，無道之國，刻石文世，觀讀之者，見堯、舜之美。由此言之，須頌明矣。當今非無李斯之才也，無從升會稽、歷瑯琊之階也。

絃歌爲妙異之曲，坐者不曰善，絃歌之人，必怠不精。何則？妙異難爲，觀者不知善也。聖國揚妙異之政，衆臣不頌，將順其美，安得所施哉？今方板之書在竹帛，宗祥案：證之下文，「板」疑「技」譌。無主名所從生出，見者忽然，不御服也。宗祥案：「御」，通津、程刻「卸」，從宋、元。「御者，制也。」見史記范睢蔡澤傳索隱。如題曰「甲甲某子之方」，若言「已驗嘗試」，人争刻寫，宗祥案：此爲刻石，非刻板也。以爲珍祕。上書於國，記奏於郡，譽薦士吏，稱術行能，宗祥案：詩日月釋文，「『述』本亦作『術』。」是「術」、「述」通。章下記出，士吏賢妙。何則？章表其行，記明其才也。國德溢熾，莫有宣褒，使聖國大漢有庸庸之名，咎在俗儒不實論也。

古今聖王不絶，則其符瑞亦宜累屬。符瑞之出，不同於前，或時已有，世無以知，故有講瑞。俗儒好長古而短今，言瑞則渥前而薄後。是應實而定之，漢不爲少。漢有實事，儒者不稱；古有虚美，誠心然之。信久遠之僞，忽近今之實，斯蓋三增、九虚所以成也；能聖、實聖所以興也。儒者稱聖過實，稽合於漢，漢不能及。非不能及，儒者之説使難及也。實而論之，漢更難及。穀熟歲平，聖王因緣以立功化，故治期之篇，爲漢激發。治有期，亂有時。能以亂爲治者優，優者有之。建初孟年，無妄氣至，聖世之期也。皇帝執德，救備其災，故順鼓、明雩，爲漢應變。是故災變之至，或在聖世。時旱禍湛，爲漢論災。是故春秋爲漢制法，論衡爲漢平說。

從門應庭，聽堂室之言，什而失九；如升堂闚室，百不失一。論衡之人，在古荒流之地，其遠非徒門庭也。日刻徑重千里，孫詒讓曰：按「重」字衍。談天篇云：「日刺徑千里。」說日篇云：「數家度日之光，數日之質，刺徑千里。」此「刻」亦疑「刺」字之誤。人不謂之廣者，遠也。望夜甚雨，月光不暗，人不睹曜者，隱也。聖者垂日月之明，處在中州，隱於百里，遙聞傳授不實。形耀不實，難論。得詔書到，計吏至，乃聞聖政。是以褒功失丘山之積，頌德遺膏腴之美。使至臺閣之下，蹈班、賈之跡，論功德之實，不失毫釐之微。武王對比干之墓，孔子顯三累之行。宗祥案：春秋公羊傳曰：「『及』者何？累也。」孔父、仇牧、荀息皆累也。何以書？賢也。何賢乎孔父？孔父可謂義形于色矣。何賢乎仇牧？仇牧可謂不畏强禦矣。何賢乎荀息？荀息可謂不食其言矣。」晉書束皙傳，王接曰：「春秋顯三累之誼。」據此，「三累」蓋指孔父等也。大漢之德，非直比干、三累也。道立國表，路出其下，望國表者，昭然知路。漢德明著，莫立邦表之言，宗祥案：崔豹古今注：「今之華表木，以橫木交柱，狀若花，形似桔槔，大路交衢悉施焉。亦以表識衢路也。秦乃除之，漢始復修焉。今西京謂之交午木。」崔氏所言，即古表制。故浩廣之德，未完於世也。

佚文篇

孝武皇帝封弟爲魯恭王。恭王壞孔子宅以爲宮，得佚尚書百篇、禮三百、春秋三十篇、論語二十一篇。聞絃歌之聲，宗祥案：「聞」，通津、程刻「闓」，從宋本。懼復封塗，上言武帝。武帝遣吏發取，古經、論語，此時皆出。經傳也，而有闓絃歌之聲，宗祥案：「闓」，疑亦「聞」譌。文當興於漢，喜樂得闓之祥也。宗祥案：「闓，明也」，見爾雅釋言。當傳於漢，寖藏墻壁之中，恭王闓之，宗祥案：「闓」，「開也」。見廣雅釋詁。聖王感動絃歌之象。此則古文不當掩，漢俟以爲符也。

孝成皇帝讀百篇尚書，博士、郎吏莫能曉知，徵天下能爲尚書者。東海張霸通左氏春秋，案百篇序，以左氏訓詁，造作百二篇，具成奏上。成帝出秘尚書以考校之，無一字相應者。成帝下霸於吏，吏當霸辜大不謹敬。宗祥案：「霸」，通津、程刻「器」，從宋本。成帝奇霸之才，赦其辜，亦不滅其經。宗祥案：「滅」，各本「滅」，從黃本。故百二尚書，傳在民間。孔子曰：「才難。」能推精思作經百篇，才高卓遹，希有之人也。成帝赦之，多其文也。雖姦非實，次序篇句，依倚事類，有似真是，故不燒滅之。疏一櫝，相遺以書，宗祥案：「遺」，宋、元「遺」。書數十札，奏記長吏，文成可觀，讀之滿意，百不能一。張霸推精思至於百篇，宗祥案：「推」，宋、元「挺」。漢世實類，宗祥案：「類」疑「難」譌。成帝赦之，不亦宜乎！楊子山爲郡上計吏，見三府爲哀牢傳不能成，歸郡作上，孝明奇之，徵在蘭臺。夫以三府掾吏，叢積成才，不能成一篇。子山成之，上覽其文。子山之傳，豈必審是？傳聞依宗祥案：「依」下疑脱「倚」字。爲之有狀。會三府之士，終不能爲，子山爲之，斯須不難。成帝赦張霸，豈不有以哉？

孝武之時，詔百官對策，董仲舒策文最善。王莽時，使郎吏上奏，劉子駿章尤美。美善不空，才高知深之驗也。易曰：「聖人之情見於辭。」文辭美惡，足以觀才。永平中，神雀羣集，孝明詔上爵頌。宗祥案：御覽五百八十八引、北堂書鈔一百二引，「爵」上均有「神」字。百官頌上，文皆比瓦石，唯班固、賈逵、傅毅、楊終、侯諷五頌金玉，孝明覽焉。夫以百官之衆，郎吏非一，唯五人文善，非奇而何？孝武善子虛之賦，徵司馬長卿。孝成玩弄衆書之多，善楊子雲，出入遊獵，子雲乘從。使長卿、桓君山、子雲作吏，書所不能盈牘，文所不能成句，則武帝何貪，成帝何欲？故曰：「玩楊子雲之篇，樂於居千石之官；挾桓君山之書，富於積猗頓之財。」韓非之書，傳在秦庭，始皇歎曰：「獨不得與此人同時！」陸賈新語，每奏一篇，高祖左右，稱曰萬歲。夫歎思其人，與喜稱萬歲，豈可空爲哉？誠見其美，懽氣發於内也。

候氣變者，於天不於地，天，文明也。衣裳在身，文着於衣，衣法天也。察掌理者，左不觀右，左，文明也。占在右，不觀左，右，文明也。易曰：「大人虎變其文炳，君子豹變其文蔚。」又曰：「觀乎天文，觀乎人文。」此言天人以文爲觀，大人君子以文爲操也。高祖在母身之時，息於澤陂，蛟龍在上，龍觓炫耀；宗祥案：「觓，角貌」，見說文。「觓」一本作「觩」，見詩桑扈釋文。及起，楚望漢軍氣成五采；將入咸陽，五星聚東井，星有五色。天或者憎秦，滅其文章，欲漢興之，故先受命以文爲瑞也。

惡人操意，前後乖違。始皇前歎韓非之書，後惑李斯之議，燔五經之文，設挾書之律。五經之儒，抱經隱匿；伏生之徒，竄藏土中。殄賢聖之文，厥辜深重，嗣不及孫。李斯創議，身伏五刑。漢興，易亡秦之軌，削李斯之跡。高祖始令陸賈造書，未興五經。惠、景以至元、成，經書並修。漢朝郁郁，厥語所聞，孰與亡秦？王莽無道，漢軍雲起，臺閣廢頓，文書棄散。光武中興，修存未詳。孝明世好文人，並徵蘭臺之官，文雄會聚。今上即令，宗祥案：「令」本作「命」，見左僖九年傳釋文。「令」、「命」通。此即「即命」。詔求亡失，購募以金，安得不有好文之聲？唐、虞既遠，所在書散；殷、周頗近，諸子存焉。漢興以來，傳文未遠，以所聞見，伍唐、虞而什殷、周，唤炳郁郁，莫盛於斯！天晏暘者，星辰曉爛；人性奇者，掌文藻炳。漢今爲盛，故文繁湊也。孔子曰：「文王既殁，文不在兹乎！」文王之文，傳在孔子。孔子爲漢制文，傳在漢也。

受天之文，文人宜遵五經、六藝爲文，諸子傳書爲文，造論著說爲文，上書奏記爲文，文德之操爲文。立五文在世，皆當賢也。造論著說之文，尤宜勞焉。何則？發胸中之思，論世俗之事，非徒諷古經，續故文也。論發胸臆，文成手中，非説經藝之人，所能爲也。周、秦之際，諸子並作，皆論他事，不頌主上，無益於國，無補於化。造論之人，頌上恢國，國業傳在千載，主德參貳日月，非適諸子書傳所能並也。上書陳便宜，奏記薦吏士，一則爲身，二則爲人。繁文麗辭，無上書文德之操，治身完行，徇利爲私，無爲主者。夫如是，五文之中，論者之文多矣，則可尊明矣。

孔子稱周曰：「唐、虞之際，於斯爲盛。周之德，其可謂至德已矣！」孔子，周之文人也，設生漢世，亦稱漢之至德矣。趙他王南越，倍主滅使，不從漢制，箕踞椎髻，沉溺夷俗。陸賈動以漢德，宗祥案：「動」，通津、程刻「説」，從宋、元。懼以帝威，心覺醒悟，蹶然起坐。世儒之愚，有趙他之惑；鴻文之人，陳陸賈之説。觀見之者，將有蹶然起坐，趙他之悟。漢氏浩爛，不有殊卓之聲。宗祥案：「不，發聲」，見爾雅釋丘注。文人之休，國之符也。望豐屋，知名家；睹喬木，知舊都。鴻文在國，聖世之驗也。孟子相人以眸子焉，心清則眸子瞭。瞭者，目文瞭也。夫候國占人，同一實也。國君聖而文人聚，人心惠而目多采。蹂蹈文錦於泥塗之中，聞見之者，莫不痛心。知文錦之可惜，不知文人之當尊，不通類也。

天文人文，夫豈徒調墨弄筆，爲美麗之觀哉？宗祥案：「豈」上各本無「夫」字，從宋、元。載人之行，傳人之名也。善人願載，思勉爲善；邪人惡載，力自禁裁。宗祥案：「裁」，宋本「勑」。然則文人之筆，勸善懲惡也。謚法所以章善，即以著惡也。加一字之謚，人猶勸懲，聞知之者，莫不自勉，況極筆墨之力，定善惡之實，言行畢載，文以千數，傳流於世，成爲丹青，故可尊也！

楊子雲作法言，蜀富人賫錢千萬，願載於書，子雲不聽。夫富無仁義之行，宗祥案：御覽四百七十二引，「人」上有「賈」字。「千」作「十」，宋、元本亦作「十」，「聽」下有「曰」，「之行」二字，作「猶」一字。八百二十九、八百三十六引同。圈中之鹿，欄中之牛也，安得妄載？班叔皮續太史公書，載鄉里人以爲惡戒。邪人枉道，繩墨所彈，安得避諱？是故子雲不爲財勸，叔皮不爲恩撓。文人之筆，獨已公矣。賢聖定意於筆，筆集成文，文具情顯。後人觀之，見以正邪，宗祥案：「邪」，通津、程刻「僞」，從宋、元。安宜妄記？足蹈於地，跡有好醜；文集於札，宗祥案：「札」，各本「禮」，從宋本。志有善惡。故夫占跡以睹足，觀文以知情。「詩三百，一言以蔽之，曰：思無邪。」論衡篇以十數，亦一言也，曰：疾虛妄。

論死篇

世謂死人爲鬼，有知，能害人。試以物類驗之，死人不爲鬼，無知，不能害人。何以驗之？驗之以物。

人，物也；物，亦物也。物死不爲鬼，人死何故獨能爲鬼？世能別人物不能爲鬼，則爲鬼不爲鬼，尚難分明。如不能別，則亦無以知其能爲鬼也。人之所以生者，精氣也，死而精氣滅。能爲精氣者，血脉也，人死血脉竭，竭而精氣滅，滅而形體朽，朽而成灰土，何用爲鬼？宗祥案：意林引作「何能作鬼邪」。人無耳目，則無所知，故聾盲之人，比於草木。夫精氣去人，豈徒與無耳目同哉！朽則消亡，荒忽不見，故謂之鬼神。人見鬼神之形，故非死人之精也。何則？鬼神，荒忽不見之名也。人死精神升天，骸骨歸土，故謂之鬼。鬼者，歸也；神者，荒忽無形者也。或說：鬼神，陰陽之名也。陰氣逆物而歸，故謂之鬼；陽氣導物而生，故謂之神。神者，伸也。申復無已，終而復始。人用神氣生，其死復歸神氣。陰陽稱鬼神，人死亦稱鬼神。氣之生人，猶水之爲冰也。水凝爲冰，氣凝爲人；冰釋爲水，人死復神。其名爲神也，猶冰釋更名水也。人見名異，則謂有知，能爲形而害人，無據以論之也。

人見鬼若生人之形，以其見若生人之形，故知非死人之精也。何以效之？以囊橐盈粟米。米在囊中，若粟在橐中，滿盈堅彊，立樹可見。人瞻望之，則知其爲粟米囊橐。何則？囊橐之形，若其容可察也。如囊穿米出，橐敗粟棄，則囊橐委辟，宗祥案：「辟，謂疊之」，見文選七命注。人瞻望之，弗復見矣。人之精神，藏於形體之內，猶粟米在囊橐之中也。死而形體朽，精氣散，猶囊橐穿敗，粟米棄出也。粟米棄出，囊橐無復有形，精氣散亡，何能復有體而人得見之乎？禽獸之死也，其肉盡索，皮毛尚在，制以爲裘，人望見之，似禽獸之形。故世有衣狗裘爲狗盜者，人不覺知，假狗之皮毛，故人不意疑也。今人死皮毛朽敗，雖精氣尚在，神安能復假此形而以行見乎？夫死人不能假生人之形以見，猶生人不能假死人之魂以亡矣。六畜能變化象人之形者，其形尚生，精氣尚在也。如死，其形腐朽，雖虎兕勇猂，宗祥案：「猂」疑「悍」譌。不能復化。魯公牛哀病化爲虎，亦以未死也。世有以生形轉爲生類者矣，未有以死身化爲生象者也。原本段。

天地開闢，人皇以來，隨壽而死，若中年夭亡，以億萬數。計今人之數，不若死者多，如人死輒爲鬼，則道路之上，一步一鬼也。人且死見鬼，宜見數百千萬，滿堂盈廷，填塞巷路，不宜徒見一兩人也。宗祥案：證之上文，「人」疑「鬼」譌。人之兵死也，世言其血爲燐。血者，生時之精氣也。人夜行見燐，不象人形，渾沌積聚，若火光之狀。燐，死人之血也，其形不類生人之血也。其形不類生人之形，精氣去人，何故象人之體？人見鬼也，皆象死人之形，則可疑死人爲鬼，或反象生人之形。病者見鬼，云甲來，甲時不死，氣象甲形。如死人爲鬼，病者何故見生人之體乎？原本段。

天地之性，能更生火，不能使滅火復燃；能更生人，不能令死人復見。能使滅灰更爲燃火，吾乃頗疑死人能復爲形。案火滅不能復燃，以況之死人不能復爲鬼，明矣。夫爲鬼者，人謂死人之精神。如審鬼者死人之精神，則人見之宜徒見裸袒之形，無爲見衣帶被服也。何則？衣服無精神，人死，與形體俱朽，何以得實穿之乎？精神本以血氣爲主，血氣常附形體。形體雖朽，精神尚在，能爲鬼可也。今衣服，絲絮布帛也，生時血氣不附着，而亦自無血氣，敗朽遂已，與形體等，安能自若爲衣服之形？由此言之，見鬼衣服象之，則形體亦象之矣。象之則知非死人之精神也。原本段。

夫死人不能爲鬼，則亦無所知矣。何以驗之？以未生之時，無所知也。人未生，在元氣之中；既死，復歸元氣。元氣荒忽，人氣在其中。人未生無所知，其死，歸無知之本，何能有知乎？人之所以聰明智惠者，以含五常之氣也。五常之氣所以在人者，以五藏在形中也。五藏不傷，則人智惠；五藏有病，則人荒忽。荒忽則愚癡矣。人死五藏腐朽，腐朽則五常無所託矣，所用藏智者已敗矣，所用爲智者已去矣。形須氣而成，氣須形而知。天下無獨燃之火，世間安得有無體獨知之精？

人之死也，其猶夢也。夢者，殄之次也。殄者，死之比也。人殄不悟，則死矣。案人殄復悟，死從來者，宗祥案：疑當作「從來死者」誤倒。與夢相似。然則夢、殄、死，一實也。人夢不能知覺時所作，猶死不能識生時所爲矣。人言談有所作於卧人之旁，卧人不能知，猶對死人之棺，爲善惡之事，死人不能復知也。夫卧，精氣尚在，形體尚全，猶無所知，況死人精神消亡，形體朽敗乎？

人爲人所毆傷，宗祥案：「毆，垂轂物也。」見說文。「毆」，古「驅」字。「毆」疑「毆」譌。詣吏告苦以語人，有知之故也。或爲人所殺，則不知何人殺也，或家不知其尸所在。使死人有知，必恚人之殺己也，當能言於吏旁，告以賊主名；若能歸語其家，告以尸之所在。今則不能，無知之效也。世間死者，今生人殄而用其言，宗祥案：此即病中譫語。及巫叩元紘下死人魂，宗祥案：「玄，幽深也」，見荀子解蔽注。「紘」，淮南墬形云：「八殥之外而有八紘。」此言窮幽索冥以致魂也。「紘」疑「絃」譌。因巫口談皆誇誕之言也。如不誇誕，物之精神爲之象也。或曰：「不能言也。」夫不能言，則亦不能知矣。知用氣，言亦用氣焉。人之未死也，智惠精神定矣，病則惛亂，精神擾也。夫死，病之甚者也。病，死之微，猶惛亂，況其甚乎！精神擾，自無所知，況其散也！

人之死，猶火之滅也。火滅而燿不照，人死而知不惠，二者宜同一實。論者猶謂死有知，惑也。人病且死，與火之且滅，何以異？火滅光消而燭在，人死精亡而形存，謂人死有知，是謂火滅復有光也。隆冬之月，寒氣用事，水凝爲冰，踰春氣温，冰釋爲水。人生於天地之間，其猶冰也。陰陽之氣，凝而爲人，年終壽盡，死還爲氣。夫春水不能復爲冰，死魂安能復爲形？

妬夫媢妻，同室而處，淫亂失行，忿怒鬭訟。夫死，妻更嫁；妻死，夫更娶。以有知驗之，宜大忿怒。今夫妻死者，寂寞無聲，更嫁娶者，平忽無禍，無知之驗也。原本段。

孔子葬母於防，既而雨甚至，防墓崩。孔子聞之，泫然流涕，曰：「古者不修墓。」遂不復修。俞樾曰：按禮記鄭注於「防墓崩」下注云：「言所以遲者，修之而來。」是謂門人已修訖也。正義引庾蔚之說，解「防墓崩」爲「防守其墓，備擬其崩」，是則墓並不崩。而如論衡之言，則又崩而不修。三說乖異，自以鄭義爲安。使死有知，必恚人不修也。孔子知之，宜輒修墓，以喜魂神。然而不修，聖人明審，曉其無知也。

枯骨在野，時鳴呼有聲，若夜聞哭聲，謂之死人之音，非也。何以驗之？生人所以言語吁呼者，氣括口喉之中，動摇其舌，張歙其口，故能成言。譬猶吹簫笙，簫笙折破，氣越不括，手無所弄，則不成音。夫簫笙之管，猶人之口喉也；手弄其孔，猶人之動舌也。人死口喉腐敗，舌不復動，何能成言？然而枯骨時呻鳴者，人骨自有能呻鳴者焉。或以爲秋也，宗祥案：證之下文，「秋」下疑脱「氣」字。是與夜鬼哭無以異也。秋氣爲呻鳴之變，自有所爲，依倚死骨之側，人則謂之骨尚有知，呻鳴於野。草澤暴體，以千萬數，呻鳴之聲，宜步屬焉。

夫有能使不言者言，未有言者死能復使之言，言者亦不能復使之言。宗祥案：此複句也。「亦」宜「死」譌。猶物生以青爲氣，或予之也；物死青者去，或奪之也。予之物青，奪之青去，去後不能復予之青，物亦不能復自青。聲色俱通，並禀於天，青青之色，猶梟梟之聲也。死物之色，不能復青，獨爲死人之聲，能復自言，惑也。

人之所以能言語者，以有氣力也。氣力之盛，以能飲食也。飲食損減則氣力衰，衰則聲音嘶困，不能食則口不能復言。夫死，困之甚，何能復言？或曰：「死人歆肴食氣，故能言。」夫死人之精，生人之精也。使生人不飲食，而徒以口歆肴食之氣，不過三日，則餓死矣。或曰：「死人之精，神於生人之精，故能歆氣爲音。」夫生人之精，在於身中，死則在於身外，死之與生何以殊？身中身外何以異？取水實於大盎中，盎破水流地，地水能異於盎中之水乎？地水不異於盎中之水，身外之精，何故殊於身中之精？

人死不爲鬼，無知，不能語言，則不能害人矣。何以驗之？夫人之怒也用氣，其害人用力，用力須筋骨而彊，彊則能害人。忿怒之人，呴呼於人之旁，口氣喘射人之面，雖勇如賁、育，氣不害人，使舒手而擊，舉足而蹶，則所擊蹶無不破折。夫死，骨朽，筋力絶，手足不舉，雖精氣尚在，猶呴吁之時，無嗣助也，何以能害人也？凡人與物，所以能害人者，手臂把刃，爪牙堅利之故也。今人死，手臂朽敗，不能復持刃，爪牙隳落，不能復齧噬，安能害人？兒之始生也，手足具成，手不能搏，足不能蹶原注：一有「蹶」字。者，氣適凝成，未能堅彊也。由此言之，精氣不能堅彊，審矣。氣爲形體，形體微弱，猶未能害人，況死，氣去精神絶。微弱猶未能害人。

寒骨謂能害人者邪？死人之氣不去邪，何能害人？雞卵之未字也，澒溶於㲉中，濆而視之，若水之形。良雌傴伏，體方就成；就成之後，能啄蹶之。夫人之死猶澒溶之時，澒溶之氣，安能害人？人之所以勇猛能害人者，以飲食也。飲食飽足，則彊壯勇猛，彊壯勇猛，則能害人矣。人病不能飲食，則身羸弱，羸弱困甚，宗祥案：二「羸」字，通津、程刻「嬴」，從崇文局本。故至於死。病困之時，仇在其旁，不能咄叱，人盜其物，不能禁奪，羸弱困劣之故也。夫死，羸弱困劣之甚者也，何能害人？

有雞犬之畜，爲人所盜竊，雖怯無勢之人，莫不忿怒，忿怒之極，至相賊滅。敗亂之時，人相啖食者，使其神有知，宜能害人。身貴於雞犬，己死重於見盜，忿怒於雞犬，無怨於食己，不能害人之驗也。蟬之未蛻也，爲復育，已蛻也，去復育之體，更爲蟬之形。使死人精神去形體，若蟬之去復育乎？則夫爲蟬者，不能害爲復育者。夫蟬不能害復育，死人之精神，何能害生人之身？夢者之義疑惑。宗祥案：證之下文，「疑」字下疑有脱文；「惑」疑「或」譌，屬下讀。言：「夢者，精神，自止身中，爲吉凶之象。」或言：「精神行，與人物相更。」今其審止身中，死之精神，亦將復然。今其審行，人夢殺傷人，夢殺傷人，宗祥案：二「今其」「今」字，疑「令」字之譌。「夢殺傷人」四字疑衍。若爲人所復殺，明日視彼之身，察己之體，無兵刃創傷之驗。夫夢用精神，精神，死之精神也。夢之精神，不能害人，死之精神，安能爲害？火熾而釜沸，沸止而氣歇，以火爲主也。精神之怒也，乃能害人；不怒，不能害人。火猛竈中，釜涌氣蒸；精怒胷中，力盛身熱。今人之將死，身體清涼，涼益清甚，遂以死亡。當死之時，精神不怒。身亡之後，猶湯之離釜也，安能害人？

物與人通。人有癡狂之病，如知其物然而理之，病則愈矣。夫物未死，精神依倚形體，故能變化，與人交通；已死，形體壞爛，宗祥案：「壞」，宋本「敗」。精神散亡，無所復依，不能變化。夫人之精神，猶物之精神也。物生，精神爲病；其死，精神消亡。人與物同，死而精神亦滅，安能爲害禍？設謂人貴，精神有異，成事：物能變化，人則不能，是反人精神不若物，物精奇於人也。

水火燒溺。凡能害人者，皆五行之物。金傷人，木毆人，宗祥案：「毆」，通津、程刻「敺」，從元本。土壓人，水溺人，火燒人。使人死，精神爲五行之物乎？害人；不爲乎？不能害人。不爲物則爲氣矣。氣之害人者，太陽之氣爲毒者也。使人死其氣爲毒乎？害人；不爲乎？不能害人。夫論死不爲鬼，無知，不能害人，則夫所見鬼者，非死人之精，其害人者，非其精所爲，明矣。

論衡卷第二十一

漢 會稽王充著 海寧張宗祥校注

死僞篇

死僞篇

傳曰："周宣王殺其臣杜伯而不辜，宣王將田於囿，杜伯起於道左，執彤弓而射宣王，宣王伏韔而死。趙簡公殺其臣莊子義而不辜，簡公將入於桓門，莊子義起於道左，執彤杖而捶之，斃於車下。"二者，死人爲鬼之驗，鬼之有知、能害人之效也。無之，奈何？

曰：人生萬物之中，物死不能爲鬼，人死何故獨能爲鬼？如以人貴能爲鬼，則死者皆當爲鬼。杜伯、莊子義何獨爲鬼也？如以被非辜者能爲鬼，世間臣子被非辜者多矣，比干、子胥之輩不爲鬼。夫杜伯、莊子義無道忿恨，報殺其君，罪莫大於弑君，則夫死爲鬼之尊者，當復誅之，非杜伯、莊子義所敢爲也。凡人相傷，憎其生，惡見其身，故殺而亡之。見殺之家，詣吏訟其仇，仇人亦惡見之。生死異路，人鬼殊處。如杜伯、莊子義怨宣王、簡公，不宜殺也，當復爲鬼，與己合會。人君之威，固嚴原注：一本作「壓」。人臣，營衛卒使固多衆，兩臣殺二君，二君之死亦當報，非有知之深計，憎惡之之所爲也。如兩臣神，宜知二君死當報己；如不知也，則亦不神。不神胡能害人？世多似是而非，虚僞類真，故杜伯、莊子義之語，往往而存。原本段。

晉惠公改葬太子申生。秋，其僕狐突適下國，遇太子。太子使登僕車而告之曰：宗祥案：「使」，通津、程刻「趨」，從宋、元。「夷吾無禮，余得請於帝矣，將以晉畀秦，秦將祀余。」狐突對曰：「臣聞之，神不歆非類，民不祀非族，君祀無乃殄乎？且民何罪？失刑乏祀，君其圖之！」太子曰：「諾，吾將復請。七日，新城西偏，將有巫者，而見我焉。」許之，遂不見。俞樾曰：按左傳曰：「太子使登僕。」杜注曰：「狐突本爲申生御，故復使登車爲僕。」是狐突登太子之車也。下云：「許之，遂不見。」則似以太子登狐突之車爲是。若狐突登太子之車，則其象既没，突將焉在乎？疑左傳之文有誤。王仲任所見，與今本殊也。宗祥案：俞氏所見論衡作「太子趨登僕東」，故有此疑，若據宋、元作「使」，所述與左氏正同。及期，狐突之新城西偏巫者之舍，復與申生相見。申生告之曰：「帝許罰有罪矣，斃之於韓。」其後四年，惠公與秦穆公戰於韓地，爲穆公所獲，竟如其言。非神而何？

曰：此亦杜伯、莊子義之類。何以明之？夫改葬，私怨也；上帝，公神也。以私怨争於公神，何肯聽之？帝許以晉畀秦，狐突以爲不可，申生從狐突之言，是則上帝許申生非也。神爲上帝，不若狐突，必非上帝明矣。且臣不敢求私於君者，君尊臣卑，不敢以非干也。申生比於上帝，豈徒臣之與君哉？恨惠公之改葬，干上帝之尊命，非所得爲也。驪姬譖殺其身，惠公改葬其尸。改葬之惡，微於殺人；惠公之罪，輕於驪姬。請罰惠公，不請殺驪姬，是則申生憎改葬，不怨見殺也。秦始皇用李斯之議，燔燒詩、書，後又坑儒。博士之怨，不下申生；坑儒之惡，痛於改葬。然則秦之死儒，不請於帝，見形爲鬼，諸生會告以始皇無道，李斯無狀。原本段。

周武王有疾，不豫，周公請命，設三壇，同一墠，植璧秉圭，乃告于太王、王季、文王。史乃策祝，辭曰："予仁若考，多才多藝，能事鬼神。乃元孫某，不若旦多才多藝，不能事鬼神。"鬼神者，謂三王也。即死人無知，不能爲鬼神。周公，聖人也。聖人之言審，則得幽冥之實，得幽冥之實，則三王爲鬼神，明矣。

曰：實，人能神乎？不能神也。如神，宜知三王之心，不宜徒審其爲鬼也。周公請命，史策告祝，祝畢辭已，不知三王所以與不，乃卜三龜，三龜皆吉，然後乃喜。能知三王有知爲鬼，不能知三王許己與不，須卜三龜，乃知其實。定其爲鬼，須有所問，然後知之。死人有知無知，與其許人不許人，一實也。能知三王之必許己，則其謂三王爲鬼，可信也；如不能知，謂三王爲鬼，猶世俗之人也，與世俗同知，則死人之實未可定也。且周公之請命，用何得之？以至誠得之乎？以辭正得之也？如以至誠，則其請之説，宗祥案：「請」下疑脱「命」字。精誠致鬼，不顧辭之是非也。董仲舒請雨之法，設土龍以感氣。夫土龍非實，不能致雨，仲舒用之致精誠，不顧物之僞真也。然則周公之請命，猶仲舒之請雨也；三王之非鬼，猶聚土之非龍也。原本段。

晉荀偃伐齊，不卒事而還，癉疽生瘍於頭，及著雍之地，病目出，卒而視，不可唅。范宣子浣而撫之曰：「事吴敢不如事主。」猶視。宣子睹其不瞑，以爲恨其子吴也。人情所恨，莫不恨子，故言吴以撫之，猶視者，不得所恨也。欒懷子曰：「其爲未卒事於齊故也乎？」宗祥案：「乎」疑衍字。乃復撫之曰：「主苟死，所不嗣事于齊者，有如河！」乃瞑受唅。伐齊不卒，荀偃所恨也，懷子得之，故目瞑受唅。宣子失之，目張口噤。

曰：荀偃之病卒，苦目出。目出則口噤，口噤則不可唅。新死氣盛，本病苦目出。宣子撫之早，故目不瞑，口不闓。少久氣衰，懷子撫之，故目瞑口受唅。此自荀偃之病，非死精神見恨於口目也。凡人之死，皆有所恨，志士則恨義事未立，學士則恨問多不及，農夫則恨耕未畜穀，商人則恨貨財未殖，仕者則恨官位未極，勇者則恨材未優。天下各有所欲乎，然而各有所恨，必有目不瞑者爲有所恨，宗祥案：「材」上疑脱「用」字。「必有」疑「必以」之譌。夫天下之人，死皆不瞑也。且死者精魂消索，不復聞人之言。不能聞人之言，是謂死也。離形更自爲鬼，立於人傍，雖人之言，宗祥案：「雖」下疑脱「聞」字。已與形絶，安能復入身中瞑目闔口乎？能入身中，以尸示恨，則能不免與形相守。宗祥案：「免」疑「死」譌。案世人論死，謂其精神有若，能更以精魂立形見面，使尸若生人者，誤矣。

楚成王廢太子商臣，欲立王子職。商臣聞之，以宫甲圍王。王請食熊蹯而死，弗聽。王縊而死，謚之曰「靈」，不瞑；曰「成」，乃瞑。夫爲「靈」不瞑，爲「成」乃瞑，成王有知之效也。謚之曰「靈」，心恨，故目不瞑；更謚曰「成」，原注：一有「人」字。心喜，乃瞑。精神聞人之議，見人變易其謚，故喜目瞑。本不病目，人不撫慰，目自翕張，非神而何？

曰：此復苟偃類也。雖不病目，亦不空張。成王於時縊死，氣尚盛，新絶，目尚開，因謚曰「靈」。少久氣衰，目適欲瞑，連更曰「成」。目之視瞑，與謚之爲「靈」，偶應也。時人見其應「成」乃瞑，則謂成王之魂有所知。宗祥案：此三字疑當重，誤脱。則宜終不瞑也。何則？太子殺己，大惡也；加謚爲「靈」，小過也。不爲大惡懷忿，反爲小過有恨，非有神之效，見示告人之驗也。夫惡謚，非「靈」則「厲」也，紀於竹帛，爲「靈」、「厲」者多矣，其尸未斂之時，未皆不瞑也。豈世之死君不惡，而獨成王憎之哉？何其爲「靈」者衆，不瞑者寡也？原本段。

鄭伯有貪愎而多欲，子晳好在人上。二子不相得，子晳攻伯有。伯有出奔，駟帶率國人以伐之，伯有死。其後九年，鄭人相驚以伯有，曰：「伯有至矣。」則皆走，不知所往。後歲，人或夢見伯有，介而行，曰：「壬子，余將殺帶也。明年壬寅，余又將殺段也。」及壬子之日，駟帶卒，國人益懼。後至壬寅日，公孫段又卒，國人愈懼。子產爲立後以撫之，乃止矣。伯有見夢曰：「壬子，余將殺帶。壬寅，又將殺段。」及至壬子日，駟帶卒。至壬寅，公孫段死。宗祥案：自「伯有」起至「段死」三十二字，疑衍文。其後子產適晉，趙景子問曰：「伯有猶能爲鬼乎？」子產曰：「能。人生始化曰魄，既生魄，陽曰魂。用物精多，則魂魄彊，是以有精爽至於神明。匹夫匹婦彊死，其魂魄猶能憑依人以爲淫厲，況伯有，我先君穆公之胄，子良之孫，子耳之子，弊邑之卿，從政三世矣。鄭雖無腆，抑諺曰：『蕞爾小國。』而三世執其政柄，其用物弘矣，取精多矣。其族又大，所憑厚矣。而彊死，能爲鬼，不亦宜乎！」伯有殺駟帶、公孫段，不失日期，神審之驗也。子產立其後而止，知鬼神之操也。知其操，則知其實矣。實有不空，故對問不疑。子產，智人也，知物審矣。如死者無知，何以能殺帶與段？如不能爲鬼，子產何以不疑？

曰：與伯有爲怨者，子皙也。子皙攻之，伯有奔，駟帶乃率國人遂伐伯有。公孫段隨駟帶，不造本辯，宗祥案：「辯」，古通「變」，見易坤「由辯之不早辯也」釋文：「『辯』，荀作『變』。」此言變非出段。其惡微小。殺駟帶不報子皙，公孫段惡微，與帶俱死。是則伯有之魂無知，爲鬼報仇，輕重失宜也。且子産言曰：「彊死者能爲鬼。」何謂彊死？謂伯有命未當死而人殺之邪？將謂伯有無罪而人寃之也？如謂命未當死而人殺之，未當死而死者多；如謂無罪人寃之，被寃者亦非一。伯有彊死能爲鬼，比干、子胥不爲鬼。春秋之時，弒君三十六。君爲所弒，可謂彊死矣。典長一國，用物之精，可謂多矣。繼體有土，非直三世也。貴爲人君，非與卿位同也。始封之祖，必有穆公、子良之類也。以至尊之國君，受亂臣之弒禍，其魂魄爲鬼，必明於伯有，報仇殺讎，禍繁於帶、段。三十六國，無爲鬼者；三十六臣，無見報者。如以伯有無道，其神有知，世間無道，莫如桀、紂，桀、紂誅死，魄不能爲鬼。然則子産之説，因成事者也。見伯有彊死，則謂彊死之人能爲鬼。如有不彊死爲鬼者，則將云不彊死之人能爲鬼。子晳在鄭，與伯有何異？死與伯有何殊？俱以無道爲國所殺。伯有能爲鬼，子晳不能。彊死之説，通於伯有，塞於子晳。然則伯有之説，杜伯之語也。杜伯未可然，伯有亦未可是也。原本段。

秦桓公伐晉，次于輔氏。晉侯治兵于稷，以略翟土，立黎侯而還。及魏顆敗秦師于輔氏，宗祥案：左宣十五年傳作「及雒」。此脱「雒」字。獲杜回。杜回，秦之有力人也。宗祥案：通津、程刻無「有」字，從宋、元。初，魏武子有嬖妾，無子。武子疾，命顆曰：「必嫁是妾。」病困，則更曰：「必以是爲殉。」及武子卒，顆不殉妾。人或難之，顆曰：「疾病則亂，吾從其治也。」及輔氏之役，魏顆見老人結草以亢杜回，杜回躓而顛，故獲之。夜夢見老父曰：「余是所嫁婦人之父也。爾用先人之治命，是以報汝。」夫嬖妾之父猶知魏顆之德，宗祥案：通津、程刻無「猶」字，從宋、元。故見體爲鬼，結草助戰，神曉有知之效驗也。

曰：夫婦人之父，能知魏顆之德，爲鬼見形，以助其戰，必能報其生時所善，殺其生時所惡矣。凡人交遊必有厚薄，厚薄當報，猶婦人之當謝也。今不能報其生時所厚，獨能報其死後所善，非有知之驗，能爲鬼之效也。張良行泗水上，老父授書；光武困厄河北，老人教誨。命貴時吉，當遇福喜之應驗也。魏顆當獲杜回，戰當有功，故老人妖象結草於路人者也。原本段。宗祥案：「人」字疑衍。

王季葬於滑山之尾，宗祥案：「滑山」，戰國策魏策作「楚山」，呂覽開春作「渦山」。欒水擊其墓，宗祥案：「欒」，魏策「灓」。「擊」，魏策「齧」。見棺之前和。宗祥案：棺頭曰「和」，水經注：「齊地掘得古塚，棺前和有八分書」是也。文王曰：「嘻！先君必欲一見羣臣百姓也夫！故使欒水見之於是也。」而爲之張朝，宗祥案：「也」，國策、呂覽「出」，屬下讀，是。而百姓皆見之，三日而後更葬。文王，聖人也，知道事之實。見王季棺見，知其精神欲見百姓，故出而見之。

曰：古今帝王死，葬諸地中，有以千萬數，無欲復出見百姓者，王季何爲獨然？河、泗之濵，丘冢非一，宗祥案：「丘冢」，通津、程刻「立家」。「丘」從宋、元，「冢」從宋本。水湍崩壞，棺椁露見，不可勝數，皆欲復見百姓者乎？欒水擊滑山之尾，猶河、泗之流湍濵圻也。文王見棺和露，惻然悲恨，當先君欲復出乎？慈孝者之心，幸冀之意，賢聖惻怛，不暇思論，推生況死，故復改葬。世俗信賢聖之言，則謂王季欲見百姓者也。原本段。宗祥案：通津、程刻連下條，從宋本分。

齊景公將伐宋，師過太山，公夢二丈人立而怒甚盛。公告晏子，晏子曰：「是宋之先，湯與伊尹也。」公疑以爲泰山神。晏子曰：「公疑之，則嬰請言湯、伊尹之狀。湯皙以長，頤以髯，鋭上而豐下，据身而揚聲。」孫詒讓曰：案此文見晏子春秋諫上篇。「据」，彼作「倨」，是也。當據校正。公曰：「然，是已！」「伊尹黑而短，蓬而髯，豐上而鋭下，僂身而下聲。」公曰：「然，是已！今奈何？」晏子曰：「夫湯、太甲、武丁、祖已，天下之盛君也，不宜無後。今唯宋耳，而公伐之，故湯、伊尹怒。請散師和於宋。」公不用，終伐宋，軍果敗。夫湯、伊尹有知，惡景公之伐宋，故見夢盛怒以禁止之。景公不止，軍果不吉。

曰：夫景公亦曾夢見彗星，其時彗星不出果不吉。曰：夫然而夢見之者，見彗星其實非夢。宗祥案：此文難解，疑「果不吉曰夫」五字及「見彗星」三字均衍文。見湯、伊尹實亦非也。或時景公軍敗不吉之象也。晏子信夢，明言湯、伊尹之形，景公順晏子之言，然而是之。秦并天下，絶伊尹之後，遂至於今，湯、伊尹不祀，何以不怒乎？原本段。

鄭子産聘於晉。晉侯有疾，韓宣子逆客，私焉，曰：「寡君寢疾，於今三月矣，並走羣望，有加而無瘳。今夢黃熊入於寢門。宗祥案：左襄三十一年、昭七年傳及國語晉語皆作「黃能」。爾雅釋魚鼈云：「三足能。鯀神入羽淵。」作「能」爲是。「能」亦作「熊」，遂譌爲「熊」。其何厲鬼也？」對曰：「以君之明，子爲大政，其何厲之有？昔堯殛鯀于羽山，其神爲黃熊，以入于羽淵，實爲夏郊，三代祀之。晉爲盟主，其或者未之祀乎？」韓子祀夏郊，晉侯有間。黃熊，鯀之精神，晉侯不祀，故入寢門。晉知而祀之，故疾有間。非死人有知之驗乎？

夫鯀殛於羽山，人知也；神爲黃熊，入于羽淵，人何以得知之？使若魯公牛哀病化爲虎，在，故可實也。宗祥案：「在」上疑脱「虎」字。今鯀遠殛於羽山，人不與之處，何能知之？且文曰「其神爲熊」，是死也，死而魂神爲黃熊，非人所得知也。人死世謂鬼，鬼象生人之形，見之與人無異，然猶非死人之神，況熊非人之形，不與人相似乎？審鯀死，其神爲黃熊，則熊之死，其神亦或時爲人，人夢見之，何以知非死禽獸之神也？信黃熊謂之鯀神，又信所見之鬼以爲死人精也，此人物之精未可定，黃熊爲鯀之神未可審也。且夢，象也，吉凶且至，神明示象，熊羆之占，宗祥案：據此，則仲任以黃熊爲熊羆矣，亦一異説。自有所爲。使鯀死，其神審爲黃熊，夢見黃熊必鯀之神乎？諸侯祭山川，設晉侯夢見山川，何復不以祀山川，山川自見乎？宗祥案：證之下文，「何」疑「可」譌。人病，多或夢見先祖死人來立其側，可復謂先祖死人求食，故來見形乎？人夢所見，更爲他占，未必以所見爲實也。何以驗之？夢見生人，明日問所夢見之人，宗祥案：通津、程刻無「問」字，從宋、元。不與己相見。夫所夢見之人，不與己相見，則知鯀之黄熊，不入寢門。不入，則鯀不求食。不求食，則晉侯之疾，非廢夏郊之禍。非廢夏郊之禍，則晉侯有間，非祀夏郊之福也。無福之實，則無有知之驗矣。亦猶淮南王劉安坐謀反而死，世傳以爲仙而升天。本傳之虚，子産聞之，亦不能實。偶晉侯之疾，適當自衰，子産遭言黄熊之占，則信黄熊鯀之神矣。原本段。

高皇帝以趙王如意爲似我而欲立之，吕后恚恨，後酖殺趙王。其後，吕后出，見蒼犬噬其左腋。怪而卜之，趙王如意爲祟，遂病腋傷，不愈而死。蓋以如意精神爲蒼犬，見變以報其仇也。

曰：勇士忿怒，交刃而戰，負者被創，仆地而死。目見彼之中己，死後其神尚不能報；吕后酖如意時，身不自往，使人飲之，不知其爲酖毒，憒不知殺己者爲誰？宗祥案：「憒」字疑衍。安能爲祟以報吕后？使死人有知，恨者莫過高祖。高祖愛如意而吕后殺之，高祖魂怒宜如雷霆，吕后之死宜不旋日。豈高祖之精，不若如意之神，將死後憎如意、善吕后之殺也？原本段。

丞相武安侯田蚡，與故大將軍灌夫，宗祥案：「大」字疑衍。灌夫未任此職。杯酒之恨，事至上聞。灌夫繫獄，竇嬰救之，勢不能免，灌夫坐法，竇嬰誅死。宗祥案：「誅」，通津、程刻「亦」，從宋、元。

其後田蚡病甚，號曰：「諾、諾！」使人視之，見灌夫、竇嬰俱坐其側，蚡病不衰，遂至死。

曰：相殺不一人也，殺者後病，不見所殺，田蚡見所殺。田蚡獨然者，心負憤恨，病亂妄見也。或時見他鬼，而占鬼之人，聞其往時與夫、嬰争，欲見神審之名，見其狂「諾、諾」，則言夫、嬰坐其側矣。原本段。

淮陽都尉尹齊爲吏酷虐，及死，怨家欲燒其尸，亡去歸葬。宗祥案：「亡去歸葬」，御覽五百四十九引作「屍亡歸」。夫有知，故人且燒之也；神，故能亡去。

曰：尹齊亡，神也，有所應。秦時三山亡，周末九鼎淪，必以亡者爲神，三山、九鼎有知也。或時吏知怨家之謀，竊舉持亡，懼怨家怨己，云自去。凡人能亡，足能步行也。今死血脉斷絶，足不能復動，何用亡去？吴烹伍子胥，漢葅彭越。燒、葅，一僇也；胥、越，一勇也。子胥、彭越不能避烹亡葅，獨謂尹齊能歸葬，失實之言，不驗之語也。原本段。

亡新改葬元帝傅后，發其棺，取玉柙印璽，送定陶，以民禮葬之。發棺時，臭憧原注：一本作「燻」。宗祥案：「燻」，通津、程刻「爐」，從宋、元。于天，洛陽丞臨棺，聞臭而死。又改葬定陶共王丁后，火從藏中出，燒殺吏士數百人。夫改葬禮卑，又損奪珍物，二恨怨，故爲臭、出火，以中傷人。

曰：臭聞於天，多藏食物，腐朽猥發，人不能堪毒憤，而未爲怪也。火出於藏中者，怪也，非丁后之神也。何以驗之？改葬之恨，孰與掘墓盜財物也？歲凶之時，掘丘墓取衣物者以千萬數，死人必有知，人奪其衣物，倮其尸骸，時不能禁，後亦不能報。此尚微賤，未足以言。秦始皇葬於驪山，二世末，天下盜賊掘其墓，不能出梟爲火，以殺一人。貴爲天子，不能爲神，丁、傅婦人，安能爲怪？變神非一，發起殊處，見火聞臭，則謂丁、傅之神，誤矣。

宗祥案：「則」，宋、元本「以」。

論衡卷第二十二

紀妖篇　訂鬼篇

漢　會稽王充著　海寧張宗祥校注

紀妖篇

衛靈公將之晉，至濮水之上，夜聞鼓新聲者，説之，使人問之，左右皆報弗聞。召師涓而告之曰：「有鼓新聲者，使人問左右，盡報弗聞。其狀似鬼，子爲我聽而寫之。」師涓曰：「諾！」因靜坐撫琴而寫之。明日，報曰：「臣得之矣，然而未習。請更宿而習之。」靈公曰：「諾！」因復宿。明日，已習。遂去之晉，晉平公觴之施夷之臺。宗祥案：史記補樂書「施夷」作「施惠」。酒酣，靈公起曰：「有新聲，願請奏以示公。」公曰：「善！」乃召師涓，令坐師曠之旁，援琴鼓之。未終，曠撫而止之曰：「此亡國之聲，不可遂也。」宗祥案：「遂，竟也」，見廣雅釋詁。平公曰：「此何道出？」師曠曰：「此師延所作淫聲，與紂爲靡靡之樂也。武王誅紂，懸之白旄，師延東走，至濮水而自投。故聞此聲者，必於濮水之上。先聞此聲者，其國削，不可遂也。」平公曰：「寡人好者音也，宗祥案：韓非子十過、史記補樂書「好」上均有「所」字，此疑脱。子其使遂之。」師涓鼓究之。平公曰：「此所謂何聲也？」師曠曰：「此所謂清商。」公曰：「清商固最悲乎？」師曠曰：「不如清徵。」公曰：「清徵可得聞乎？」師曠曰：「不可！古之得聽清徵者，皆有德義之君也。今吾君德薄，不足以聽之。」公曰：「寡人所好者音也，願試聽之。」師曠不得已，援琴鼓之。一奏，有玄鶴二八，從南方來，集於郭門之上危；孫詒讓曰：按異虚篇作「郎門之危」，是也。下云「廓瓦」，又云「廊室」，「廓」亦當作「廊」。「郎」、「郭」、「廊」、「廓」，並形之誤。韓非子十過篇作「郎門之垝」，「危」、「垝」通。喪大記云：「中屋履危。」再奏而列；三奏，延頸而鳴，舒翼而舞。音中宫商之聲，聲徹于天。平公大悦，坐者皆喜。平公提觴而起，爲師曠壽，反坐而問曰：「樂莫悲于清徵乎？」師曠曰：「不如清角。」平公曰：「清角可得聞乎？」師曠曰：「不可！昔者黄帝合鬼神於西大山之上，駕象輿，六玄龍，畢方並轄，宗祥案：「玄龍」，韓非子作「蛟龍」。「畢方」，鳥名，「見則其邑有譌火」，見山海經。蚩尤居前，風伯進掃，雨師灑道，虎狼在前，鬼神在後，蟲虵伏地，白雲覆上，大合鬼神，乃作爲清角。今主君德薄，不足以聽之。聽之，將恐有敗。」平公曰：「寡人老矣，所好者音也，願遂聽之。」師曠不得已而鼓之。一奏之，有雲從西北起；再奏之，風至，大雨隨之，裂帷幕，破俎豆，墮廊瓦。宗祥案：「廊」，程刻「廓」。知孫氏校據程本。坐者散走。平公恐懼，伏于廊室。宗祥案：韓非子、史記「室」下有「之間」二字。晉國大旱，赤地三年。平公之身遂癃病。何謂也？

曰：是非衛靈公國且削，則晉平公且病，若國且旱亡妖也？宗祥案：證之下文，「亡」疑「之」譌。師曠曰：「先聞此聲者國削。」二國先聞之矣。何知新聲非師延所鼓也？曰：師延自投濮水，形體腐於水中，精氣消於泥塗，安能復鼓琴？屈原自沉於江。屈原善著文，師延善鼓琴。如師延能鼓琴，則屈原能復書矣。楊子雲弔屈原，屈原何不報？屈原生時，文無不作，不能報子雲者，死爲泥塗，手既朽，無用書也。屈原手朽無用書，則師延指敗，無用鼓琴矣。孔子當泗水而葬，泗水却流，世謂孔子神而能却泗水。孔子好教授，猶師延之好鼓琴也。師延能鼓琴於濮水之中，孔子何爲不能教授於泗水之側乎？原本段。

趙簡子病，五日不知人，大夫皆懼，於是召進扁鵲。扁鵲入視病，出，董安于問扁鵲。扁鵲曰：「血脉治也，而怪？宗祥案：史記趙世家作「而何怪」，此脱「何」字。昔秦繆公嘗如此矣，七日悟。悟之日，宗祥案：「悟」，史記「寤」，通。告公孫支與子輿曰：『我之帝所，甚樂。吾所以久者，適有學也。帝告我晉國且大亂，五世不安，其復將霸，宗祥案：「復」，史記「後」，是。此譌。未老而死。霸者之子，且令而國男女無别。』公孫支書而藏之於篋。於是晉獻公之亂，文公之霸，襄公敗秦師於崤而歸縱淫。此之所謂。宗祥案：史記作「此子之所聞」。今主君之病與之同，不出三日，病必間，間必有言也。」居二日半，簡子悟，告大夫曰：「我之帝所甚樂，與百神遊于鈞天，廣樂九奏萬舞，宗祥案：「廣」，通津、程刻「靡」，從宋本。不類三代之樂，其聲動人心。有一熊欲援我，宗祥案：「援」，通津、程刻「授」，從宋本。帝命我射之，中熊，熊死。有羆來，我又射之，中羆，羆死。帝甚喜，賜我二笥，宗祥案：「二」，通津、程刻「一」，從宋刻。「廣」、「援」、「二」三字均與史記同。「援，攀也。」見呂覽下賢注。皆有副。吾見兒在帝側，帝屬我一翟犬，曰：『及而子之長也，以賜之。』帝告我：『晉國且衰，十世而亡，宗祥案：「衰」，通津、程刻「襄」，從宋本。「十」，史記作「七」，此誤。下「十世」字同。趙世家云：「晉國自晉定公、出公、哀公、幽公、列公、孝公、靜公爲七世。嬴姓將大敗周人於范魁之西，而亦不能有也。今余將思虞舜之勳，適余將以其胄女孟姚配而十世之孫。』」董安于受言而書藏之。以扁鵲言告簡子，簡子賜扁鵲田四萬畝。他日，簡子出，有人當道，辟之不去，從者將拘之。當道者曰：「吾欲有謁於主君。」從者以聞。簡子召之，曰：「嘻！吾有所見子遊也。」宗祥案：「遊」，史記「晳」，此疑譌。當道者曰：「屏左右，願有謁。」簡子屏人。當道者曰：「日者主君之病，臣在帝側。」簡子曰：「然，有之。子見我何爲？」當道者曰：「帝令主君射熊與羆，皆死。」簡子曰：「是何也？」當道者曰：「晉國且有大難，主君首之。帝令主君滅二卿，夫熊羆，皆其祖也。」宗祥案：「熊」，各本誤「羆」，從宋本。簡子曰：「帝賜我二笥，皆有副，何也？」當道者曰：「主君之子，將剋二國於翟，皆子姓也。」簡子曰：「吾見兒在帝側，帝屬我一翟犬，曰『及而子之長以賜之』。夫兒何説以賜翟犬？」當道者曰：「兒，主君之子也。翟犬，代之先也。主君之子，且必有代。及主君之後嗣，且有革政而胡服，并二國翟。」宗祥案：史記「國」下有「於」字，是。此疑脱。簡子問其姓而延之以官。當道者曰：「臣，野人，致帝命。」遂不見。是何謂也？

曰：是皆妖也。其占皆如當道者言所見於帝前之事。所見當道之人，妖人也。其後晉二卿范氏、中行氏作亂，簡子攻之，中行昭子、范文子敗出奔齊。始，簡子使姑布子卿相諸子，莫吉。至翟婦之子無恤，以爲貴。簡子與語，賢之。簡子募原注：一本作「乃告」。宗祥案：史記亦作「乃告」。諸子曰：「吾藏寶符於常山之上，先得者賞。」諸子皆上山，無所得。無恤還曰：「已得符矣。」簡子問之，無恤曰：「從常山上臨代，代可取也。」簡子以爲賢，乃廢太子而立之。簡子死，無恤代，是爲襄子。襄子既立，誘殺代王而并其地。又并知氏之地。後取空同戎。自簡子後十世至武靈王，宗祥案：「十」亦「七」譌。吴慶入其母姓嬴子孟姚。宗祥案：史記作：「吴廣因夫人而納其女娃嬴孟姚也。」又見列女七。是「慶」爲「廣」譌，「女母姓」爲「女娃」二字譌，「子」衍字。「嬴」，各本「羸」，從宋本。其後武靈王遂取中山，并胡地。武靈王之十九年，更爲胡服，國人化之。皆如其言，無不然者。蓋妖祥見於兆，審矣，皆非實事。吉凶之漸，若天告之。

何以知天不實告之也？以當道之人在帝側也。夫在天帝之側，皆貴神也。致帝之命，是天使者也。人君之使，車騎備具，天帝之使，單身當道，非其狀也。天官百二十，與地之王者，無以異也。地之王者，官屬備具，法象天官，稟取制度。天地之官同，則其使者亦宜鈞。官同人異者，未可然也。

何以知簡子所見帝非實帝也？以夢占知之，樓臺山陵，官位之象也。人夢上樓臺，升山陵，輒得官位。實樓臺山陵，非官位也。則知簡子所夢見帝者，非天帝也。人臣夢見人君，人君必不見，又必不賜。以人臣夢占之，知帝賜二笥、翟犬者，非天帝也。非天帝，則其言與百鬼游于鈞天，非天也。魯叔孫穆子夢天壓己者，審然，是天下至地也。至地，則有樓臺之抗，不得及己，及己則樓臺宜壞。樓臺不壞，是天不至地。不至地，則不得壓己。不得壓己，則壓己者，非天也，則天之象也。叔孫穆子所夢壓己之天非天，則知趙簡子所游之天非天也。

或曰："人亦有直夢見甲，明日則見甲矣；夢見君，明日則見君矣。"曰：然。人有直夢，直夢皆象也，其象直耳。何以明之？直夢者夢見甲，夢見君，明日見甲與君，此直也。如問甲與君，甲與君則不見也。甲與君不見，所夢見甲與君者，象類之也。乃甲與君象類之，則知簡子所見帝者，象類帝也。且人之夢也，占者謂之魂行。夢見帝，是魂之上天也。

上天，猶上山也。夢上山，足登山，手引木，然後能升。升天無所緣，何能得上？天之去人，以萬里數。人之行，日百里，魂與體形俱，尚不能疾，況魂獨行，安能速乎？使魂行與形體等，則簡子之上下天，宜數歲乃悟，七日輒覺，期何疾也？夫魂者精氣也，精氣之行，與雲烟等，案雲烟之行不能疾。使魂行若蜚鳥乎？行不能疾。人或夢蜚者，用魂蜚也，其蜚不能疾於鳥。天地之氣，尤疾速者，飄風也。飄風之發，不能終一日。使魂行若飄風乎？則其速不過一日之行，亦不能至天。人夢上天，一卧之頃也，其覺或尚在天上，未終下也。若人夢行至雒陽，覺，因從雒陽悟矣。魂神蜚馳何疾也！疾則必非其狀。必非其狀，則其上天非實事也。非實事則爲妖祥矣。夫當道之人，簡子病見於帝側，後見當道象人而言，與相見帝側之時，無以異也。由此言之，卧夢爲陰候，覺爲陽占，審矣。原本段。

趙襄子既立，知伯益驕，請地韓、魏，韓、魏予之；請地於趙，趙不予。知伯益怒，宗祥案：史記趙世家無「益」字。遂率韓、魏攻趙襄子。襄子懼，迺奔保晉陽。原過從，後，至於託平驛，宗祥案：「託平驛」三字，史記作「王澤」二字，是。見三人，自帶以上可見，自帶以下不可見。予原過竹二節，莫通，曰：「爲我以是遺趙無恤。」既至，以告襄子。襄子齊三日，親自割竹，有赤書曰：「趙無恤，余霍大山陽侯天子。宗祥案：史記重「山」字。三月丙戌，余將使汝滅知氏，汝亦祀我百邑，余將賜汝林胡之地。」襄子再拜，受神之命。宗祥案：「命」，宋本「令」。是何謂也？

曰：是蓋襄子且勝之祥也。三國攻晉陽歲餘，引汾水灌其城，城不浸者三板。襄子懼，使相張孟談私於韓、魏，韓、魏與合謀，竟以三月丙戌之日，大滅知氏，共分其地。蓋妖祥之氣，象人之形，稱霍大山之神，猶夏庭之妖象龍，稱褒之二君；趙簡子之祥象人，稱帝之使也。何以知非霍大山之神也？曰：大山，地之體，猶人有骨節，骨節安得神？如大山有神，宜象大山之形。何則？人謂鬼者死人之精，其象如生人之形。今大山廣長不與人同，而其精神不異於人。不異於人，則鬼之類人。鬼之類人，則妖祥之氣也。原本段。

秦始皇帝三十六年，熒惑守心，有星墜下，至地爲石，刻其石曰：「始皇死而地分。」始皇聞之，令御史逐問，莫服，盡取石旁家人誅之，因燔其石。妖使者從關東夜過華陰平野，宗祥案：史記秦始皇本紀「妖」作「秋」，「平野」作「平舒道」。水經注十九：「渭水又東逕平舒北。」此「妖」、「野」二字疑譌。或有人持璧遮使者曰：「爲我遺鎬池君。」因言曰：「今年祖龍死。」宗祥案：史記作「滈池」，集解服虔曰：「水神也。」張晏曰：「武王居鎬，鎬池君則武王也。」「今」疑「明」譌。使者問之，因忽不見，置其璧去。使者奉璧具以言聞。始皇帝默然良久，曰：「山鬼不過知一歲事。」乃言曰：宗祥案：「乃」，史記「退」。「『祖龍』者，人之先也。」使御府視璧，乃二十八年行渡江所沉璧也。明三十七年，夢與海神戰，如人狀。是何謂也？

曰：皆始皇且死之妖也。始皇夢與海神戰，恚怒入海，候神，射大魚，自琅邪至勞、成山宗祥案：「勞」，史記「榮」，是。不見。至之罘山，還見巨魚，射殺一魚，遂旁海西至平原津而病，到沙丘而崩。當星墜之時，熒惑爲妖，故石旁家人宗祥案：宋、元作「人家」。刻書其石，若或爲之，文曰「始皇死」，或教之也。猶世間童謡，非童所爲，氣導之也。凡妖之發，或象人爲鬼，或爲人象鬼而使，其實一也。晉公子重耳失國，乏食於道，從耕者乞飯。耕者奉塊土以賜公子，公子怒。咎犯曰：「此吉祥，天賜土地也。」其後公子得國復土，如咎犯之言。齊田單保即墨之城，欲詐燕軍，云天神下助我。有一人前曰：「我可以爲神乎？」田單却走再拜事之，竟以神下之言，聞於燕軍。燕軍信其有神，又見牛若五采之文，遂信畏懼，軍破兵北。田單卒勝，復獲侵地。此人象鬼之妖也。使者過華陰，人持璧遮道，委璧而去。妖鬼象人之形也。夫沉璧於江，欲求福也。今還璧，示不受物，福不可得也。璧者象前所沉之璧，其實非也。何以明之？以鬼象人而見，非實人也。人見鬼象生存之人，定問生存之人，不與己相見。妖氣象類人也。妖氣象人之形，則其所賫持之物，非真物矣。「祖龍死」，謂始皇也。祖，人之本；龍，人君之象也。人，物類，則其言禍亦放矣。原本段。宗祥案：「放」，「比也。」見玉篇。

漢高皇帝以秦始皇崩之歲爲泗上亭長，送徒至驪山，徒多道亡，因縱所將徒，遂行不還。被酒，夜經澤中，令一人居前。前者還報曰：「前有大虵當道，願還。」高祖醉曰：「壯士行，何畏？」乃前，拔劍擊斬蛇，蛇遂分兩，徑開。行數里，醉，因卧。高祖後人至蛇所，有一老嫗夜哭之。人曰：「嫗何爲哭？」嫗曰：「人殺吾子。」人曰：「嫗子何爲見殺？」宗祥案：「何爲」，各本「爲何」，從黄本。史記亦「何爲」。嫗曰：「吾子，白帝子，化爲蛇當徑，今者赤帝子斬之，故哭。」人以嫗爲妖言，因欲笞之，嫗因忽不見。何謂也？

曰：是高祖初起威勝之祥也。何以明之？以嫗忽然不見也。不見非人，非人則鬼妖矣。夫以嫗非人，則知所斬之蛇非蛇也。云白帝子何故爲蛇，夜而當道？謂蛇白帝子，高祖赤帝子，白帝子爲蛇，赤帝子爲人。五帝皆天之神也，子或爲蛇，或爲人。人與蛇異物，而其爲帝同神，非天道也。且蛇爲白帝子，則嫗爲白帝后乎？帝者之后，前後宜備，帝者之子，官屬宜盛。今一蛇死於徑，一嫗哭於道。云白帝子，非實明矣。夫非實則象，象則妖也。妖，則所見之物皆非物也。非物則氣也。高祖所殺之蛇，非蛇也。則夫鄭厲公將入鄭之時，邑中之蛇與邑外之蛇鬭者，非蛇也。厲公將入鄭，妖氣象蛇而鬭也。鄭國鬭蛇非蛇，則知夏庭二龍之龍象非龍象，宗祥案：「之」，通津、程刻「爲」。「非」字亦作「爲」，從宋、元。則知鄭子產之時龍戰非龍也。天道難知，使非，妖也；使是，亦妖也。原本段。

留侯張良椎秦始皇，誤中副車。始皇大怒，索求張良。張良變姓名，亡匿下邳，常閒從容步游下邳泗上。宗祥案：「泗」疑「汜」譌，史記、漢書均作「圯」。下同。「圯」原作「汜」，文穎曰：「汜水上橋也。」

有一老父，衣褐，至良所，直墮其履汜下，顧謂張良：「孺子下取履。」良愕然，欲敺之，宗祥案：「敺」疑「毆」譌，已見前。以其老，爲彊忍下取履，因跪進履。父以足受履，笑去。良大驚。父去里所，復還曰：「孺子可教矣！後五日平明，與我期此。」良怪之，因跪曰：「諾！」五日平明，良往，父已先在，怒曰：「與老人期，後，何也？去！後五日早會。」五日雞鳴復往，父又已先在，復怒曰：「後何也？去！後五日復早來。」五日，良夜未半往。有頃，父來，喜曰：「當如是矣。」出一篇書曰：「讀是則爲帝者師。後十三年，宗祥案：證之史記，「後」字下疑脫「十年興」三字。子見我濟北，穀成山下黄石即我也。」遂去，無他言，弗復見。旦日視其書，乃太公兵法也。良因異之，習讀之。是何謂也？

曰：是高祖將起，張良爲輔之祥也。良居下邳任俠，十年陳涉等起，沛公略地下邳，良從，遂爲師將，封爲留侯。後十三年，從高祖過濟北界，宗祥案：「從」，通津、程刻「後」，從宋、元。史記亦「從」。得穀成山下黄石，取而葆祠之。及留侯死，并葬黄石。蓋吉凶之象神矣，天地之化巧矣，使老父象黄石，黄石象老父，何其神邪？

問曰：「黄石審老父，老父審黄石邪？」曰：黄石不能爲老父，宗祥案：各本脱「黄」字，此從黄本。老父不能爲黄石。妖祥之氣見，故驗也。何以明之？晉平公之時，石言魏榆。平公問於師曠曰：「石何故言？」對曰：「石不能言，或憑依也。不然，民聽惑也。」宗祥案：「惑」，通津、程刻「偏」，宋本「濫」，從元本。夫石不能人言，則亦不能人形矣。石言與始皇時石墜東郡，民刻之，無異也。宗祥案：「東」，通津、程刻「車」，從宋、元。刻爲文，言爲辭。辭之與文，一實也。民刻文，氣發言。民之與氣，一性也。夫石不能自刻，則亦不能言。不能言，則亦不能爲人矣。

太公兵法，氣象之也。何以知非實也？以老父非人，知書亦非太公之書也。氣象生人之形，則亦能象太公之書。問曰：「氣無刀筆，何以爲文？」曰：魯惠公夫人仲子，生而有文在其掌，曰「爲魯夫人」。晉唐叔虞文在其手，曰「虞」。魯成季友文在其手，曰「友」。三文之書，性自然；老父之書，氣自成也。性自然，氣自成，與夫童謡口自言，無以異也。當童之謡也，不知所受，口自言之。口自言，文自成，或爲之也。推此以省太公釣得巨魚，刳魚得書，云「呂尚封齊」，及武王得白魚，喉下文曰「以予發」，蓋不虛矣。因此復原河圖、洛書，言興衰存亡，帝王際會，審有其文矣。皆妖祥之氣，吉凶之端也。

訂鬼篇

凡天地之間有鬼，非人死精神爲之也，皆人思念存想之所致也。致之何由？由於疾病，人病則憂懼，憂懼見鬼出。

凡人不病，則不畏懼。故得病寢衽，畏懼鬼至。畏懼則存想，存想則目虛見。何以效之？傳曰：「伯樂學相馬，顧玩所見，無非馬者。宋之庖丁學解牛，三年不見全牛，宗祥案：「全」，通津、程刻「生」，從宋、元。莊子亦「全」。所見皆死牛也。」二者用精至矣，思念存想，自見異物也。人病見鬼，猶伯樂之見馬，庖丁之見牛也。伯樂、庖丁所見非馬與牛，則亦知夫病者所見非鬼也。病者困劇身體痛，則謂鬼持箠杖毆擊之，若見鬼把椎鎖繩纆立守其旁，病痛恐懼，妄見之也。初疾畏驚，見鬼之來；疾困恐死，見鬼之怒；身自疾痛，見鬼之擊；皆存想虛致，未必有其實也。夫精念存想，或泄於目，或泄於口，或泄於耳。泄於目，目見其形；泄於耳，耳聞其聲；泄於口，口言其事。晝日則鬼見，暮卧則夢聞。獨卧空室之中，若有所畏懼，則夢見夫人據案其身哭矣。宗祥案：「夫人」，宋本作「丈夫」。覺見、卧聞，俱用精神；畏懼、存想，同一實也。原本段。

一曰：人之見鬼，目光與卧亂也。人之晝也，氣倦精盡，夜則欲卧，卧而目光反，反而精神見人物之象矣。宗祥案：證之下文，「神」疑「亂」譌。人病亦氣倦精盡，目雖不卧，光已亂於卧也，故亦見人物象。病者之見也，若卧若否，與夢相似。當其見也，其人不自知覺與夢，宗祥案：「不」，通津、程刻「能」，從宋、元。故其見物，不能知其鬼與人，精盡氣倦之效也。何以驗之？以狂者見鬼也。狂癡獨語，不與善人相得者，病困精亂也。夫病且死之時，亦與狂等。卧、病及狂三者皆精衰倦，目光反照，故皆獨見人物之象焉。原本段。

一曰：鬼者，人所見得病之氣也。氣不和者中人，中人爲鬼，其氣象人形而見。故病篤者氣盛，氣盛則象人而至，至則病者見其象矣。假令得病山林之中，其見鬼則見山林之精。人或病越地者，病見越人坐其側。由此言之，灌夫、竇嬰之徒，或時氣之形象也。凡天地之間，氣皆純於天，宗祥案：「純，專也」，見國語周語注。此言專屬於天。天文垂象於上，其氣降而生物。氣和者養生，不和者傷害。本有象於天，則其降下，有形於地矣。故鬼之見也，象氣爲之也。衆星之體，爲人與鳥獸，故其病人則見人與鳥獸之形。原本段。宗祥案：「星」疑「氣」譌。

一曰：鬼者，老物精也。夫物之老者，其精爲人；亦有未老，性能變化象人之形。人之受氣，有與物同精者，則其物與之交。及病，精氣衰劣也，則來犯凌之矣。何以效之？成事：俗間與物交者，見鬼之來也。夫病者所見之鬼，與彼病物何以異？人病見鬼來，象其墓中死人來迎呼之者，宅中之六畜也。及見他鬼非是所素知者，他家若草野之中物爲之也。原本段。

一曰：鬼者，本生於人。時不成人，變化而去。天地之性，本有此化，非道術之家所能論辯。與人相觸犯者病，病人命當死，死者不離人。何以明之？禮曰：「顓頊氏有三子，生而亡去爲疫鬼。一居江水，是爲虐鬼；一居若水，是爲魍魎鬼；一居人宮室區隅漚庫，孫詒讓曰：「庫」，續漢書禮儀志劉注引漢舊儀作「庚」字。善驚人小兒。」前顓頊之世，生子必多，若顓頊之鬼神以百數也。諸鬼神有形體法，能立樹與人相見者，皆生於善人，得善人之氣，故能似類善人之形，能與善人相害。陰陽浮游之類，若雲烟之氣，不能爲也。原本段。

一曰：鬼者，甲乙之神也。甲乙者，天之别原注：一本作「剛」。氣也，其形象人。人病且死，甲乙之神至矣。假令甲乙之日病，則死見庚辛之神矣。何則？甲乙鬼，庚辛報甲乙，故病人且死，殺鬼之至者，庚辛之神也。何以效之？以甲乙日病者，其死生之期，常在庚辛之日。此非論者所以爲實也。天道難知，鬼神闇昧，故具載列，令人察之也。原本段。

一曰：鬼者，物也，與人無異。天地之間有鬼之物，常在四邊之外，時往來中國，與人雜則，凶惡之類也，故人病且死者乃見之。天地生物也，有人如鳥獸，及其生凶物，亦有似人象鳥獸者。故凶禍之家，或見蜚尸，或見走凶，或見人形，三者皆鬼也。或謂之鬼，或謂之凶，或謂之魅，或謂之魑，皆生存實有，非虛無象類之也。何以明之？成事：俗間家人且凶，見流光集其室，或見其形若鳥之狀，時流入堂室，宗祥案：「入」，各本「人」，從顧本。察其不謂若鳥獸矣。夫物有形則能食，能食則便利。便利有驗，則形體有實矣。左氏春秋曰：「投四裔以禦魑魅。」山海經曰：「北方有鬼國。」説螭者謂之龍物也，而魅與龍相連，魅則龍之類矣。又言「國」，人物之黨也。山海經又曰：「滄海之中，有度朔之山，上有大桃木，其屈蟠三千里，其枝間東北曰鬼門，宗祥案：意林、御覽二引論衡有「天門西北，地户東南」語，疑此處脱文。萬鬼所出入也。上有二神人，一曰神荼，一曰鬱壘，主閱領萬鬼。惡害之鬼，執以葦索而以食虎。於是黄帝乃作禮以時驅之，立大桃人，門户畫神荼、鬱壘與虎，懸葦索以禦凶魅。」有形，故執以食虎。宗祥案：此節裴駰史記集解、劉昭續禮儀志注引之，文字略有出入。今本山海經佚。案可食之物，無空虚者。其物也，性與人殊，時見時匿，與龍不常見，無以異也。原本段。

一曰：人且吉凶，妖祥先見。人之且死見百怪。鬼在百怪之中，故妖怪之動，象人之形，或象人之聲爲應，故其妖動不離人形。天地之間，妖怪非一，言有妖，聲有妖，文有妖，或妖氣象人之形，或人含氣爲妖。象人之形，諸所見鬼是也。人含氣爲妖，巫之類是也。是以實巫之辭，無所因據，其吉凶自從口出，若童之謡矣。童謡口自言，巫辭意自出。口自言，意自出，則其爲人與聲氣自立，音聲自發，同一實也。世稱紂之時夜郊鬼哭，及倉頡作書鬼夜哭。氣能象人聲而哭，則亦能象人形而見，則人以爲鬼矣。鬼之見也，人之妖也。

天地之間，禍福之至，皆有兆象，有漸不卒然，有象不猥來。天地之道，人將亡，凶亦出；國將亡，妖亦見。猶人且吉，吉祥至；國且昌，昌瑞到矣。故夫瑞應妖祥，其實一也。而世獨謂鬼者不在妖祥之中，謂鬼猶神而能害人，不通妖祥之道，不睹物氣之變也。國將亡，妖見，其亡，非妖也。人將死，鬼來，其死，非鬼也。亡國者，兵也；殺人者，病也。宗祥案：「殺人」，宋、元作「人死」。何以明之？齊襄公將爲賊所殺，游于姑棼，遂田于貝丘，見大豕。從者曰：「公子彭生也。」公怒曰：「彭生敢見！」引弓射之，豕人立而啼。公懼，墜于車，傷足喪履，而爲賊殺之。夫殺襄公者，賊也。先見大豕於路，則襄公且死之妖也。人謂之彭生者，有似彭生之狀也。世人皆知殺襄公者非豕，而獨謂鬼能殺人，一惑也。

天地之氣爲妖者，太陽之氣也。妖與毒同，氣中傷人者謂之毒，氣變化者謂之妖。世謂童謠，熒惑使之彼言，有所見也。熒惑火星，火有毒熒。故當熒惑守宿，國有禍敗。火氣恍惚，故妖象存亡。龍，陽物也，故時變化；鬼，陽氣也，時藏時見。陽氣赤，故世人盡見鬼，其色純朱。蜚凶，陽也。陽，火也。故蜚凶之類爲火光，火熱焦物，故止集樹木，枝葉枯死。鴻範五行二曰火，五事二曰言。言、火同氣，故童謠、詩歌爲妖言。言出文成，故世有文書之怪。世謂童子爲陽，故妖言出於小童。童巫含陽，故大雩之祭，舞童暴巫，雩祭之禮，倍陰合陽。故猶日食陰勝，攻社之陰也。日食陰勝，故攻陰之類；天旱陽勝，故愁陽之黨。巫爲陽黨，故魯僖遭旱，議欲焚巫。巫含陽氣，以故陽地之民多爲巫。巫黨於鬼，故巫者爲鬼巫。鬼巫比於童謡，故巫之審者，能處吉凶。吉凶能處，吉凶之徒也，故申生之妖見於巫。巫含陽，能見爲妖也。申生爲妖，則知杜伯、莊子義厲鬼之徒皆妖也。杜伯之厲爲妖，則其弓矢投措，皆妖毒也。孫詒讓曰：按杜伯以弓矢射周宣王。莊子義荷朱杖擊燕簡公。厲鬼杖楫擊祪觀辜。事竝見墨子明鬼篇。此「杜伯之厲」，「厲」當作「屬」。後文亦云：「杜伯之屬，見其體，施其毒者也。」「投措」當作「杖楫」，即指莊子義之杖與厲鬼之楫言之。亦見死僞、祀義二篇。妖象人之形，其毒象人之兵。鬼、毒同色，故杜伯弓矢，皆朱彤也。毒象人之兵，則其中人，人輒死也。中人微者即爲腓，孫詒讓曰：「腓」當爲「痱」之假字。説文疒部云：「痱，風病也。」風俗通義怪神篇云：「今人卒得鬼刺痱悟。（與「忤」同。）殺雄雞以傳其心上。」巢元方諸病源候總論云：「鬼擊一名鬼排。」（亦與「痱」通。）皆與王説鬼毆同。病者不即時死。何則？腓者，毒氣所加也。

妖或施其毒，不見其體；或見其形，不施其毒；或出其聲，不成其言；或明其言，不知其音。若夫申生，見其體，成其言者也；杜伯之屬，見其體，施其毒者也；詩妖、童謡、石言之屬，明其言者也；濮水琴聲，紂郊鬼哭，出其聲者也。妖之見出也，或且凶而豫見；或凶至而因出。因出則妖與其毒俱行。宗祥案：通津、程刻無「其」字，從宋、元。豫見妖出不能毒。申生之見，豫見之妖也。杜伯、莊子義之厲，凶至因出之妖也。宗祥案：「之」，通津、程刻脱去。「凶」作

「鬼」，從宋、元。「厲」，疑亦「屬」之譌。周宣王、燕簡公、宋夜姑時當死，孫詒讓曰：按宋夜姑，後祀義篇作「射姑」，「射」、「夜」音近字通。（春秋文六年晉狐射姑出奔狄。穀梁「射」作「夜」。）惟墨子明鬼篇作「祏觀辜」，今本墨子舛譌不足據。故妖見毒因擊。晉惠公身當獲，命未死，故妖直見而毒不射。然則杜伯、莊子義厲鬼之見，周宣王、燕簡、夜姑且死之妖也。申生之出，晉惠公且見獲之妖也。伯有之夢，駟帶、公孫段且卒之妖也。宗祥案：「卒」，宋、元「死」。老父結草，魏顆且勝之祥，亦或時杜回見獲之妖也。蒼犬噬呂后，呂后且死，妖象犬形也。魏其、灌夫守武安，宗祥案：七字各本皆脱，從宋、元。武安且死，妖象竇嬰、灌夫之面也。宗祥案：「竇嬰」，宋、元「魏其」。故凡世間所謂妖祥，所謂鬼神者，皆太陽之氣爲之也。太陽之氣，天氣也。天能生人之體，故能象人之容。夫人之所以生者，宗祥案：各本無「之」字，從宋、元。陰陽氣也。陰氣主爲骨肉，宗祥案：「主」，程刻「生」。孫詒讓曰：黄氏日鈔所引亦作「主」。程榮本作「生」，是誤字。陽氣主爲精神。人之生也，陰陽氣具，故骨肉堅，精氣盛。精氣爲知，骨肉爲强，故精神言談，形體固守。骨肉精神，合錯相持，故能常見而不滅亡也。太陽之氣，盛而無陰，宗祥案：「盛」，宋本「孤」。故徒能爲象，不能爲形。無骨肉，有精氣，故一見恍惚，輒復滅亡也。

論衡卷第二十三

言毒篇　薄葬篇　四諱篇　讕時篇

漢　會稽　王充　著
海寧　張宗祥　校注

言毒篇

或問曰：「天地之間，萬物之性，含血之蟲，有蝮虵、蜂蠆，咸懷毒螫，犯中人身，謂護疾痛，孫詒讓曰：按「謂」當作「渭」，「護」當作「蒦」，竝聲近而誤。周禮秋官賈疏引左傳服注云：「蜮，含沙射入人皮肉中，其瘡如疥，偏身中蒦蒦蜮蜮。」左傳莊十八年孔疏引作「蒦蒦或或」。初學記引春秋説題辭云：「渭之言渭渭也。」注云：「渭渭，流行貌。」（今本初學記引緯文。「渭」字不重。今依注增。）「渭蒦疾痛」，言渭渭蒦蒦，亦猶言蒦蒦或或，皆疾病流行之狀，故云「流偏一身」也。當時不救，流偏一身。草木之中，有巴豆、野葛，食之湊懣，頗多殺人。不知此物稟何氣於天？萬物之生，皆稟元氣，元氣之中，有毒螫乎？」

曰：夫毒，太陽之熱氣也，中人人毒。人食湊懣者，其不堪任也。不堪任，則謂之毒矣。太陽火氣，常爲毒螫，氣熱也。太陽之地，人民促急，促急之人，口舌爲毒。故楚、越之人，促急捷疾，與人談言，口唾射人，則人脤胎腫而爲創。宗祥案：「脤」、「脣」同，見莊子德充符釋文引崔注。「胎」，集韻云：「本作『脅』。」通津、程刻「胎」作「胎」，從宋、元。南郡極熱之地，其人祝樹，樹枯；唾鳥，鳥墜。巫咸能以祝延人之疾，宗祥案：「延」，「散也」，見小爾雅廣言。愈人之禍者，生於江南，含烈氣也。夫毒，陽氣也，故其中人，若火灼人。或爲蝮所中，割肉置地焦沸，火氣之驗也。四方極皆爲維邊，唯東南隅有温烈氣。温烈氣發，常以春、夏。春、夏陽起。東南隅，陽位也。他物之氣，入人鼻目，不能疾痛。火煙入鼻鼻疾，入目目痛，火氣有烈也。物爲靡屑者多，唯一火最烈，火氣所燥也。食甘旨之食，無傷於人。食蜜少多，則令人毒。蜜爲蜂液，蜂則陽物也。

人行無所觸犯，體無故痛，痛處若箠杖之跡。人腓，腓謂鬼敺之。鬼者，太陽之妖也。微者，疾謂之邊，宗祥案：「微尰，皆水溼之疾也」，見爾雅釋訓疏引孫注。其治用蜜與丹。蜜丹陽物，以類治之也。夫治風用風，治熱用熱，治邊用蜜丹。則知邊者陽氣所爲，流毒所加也。天地之間，毒氣流行，人當其衝，則面腫疾，世人謂之火流所刺也。

人見鬼者，言其色赤，太陽妖氣，自如其色也。鬼爲烈毒，犯人輒死，故杜伯射周宣立崩。鬼所賫物，陽火之類，杜伯弓矢，其色皆赤。南道名毒曰短狐。杜伯之象，執弓而射，陽氣因而激，宗祥案：證之下文，「因」疑「困」譌。激而射，故其中人，象弓矢之形。火困而氣熱、血毒盛，宗祥案：「血毒盛」三字，史記儒林傳正義引作「氣熱而毒盛」。故食走馬之肝殺人，氣困爲熱也。盛夏暴行，暑暍而死，熱極爲毒也。人疾行汗出，對鑪汗出，嚮日亦汗出，疾温病者亦汗出。四者異事而皆汗出，困同熱等，火日之變也。

天下萬物，含太陽氣而生者，皆有毒螫。毒螫渥者，在蟲則爲蝮蛇、蜂蠆，在草則爲巴豆、冶原注：一作「野」字。葛，在魚則爲鮭與鯵、鮛。故人食鮭肝而死，爲鯵、鮛螫有毒。魚與鳥同類，故鳥蜚魚亦蜚，鳥卵魚亦卵，蝮蛇、蜂蠆皆卵，同性類也。其在人也爲小人。故小人之口，爲禍天下。小人皆懷毒氣，陽地小人，毒尤酷烈，故南越之人，祝禁輒效。宗祥案：「禁」，通津、程刻「誓」，從宋、元。黄氏日鈔亦「禁」。諺曰：「衆口鑠金。」口者，火也。五行二曰火，五事二曰言，言與火直，故云「鑠金」。道口舌之爍，不言「拔木」、「焰火」，必云「鑠金」，金制於火，火口同類也。

藥生非一地，太伯辭之吴；鑄多非一工，世稱楚棠溪。温氣天下有，路畏入南海。鴆鳥生於南，人飲鴆死。辰爲龍，巳爲蛇，辰巳之位在東南。龍有毒，蛇有螫，故蝮有利牙，龍有逆鱗。木生火，火爲毒，故蒼龍之獸含火星。宗祥案：「獸」疑「宿」譌。冶葛、巴豆皆有毒螫，故冶在東南，巴在西南。土地有燥溼，故毒物有多少。生出有處地，故毒有烈不烈。蝮虵與魚比，故生於草澤；蜂蠆與鳥同，故產於屋樹。江北地燥，故多蜂蠆；江南地溼，故多蝮虵。生高燥比陽，陽物懸垂，故蜂蠆以尾刺。生下溼比陰，陰柔伸，故蝮虵以口齧。毒或藏於首尾，故螫齧有毒；或藏於體膚，故食之輒懣；或附於脣吻，故舌鼓爲禍。毒螫之生，皆同一氣，發動雖異，內爲一類。故人夢見火，占爲口舌，夢見蝮虵亦口舌。火爲口舌之象，口舌見於蝮虵，宗祥案：「見」，宋本「兆」。同類共本，所稟一氣也。

故火爲言，言爲小人。小人爲妖由口舌。口舌之徵，由人感天，故五事二曰言。言之咎徵，僭恒暘若。僭者奢麗，故蝮虵多文。文起於陽，故若致文。暘若則言從，宗祥案：漢書五行志：「言之不從」，「時則有詩妖」。「言」上疑脫「不」字。故時有詩妖。妖氣生美好，故美好之人多邪惡。

叔虎之母美，叔向之母知之，宗祥案：「知」，宋、元「妬」。不使視寢。叔向諫之，宗祥案：「之」，通津、程刻「其」，從宋、元。母曰：「深山大澤，實生龍虵。彼美，吾懼其生龍虵以禍汝。汝弊族也，國多大寵，不仁之人間之，不亦難乎？余何愛焉？」使往視寢，生叔虎，美而勇，嬖於欒懷子。及范宣子逐懷子，宗祥案：「逐」，通津、程刻「遂」，從宋本。左襄二十一年傳亦「逐」。殺叔虎，禍及叔向。夫深山大澤，龍虵所生也，比之叔虎之母者，美色之人，懷毒螫也。生子叔虎，美有勇力。勇力所生，生於美色；禍難所發，由於勇力。火有光耀，木有容貌。龍虵東方木，含火精，故美色貌麗。膽附於肝，故生勇力。火氣猛，故多勇；木剛强，故多力也。生妖怪者，常由好色；爲禍難者，常發勇力，爲毒害者，皆在好色。美酒爲毒，酒難多飲；蜂液爲蜜，蜜難益食。勇夫强國，勇夫難近；好女說原注：一作「悦」。心，好女難畜；辯士快意，辯士難信。故美味腐腸，宗祥案：「腸」，通津、程刻「腹」，從宋本。好色惑心，勇夫招禍，辯口致殃。四者世之毒也。

辯口之毒，爲害尤酷。何以明之？孔子見陽虎，却行白汗交流。陽虎辯有口舌。口舌之毒，中人病也。人中諸毒，一身死之。中於口舌，一國潰亂。詩曰：「讒言罔極，宗祥案：毛詩「讒人」，仲任所引爲魯詩。交亂四國。」四國猶亂，況一人乎！故君子不畏虎，獨畏讒夫之口。讒夫之口，爲毒大矣。

薄葬篇

聖賢之業，皆以薄葬省用爲務。然而世尚厚葬，有奢泰之失者，儒家論不明，墨家議之非故也。墨家之議右鬼，以爲人死輒爲神鬼而有知，能形而害人，故引杜伯之類，以爲效驗。儒家不從，以爲死人無知，不能爲鬼，然而賻祭備物者，亦不負死以觀生也。陸賈依儒家而説，故其立言，不肯明處。劉子政舉薄葬之奏，務欲省用，不能極論。是以世俗内持狐疑之議，外聞杜伯之類，又見病且終者，墓中死人，來與相見，故遂信是，謂死如生。閔死獨葬，魂孤無副，丘墓閉藏，穀物乏匱，故作偶人，以侍尸柩，多藏食物，以歆精魂。積浸流至，或破家盡業以充死棺，殺人以殉葬，以快生意。非知其内無益，宗祥案：「非」下疑脱「不」字。而奢侈之心，外相慕也。

以爲死人有知，與生人無以異。孔子非之，而亦無以定實。然而陸賈之論，兩無所處。劉子政奏，亦不能明儒家無知之驗，墨家有知之故。事莫明於有效，論莫定於有證。空言虚語，雖得道心，人猶不信。是以世俗輕愚信禍福者，畏死不懼義，重死不顧生，竭財以事神，空家以送終。辯士文人有效驗，若墨家之以杜伯爲據，則死無知之實可明，薄葬省財之教可立也。

今墨家非儒，儒家非墨，各有所持，故乖不合，業難齊同，故二家争論。世無祭祀復生之人，故死生之義，未有所定。實者死人闇昧，與人殊途，其實恍惚，難得深知。有知無知之情不可定，爲鬼之實不可是。通人知士，雖博覽古今，窺涉百家，條入葉貫，不能審知。惟聖心賢意，方比物類，爲能實之。

夫論不留精澄意，苟以外效立事是非，信聞見於外，不詮訂於内，是用耳目論，不以心意議也。夫以耳目論，則以虚象爲言。虚象效，則以實事爲非。是故是非者不徒耳目，必開心意。墨議不以心而原物，苟信聞見，則雖效驗章明，猶爲失實。失實之議難以教，雖得愚民之欲，不合知者之心，喪物索用，宗祥案：「索，盡也」，見書牧誓傳。無益於世。此蓋墨術所以不傳也。

魯人將以璵璠斂，孔子聞之，徑庭麗級而諫。宗祥案：「麗，離也」，見廣雅釋言。夫徑庭麗級，非禮也，孔子爲救患也。患之所由，常由有所貪。璵璠，寶物也，魯人用斂，姦人僩之，宗祥案：「僩」，宋、元本「間」，疑「瞯」之借。「僩，武貌也。」見説文。「瞯，覘也」，見孟子「王使人瞯夫子」注。欲心生矣。姦人欲生，不畏罪法。不畏罪法，則丘墓抽矣。孫詒讓曰：「抽」當爲「扫」，形近而誤，下同。宗祥案：「扫，穿也」，見玉篇。又荀子正論「扫人之墓」。孔子睹微見著，故徑庭麗級，以救患直諫。夫不明死人無知之義，而著丘墓必抽之諫，雖盡比干之執人，宗祥案：「執，猶待也」，見荀子堯問注。人必不聽。

何則？諸侯財多不憂貧，威彊不懼抽。死人之議，狐疑未定，孝子之計，從其重者。如明死人無知，厚葬無益，論定議立，較著可聞，則璵璠之禮不行，徑庭之諫不發矣。今不明其説而彊其諫，此蓋孔子所以不能立其教。孔子非不明死生之實，其意不分別者，亦陸賈之語指也。

夫言死無知，則臣子倍其君父。故曰：「喪祭禮廢，則臣子恩泊。臣子恩泊，則倍死亡先。倍死亡先，則不孝獄多。」聖人懼開不孝之源，故不明死無知之實。異道不相連，事生厚，化自生，雖事死泊，何損於化？使死者有知，倍之非也。如無所知，倍之何損？明其無知，未必有倍死之害。不明無知，成事已有賊生之費。

孝子之養親病也，未死之時，求卜迎醫，冀禍消，藥有益也。既死之後，雖審如巫咸，良如扁鵲，終不復使。宗祥案：「使」，通津、程刻「生」，從宋、元。何則？知死氣絶，終無補益。治死無益，厚葬何差乎？倍死恐傷化，絶卜拒醫，獨不傷義乎？親之生也，坐之高堂之上，其死也，葬之黄泉之下。黄泉之下，非人所居，然而葬之不疑者，以死絶異處，不可同也。如當亦如生存，恐人倍之，宜葬於宅，與生同也。不明無知，爲人倍其親，獨明葬黄泉，不爲離其先乎？親在獄中，罪疑未定，孝子馳走以救其難。如罪定法立，終無門户，雖曾子、子騫，坐泣而已。何則？計動無益，空爲煩也。今死親之魂，定無所知，與拘親之罪決不可救，何以異？不明無知，恐人倍其先，獨明罪定，不爲忽其親乎？聖人立義，有益於化，雖小弗除；

無補於政，雖大弗與。今厚死人，何益於恩？倍之弗事，何損於義？孔子又謂：爲明器不成，示意有明。俑則偶人，象類生人。故魯用偶人葬，孔子嘆。睹用人殉之兆也，故嘆以痛之。即如生當備物，不示如生，意悉其教，用偶人葬，恐後用生殉，用明器，獨不爲後用善器葬乎？絶用人之源，不防喪物之路，重人不愛用，痛人不憂國，傳議之所失也。

救漏防者，悉塞其穴，則水泄絶。穴不悉塞，水有所漏，漏則水爲患害。論死不悉，則奢禮不絶。不絶則喪物索用，用索物喪，民貧耗之至，危亡之道也。蘇秦爲燕，使齊國之民高大丘冢，多藏財物，蘇秦身弗以勸勉之。宗祥案：「弗」、「拂」古通。「拂，弗也」，見詩生民釋文引韓詩。「『拂』讀爲『弼』」，見荀子臣道注。是「弗」即「弼」。此言蘇秦輔弼湣王，行其敝齊之詐也。事見史記蘇秦傳。財盡民貪，宗祥案：「貪」疑「貧」譌。國空兵弱。燕軍卒至，無以自衛，國破城亡，主出民散。今不明死之無知，使民自竭以厚葬親，與蘇秦奸計同一敗。

墨家之議，自違其術，其薄葬而又右鬼。右鬼引效，以杜伯爲驗。杜伯死人，如謂杜伯爲鬼，則夫死者審有知。如有知而薄葬之，是怒死人也。情欲厚而惡薄，以薄受死者之責，雖右鬼其何益哉？如以鬼非死人，則其信杜伯非也；如以鬼是死人，則其薄葬非也。術用乖錯，首尾相違，故以爲非。非與是不明，皆不可行。

夫如是，世俗之人，可一詳覽。詳覽如斯，可一薄葬矣。

四諱篇

俗有大諱四：

一曰諱西益宅。西益宅謂之不祥，不祥必有死亡。相懼以此，故世莫敢西益宅。防禁所從來者遠矣。傳曰：「魯哀公欲西益宅，史爭以爲不祥。哀公作色而怒，左右數諫而弗聽，以問其傅宰質睢宗祥案：「西益宅」之説，淮南人間訓、風俗通均有之。新序襍事五及孔子家語則以爲哀公問孔子，「西」作「東」。仲任之説據淮南。曰：『吾欲西益宅，史以爲不祥，何如？』宰質睢曰：『天下有三不祥，西益宅不與焉。』哀公大説。有頃，復問曰：『何謂三不祥？』對曰：『不行禮義，一不祥也。嗜欲無止，二不祥也。不聽規諫，三不祥也。』哀公繆然深惟，慨然自反，遂不益宅。」令史與宰質睢止其益宅，徒爲煩擾，則西益宅祥與不祥，未可知也。令史、質睢以爲西益宅審不祥，則史與質睢，與今俗人等也。

夫宅之四面皆地也，三面不謂之凶，益西面獨謂不祥，何哉？西益宅何傷於地體，何害於宅神？西益不祥，損之能善乎？西益不祥，東益能吉乎？夫不祥必有祥者，猶不吉必有吉矣。宅有形體，神有吉凶，動德致福，犯刑起禍。今言西益宅謂之不祥，何益而祥者？且惡人西益宅者誰也？如地惡之，益東家之西，損西家之東，何傷於地？如以宅神不欲西益，神猶人也，人之處宅，欲得廣大，何故惡之？而以宅神惡煩擾，則四面益宅，宗祥案：「面」，通津、程刻「而」，從宋、元。皆當不祥。諸工技之家，說吉凶之占，皆有事狀。宅家言治宅犯凶神，移徙言忌歲月，祭祀言觸血忌，喪葬言犯剛柔，皆有鬼神兇惡之禁，人不忌避，有病死之禍。至於西益宅，何害而謂之不祥？不祥之禍，何以爲敗？

實說其義，不祥者，義理之禁，非吉凶之忌也。夫西方，長老之地，尊者之位也。尊長在西，卑幼在東。尊長，主也；卑幼，助也。主少而助多，尊無二上，卑有百下也。西益主，益主不增助，二上不百下也，於義不善，故謂不祥。不祥者，不宜也。於義不宜，未有凶也。何以明之？夫墓，死人所藏；田，人所飲食；宅，人所居處。三者於人吉凶宜等，西益宅不祥，西益墓與田，不言不祥。夫墓，死人所居，因忽不慎。田，非人所處，不設尊卑。宅者長幼所共，加慎致意者，何可不之諱？義詳於宅，略於墓與田也。原本段。

二曰諱被刑爲徒，不上丘墓。但知不可，不能知其不可之意。問其禁之者，不能知其諱；受禁行者，亦不曉其忌。宗祥案：「曉」，通津、程刻「要」，從宋本。連相放效，至或於被刑，父母死不送葬；若至墓側，不敢臨葬；甚失至於不行弔傷，見他人之柩。

夫徒，善人也，宗祥案：「傷」疑「喪」譌。「善」疑「罪」譌。被刑謂之徒。丘墓之上，二親也，死亡謂之先。宅與墓何別？親與先何異？如以徒被刑，先人責之，則不宜入宅與親相見。如徒不得與死人相見，則親死在堂，不得哭柩。如以徒不得升丘墓，則徒不得上山陵。世俗禁之，執據何義？

實説其意，徒不上丘墓有二義，義理之諱，非凶惡之忌也。徒用心以爲先祖全而生之，子孫亦當全而歸之。故曾子有疾，召門弟子曰：「開予足！開予手！而今而後，吾知免夫。小子！」曾子重慎，臨絶效全，喜免毁傷之禍也。孔子曰：「身體髮膚，受之父母，弗敢毁傷。」孝者怕入刑辟，刻畫身體，毁傷髮膚，少德泊行，不戒慎之所致也。愧負刑辱，深自刻責，故不升墓祀於先。古禮廟祭，今俗墓祀，故不升墓。慙負先人，一義也。墓者鬼神所在，祭祀之處，祭祀之禮，齊戒潔清，重之至也。今已被刑，刑殘之人，不宜與祭，供侍先人，卑謙謹敬，退讓自賤之意也。緣先祖之意，見子孫被刑，惻怛憯傷，恐其臨祀不忍歆享，故不上墓，二義也。昔太伯見王季有聖子文王，知太王意欲立之，入吴采藥，斷髮文身，以隨吴俗。太王薨，太伯還，王季辟主。太伯再讓，王季不聽。三讓，曰：「吾之吴越，吴、越之俗，斷髮文身，吾刑餘之人，不可爲宗廟社稷之主。」王季知不可，權而受之。夫徒不上丘墓，太伯不爲主之義也。是謂祭祀不可，非謂柩當葬，身不送也。

葬死人，先祖痛；見刑人，先祖哀。權可哀之身，送可痛之屍，使先祖有知，痛屍哀形，何愧之有？如使無知，丘墓，田野也，宗祥案：「田」，宋本「原」。何慙之有？慙愧先者，宗祥案：

「先」疑「悆」字。謂身體形殘，與人異也。古者用刑，孫詒讓曰：按「用」當作「肉」，下云「方今象刑」，正與「肉刑」文相對。形毁不全，乃不可耳。方今象刑，象刑重者，髡鉗之法也。若完城旦以下施刑，綵衣系躬，冠帶與俗人殊，何爲不可？世俗信而謂之皆凶，其失至於不弔鄉黨屍，不升他人之丘，惑也。原本段。

三曰諱婦人乳子，以爲不吉。將舉吉事，入山林，遠行，度川澤者，皆不與之交通。乳子之家，亦忌惡之。丘墓廬道畔，踰月乃入，惡之甚也。暫卒見若爲不吉，極原其事，何以爲惡？

夫婦人之乳子也，子含元氣而出。元氣，天地之精微也，何凶而惡之？人，物也，子，亦物也。子生與萬物之生何以異？諱人之生謂之惡，萬物之生，又惡之乎？生與胞俱出，如以胞爲不吉，人之有胞，猶木實之有扶也，孫詒讓曰：「扶」當作「核」，形近而誤。下文「扶殼」同。宗祥案：「胞」以護兒，「殼」以護卵，皆在外者，以「扶」爲「核」，核在實中，義有未安。此當言實外之皮耳。「扶，護也」，見方言十三。亦「跗」之借字。此仲任用鄉語也。包裹兒身，宗祥案：「裹」各本「裏」，從宋本。因與俱出，若鳥卵之有殼，宗祥案：「殼」，宋、元、通津「豰」，乃「㱿」之譌。「㱿」，「卵也，外堅也」，見一切經音義二引字書。「㱿」，字書作「殼」，同口角反，吳會間音口木反。何妨，謂之惡？如惡以爲不吉，則諸生物有扶殼者，宜皆惡之。萬物廣多，難以驗事。人生何以異於六畜，皆含血氣懷子，子生與人無異，獨惡人而不憎畜，豈以人體大氣血盛乎？則夫牛馬體大於人，凡可惡之事，無與鈞等，獨有一物，不見比類，乃可疑也。今六畜與人無異，其乳皆同一狀。六畜與人無異，諱人不諱六畜，不曉其故也。世能別人之産，與六畜之乳，吾將聽其諱；如不能別，則吾謂世俗所諱妄矣。

且凡人所惡，莫有腐臭。宗祥案：「有」疑「若」譌。腐臭之氣，敗傷人心。故鼻聞臭，口食腐，心損口惡，霍亂嘔吐。夫更衣之室，可謂臭矣；鮑魚之肉，可謂腐矣。然而有甘之更衣之室，不以爲忌；肴食腐魚之肉，不以爲諱。意不存以爲惡，故不計其可與不也。凡可憎惡者，若濺墨漆，附著人身。今目見鼻聞，一過則已，忽亡輒去，何故惡之？出見負豕於塗，腐澌於溝，不以爲凶者，洿辱自在彼人，不著己之身也。今婦人乳子，自在其身，齊戒之人，何故忌之？

江北乳子，不出房室，知其無惡也。至於犬乳，置之宅外，此復惑也。江北諱犬不諱人，江南諱人不諱犬，謠俗防惡，各不同也。夫人與犬何以異？房室、宅外何以殊？或惡或不惡，或諱或不諱，世俗防禁，竟無經也。

月之晦也，日月合朔，紀爲一月。猶八日，月中分謂之弦；宗祥案：「月」上疑脱「日」字。十五日，日月相望謂之望；三十日，日月合宿謂之晦。晦與弦、望一實也，非月晦日月光氣與月朔異也。何故踰月謂之吉乎？如實凶，踰月未可謂吉；如實吉，雖未踰月，猶爲可也。

實説諱忌産子乳犬者，欲使人常自潔清，不欲使人被污辱也。夫自潔清則意精，意精則行清，行清而貞廉之節立矣。原本段。

四曰諱舉正月、五月子。以爲正月、五月子殺父與母，不得已舉之，父母禍死，宗祥案：御覽二十二引作：「不得舉也，以舉之父母偶死。」是。則信而謂之真矣。

夫正月、五月子何故殺父與母？人之含氣在腹腸之内，其生十月而産，共一元氣也。正與二月何殊？五與六月何異？宗祥案：「正」、「五」二字下，御覽均有「月」字。而謂之凶也？世傳此言久，拘數之人，莫敢犯之。弘識大材，實核事理，深睹吉凶之分者，然後見之。昔齊相田嬰賤妾有子，名之曰文。文以五月生，嬰告其母勿舉也，其母竊舉生之。及長，其母因兄弟而見其子文於嬰，嬰怒曰：「吾令女去此子，而敢生之，何也？」文頓首，因曰：「君所以不舉五月子者，何故？」嬰曰：「五月子者，長至户，將不利其父母。」文曰：「人生受命於天乎，將受命於户邪？」嬰嘿然。文曰：「必受命於天，君何憂焉？如受命於户，即高其户，誰能至者？」嬰善其言，曰：「子休矣！」其後使文主家，待賓客，賓客日進，名聞諸侯。文長過户而嬰不死。以田文之説言之，以田嬰不死效之，世俗所諱，虚妄之言也。夫田嬰俗父，而田文雅子也。嬰信忌不實義，文信命不辟諱。雅俗異材，舉措殊操，故嬰名闇而不明，文聲馳而不滅。宗祥案：「馳」，黃本、顧本「賢」。

實説世俗諱之，亦有緣也。夫正月歲始，五月盛陽，子以生，精熾熱烈，厭勝父母。父母不堪，將受其患，傳相放傚，莫謂不然。宗祥案：御覽二十二引，「諱之」作「之事」，「盛陽」作「陽盛」，「以」下有「此月」二字，「精」下有「盛」字，「相」上無「傳」字，「莫謂不然」作「莫不謂然」。有空諱之言，無實凶之效，世俗惑之，誤非之甚也。

夫忌諱非一，必託之神怪，若設以死亡，然後世人信用，畏避忌諱之語，四方不同，略舉通語，令世觀覽。若夫曲俗微小之諱，衆多非一，咸勸人爲善，使人重慎，無鬼神之害，凶醜之禍。世諱作豆醬惡聞雷，一人不食，欲使人急作，不欲積家踰至春也。諱厲刀井上，恐刀墮井中也；或説以爲刑之字，井與刀也，厲刀井上，井刀相見，恐被刑也。毋承屋檐而坐，恐瓦墮擊人首也。毋反懸冠，爲似死人服；或説惡其反而承塵溜也。毋偃寢，爲其象屍也。毋以箸相受，爲其不固也。毋相代掃，爲修冢之人，冀人來代己也。諸言毋者，教人重慎，勉人爲善。禮曰：「毋摶飯，毋流歠。」禮義之禁，未必吉凶之言也。

譋時篇

宗祥案：「讕，詆讕也。」或从「間」作「譋」，見說文。「滿讕，謂欺罔」，見漢書谷永傳注。此言歲忌等說之罔。

世俗起土興功，歲月有所食，所食之地，必有死者。假令太歲在子，歲食於酉，正月建寅，月食於巳，子、寅地興功，則酉、巳之家見食矣。見食之家，作起厭勝，以五行之物，懸金木水火。假令歲月食西家，西家懸金；歲月食東家，東家懸炭。設祭祀以除其凶，或空亡徙，以辟其殃。連相倣效，皆謂之然。如實考之，虛妄述也。宗祥案：「述」通津、程刻「迷」，從宋本。何以明之？

夫天地之神，用心等也。人民無狀，加罪行罰，非有二心兩意，前後相反也。移徙不避歲月，歲月惡其不避己之衝位，怒之也。今起功之家，亦動地體，無狀之過，與移徙等。起功之家，當爲歲所食，何故反令巳、酉之地受其咎乎？豈歲月之神，怪移徙而咎起功哉？宗祥案：「而」疑「不」譌。用心措意，何其不平也？鬼神罪過人，猶縣官讁罰民也。民犯刑罰多非一，小過宥罪，大惡犯辟，未有以無過受罪。無過而受罪，世謂之寃。今巳、酉之家，無過於月歲，子家起宅，空爲見食，此則歲寃無罪也。且夫太歲在子，子宅直符，午宅爲破，不須興功起事，空居無爲，猶被其害。今歲月所食，待子宅有爲，巳、酉乃凶。太歲，歲月之神，用罰爲害，動静殊致，非天從歲月神意之道也。

審論歲月之神，歲則太歲也，在天邊際，立於子位。起室者在中國一州之内，假令揚州在東南，宗祥案：「揚」各本「楊」，從顧本。使如鄒衍之言，天下爲一州，又在東南，歲食於西，食西羌之地，東南之地，安得凶禍？假令歲在人民之間，西宅爲西地，則起功之家，宅中亦有西地，何以不近食其宅中之西地，而反食他家乎？且食之者，審誰也？如審歲月，歲月天之從神，飲食與天同。天食不食人，故郊祭不以爲牲。如非天神，亦不食人。天地之間，百神所食，聖人謂當與人等。推生事死，推人事鬼，故百神之祀，皆用衆物，無用人者。物食人者，虎與狼也。歲月之神，豈虎狼之精哉？倉卒之世，穀食乏匱，人民饑餓，自相啖食。豈其啖食死者，其精爲歲月之神哉？

歲月有神，日亦有神，歲食月食，日何不食？積日爲月，積月爲時，積時爲歲，千五百三十九歲爲一統，四千六百一十七歲爲一元，增積相倍之數，分餘終竟之名耳，安得鬼神之怪，禍福之驗乎？如歲月終竟者宜有神，則四時有神，統元有神，月三日魄，八日弦，十五日望，與歲月終竟何異？歲月有神，魄與弦復有神也？宗祥案：「弦」下疑脱「望」字。一日之中，分爲十二時，平旦寅，日出卯也。俞樾曰：按日知録「古無一日十二時之説」，未及引此文。顧氏之博，猶有所遺。十二月建寅卯，則十二月時所加寅卯也。日加十二辰不食，月建十二辰獨食，豈日加無神，月建獨有哉？何故月建獨食，日加不食乎？如日加無神，用時決事，非也。如加時有神，獨不食，非也。

神之口腹，與人等也。人饑則食，飽則止，不爲起功，乃一食也。歲月之神，起功乃食，一歲之中，興功者希，歲月之神饑乎？倉卒之世，人民亡，室宅荒廢、興功者絶，歲月之神餓乎？且田與宅俱人所治，興功用力，勞佚鈞等。宅掘土而立木，田鑿溝而起堤，堤與木俱立，掘與鑿俱爲。起宅歲月食，治田獨不食。豈起宅時歲月饑，治田時飽乎？何事鈞作同，飲食不等也？

説歲月食之家，必銓功之小大，立遠近之步數。假令起三尺之功，食一步之内，起十丈之役，食一里之外，功有小大，禍有近遠。蒙恬爲秦築長城，極天下之半，則其爲禍，宜以萬數。案長城之造，秦民不多死。周公作雒，興功至大，當時歲月宜多食。聖人知其審食，宜徙所食地，置於吉祥之位。如不知避，人民多凶。經傳之文，賢聖宜有刺譏。今聞築雒之民，四方和會，功成事畢，不聞多死。説歲月之家，殆虚非實也。

且歲月審食，猶人口腹之饑，必食也。且爲巳、酉地有厭勝之故，畏一金刃，懼一死炭，豈閉口不敢食哉？如實畏懼，宜如其數。五行相勝，物氣鈞適。如泰山失火，沃以一杯之水，河決千里，塞以一掊之土，能勝之乎？非失五行之道，小大多少，不能相當也。天地之性，人物之力，少不勝多，小不厭大。使三軍持木杖，匹夫持一刃，伸力角氣，匹夫必死。金性勝木，然而木勝金負者，木多而金寡也。積金如山，燃一炭火以燔爍之，金必不消，非失五行之道，金多火少，少多小大不鈞也。五尺童子，與孟賁争，童子不勝，非童子怯，力少之故也。狼衆食人，人衆食狼。敵力角氣，能以小勝大者希；争彊量功，能以寡勝衆者鮮。天道人物，不能以小勝大者，少不能服多。以一刃之金，一炭之火，厭除凶咎，却歲之殃，如何也？

論衡卷第二十四

譏日篇　卜筮篇　辨祟篇　難歲篇

漢　會稽王充著　海寧張宗祥校注

譏日篇

世俗既信歲時，而又信日。舉事若病死災患，大則謂之犯觸歲月，小則謂之不避日禁。歲月之傳既用，日禁之書亦行。世俗之人，委心信之，辯論之士，亦不能定。是以世人舉事，不考於心而合於日，不參於義而驗於時。宗祥案：「驗」，通津、程刻「致」，從宋本。時日之書，衆多非一，略舉較著，明其是非，使信天時之人，將一疑而倍之。宗祥案：「倍，即背也」，見左氏昭公二十六年傳「倍奸齊盟」疏。夫禍福隨盛衰而至，代謝而然。舉事曰凶，人畏凶有效；曰吉，人冀吉有驗。禍福自至，則述前之吉凶，以相戒懼。此日禁所以累世不絕，宗祥案：「絶」，通津、程刻「疑」，從宋本。惑者所以連年不悟也。

葬曆曰：「葬避九空、地臽，及日之剛柔、月之奇耦。」日吉無害，剛柔相得，奇耦相應，乃爲吉良。不合此曆，轉爲凶惡。

夫葬，藏棺也；斂，藏尸也。初死葬尸於棺，少久藏棺於墓。墓與棺何別？斂與葬何異？斂於棺不避凶，葬於墓獨求吉。如以墓爲重，夫墓，土也；棺，木也，五行之性，土木鈞也。治木以贏尸，宗祥案：「贏」，「裹也」。見莊子胠篋釋文。穿土以埋棺，治與穿同事，尸與棺一實也。如以穿土賊地之體，鑿溝耕園，亦宜擇日。世人能異其事，吾將聽其禁；不能異其事，吾不從其諱。

日之不害，又求日之剛柔，剛柔既合，又索月之奇耦。夫日之剛柔，月之奇耦，合於葬曆，驗之於吉，無不相得。何以明之？春秋之時，天子、諸侯、卿、大夫死以千百數，案其葬日，未必合於曆。又曰：「雨不克葬，庚寅日中乃葬。」假令魯小君以剛日死，至葬日己丑，剛柔等矣。剛柔合，善日也。不克葬者，避雨也。如善日，不當以雨之故廢而不用也。何則？雨不便事耳。不用剛柔，重凶不吉，欲便事而犯凶，非魯人之意，臣子重慎之義也。今廢剛柔，待庚寅日中，以暘爲吉也。禮：「天子七月而葬，諸侯五月，卿、大夫、士三月。」假令天子正月崩，七月葬；二月崩，八月葬。諸侯、卿、大夫、士皆然。如驗之葬曆，則天子、諸侯葬月常奇常耦也。哀世好信禁，不肖君好求福。春秋之時，可謂衰矣；隱、哀之間，不肖甚矣。然而葬埋之日，不見所諱，無忌之故也。周文之世，法度備具，孔子意密，春秋義纖，如廢吉得凶，妄舉觸禍，宜有微文小義貶譏之辭。今不見其義，無葬曆法也。

祭祀之曆，亦有吉凶。假令血忌月殺之日固凶，以殺牲設祭，必有患禍。夫祭者，供食鬼也；鬼者，死人之精也。若非死人之精，人未嘗見鬼之飲食也。推生事死，推人事鬼，見生人有飲食，死爲鬼當能復飲食。感物思親，故祭祀也。及他神百鬼之祠，雖非死人，其事之禮，亦與死人同。蓋以不見其形，但以生人之禮准況之也。生人飲食無日，鬼神何故有日？如鬼神審有知，與人無異，則祭不宜擇日。如無知也，不能飲食，雖擇日避忌，其何補益？實者，百祀無鬼，死人無知。百祀報功，示不忘德。死如事生，示不背亡。祭之無福，不祭無禍。祭與不祭，尚無禍福，況日之吉凶，何能損益？

如以殺牲見血，避血忌月殺，則生人食六畜，亦宜辟之。海內屠肆，六畜死者，日數千頭，不擇吉凶，早死者未必屠工也。天下死罪，各月斷囚，孫詒讓曰：按「各」疑爲「冬」，形近而誤。亦數千人，其刑於市，不擇吉日，受禍者未必獄吏也。肉盡殺牲，獄具斷囚。囚斷、牲殺，創血之實，何以異於祭祀之牲？獨爲祭祀設曆，不爲屠工、獄吏立日，宗祥案：「日」，通津、程刻「見」，從宋本。世俗用意，不實類也。祭非其鬼，又信非其諱，持二非往求一福，不能得也。

沐書曰：「子日沐令人愛之。卯日沐令人白頭。」

夫人之所愛憎，在容貌之好醜；頭髮白黑，在年歲之稚老。使醜如嫫母，以子日沐，能得愛乎？使十五女子，以卯日沐，能白髮乎？宗祥案：御覽三百九十五引作：「使十五童子卯日沐，能令髮白耶？」意林「女」亦作「童」。且沐者，去首垢也。洗去足垢，盥去手垢，浴去身垢，皆去一形之垢，其實等也。洗、盥、浴不擇日，而沐獨有日。如以首爲最尊，尊則浴亦治面，宗祥案：「尊」字疑衍。面亦首也。如以髮爲最尊，則櫛亦宜擇日。櫛用木，沐用水，水與木俱五行也。用木不避忌，用水獨擇日。如以水尊於木，則諸用水者宜皆擇日。且水不若火尊，如必以尊卑，則用火者，宜皆擇日。且使子沐人愛之，卯沐其首白者，誰也？夫子之性，水也；卯，木也。水不可愛，木色不白。子之禽鼠，卯之獸兔也。鼠不可愛，兔毛不白。以子日沐，誰使可愛？卯日沐，誰使凝白者？夫如是，沐之日無吉凶，爲沐立日曆者，不可用也。

裁衣有書，書有吉凶，凶日製衣則有禍，吉日則有福。

夫衣與食俱輔人體，食輔其內，衣衛其外。飲食不擇日，製衣避忌日，豈以衣爲於其身重哉？人道所重，莫如食急，故八政一曰食，二曰貨。衣服，貨也。如以加之於形爲尊重，在身之物，莫大於冠，造冠無禁，裁衣有忌，是於尊者略，卑者詳也。且夫沐去頭垢，冠爲首飾；浴除身垢，衣衛體寒。沐有忌，冠無諱；浴無吉凶，衣有利害。俱爲一體，共爲一身，或善或惡，所諱不均，俗人淺知，不能實也。且衣服不如車馬。九錫之禮，一曰車馬，二曰衣服。作車不求良辰，裁衣獨求吉日，俗人所重，失輕重之實也。

工伎之書，起宅蓋屋必擇日。

夫屋覆人形，宅居人體，何害於歲月而必擇之？如以障蔽人身者神惡之，則夫裝車、治船、着蓋、施帽，亦當擇日。如以動地穿土神惡之，則夫鑿溝、耕園，亦宜擇日。夫動土擾地神，地神能原人無有惡意，但欲居身自安，則神之聖心，必不忿怒。不忿怒，雖不擇日，猶無禍也。如土地之神，不能原人之意，苟惡人動擾之，則雖擇日，何益哉？王法禁殺傷人，殺傷人皆伏其罪，雖擇日犯法，終不免辠；如不禁也，雖妄殺傷，終不入法。縣官之法，猶鬼神之制也。穿鑿之過，猶殺傷之罪也。人殺傷不在擇日，繕治室宅，何故有忌？

又學書諱丙日，云倉頡以丙日死也。禮不以子、卯舉樂，殷、夏以子、卯日亡也。如以丙日書，子卯日舉樂，未必有禍，重先王之亡日，悽愴感動，不忍以舉事也。忌日之法，蓋丙與子、卯之類也，殆有所諱，未必有凶禍也。堪輿曆，曆上諸神非一，聖人不言，諸子不傳，殆無其實。天道難知，假令有之，諸神用事之日也，忌之何福？不諱何禍？王者以甲子之日舉事，民亦用之，王者聞之，不刑法也。夫王者不怒民不與己相避，天神何爲獨當責之？王法舉事，以人事之可否，不問日之吉凶。孔子曰：「卜其宅兆而安厝之。」春秋祭祀，不言卜日。禮曰：「内事以柔日，外事以剛日。」剛柔以慎内外，不論吉凶以爲禍福。

卜筮篇

俗信卜筮，謂卜者問天，筮者問地，蓍神龜靈，兆數報應，故捨人議而就卜筮，違可否而信吉凶。其意謂天地審告報，蓍龜真神靈也。如實論之，卜筮不問天地，蓍龜未必神靈。有神靈，問天地，俗儒所言也。何以明之？

子路問孔子曰：「猪肩羊膊，可以得兆；宗祥案：「羊」，意林作「牛」，此古骨卜之法。雚葦藁芼，可以得數，何必以蓍龜？」孔子曰：「不然！蓋取其名也。夫蓍之爲言『耆』也，龜之爲言『舊』也，明狐疑之事，當問耆舊也。」由此言之，蓍不神，龜不靈，蓋取其名，未必有實也。無其實則知其無神靈，無神靈則知不問天地也。

且天地口耳何在，而得問之？天與人同道。欲知天，以人事。相問不自對見其人，親問其意，意不可知。欲問天，天高，耳與人相遠。如天無耳，非形體也。非形體則氣也，氣若雲霧，何能告人？蓍以問地，地有形體，與人無異。問人，不近耳則人不聞，人不聞則口不告人。夫言問天，則天爲氣不能爲兆；問地，則地耳遠不聞人言。信謂天地告報人者，何據見哉？

人在天地之間，猶蟣虱之着人身也。如蟣虱欲知人意，鳴人耳傍，人猶不聞。何則？

小大不均，音語不通也。今以微小之人，問巨大天地，安能通其聲音？天地安能知其旨意？或曰：「人懷天地之氣。天地之氣，在形體之中，神明是矣。人將卜筮，告令蓍龜，則神以耳聞口言，若己思念，神明從胷腹之中，聞知其旨。故鑽龜揲蓍，兆見數著。」夫人用神思慮，思慮不決，故問蓍龜，蓍龜兆數，與意相應，則是神可謂明告之矣。時或意以爲可，兆數不吉；或兆數則吉，意以爲凶。夫思慮者，己之神也，爲兆數者，亦己之神也。一身之神，在胷中爲思慮，在胷外爲兆數，猶人入户而坐，出門而行也。行坐不異意，出入不易情。如神明爲兆數，不宜與思慮異。

天地有體，故能摇動。摇動，有生之類也。生，則與人同矣。問生人者，須以生人，乃能相報。如使死人問生人，則必不能相答。今天地生而蓍龜死，以死問生，安能得報？枯龜之骨，死蓍之莖，問生之天地，世人謂之天地報應，誤矣。

如蓍龜爲若版牘，兆數爲若書字，象類人君出教令乎？則天地口耳何在，而有教令？孔子曰：「天何言哉？四時行焉，百物生焉。」天不言，則亦不聽人之言。天道稱自然無爲。今人問天地，天地報應，是自然之有爲以應人也。按易之文，觀揲蓍之法，二分以象天地，四揲以象四時，歸奇於扐以象閏月。宗祥案：「扐」，「指間也」。見易繫辭釋文引馬注。以象類相法，以立卦數耳，豈云天地告報人哉？宗祥案：「告」，通津、程刻「合」。從宋本。

人道，相問則對，不問不應。無求、空扣人之門；無問，虛辨人之前；則主人笑而不應，或怒而不對。試使卜筮之人，空鑽龜而卜，虛揲蓍而筮，戲弄天地，亦得兆數，天地妄應乎？又試使人罵天而卜，毆地而筮，宗祥案：「毆」，宋本「歐」，通津、程刻「敺」，從元本。無道至甚，亦得兆數。苟謂兆數天地之神，何不滅其火，灼其手，振其指而亂其數，使之身體疾痛，血氣湊涌，宗祥案：「涌」，通津、程刻「踊」，從宋、元。而猶爲之見兆出數。何天地之不憚勞，用心不惡也？宗祥案：「用」，宋元「用」，屬上讀。由此言之，卜筮不問天地，兆數非天地之報，明矣。

然則卜筮亦必有吉凶。論者或謂隨人善惡之行也，猶瑞應應原注：一作「隨」。善而至，災異隨惡而到。治之善惡，善惡所致也，疑非天地故應之也。吉人鑽龜，輒得從兆；宗祥案：宋本無「得」字，通津、程刻作「輒從善兆」，從元本。凶人揲蓍，輒得逆數。何以明之？紂，至惡之君也，當時災異繁多，七十卜而皆凶，故祖伊曰：「格人元龜，罔敢知吉。」賢者不舉，大龜不兆，災變亟至。周武受命，高祖龍興，天人並祐，奇怪既多，豐、沛子弟，卜之又吉。故吉人之體，所致無不良；凶人之起，所招無不醜。衛石駘卒，無適子，有庶子六人，卜所以爲後者，曰：「沐浴佩玉則兆。」五人皆沐浴佩玉。石祁子曰：「焉有執親之喪，而沐浴佩玉？」不沐浴佩玉，石祁子兆。衛人卜以龜爲有知也。龜非有知，石祁子自知也。祁子行善政，有嘉言，言嘉政善，故有明瑞。使時不卜，謀之於衆，亦猶稱善。何則？人心神意，同吉凶也。此言若然，然非卜筮之實也。

夫鑽龜揲蓍，自有兆數，兆數之見，自有吉凶，而吉凶之人，適與相逢。吉人與善兆合，凶人與惡數遇。猶吉人行道逢吉事，顧睨見祥物，非吉事、祥物，爲吉人瑞應也。凶人遭遇凶惡，於道亦如之。夫見善惡非天應答，適與善惡相逢遇也。鑽龜揲蓍有吉凶之兆者，逢吉遭凶之類也。何以明之？周武王不豫，周公卜三龜，公曰：「乃逢是吉。」魯卿莊叔生子穆叔，以周易筮之，遇明夷之謙。夫卜曰逢，筮曰遇，實遭遇所得，非善惡所致也。善則逢吉，惡則遇凶，天道自然，非人爲也。推此以論，人君治有吉凶之應，亦猶此也。君德遭賢，時適當平，嘉物奇瑞偶至。不肖之君，亦反此焉。

世人言卜筮者多，得誠實者寡。論者或謂蓍龜可以參事，不可純用。夫鑽龜揲蓍，兆數輒見，見無常占，占者生意。吉兆而占謂之凶，凶數而占謂之吉。吉凶不效，則謂卜筮不可信。周武王伐紂，卜筮之逆，占曰：「大凶。」太公推蓍蹈龜而曰：「枯骨死草，何知而凶？」宗祥案：意林引無「而」字，下作「何能知吉凶乎」。夫卜筮兆數，非吉凶誤也，占之不審吉凶，吉凶變亂。變亂，故太公黜之。夫蓍筮龜卜，猶聖王治世；卜筮兆數，猶王治瑞應。瑞應無常，兆數詭異。詭異則占者惑，無常則議者疑。疑則謂平未治，惑則謂吉不良。何以明之？夫吉兆數，吉人可遭也；治遇符瑞，聖德之驗也。周王伐紂，遇烏魚之瑞，其卜曷爲逢不吉之兆？使武王不當起，出不宜逢瑞；使武王命當興，卜不宜得凶。由此言之，武王之卜，不得凶占，謂之凶者，失其實也。魯將伐越，筮之，得「鼎折足」。子貢占之以爲凶。何則？鼎而折足，行用足，故謂之凶。孔子占之以爲吉，曰：「越人水居，行用舟，不用足，故謂之吉。」魯伐越，果克之。夫子貢占鼎折足以爲凶，猶周之占卜者謂之逆矣。逆中必有吉，猶折鼎足之占，宜以伐越矣。周多子貢直占之知，寡若孔子詭論之材，故覩非常之兆，不能審也。世因武王卜，無非而得凶，故謂卜筮不可純用，略以助政，示有鬼神，明已不得專。

著書記者，採掇行事，若韓非飾邪之篇，明已效之驗，毁卜訾筮，非世信用。夫卜筮非不可用，卜筮之人占之誤也。洪範稽疑，卜筮之變，必問天子卿士，或時審是。夫不能審占，兆數不驗，則謂卜筮不可信用。晉文公與楚子戰，夢與成王搏，成王在上而盬其腦，占曰「凶」。咎犯曰：「吉！君得天，楚伏其罪。盬君之腦者，柔之也。」以戰果勝，如咎犯占。夫占夢與占龜同。晉占夢者不見象旨，猶周占龜者不見兆者爲也。象無不然，兆無不審。人之知闇，論之失實也。傳或言武王伐紂，卜之而龜⿰米昔，宗祥案：「⿰米昔」疑「⿰土虒」之借。占者曰「凶」。太公曰：「龜⿰米昔，以祭則凶，以戰則勝。」武王從之，卒克紂焉。審若此傳，亦復孔子論卦，咎犯占夢之類也。蓋兆數無不然，而吉凶失實者，占不巧工也。

辨祟篇

世俗信禍祟，以爲人之疾病死亡，及更患被罪，戮辱懽笑，宗祥案：「更，經也」，見史記大宛傳索隱。皆有所犯。起功、移徙、祭祀、喪葬、行作、入官、嫁娶，不擇吉日，不避歲月，觸鬼逢神，忌時相害。故發病生禍，絓法入罪，宗祥案：「『絓』讀與『挂』同。」見漢書敘傳上「不絓聖人之罔」注。至於死亡，殫家滅門，皆不重慎，犯觸忌諱之所致也。如實論之，乃妄言也。

凡人在世，不能不作事，作事之後，不能不有吉凶。見吉則指以爲前時擇日之福，見凶則刺以爲往者觸忌之禍。多或擇日而得禍，觸忌而獲福。工伎射事者欲遂其術，見禍忌而不言，聞福匿而不達，積禍以驚不慎，列福以勉畏時。故世人無愚智、賢不肖、人君布衣，皆畏懼信向，不敢抵犯，歸之久遠，莫能分明，以爲天地之書，賢聖之術也。人君惜其官，宗祥案：「官」，「職分也」，見家語禮運注。人民愛其身，相隨信之，不復狐疑。故人君興事，工伎滿閣；人民有爲，觸傷問時。奸書僞文，由此滋生。巧惠生意，作知求利，驚惑愚暗，漁富偷貧，愈非古法度聖人之至意也。聖人舉事，先定於義。義已定立，決以卜筮，示不專己，明與鬼神同意共指，欲令衆下信用不疑。故書列七卜，俞樾曰：按洪範篇：「凡七卜五占用二衍忒。」鄭讀「卜五占用」爲句，「二衍忒」爲句。王肅讀「卜五」爲句，「占用二」爲句，「衍忒」爲句。兩讀不同，並見正義。若依此文，則又以「七卜」二字連讀，當云：「凡七卜。（句。）五占用，（句。）二衍忒。（句。）」是亦漢世異說也。易載八卦，從之未必有福，違之未必有禍。然而禍福之至，時也；死生之到，命也。人命懸於天，吉凶存於時。命窮操行善，天不能續；命長操行惡，天不能奪。天，百神主也。道德仁義，天之道也。戰栗恐懼，天之心也。廢道滅德，賤天之道；嶮隘恣睢，悖天之意。世間不行道德，莫過桀、紂；妄行不軌，莫過幽、厲。桀、紂不早死，幽、厲不夭折。由此言之，逢福獲喜，不在擇日避時；涉患麗禍，宗祥案：「麗，附也。」見周禮掌戮「凡罪之麗于法者」疏。不在觸歲犯月，明矣。孔子曰：「死生有命，富貴在天。」苟有時日，誠有禍祟，聖人何惜不言？何畏不說？案古圖籍，仕者安危，千君萬臣，其得失吉凶，官位高下，位禄降升，各有差品。家人治產，貧富息耗，壽命長短，各有遠近。非高大尊貴舉事以吉日，下小卑賤以凶時也。以此論之，則亦知禍福死生，不在遭逢吉祥，觸犯凶忌也。然則人之生也，精氣育也；人之死者，命窮絶也。人之生未必得吉逢喜，其死獨何爲謂之犯凶觸忌？以孔子證之，以死生論之，則亦知夫百禍千凶，非動作之所致也。孔子，聖人知府也；死生，大事也；大事，道效也。宗祥案：「效，考也」，見廣雅釋言。孔子云：「死生有命，富貴在天。」衆文微言不能奪，俗人愚夫不能易，明矣。

人之於世，禍福有命；人之操行，亦自致之。其安居無爲，禍福自至，命也。其作事起功，吉凶至身，人也。人之疾病，希有不由風溼與飲食者。當風卧溼，握錢問祟；飽飯饜食，齋精解禍。而病不治，謂祟不得；命自絶，謂筮不審，俗人之知也。

夫倮蟲三百六十，人爲之長。人，物也，萬物之中，有知慧者也。其受命於天，稟氣於元，與物無異。鳥有巢棲，獸有窟穴，蟲魚介鱗，各有區處，猶人之有室宅樓臺也。能行之物，死傷病困，小大相害。或人捕取以給口腹，非作窠穿穴有所觸，東西行徙有所犯也。人有死生，物亦有終始。人有起居，物亦有動作。血脉、首足、耳目、鼻口，與人不别，惟好惡與人不同，故人不能曉其音，不見其指耳。及其游於黨類，接於同品，其知去就，與人無異。共天同地，並仰日月，而鬼神之禍，獨加於人，不加於物，未曉其故也。天地之性人爲貴，豈天禍爲貴者作、不爲賤者設哉？何其性類同而禍患别也？刑不上大夫，聖王於貴者闊也。宗祥案：「闊，寬也。」見漢書王莽傳集注。聖王刑賤不罰貴，鬼神禍貴不殃賤，非易所謂「大人與鬼神合其吉凶」也。

我有所犯，抵觸縣官，羅麗刑法，不曰過所致，而曰家有負。居處不慎，飲食過節，不曰失調和，而曰徙觸時。死者累屬，葬棺至十，不曰氣相汙，而曰葬日凶。有事歸之有犯，無爲歸之所居。居衰宅耗，蜚凶流尸，集人室居，又禱先祖，寢禍遺殃。疾病不請醫，更患不修行，動歸於禍，名曰犯觸。用知淺略，原事不實，俗人之材也。

猶繫罪司空作徒，未必到吏日惡，繫役時凶也。使殺人者求吉日，出詣吏，剬罪推善時，宗祥案：「剬，裁制也」，見史記顓頊紀注。入獄繫，寧能令事解，赦令至哉？人不觸禍，不被罪，不被罪，不入獄。一旦令至，解械徑出，未必有解除其凶者也。天下千獄，獄中萬囚，其舉事未必觸忌諱也。居位食祿，專城長邑，以千萬數，其遷徙日，未必逢吉時也。歷陽之都，一夕沉而爲湖，其民未必皆犯歲月也。高祖始起，豐、沛俱復，其民未必皆慎時日也。項羽攻襄安，襄安無噍類，宗祥案：史記項羽本紀：「楚軍夜坑秦卒二十萬人於新安城南。」「襄」疑「新」譌。未必不禱賽也。趙軍爲秦所坑於長平之下，四十萬衆，同時俱死，其出家時，未必不擇時也。辰日不哭，哭有重喪。戊、己死者，復尸有隨。一家滅門，先死之日，未必辰與戊、己也。血忌不殺牲，屠肆不多禍；上朔不會衆，宗祥案：「會」，宋本作「合」。沽舍不觸殃。塗上之暴尸，未必出以往亡；室中之殯柩，未必還以歸忌。由此言之，諸占射禍祟者，皆不可信用。信用之者，皆不可是。

夫使食口十人，居一宅之中，不動鑺鍤，孫詒讓曰：按「鍤」當作「鍤」。俗書「臿」或作「函」，見廣韻十一洽；隸書「垂」或作「垂」，見漢富春丞張君碑，二形相近，故「鍤」、「鍤」傳寫易誤。不更居處，祠祀嫁娶，皆擇吉日，從春至冬，不犯忌諱，則夫十人比至百年，能不死乎？占射事者，必將復曰：「宅有盛衰，若歲破、直符，不知避也。」夫如是，令數問工伎之家，宅盛即留，衰則避之，及歲破、直符，輒舉家移，比至百年，能不死乎？占射事者，必將復曰：「移徙觸時，往來不吉。」夫如是，復令輒問工伎之家，可徙則往，可還則來，比至百年，能不死乎？占射事者必將復曰：「壽命已極。」宗祥案：此句通津、程刻作「泊命壽極」。從宋、元。夫如是，人之死生，竟自有命，非觸歲月之所致，無負凶忌之所爲也。

難歲篇

俗人險心，宗祥案：「險，謂徼倖免罪，苟且求賞也。」見荀子富國注。好信禁忌，知者亦疑，莫能實定。是以儒雅服從，工伎得勝。吉凶之書，伐經典之義；宗祥案：「伐，擊也」，見詩甘棠傳。工伎之説，凌儒雅之説。今略實論令親覽，宗祥案：「令」下疑脱「世」字，「親」疑「觀」譌。總核是非，使世一悟。

移徙法曰：「徙抵太歲，凶；負太歲，亦凶。」抵太歲名曰歲下，負太歲名曰歲破，故皆凶也。假令太歲在甲子，天下之人，皆不得南北徙，起宅嫁娶，亦皆避之。其移東西，若徙四維，相之如者，皆吉。宗祥案：「自此適彼曰如」，見春秋本義引陸希聲春秋左傳通例。此言或從東西，或徙四維，相之可以徙也。漢時術家語。何者？不與太歲相觸，亦不抵太歲之衝也。

實問：避太歲者，何意也？令太歲惡人徙乎？則徙者皆有禍。令太歲不禁人徙，惡人抵觸之乎？則道上之人，南北行者皆有殃。太歲之意，猶長吏之心也。長吏在塗，人行觸車馬，干其吏從，長吏怒之，豈獨抱器載物、去宅徙居觸犯之者，而乃責之哉？昔文帝出過霸陵橋，有一人行逢車駕，逃於橋下，以爲文帝之車已過，疾走而出，驚乘輿馬。文帝怒，以屬廷尉張釋之，釋之當論。使太歲之神行若文帝出乎？則人犯之者，必有如橋下走出之人矣。方今行道路者，暴病仆死，宗祥案：「病」，通津、程刻「溺」，從宋、元。何以知非觸遇太歲之出也？爲移徙者，又不能處。不能處，則犯與不犯未可知。未可知，則其行與不行未可審也。且太歲之神審行乎？則宜有曲折，不宜直南北也。長吏出舍，行有曲折，如天神直道不曲折乎？則從東西四維徙者，猶干之也。若長吏之南北行，人從東如西，四維相之如，猶抵觸之。如不正南北，南北之徙又何犯？如太歲不動行乎？則宜有宮室營衛，宗祥案：「衛」，通津、程本「堡」，從宋本。不與人相見，人安得而觸之？如太歲無體，與長吏異，若煙雲虹蜺直經天地，極子午南北陳乎？則東西徙若四維徙者亦干之，譬若今時人行觸繁霧蜮氣，無從横負鄉，皆中傷焉。如審如氣，人當見之，雖不移徙，亦皆中傷。

且太歲，天別神也，與青龍無異。龍之體不過數千丈，如令神者宜長大，饒之數萬丈，令體掩北方，當言太歲在北方，不當言在子。其東有丑，其西有亥，明不專掩北方，極東西之廣，明矣。令正言在子位，觸土之中，直子午者，不得南北徙耳。東邊直丑、巳之地，西邊直亥、未之民，何爲不得南北徙？丑與亥地之民，使太歲左右通得南北徙及東西徙可，則丑在子東，亥在子西，丑、亥之民東西徙，觸歲之位；巳、未之民東西徙，忌歲所破。

儒者論天下九州，以爲東西南北，盡地廣長。九州之内五千里竟，三河土中。周公卜宅，經曰：「王來紹上帝，自服于土中。」雒則土之中也。鄒衍論之，以爲九州之内五千里竟，合爲一州，宗祥案：「竟」，「極也」。見莊子齊物論釋文。又「與『境』同」，見荀子富國注。此「竟」字當屬上讀，上文「五千里竟」亦同。在東西位，名曰赤縣州。宗祥案：「東南」，通津、程刻「東東」，從宋、元。談天篇云：「在東南隅，名曰赤縣神州。」又云：「方今天下在地東南，名赤縣神州。」據此，「縣」下疑脱「神」字。自有九州者九焉，九九八十一，凡八十一州。此言殆虛。地形難審，假令有之，亦一難也。使天下九州，如儒者之議，直雒邑以南，對三河以北，豫州、荆州、冀州之部，有太歲耳。雍、梁之間，青、兖、徐、楊之地，宗祥案：「楊」疑「揚」譌，禹貢：「淮海惟揚州。」爾雅釋天：「江南曰揚州。」周禮職方氏「東南曰揚州」可證。安得有太歲？使如鄒衍之論，則天下九州在東南位，不直子午，安得有太歲？如太歲不在天地極分，散在民間，則一家之宅，輙有太歲，雖不南北徙，猶抵觸之。假令從東里徙西里，西里有太歲，從東宅徙西宅，西宅有太歲，或在人之東西，或在人之南北，猶行途上，東西南北，皆逢觸人。太歲位數千萬億，天下之民，徙者皆凶，爲移徙者，何以審之？如審立於天地之際，猶王者之位，在土中也。東方之民，張弓西射，人不謂之射王者，以不能至王者之都，自止射其處也。今徙豈能北至太歲位哉？自止徙百步之内，何爲謂之傷太歲乎？

且移徙之家，禁南北徙者，以爲歲在子位，子者破午，南北徙者，抵觸其衝，故謂之凶。夫破者須有以椎破之也，如審有所用，則不徙之民，皆被破害；如無所用，何能破之？夫雷，天氣也，盛夏擊折，折木破凶，宗祥案：「擊折」疑「擊射」之譌。時暴殺人。使太歲所破若迅雷也，則聲音宜疾，死者宜暴。如不若雷，亦無能破。如謂衝抵爲破，衝抵安能相破？東西相與爲衝，而南北相與爲抵。如必以衝抵爲凶，則東西常凶，而南北常惡也。如以太歲神其衝獨凶，神莫過於天地，天地相與爲衝，則天地之間，無生人也。或上十二神登明、從魁之輩，孫詒讓曰：按「或」疑「式」之誤。六壬式十二神，亥爲登明，酉爲從魁，見黄帝龍首經，又見金匱玉衡經。宗祥案：「或」字無義，宜從孫校。工伎家謂之皆天神也。常立子、丑之位，俱有衝抵之氣，神雖不若太歲，宜有微敗。移徙者雖避太歲之凶，猶觸十二神之害。爲移徙時者，何以不禁？

冬氣寒，水也，水位在北方。夏氣熱，火也，火位在南方。案秋冬寒、春夏熱者，天下普然，非獨南北之方，水火衝也。今太歲位在子耳，天下皆爲太歲，非獨子午衝也。審以所立者爲主，則午可爲大夏，子可爲大冬。冬夏南北徙者，可復凶乎？立春，艮王、震相、巽胎、離没、坤死、兑囚、乾廢、坎休。王之衝死，相之衝囚，王相衝位，有死囚之氣。乾坤六子，天下正道，伏羲、文王，象以治世。文爲經所載，道爲聖所信，明審於太歲矣。人或以立春東北徙，抵艮之下，不被凶害。太歲立於子，彼東北徙，坤卦近於午，猶艮以坤，徙觸子位，何故獨凶？正月建於寅，破於申，從寅申徙，相之如者，無有凶害。太歲不指午，而空曰歲破；午實無凶禍，而虚禁南北：豈不妄哉！

十二月爲一歲，四時節竟，陰陽氣終，竟復爲一歲，宗祥案：「竟」字疑衍。日月積聚之名耳，何故有神而謂之立於子位乎？積分爲日，累日爲月，連月爲時，紀時爲歲。歲，則日、月、時之類也。歲而有神，日、月、時亦復有神乎？千五百三十九爲一統，宗祥案：「九」下疑脱「歲」字。四千六百一十七歲爲一元。歲猶統、元乎？歲有神，統、元復有神乎？論之以爲無。假令有之，何故害人？神莫過於天地，天地不害人。人謂百神，百神不害人。太歲之氣，天地之氣也，何憎於人，觸而爲害？

調時篇有「歲」字。

且文曰：「甲子不徙。」言甲與子殊位，太歲立子不居甲，爲移徙者，運之而復居甲。爲之而復居甲，宗祥案：「爲」疑「運」譌。爲移徙時者，亦宜復禁東西徙。甲與子鈞，其凶宜同。不禁甲而獨忌子，爲移徙時者竟妄，不可用也。人居不能不移徙，移徙不能不觸歲，不觸歲不能不得時死。宗祥案：句首「不」字疑衍。工伎之人，見今人之死，則歸禍於往時之徙。俗心險危，死者不絶，故太歲之言，傳世不滅。

論衡卷第二十五

漢　會稽　王充著
海寧　張宗祥校注

詰術篇　解除篇　祀義篇　祭意篇

詰術篇

圖宅術曰：「宅有八術，以六甲之名數而第之。第定名立，宫商殊别。宅有五音，姓有五聲。宅不宜其姓，姓與宅相賊，則疾病死亡，犯罪遇禍。」

詰曰：夫人之在天地之間也，萬物之貴者耳。其有宅也，猶鳥之有巢，獸之有穴也。謂宅有甲乙，巢穴復有甲乙乎？甲乙之神，獨在民家，不在鳥獸何？宗祥案：「何」，「問也」，見廣雅釋詁。夫人之有宅，猶有田也。以田飲食，以宅居處，人民所重，莫食最急，先田後宅，田重於宅也。田間阡陌，可以制八術；比土爲田，原注：一有「不」字。宗祥案：程刻有「不」字。可以數甲乙。甲乙之術，獨施於宅，不設於田，何也？府廷之内，吏舍比屬，吏舍之形制何殊於宅？吏之居處，何異於民？不以甲乙第舍，獨以甲乙數宅，何也？民間之宅，與鄉亭比屋相屬，接界相連，不并數鄉亭，獨第民家，甲乙之神，何以獨立於民家也？數宅之術行市亭，數巷街以第甲乙。入市門曲折，亦有巷街。人晝夜居家，朝夕坐市，其實一也。市肆户何以不第甲乙？州郡列居，縣邑雜處，與街巷民家何以異？州郡縣邑，何以不數甲乙也？天地開闢有甲乙邪？後王乃有甲乙？如天地開闢，本有甲乙，則上古之時，巢居穴處，無屋宅之居，街巷之制，甲乙之神皆何在？

數宅既以甲乙，五行之家，數日亦當以甲乙。甲乙有支干，支干有加時。支干、加時，專比者吉，相賊者凶。當其不舉也，未必加憂支辱也。宗祥案：「支，載也」，見爾雅釋言。事理有曲直，罪法有輕重，上官平心，原其獄狀，未有支干吉凶之驗，而有事理曲直之效，爲支干者，何以對此？武王以甲子日戰勝，紂以甲子日戰負。二家俱期，兩軍相當，旗幟相望，俱用一日，或存或亡。且甲與子專比，昧爽時加寅，寅與甲、乙不相賊，武王終以破紂，何也？日，火也，在天爲日，在地爲火。何以驗之？陽燧鄉日，火從天來。由此言之，火，日氣也。日有甲乙，火無甲乙何？日十而辰十二，日辰相配，故甲與子連。所謂日十者，何等也？端端之日有十邪，宗祥案：「端，正也，直也」，見漢書賈誼傳集注。而將一有十名？如端端之日有十，甲乙是其名，何以不從言甲乙，宗祥案：「從，順也。」見禮記樂記注。必言子丑何？日廷圖甲乙有位，子丑亦有處，各有部署，列布五方，若王者營衛，常居不動。今端端之日中行，旦出東方，夕入西方，行而不已，與日廷異，何謂甲乙爲日之名乎？術家更説日甲乙者，自天地神也。日更用事，自用甲乙勝負爲吉凶，非端端之日名也。夫如是，於五行之象，徒當用甲乙決吉凶而已，何爲言加時乎？加時者，端端之日加也。端端之日，安得勝負？

五音之家，用口調姓名及字，用姓定其名，用名正其字。口有張歙，聲有外内，以定五音宮商之實。夫人之有姓者，用稟於天，天得五行之氣爲姓邪？以口張歙、聲外内爲姓也？宗祥案：證之上文，「行」疑「音」譌。如以本所稟於天者爲姓，若五穀萬物稟氣矣，何故用張口歙、聲内外定正之乎？宗祥案：「張口」二字疑倒。古者因生以賜姓，因其所生賜之姓也。若夏吞薏苡而生，則姓苡氏；商吞燕子而生，則姓爲子氏；周履大人跡則姬氏。宗祥案：「跡」，宋本「綦」。其立名也，以信、以義、以像、以假、以類。以生名爲信，若魯公子友生，文在其手曰「友」也。以德名爲義，若文王爲昌、武王爲發也。以類名爲像，若孔子名丘也。取於物爲假，若宋公名杵臼也。取於父爲類，有似類於父也。其立字也，展名取同義，名賜字子貢，名予字子我。其立姓則以本所生，置名則以信、義、像、假、類，字則展名取同義，不用口張歙、外内。宗祥案：「外」上疑脱「聲」字。調宮商之義，爲五音術，何據見而用？

古者有本姓，有氏姓。陶氏、田氏，事之氏姓也；上官氏、司馬氏，吏之氏姓也；孟氏、仲氏，王父字之氏姓也。氏姓有三，事乎，吏乎，王父字乎？以本姓則用所生，以氏姓則用事、吏、王父字，用口張歙調姓之義何？居匈奴之俗，有名無姓、字，無與相調諧，自以壽命終，禍福何在？禮：「買妾不知其姓則卜之。」不知者，不知本姓也。夫妾必有父母家姓，然而必卜之者，父母姓轉易失實，禮重取同姓，故必卜之。姓徒用口調諧姓族，則禮買妾何故卜之？原本段。

圖宅術曰：「商家門不宜南向，徵家門不宜北向。」則商金，南方火也；徵火，北方水也。水勝火，火賊金，五行之氣不相得，故五姓之宅門有宜嚮。嚮得其宜，富貴吉昌；嚮失其宜，貧賤衰耗。

夫門之與堂何以異？五姓之門，各有五姓之堂，所向無宜？何門之掩地，不如堂廡？朝夕所處，於堂不於門。圖吉凶者，宜皆以堂。如門，人所出入，則户亦宜然。孔子曰：「誰能出不由户？」言户不言門。五祀之祭，門與户均。如當以門正所嚮，則户何以不當與門相應乎？且今府廷之内，吏舍連屬，門嚮有南北；長吏舍傳，閭居有東西。長吏之姓，必有宫商；諸吏之舍，必有徵羽。安官遷徙，未必角姓門南嚮也；失位貶黜，未必商姓門北出也。宗祥案：「商」疑「徵」譌。或安官遷徙，或失位貶黜何？

姓有五音，人之質性，亦有五行。五音之家，商家不宜南嚮門，則人稟金之性者，可復不宜南嚮坐、南行步乎？一曰：五音之門，有五行之人。假令商姓口食五人，五人中各有五色，木人青，火人赤，水人黑，金人白，土人黃。五色之人，俱出南嚮之門，或凶或吉，壽命或短或長。凶而短者，未必色白；吉而長者，未必色黃也。五行之家，何以爲決？

南嚮之門，賊商姓家，其實如何？南方，火也，使火氣之禍，若火延燔，徑從南方來乎？則雖爲北嚮門，猶之凶也。火氣之禍，若夏日之熱，四方浹洽乎？則天地之間，皆得其氣，南嚮門家何以獨凶？南方火者，火位南方。一曰：其氣布在四方，非必南方獨有火，四方無有也，猶水位在北方，四方猶有水也。火滿天下，水辨四方。宗祥案：「辨」，音徧，與「徧」通，帀也。見集韻。「辨」同「徧」，見史記禮書「萬民和喜瑞應辨至」注。火或在人之南，或在人之北。謂火常在南方，是則東方可無金，西方可無木乎？

解除篇

世信祭祀，謂祭祀必有福。又然解除，謂解除必去凶。

解除初禮，先設祭祀。比夫祭祀，若生人相賓客矣。先爲賓客設膳，食已，驅以刃杖。鬼神如有知，必恚止戰，不肯徑去，若懷恨，反而爲禍。如無所知，不能爲凶，解之無益，不解無損。且人謂鬼神何如狀哉？如謂鬼有形象，形象生人，生人懷恨，必將害人。如無形象，與煙雲同，驅逐雲煙，亦不能除。形既不可知，心亦不可圖，鬼神集止人宅，欲何求乎？如勢欲殺人，當驅逐之時，避人隱匿，驅逐之止，宗祥案：「止，息也」，見家語辨正注。上文「止戰」之「止」，「猶還也」，見國策齊策注，義異。則復還立故處。如不欲殺人，寄託人家，雖不驅逐，亦不爲害。

貴人之出也，萬民並觀，填街滿巷，爭進在前。士卒驅之，則走而却；士卒還去，即復其處。士卒立守，終日不離，僅能禁止。何則？欲在於觀，不爲一驅還也。使鬼神與生人同，有欲於宅中，猶萬民有欲於觀也，士卒驅逐，不久立守，則觀者不却也。然則驅逐鬼者，不極一歲，鬼神不去。今驅逐之終食之間，則舍之矣。舍之，鬼復還來，何以禁之？暴穀於庭，雞雀啄之，主人驅彈則走，縱之則來，不終日立守，雞雀不禁。使鬼神乎，不爲驅逐去止；使鬼不神乎，與雞雀等，不常驅逐，不能禁也。

虎狼入都，弓弩迴之，雖殺虎狼，不能除虎狼所爲來之患。盜賊攻城，官軍擊之，雖却盜賊，不能滅盜賊所爲至之禍。虎狼之來，應政失也；盜賊之至，起世亂也。然則鬼神之集，爲命絶也。殺虎狼，却盜賊，不能使政得世治。然則盛解除，驅鬼神，不能使凶去而命延。

病人困篤，見鬼之至，性猛剛者，挺劍操杖，與鬼戰鬬，戰鬬一再，錯指受服，宗祥案：「錯，交也」，見文選江賦注引王肅易注。知不服必不終也。夫解除所驅逐鬼，與病人所見鬼，無以殊也。其驅逐之，與戰鬬無以異也。病人戰鬬，鬼猶不去，宅主解除，鬼神必不離。由此言之，解除宅者，何益於事？信其凶去，不可用也。

且夫所除，宅中客鬼也。宅中主神，有十二焉，青龍白虎，列十二位，龍虎猛神，天之正鬼也，飛尸流凶，安敢妄集？猶主人猛勇，姦客不敢闚也。有十二神舍之，宅主驅逐，名爲去十二神之客，恨十二神之意，安能得吉？如無十二神，則亦無飛尸流凶，無神無凶，解除何補？驅逐何去？

解逐之法，緣古逐疫之禮也。昔顓頊氏有子三人，生而皆亡，一居江水，爲虐鬼；一居若水，爲魍魎；一居歐隅之間，宗祥案：訂鬼篇作：「一居人宫室區隅漚庫。」「區，小屋名」，見韻會。又漢書胡建傳「穿北軍壘以爲賈區」，師古曰：「區者，小屋之名，若今小庵屋之類。」「歐」字無義，疑「區」之譌，當從訂鬼篇。主疫病人。故歲終事畢，驅逐疫鬼，因以送陳、迎新、内吉也。世相倣效，故有解除。夫逐疫之法，亦禮之失也。行堯、舜之德，天下太平，百災消滅，雖不逐疫，疫鬼不往。行桀、紂之行，海内擾亂，百禍並起，雖日逐疫，疫鬼猶來。衰世好信鬼，愚人好求福。周之季世，信鬼修祀，以求福助。愚主心惑，不顧自行，功猶不立，治猶不定。故在人不在鬼，在德不在祀。國期有遠近，人命有長短，如祭祀可以得福，解除可以去凶，則王者可竭天下之財，以興延期之祀；富家翁嫗，可求解除之福，以取踰世之壽。案天下人民，夭壽貴賤，皆有禄命；操行吉凶，皆有衰盛。祭祀不爲福，福不由祭祀。世信鬼神，故好祭祀，祭祀無鬼神，故通人不務焉。祭祀，厚事鬼神之道也，猶無吉福之驗，況盛力用威，驅逐鬼神，其何利哉？

祭祀之禮，解除之法，衆多非一，且以一事效其非也。夫小祀足以況大祭，一鬼足以卜百神。世間繕治宅舍，鑿地掘土，功成作畢，解謝土神，名曰解土。爲土偶人以像鬼神，宗祥案：「神」通津、程刻「形」，從宋、元。令巫祝延以解土神。已祭之後，心快意喜，謂鬼神解謝，殃禍除去。如討論之，乃虚妄也。何以驗之？夫土地猶人之體也，普天之下，皆爲一體，頭足相去，以萬里數。人民居土上，猶蚤虱着人身也。蚤虱食人，賊人肌膚，猶人鑿地，賊地之體也。蚤虱内知，有欲解人之心，相與聚會，解謝於所食之肉旁，人能知之乎？夫人不能知蚤虱之音，猶地不能曉人民之言也。胡、越之人，耳口相類，心意相似，對口交耳而談，尚不相解，況人不與地相似，地之耳口與人相遠乎？宗祥案：「遠」，通津、程刻「達」，從宋、元。今所解者地乎？則地之耳遠，不能聞也。所解一宅之土，則一宅之土，猶人一分之肉也，安能曉之？如所解宅神乎？則此名曰解宅，不名曰解土。

禮：入宗廟無所主意，斬尺二寸之木，名之曰主，主心事之，不爲人像。今解土之祭，爲土偶人，像鬼之形，何能解乎？神荒忽無形，出入無門，故謂之神。今作形像，與禮相違，失神之實，故知其非。象似布藉，不設鬼形。解土之禮，立土偶人，如祭山可爲石形，祭門户可作木人乎？

晉中行寅將亡，召其太祝，欲加罪焉，曰：「子爲我祀，犧牲不肥澤也，且齊戒不敬也，使吾國亡，何也？」祝簡對曰：「昔者吾先君中行密子，宗祥案：「者」，通津、程刻「日」，從宋本。有車十乘，不憂其薄也，憂德義之不足也。今主君有革車百乘，不憂義之薄也，唯患車之不足也。夫船車飭則賦斂厚，賦斂厚則民謗詛。君苟以祀爲有益於國乎？詛亦將爲亡矣。一人祝之，一國詛之，一祝不勝萬詛，國亡不亦宜乎？祝其何罪？」中行子乃慙。今世信祭祀，中行子之類也。不修其行而豐其祝，不敬其上而畏其鬼。身死禍至，歸之於祟，謂祟未得；得祟修祀，禍繁不止，歸之於祭，謂祭未敬。夫論解除，解除無益；論祭祀，祭祀無補；論巫祝，巫祝無力。竟在人不在鬼，在德不在祀，明矣哉！

祀義篇

世信祭祀，以爲祭祀者必有福，不祭祀者必有禍。是以病作卜祟，祟得修祀，祀畢意解，意解病已，執意以爲祭祀之助，勉奉不絶。謂死人有知，鬼神飲食，猶相賓客，賓客悦喜，報主人恩矣。其修祭祀，是也；信其享之，非也。宗祥案：「享」，通津、程刻「事」，從宋本。實者，祭祀之意，主人自盡恩懃而已，鬼神未必歆享之也。宗祥案：「歆」，通津、程刻「欲」，從宋、元。何以明之？

今所祭者報功，則緣生人爲恩義耳，何歆享之有？今所祭死人，死人無知，不能飲食。何以審其不能歆享飲食也？夫天者體也，與地同。天有列宿，地有宅舍。宅舍附地之體，列宿着天之形。形體具則有口，乃能食。使天地有口，能食祭食，宜食盡；如無口，則無體，無體則氣也，若雲霧耳，亦無能食。如天地之精神，若人之有精神矣。以人之精神，何宜飲食？中人之體七八尺，身大四五圍，食斗食，歠斗羹，乃能飽足，多者三四斗。天地之廣大，以萬里數，圜丘之上，一繭栗牛，粢飴大羹，不過數斛。以此食天地，天地安能飽？天地用心，猶人用意也。人食不飽足，則怨主人，不報以德矣。必謂天地審能飽食，則夫古之郊者負天地。宗祥案：「負猶背也」，見後漢書盧芳傳注。

山猶人之有骨節也，水猶人之有血脉也。故人食腸滿，則骨節與血脉，因以盛矣。今祭天地，則山川隨天而飽。今別祭山川以爲異神，是人食已，更食骨節與血脉也。社、稷，報生穀物之功。萬民生於天地，猶毫毛生於體也。祭天地，則社、稷設其中矣，人君重之，故復別祭。必以爲有神，是人之膚肉當復食也。五祀初本在地。門户用木與土，土、木生於地，井、竈、室中霤皆屬於地。祭地，五祀設其中矣。人君重之，故復別祭。必以爲有神，是食已當復食形體也。風伯、雨師、雷公，是羣神也。風猶人之有吹煦也，雨猶人之有精液也，雷猶人之有腹鳴也，三者附於天地。祭天地，三者在矣，人君重之，故復別祭。宗祥案：各本脱「復」字，從宋本。必以爲有神，則人吹煦、精液、腹鳴，當復食也。日月猶人之有目，星辰猶人之有髮，三光附天。祭天，三光在矣，人君重之，故復別祭。必以爲有神，則人之食已，復食目與髮也。宗廟，己之先也。生存之時，謹敬供養，死不敢不信，故修祭祀，緣生事死，宗祥案：「生」，通津、程刻「先」，從宋本。示不忘先。五帝、三王郊宗黄帝、帝嚳之屬，報功重力，宗祥案：「重」，通津、程刻「堅」，從宋本。不敢忘德，未必有鬼神，審能歆享之也。夫不能歆享，則不能神。不能神，則不能爲福，亦不能爲禍。禍福之起，由於喜怒，喜怒之發，由於腹腸。有腹腸者，輒能飲食；不能飲食，則無腹腸。無腹腸，則無用喜怒。無用喜怒，則無用爲禍福矣。

或曰：「歆氣，不能食也。」夫歆之與飲食，一實也。用口食之，用口歆之。無腹腸則無口，無口無用食，則亦無用歆矣。何以驗其不能歆也？以人祭祀有過，不能即時犯也。夫歆，不用口則用鼻矣。口鼻能歆之，則目能見之。目能見之，則手能擊之。今手不能擊，則知口、鼻不能歆之也。

或難曰：「宋公鮑之身有疾，祝曰夜姑，掌將事於厲者。厲鬼杖楬而與之言曰：『何而粢盛之不膏也？何而芻犧之不肥碩也？何而珪璧之不中度量也？而罪歟？其鮑之罪歟？』夜姑順色而對曰：『鮑身尚幼，在繈褓，不預知焉。審是掌之。』厲鬼舉楬而掊之，斃於壇下。俞樾曰：按此事見墨子明鬼下篇。「夜姑」，墨子作「袾觀辜」。字書無「袾」字，未詳也。「厲鬼杖楬而與之言曰」，墨子作「袾子杖揖出與言曰」。「揖」字不知何義。余作諸子評議，疑「杖揖」當作「揖杖」，引尚書大傳「八十者杖於朝，見君揖杖」爲證。今觀此文，乃知「揖」爲「楫」字之誤，此作「楬」，彼作「楫」，一字也。然「楫」舟楫字，施之於此，亦非所宜，仍當缺疑。又按，如墨子所載，則舉楫而槀之者，袾子也。「袾」即「祝」之異文，是鬼神假手祝史以殺之，非能自殺之也。王仲任殆未見墨子之文，不然，則更足爲鬼神手不能擊之證，何不即以此曉難者乎？宗祥案：仲任鬼事引墨子者不一，決非未見墨子者，特所見墨子決非今本墨子，正可據仲任所引以訂今本墨子也。「審是掌之」下，疑脱「罪」字。此非能言用手之驗乎？」曰：夫夜姑之死，未必厲鬼擊之也，時命當死也。妖象厲鬼，象鬼之形，則象鬼之言，象鬼之言，則象鬼而擊矣。何以明之？夫鬼者，神也，神則先知。先知則宜自見粢盛之不膏，珪璧之失度，犧牲之臞小，則因以責讓夜姑，以檝擊之而已，無爲先問。先問，不知之效也；不知，不神之驗也。不知不神，則不能見體出言，以檝擊人也。夜姑，義臣也，引罪自予己，故鬼擊之。如無義而歸之鮑身，則厲鬼將復以檝掊鮑之身矣。且祭祀不備，神怒見體，以殺掌祀。如禮備神喜，肯見體以食賜主祭乎？人有喜怒，鬼亦有喜怒。人不爲怒者身存，不爲喜者身亡。厲鬼之怒，見體而罰。宋國之祀，必時中禮，夫神何不見體以賞之乎？夫喜怒不與人同，宗祥案：各本「怒喜」，從宋、元。則其賞罰不與人等。賞罰不與人等，則其掊夜姑，不可信也。

且夫歆者，内氣也；言者，出氣也。能歆則能言，猶能吸則能呼矣。如鬼神能歆，則宜言於祭祀之上。今不能言，知不能歆，一也。凡能歆者，口鼻通也。使鼻鼽不通，口鉗不開，則不能歆矣。人之死也，口鼻腐朽，安能復歆？二也。禮曰：「人死也，斯惡之矣。」與人異類，故惡之也。爲尸不動，朽敗滅亡，其身不與生人同，則知不與生人通矣。身不同，知不通，其飲食不與人鈞矣。胡、越異類，飲食殊味。死之與生，非直胡之與越也。由此言之，死人不歆，三也。當人之卧也，置食物其旁，不能知也。覺乃知之，知乃能食之。夫死，長卧不覺者也，安能知食？不能歆之，四也。

或難曰：「祭則鬼享之，何謂也？」曰：言其修具謹潔，粢牲肥香，人臨見之，意飲食之。推己意以況鬼神，鬼神有知，必享此祭，故曰鬼享之也。宗祥案：「也」，通津、程刻「祀」，從宋本。

難曰：「易曰：『東鄰殺牛，不如西鄰之礿祭。』夫言東鄰不若西鄰，言東鄰牲大福少，西鄰祭少福多也。今言鬼不享，何以知其福有多少也？」曰：此亦謂修具謹潔與不謹潔也。紂殺牛祭，不致其禮；文王礿祭，竭盡其敬。夫禮不至則人非之，禮敬盡則人是之。是之則舉事多助，非之則言行見畔。見畔若祭，不見享之禍；多助若祭，見歆之福。非鬼爲祭祀之故，有喜怒也。何以明之？苟鬼神，不當須人而食。須人而食，是不能神也。信鬼神歆祭祀，祭祀爲禍（神）〔福〕，謂鬼神居處，何如狀哉？自有儲偫邪？宗祥案：「偫」同「待」，「具也」，見國語周語注。又與「庤」通，義同。將以人食爲饑飽也？如自有儲偫，儲偫必與人異，不當食人之物。如無儲偫，則人朝夕祭乃可耳。壹祭壹否，則神壹饑壹飽。壹饑壹飽，則神壹怒壹喜矣。

且病人見鬼，及卧夢與死人相見，如人之形，故其祭祀，如人之食。緣有飲食，則宜有衣服，故復以繒製衣，以象生儀。其祭如生人之食，人欲食之，冀鬼饗之。其製衣也，廣縱不過一尺，若五六寸。以所見長大之神，貫一尺之衣，其肯喜而加福於人乎？以所見之鬼，爲審死人乎？則其製衣，宜若生人之服。如以所製之衣，審鬼衣之乎？則所見之鬼，宜如偶人之狀。夫如是也，世所見鬼，非死人之神，或所衣之神，非所見之鬼也。鬼神未定，厚禮事之，安得福祐，而堅信之乎？

祭意篇

禮：王者祭天地，宗祥案：「禮」，通津、程刻「樹」，從宋本。諸侯祭山川，卿大夫祭五祀，士庶人祭其先。宗廟、社稷之祀，自天子達於庶人。尚書曰：「肆類于上帝，禋于六宗，望于山川，偏于羣臣。」禮曰：「有虞氏禘黄帝而郊嚳，祖顓頊而宗堯。夏后氏亦禘黄帝而郊嚳，祖顓頊而宗禹。殷人禘嚳而郊冥，祖契而宗湯。周人禘嚳而郊稷，祖文王而宗武王。燔柴於大壇，祭天也；瘞埋於大折，宗祥案：壇（一）折，封土，謂祭處也。「折，昭晢也」，見禮記祭法注。祭地也；用騂犢埋少牢於大昭，祭時也；相近於坎壇，祭寒暑也；王宫，祭日也；夜明，祭月也；幽禜，祭星也；雩禜，祭水旱也；宗祥案：「禜」，通津、程刻「宗」，從宋、元。左昭元年傳云：「山川之神，則水旱疫癘之災，於是乎禜之。日月星辰之神，則雪霜風雨之不時，於是乎禜之。」禮疏云：「禜，壇域也，爲營域而祭之。」初學記引崔靈恩周禮義宗云：「禜，止雨之祭。」諸説可證「宗」當爲「禜」。四坎壇，祭四方也。山林、川谷、丘陵，能出雲爲風雨，見怪物，皆曰神。有天下者祭百神。諸侯在其地則祭，亡其地則不祭。」此皆法度之祀，禮之常制也。

王者父事天，母事地，推人事父母之事，故亦有祭天地之祀。山川以下，報功之義也。緣生人有功得賞，鬼神有功亦祀之。山出雲雨，潤萬物，六宗居六合之間，助天地變化，王者尊而祭之，故曰六宗。宗祥案：「六宗」之說，許、鄭已多異議。書「禋于六宗」注謂「寒暑日月星水旱」，與仲任說同，知仲任不主以天地社稷山川當六宗也，義長。社稷報生萬物之功：社報萬物，稷報五穀。五祀報門、户、井、竈、室中霤之功：門户人所出入，井竈人所飲食，中霤人所託處。五者功鈞，故俱祀之。傳或曰：宗祥案：「傳或」，通津、程刻作「周棄」，從宋本。「少昊有四叔，曰重，曰該，曰修，曰熙，實能金木及水。宗祥案：通津、程刻作「金大木反」，從宋本。使重爲句芒，該爲蓐收，脩及熙爲玄冥，世不失職，遂濟窮桑。此其三祀也。顓頊氏有子曰犁，爲祝融；共工氏有子曰句龍，爲后土。此其二祀也。后土爲社。稷，田正也。有烈山氏之子曰柱，爲稷。自夏以上祀之。周棄亦爲稷，自商以來祀之。」禮曰：「烈山氏之有天下也，其子曰柱，能殖百穀。夏之衰也，周棄繼之，故祀以爲稷。共工氏之霸九州也，其子曰后土，能平九土，故祀以爲社。」傳或曰：「炎帝作火，死而爲竈。禹勞力天下，水死而爲社。」禮曰：「王爲羣姓立七祀，曰司命，曰中霤，曰國門，曰國行，曰泰厲，曰户，曰竈。諸侯爲國立五祀，曰司命，曰中霤，曰國門，曰國行，曰公厲。大夫立三祀，曰族厲，曰門，曰行。適士立二祀，曰門，曰行。庶人立一祀，或立户，或立竈。」社稷、五祀之祭，未有所定，皆爲思其德不忘其功也。中心愛之，故飲食之。愛鬼神者祭祀之。

自禹興脩社稷，祀后稷，其後絶廢。高皇帝四年，詔天下祭靈星，宗祥案：漢書郊祀志、後漢書祭祀志均在高祖八年，「四」字疑譌。七年，使天下祭社稷。靈星之祭，祭水旱也，於禮舊名曰雩。雩之禮，爲民祈穀雨，祈穀實也。春求雨，秋求實，宗祥案：通津、程刻脱「雨秋求」三字，從宋、元。一歲再祀，蓋重穀也。春以二月，秋以八月，故論語曰：「暮春者，春服既成，冠者五六人，童子六七人，浴乎沂，風乎舞雩，詠而歸。」暮春，四月也。周之四月，正歲二月也。二月之時，龍星始出，故傳曰：「龍見而雩。」龍星見時，歲已啓蟄而雩。孫詒讓曰：此文有譌，疑當作「故又曰啓蟄而雩」。今本脱五字。春雩之禮廢，秋雩之禮存，故世常脩靈星之祀，到今不絕。名變於舊，故世人不識；禮廢不具，故儒者不知。世儒案禮，不知靈星何祀，其難曉而不識，説縣官名曰「明星」，緣明星之名，説曰「歲星」。歲星，東方也。東方主春，春主生物，故祭歲星，求春之福也。四時皆有力於物，獨求春者，重本尊始也。審如儒者之説，求春之福，反以秋祭，宗祥案：「反」，通津、程刻「及」，從宋、元。非求春也。月令祭户以春，祭門以秋，各宜其時。如或祭門以秋，謂之祭户，論者肯然之乎？不然，則明星非歲星也，乃龍星也。龍星二月見，則雩祈穀雨。龍星八月將入，則秋雩祈穀實。儒者或見其義，語不空生。春雩廢，秋雩興，故秋雩之名，自若爲明星也。實曰「靈星」。靈星者，神也；神者，謂龍星也。

羣神謂風伯、雨師、雷公之屬。風以摇之，雨以潤之，雷以動之，四時生成，寒暑變化。日月星辰，人所瞻仰。水旱，人所忌惡。四方，氣所由來。山林川谷，民所取材用。此鬼神之功也。

凡祭祀之義有二，一曰報功，二曰修先。報功以勉力，修先以崇恩。力勉恩崇，功立化通，聖王之務也。是故聖王制祭祀也，法施於民則祀之，以死勤事則祀之，以勞定國則祀之，能禦大災則祀之，能捍大患則祀之。帝嚳能序星辰以著衆，堯能賞均刑法以義終，舜勤民事而野死，鯀勤洪水而殛死，禹能修鯀之功，黄帝正名百物，以明民共財，顓頊能修之，契爲司徒而民成，冥勤其官而水死，湯以寛治民而除其虐，文王以文治，武王以武功去民之災。凡此功烈，施布於民，民賴其力，故祭報之。宗廟先祖，己之親也，生時有養親之道，死亡義不可背，故修祭祀，示如生存。推人事鬼神，緣生事死人。有賞功供養之道，故有報恩祀祖之義。

孔子畜狗死，使子貢埋之，宗祥案：「貢」，通津、程刻「贛」，從宋、元。曰：「吾聞之也，弊帷不棄，爲埋馬也；弊蓋不棄，爲埋狗也。丘也貧無蓋，於其封原注：一本注音「窆」。也，亦與之席，毋使其首陷焉。」延陵季子過徐，徐君好其劍。季子以當使於上國，未之許與。季子使還，徐君已死，季子解其劍帶於冢樹。宗祥案：通津、程刻無「其」字，「於」作「其」，從宋、元。御者曰：「徐君已死，尚誰爲乎？」季子曰：「前已心許之矣，可以徐君死故負吾心乎？」遂帶劍於冢樹而去。祀爲報功者，其用意猶孔子之埋畜狗也；祭爲不背先者，其恩猶季子帶劍於冢樹也。

宗祥案：「恩」疑「思」譌。「子」，通津、程刻「之」，從宋本。

聖人知其若此，祭猶齋戒畏敬，若有鬼神；修興弗絶，若有禍福。重恩尊功，慇懃厚恩，未必有鬼而享之者。何以明之？以飲食祭地也。人將飲食，謙退示當有所先。孔子曰：「雖疏食菜羹，瓜祭，必齋如也。」禮曰：「侍食於君，君使之祭，然後飲食之。」祭，猶禮之諸祀也。飲食亦可毋祭，禮之諸神，亦可毋祀也。祭、祀之實一也，用物之費同也。知祭地無神，猶謂諸祀有鬼，不知類也。

經傳所載，賢者所紀，尚無鬼神，況不著篇籍！世間淫祀非鬼之祭，信其有神爲禍福矣。好道學仙者，絶穀不食，與人異食，欲爲清潔也。鬼神清潔於仙人，如何與人同食乎？論之以爲人死無知，其精不能爲鬼。假使有之，與人異食。異食則不肯食人之食。不肯食人之食，原注：一有「食」字。則無求於人。無求於人，則不能爲人禍福矣。凡人之有喜怒也，有求得與不得。得則喜，不得則怒。喜則施恩而爲福，怒則發怒而爲禍。鬼神無喜怒，原注：一有「其」字。則雖常祭而不絶，久廢而不脩，豈能爲禍福於人哉？宗祥案：「豈能爲」三字，通津、程刻作「其何」二字，從宋、元。

論衡卷第二十六

漢　會稽王充著　海寧張宗祥校注

實知篇　知實篇

實知篇

儒者論聖人，以爲前知千歲，後知萬世，有獨見之明，獨聽之聰，事來則名，不學自知，不問自曉。故稱聖則神矣，若蓍龜之知吉凶，蓍草稱神，龜稱靈矣。賢者才下不能及，智劣不能料，故謂之賢。夫名異則實殊，質同則稱鈞。以聖名論之，知聖人卓絶，與賢殊也。

孔子將死，遺讖書曰：宗祥案：御覽七百六引「讖」作「秘」。「不知何一男子，自謂秦始皇，宗祥案：意林引作：「有一男子，自云秦皇。」上我之堂，踞我之牀，顛倒我衣裳，至沙丘而亡。」其後秦王兼并天下，宗祥案：「并」，通津、程刻「吞」，從宋、元。號始皇，巡狩至魯，觀孔子宅，乃至沙丘，道病而崩。又曰：「董仲舒，亂我書。」其後江都相董仲舒論思春秋，造著傳記。宗祥案：意林引作「亂春秋，著傳記」。又書曰：「亡秦者，胡也。」其後二世胡亥，竟亡天下。用三者論之，聖人後知萬世之效也。孔子生不知其父，若母匿之，吹律自知殷、宋大夫子氏之世也。不案圖書，不聞人言，吹律精思，自知其世，聖人前知千歲之驗也。

曰：此皆虚也。案神怪之言，皆在讖記，所表皆效圖書。「亡秦者胡」，河圖之文也。孔子條暢增益，以表神怪，或後人詐記，以明效驗。高皇帝封吴王，送之，拊其背曰：「漢後五十年，東南有反者，豈汝邪？」到景帝時，濞與七國通謀反漢。建此言者，或時觀氣見象，度其有反，宗祥案：「度」，通津、程刻「處」，從宋、元。不知主名。高祖見濞之勇，則謂之是。原此以論，孔子見始皇、仲舒，宗祥案：「見始皇仲舒」五字疑衍。或時但言「將有觀我之宅」、「亂我之書」者，後人見始皇入其宅，仲舒讀其書，則增益其辭，著其主名。如孔子神而空見始皇、仲舒，則其自爲殷後子氏之世，亦當默而知之，無爲吹律以自定也。孔子不吹律，不能立其姓，及其見始皇，睹仲舒，亦復以吹律之類矣。案始皇本事，始皇不至魯，安得上孔子之堂，踞孔子之牀，顛倒孔子之衣裳乎？始皇三十七年十月癸丑出游，至雲夢，望祀虞舜於九疑。宗祥案：「疑」，通津、程刻「嶷」，從宋、元。史記亦「疑」。浮江下，觀藉柯，度梅渚，宗祥案：史記作「海渚」。此在江中，「梅渚」是。過丹陽，至錢唐，臨浙江，濤惡，乃西百二十里，從陜中度，上會稽，祭大禹，立石刊頌，望于南海。還過，從江乘，宗祥案：史記「過」下有「吴」字，「乘」下有「渡」字，是。旁海上，北至琅邪。自琅邪北至勞、成山，因至之罘，遂並海，西至平原津而病，崩於沙丘平臺。既不至魯，讖記何見而云始皇至魯？至魯未可知，其言孔子曰「不知何一男子」之言，亦未可用。「不知何一男子」之言不可用，則言「董仲舒亂我書」，亦復不可信也。行事，文記譎常人言耳，宗祥案：「譎」，「詐也」，見易睽卦注釋文。「譎」，「欺也」，見廣雅釋詁。非天地之書，則皆緣前因古，有所據狀。如無聞見，則無所狀。凡聖人見禍福也，亦揆端推類，原始見終，從閭巷論朝堂，由昭昭察冥冥。讖書祕文，遠見未然，空虛闇昧，豫睹未有，達聞暫見，宗祥案：「達」宋、元「遠」。卓譎怪神，若非庸口所能言？

放象事類以見禍，推原往驗以處來，賢者亦能，宗祥案：「賢」，各本「事」，從顧本。非獨聖也。周公治魯，太公知其後世當有削弱之患；太公治齊，周公睹其後世當有劫弒之禍：見法術之極，睹禍亂之前矣。紂作象箸而箕子譏，魯以偶人葬而孔子嘆，緣象箸見龍干之患，宗祥案：「干」疑「肝」譌。龍虛篇作「龍肝」。偶人睹殉葬之禍也。太公、周公俱見未然；箕子、孔子，并睹未有。所由見方來者，賢聖同也。魯侯老，太子弱，次室之女，宗祥案：列女傳作「漆室」。御覽四百八十八引列女傳作「七室」。潛夫論、續漢書郡國志皆作「次室」。「次」是。倚柱而嘯，由老弱之徵，見敗亂之兆也。婦人之知，尚能推類以見方來，況聖人君子，才高智明者乎？秦始皇十年，嚴襄王母夏太后薨。孝文王后曰：華陽后，與文王葬壽陵，夏太后、嚴襄王葬於范陵，宗祥案：

史記呂不韋傳「夢」作「蕘」，「與」作「孝」，「夏太后」下作「子嚴襄王」，「范陵」作「芷陽」，是。故夏太后別葬杜陵，曰：「東望吾子，西望吾夫，後百年，旁當有萬家邑。」其後皆如其言。必以推類見方來爲聖，次室、夏太后聖也。秦昭王十年，樗里子卒，宗祥案：「十」疑「七」譌，史記樗里子傳作「七」年。葬于渭南章臺之東，曰：「後百年，當有天子宮挾我墓。」至漢興，長樂宮在其東，未央宮在其西，武庫正值其墓，竟如其言。先知之效，見方來之驗也。如以此效聖，樗里子聖人也。如非聖人，先知見方來，不足以明聖，然則樗里子見天子宮挾其墓也，亦猶辛有知伊川之當戎。昔辛有過伊川，見被髮而祭者，曰：「不及百年，此其戎乎！」其後百年，晉遷陸渾之戎於伊川焉，竟如辛有之知當戎，宗祥案：「如」下疑脫「辛有之言」四字。見被髮之兆也。樗里子之見天子挾其墓，宗祥案：「子」下疑脫「宮」字。亦見博平之墓也。韓信葬其母，亦行營高敞地，令其旁可置萬家。其後竟有萬家處其墓旁。故樗里子之見博平王有宮臺之兆，宗祥案：「王」字疑衍。猶韓信之睹高敞萬家之臺也。先知之見方來之事，無達視洞聽之聰明，皆案兆察跡，推原事類。春秋之時，卿大夫相與會遇，見動作之變，聽言談之詭，善則明吉祥之福，惡則處凶妖之禍。明福處禍，遠圖未然，無神怪之知，皆由兆類。以今論之，故夫可知之事者，思慮所能見也；不可知之事，不學不問，不能知也。不學自知，不問自曉，古今行事，未之有也。夫可知之事，惟精思之，雖大無難；不可知之事，厲心學問，雖小無易。故智能之士，不學不成，不問不知。

難曰：「夫項託年七歲教孔子，案七歲未入小學，而教孔子，性自知也。孔子曰：『生而知之，上也；學而知之，其次也。』夫言『生而知之』，不言學問，謂若項託之類也。王莽之時，勃海尹方年二十一，無所師友，性智開敏，明達六藝。魏都牧淳于倉奏：『方不學，得文能讀誦，論義引五經文，文說議事，厭合人之心。』帝徵方，使射蜚蟲，筴射無非知者，孫詒讓曰：「非」當爲「弗」。天下謂之聖人。夫無所師友，明達六藝，本不學書，得文能讀，此聖人也。不學自能，無師自達，非神如何？」曰：雖無師友，亦已有所問受矣；不學書，已弄筆墨矣。兒始生產，耳目始開，雖有聖性，安能有知？項託七歲，其三四歲時，而受納人言矣。尹方年二十一，其十四五時，多聞見矣。性敏才茂，獨思無所據，不睹兆象，不見類驗，却念百世之後，有馬生牛，牛生驢，桃生李，李生梅，聖人能知之乎？臣弒君，子弒父，仁如顏淵，孝如曾參，勇如賁、育，辯如賜、予，聖人能見之乎？孔子曰：「其或繼周者，雖百世可知也。」又曰：「後生可畏，焉知來者之不如今也？」論損益，言「可知」；稱「後生」，言「焉知」。後生難處，損益易明也。此尚爲遠，非所聽察也。使一人立於牆東，令之出聲，使聖人聽之牆西，能知其黑白、短長、鄉里、姓氏所自從出乎？溝有流壍，澤有枯骨，髮首陋亡，宗祥案：「陋，隱也」，見爾雅釋言。肌肉腐絶，使人詢之，孫詒讓曰：「壍」當作「澌」。四諱篇云：「出見負豕於塗，腐澌於溝。」「使人」當作「使聖人」，此脱一「聖」字。淮南子泰族訓：「雖有腐髊流漸，弗能污也。」許注云：「漸，水也。」莊逵吉據御覽校改「漸」爲「澌」，與此誤同。能知其農商、老少，若所犯而坐死乎？非聖人無知，其知無以知也。知無以知，非問不能知也。不能知，則賢聖所共病也。

難曰：「詹何坐，弟子侍，有牛鳴於門外。弟子曰：『是黑牛也而白蹄。』詹何曰：『然，是黑牛也而白其蹄。』使人視之，果黑牛而以布裹其蹄。詹何，賢者也，尚能聽聲而知其色。以聖人之智，反不能知乎？」曰：能知黑牛白其蹄，能知此牛誰之牛乎？白其蹄者，以何事乎？夫術數直見一端，不能盡其實。雖審一事，曲辯問之，輒不能盡知。何則？不目見口問，不能盡知也。魯僖公二十九年，介葛盧來朝，舍于昌衍之上，聞牛鳴，曰：「是牛生三犧，皆已用矣。」或問：「何以知之？」曰：「其音云。」人問牛主，竟如其言。此復用術數，非知所能見也。廣漢楊翁仲聽鳥獸之音，乘蹇馬之野，田間有放眇馬，相去鳴聲相聞。翁仲謂其御曰：「彼放馬，知此馬而目眇。」其御曰：「何以知之？」曰：「罵此轅中馬蹇，此馬亦罵之眇。」其御不信，宗祥案：藝文類聚九十三引作：「廣漢陽翁偉，能聽鳥獸之音，乘蹇馬之野，而田間有放馬者，相去數里，鳴聲相聞。翁偉謂其御曰：『彼放馬目眇。』」御覽八百九十七引同。當據以正此文。往視之，目竟眇焉。翁仲之知馬聲，猶詹何、介葛盧之聽牛鳴也。據術任數，相合其意，不達視聽，遥見流目以察之也。夫聽聲有術，則察色有數矣。推用術數，若先聞見，衆人不知，則謂神聖。若孔子之見獸，名之曰狌狌，太史公之見張良，似婦人之形矣。案孔子未嘗見狌狌，至輒能名之；太史公與張良異世，而目見其形。使衆人聞此言，則謂神而先知。然而孔子名狌狌，聞昭人之歌；太史公之見張良，觀宣室之畫也。陰見默識，用思深祕。衆人闊略，寡所意識，見賢聖之名物，則謂之神。推此以論，詹何見黑牛白蹄，猶此類也。彼不以術數，則先時聞見於外矣。方今占射事之工，據正術數，術數不中，集以人事，人事於術數而用之者，與神無異。詹何之徒，方今占射事者之類也。如以詹何之徒，性能知之，不用術數，是則巢居者先知風，穴處者先知雨，智明早成，項託、尹方其是也。

難曰：「黄帝生而神靈，弱而能言。帝嚳生而自言其名。未有聞見於外，生輒能言，稱其名，非神靈之效，生知之驗乎？」曰：黄帝生而言，然而母懷之二十月生，宗祥案：宋書符瑞志作「孕二十五月而生」。計其月數，亦已二歲在母身中矣。帝嚳能自言其名，然不能言他人之名，雖有一能，未能偏通。所謂神而生知者，豈謂生而能言其名乎？乃謂不受而能知之，未得能見之也。黄帝、帝嚳，雖有神靈之驗，亦皆早成之才也。人才早成，亦有晚就，雖未就師，家問室學。人見其幼成早就，稱之過度。云項託七歲，是必十歲；云教孔子，是必孔子問之。云黄帝、帝嚳生而能言，是亦數月。云尹方年二十一，是亦且三十。云無所師友、有不學書，是亦遊學家習。世俗褒稱過實，毁敗踰惡。世俗傳顔淵年十八歲，升太山，望見吴昌門外，有繫白馬。定考實顏淵年三十不升太山，宗祥案：以此「三十」，證之上文，「十八」疑譌。不望吳昌門。項託之稱，尹方之譽，顏淵之類也。

人才有高下，知物由學，學之乃知，不問不識。子貢曰：「夫子焉不學，而亦何常師之有？」孔子曰：「吾十有五，而志乎學。」五帝、三王，皆有所師。曰：「是欲爲人法也。」曰：精思亦可爲人法，何必以學者？事難空知，賢聖之才能立也。所謂神者，不學而知。所謂聖者，須學以聖。以聖人學，知其非聖。天地之間，含血之類，無性知者。狌狌知往，鳱鵲知來，稟天之性，自然者也。如以聖人爲若狌狌乎？則夫狌狌之類，鳥獸也。僮謡不學而知，可謂神而先知矣。如以聖人爲若僮謡乎？則夫僮謡者，妖也。世間聖神，以爲巫與？鬼神用巫之口告人。如以聖人爲若巫乎？則夫爲巫者亦妖也。與妖同氣，則與聖異類矣。巫與聖異，則聖不能神矣。不能神，則賢之黨也。同黨，則所知者無以異也。及其有異，以入道也，聖人疾，賢者遲；賢者才多，聖人智多。所知同業，多少異量；所道一途，步騶相過。

事有難知易曉，賢聖所共關思也。若夫文質之復，三教之重，正朔相緣，損益相因，賢聖所共知也。古之水火，今之水火也。今之聲色，後世之聲色也。鳥獸草木，人民好惡，以今而見古，以此而知來。千歲之前，萬世之後，無以異也。追觀上古，探察來世，文質之類，水火之輩，賢聖共之。見兆聞象，圖畫禍福，賢聖共之。見怪名物，無所疑惑，賢聖共之。事可知者，賢聖所共知也，不可知者，聖人亦不能知也。何以明之？使聖空坐先知雨也，性能一事知遠道，孔竅不普，未足以論也。所論先知性達者，盡知萬物之性，畢睹千道之要也。如知一不通二，達左不見右，偏駁不純，踦校不具，宗祥案：「踦，一足也。」見説文。「校，脛也」，見儀禮既夕記注。非所謂聖也。如必謂之聖，是明聖人無以奇也。詹何之徒聖，孔子之黨亦稱聖，是聖無以異於賢，賢無以乏於聖也。賢聖皆能，何以稱聖奇於賢乎？如俱任用術數，賢何以不及聖？

實者，聖賢不能知性，須任耳目以定情實。其任耳目也，可知之事，思之輒決；不可知之事，待問乃解。天下之事，世間之物，可思而愚夫能開精；宗祥案：「而」下疑脱「知」字。不可思而知上聖不能省。孔子曰：「吾嘗終日不食，終夜不寢，以思，無益，不如學也。」天下事有不可知，猶結有不可解也。見説善解結，宗祥案：淮南説山：「兒説之爲宋王解閉結也。」許慎注：「結不可解者而能解之，解之以不解。」「見」疑「兒」譌，「兒」即「倪」字，下同。結無有不可解。結有不可解，見説不能解也。非見説不能解也，結有不可解。及其解之，用不能也。聖人知事，事無不可知。事有不可知，聖人不能知。非聖人不能知，事有不可知。及其知之，用不知也。故夫難知之事，學問所能及也；不可知之事，問之學之，不能曉也。

知實篇

凡論事者，違實不引效驗，則雖甘義繁説，衆不見信。論聖人不能神而先知，先知之間，不能獨見，非徒空説虚言，直以才智准況之工也，事有證驗，以效實然。何以明之？孔子問公叔文子於公明賈曰：「信乎，夫子不言、不笑、不取，有諸？」對曰：「以告者過也。夫子時然後言，人不厭其言；樂然後笑，人不厭其笑；義然後取，人不厭其取。」孔子曰：「豈其然乎？豈其然乎？」天下之人，有如伯夷之廉，不取一芥於人，未有不言不笑者也。孔子既不能如心揣度，以決然否，心怪不信，又不能達視遥見，宗祥案：「達視」，宋、元本「遠覽」。以審其實，問公明賈，乃知其情。孔子不能先知，一也。

陳子禽問子貢曰：「夫子至於是邦也，必聞其政。求之與？抑與之與？」子貢曰：「夫子温、良、恭、儉、讓以得之。」温、良、恭、儉、讓，尊行也。有尊行於人，人親附之。人親附之，則人告語之矣。然則孔子聞政以人言，不神而自知之也。齊景公問子貢曰：「夫子賢乎？」子貢對曰：「夫子乃聖，豈徒賢哉！」景公不知孔子聖，子貢正其名。子禽亦不知孔子所以聞政，子貢定其實。對景公云「夫子聖，豈徒賢哉」，則其對子禽，亦當云「神而自知之，不聞人言」。以子貢對子禽言之，聖人不能先知，二也。

顏淵炊飯，塵落甑中，欲置之則不清，投地則棄飯，掇而食之。孔子望見，以爲竊食。聖人不能先知，三也。

塗有狂夫，投刃而候；宗祥案：「投，揮也」，見莊子漁父釋文引李注。澤有猛虎，厲牙而望。知見之者，不敢前進。如不知見，則遭狂夫之刃，犯猛虎之牙矣。匡人之圍孔子，孔子如審先知，當早易道以違其害，不知而觸之，故遇其患。以孔子圍言之，聖人不能先知，四也。

子畏於匡，顏淵後，孔子曰：「吾以汝爲死矣。」如孔子先知，當知顏淵必不觸害，匡人必不加悖。見顏淵之來，乃知不死；未來之時，謂以爲死。聖人不能先知，五也。

陽貨欲見孔子，孔子不見，饋孔子豚。孔子時其亡也，而往拜之，遇諸塗。孔子不欲見，既往，候時其亡，是勢必不欲見也，反遇於路。以孔子遇陽虎言之，宗祥案：「虎」疑「貨」譌。聖人不能先知，六也。

長沮、桀溺耦而耕，孔子過之，使子路問津焉。如孔子知津，不當更問。論者曰：「欲觀隱者之操。」則孔子先知，當自知之，無爲觀也。如不知而問之，是不能先知，七也。

孔子母死，不知其父墓，殯於五甫之衢。人見之者，以爲葬也，蓋以無所合葬，殯之謹，故人以爲葬也。鄰人鄒曼甫之母告之，然後得合葬於防。有塋自在防，殯於衢路，聖人不能先知，八也。

既得合葬，孔子反，門人後，雨甚。至，孔子問曰：「何遲也？」曰：「防墓崩。」孔子不應。三，孔子泫然流涕曰：「吾聞之，古不修墓。」如孔子先知，當先知防墓崩，比門人至，宜流涕以俟之。人至乃知之，聖人不能先知，九也。

子入太廟，每事問。不知故問，爲人法也。孔子未嘗入廟，廟中禮器，衆多非一。孔子雖聖，何能知之？以嘗見，實已知，而復問，爲人法。孔子曰：「疑思問。」疑乃當問邪。宗祥案：此「邪」字疑當在「孔子曰」句上，誤倒在此。實已知，當復問爲人法。孔子知五經，原注：一有「問」字。門人從之學，當復行問以爲人法，何故專口授弟子乎？不以已知五經復問爲人法，獨以已知太廟復問爲人法，聖人用心何其不一也？以孔子入太廟言之，聖人不能先知，十也。

主人請賓飲食，若呼賓頓若舍。宗祥案：「頓，猶止也」，見文選張孝(鷹)〔雜〕詩注。賓如聞其家有輕子泊孫，宗祥案：「泊」疑「泊」譌。此書「泊」、「薄」通用者多，此言輕薄也。必教親徹饌退膳，不得飲食；閉館關舍，不得頓。賓之執計，宗祥案：「執，猶處也。」見禮記樂記注。則必不往。何則？知請呼無喜，空行勞辱也。如往無喜，勞辱復還，不知其家，不曉其實，人實難知，吉凶難圖。如孔子先知，宜知諸侯惑於讒臣，必不能用，空勞辱已，聘召之到，宜寢不往。君子不爲無益之事，不履辱身之行。無爲周流應聘，以取削跡之辱；空說非主，以犯絕糧之厄。由此言之，近不能知。論者曰：「孔子自知不用，聖思閔道不行，民在塗炭之中，庶幾欲佐諸侯，行道濟民，故應聘周流，不避患耻。爲道不爲己，故逢患而不惡；爲民不爲名，故蒙謗而不避。」曰：此非實也。孔子曰：「吾自衛反魯，然後樂正，雅、頌各得其所。」是爲孔子自知時也。何以自知？魯、衛，天下最賢之國也。魯、衛不能用己，則天下莫能用己也，故退作春秋，删定詩、書。以自衛反魯言之，知行應聘時未自知也。何則？無兆象效驗，聖人無以定也。魯、衛不能用，自知極也；魯人獲麟，自知絶也。道極命絶，兆象著明，心懷望沮，退而幽思。夫周流不休，猶病未死，禱卜使痊也；死兆未見，冀得活也。然則應聘未見絶證，冀得用也。死兆見舍，卜還醫絶，攬筆定書。以應聘周流言之，聖人不能先知，十一也。

孔子曰：「游者可爲綸，走者可爲矰。至於龍，吾不知。其乘雲風上升。今日見老子，其猶龍邪！」聖人知物知事，老子與龍，人物也，所從上下，事也，何故不知？如老子神，龍亦神，聖人亦神。神者同道，精氣交運，何故不知？以孔子不知龍與老子言之，聖人不能先知，十二也。

孔子曰：「孝哉閔子騫！人不間於其父母昆弟之言。」虞舜大聖，隱藏骨肉之過，宜愈子騫。瞽叟與象，使舜治廩浚井，意欲殺舜。當見殺己之情，早諫豫止。既無如何，宜避不行。若病不爲，何故使父與弟得成殺己之惡，使人聞非父弟，萬世不滅？以虞舜不豫見，聖人不能先知，十三也。

武王不豫，周公請命，壇墠既設，筴祝已畢，不知天之許已與不，乃卜三龜，三龜皆吉。如聖人先知，周公當知天已許之，無爲頓復卜三龜知。聖人不以獨見立法，則更請命，祕藏不見。天意難知，故卜而合兆，兆決心定，乃以從事。聖人不能先知，十四也。

晏子聘於魯，堂上不趨，晏子趨；授玉不跪，晏子跪。門人怪而問於孔子，孔子不知，問於晏子，晏子解之，孔子乃曉。聖人不能先知，十五也。

陳賈問於孟子曰：「周公何人也？」曰：「聖人。」「使管叔監殷，管叔畔也。二者有諸？」曰：「然。」「周公知其畔而使？不知而使之與？」曰：「不知也。」「然則聖人且有過與？」曰：「周公，弟也；管叔，兄也。周公之過也，不亦宜乎！」孟子，實事之人也。言周公之聖，處其下，不能知管叔之畔。聖人不能先知，十六也。

孔子曰：「賜不受命，而貨殖焉，億則屢中。」罪子貢善居積，意貴賤之期，數得其時，故貨殖多，富比陶朱。然則聖人先知也，子貢億數中之類也。聖人據象兆，原物類，意而得之；其見變名物，博學而識之。巧商而善意，廣見而多記，由微見較，若揆之今睹千載，所謂智如淵海。孔子見竅睹微，思慮洞達，材智兼倍，彊力不倦，超踰倫等，耳目非有達視之明，知人所不知之狀也。使聖人達視遠見，洞聽潛聞，與天地談，與鬼神言，知天上地下之事，乃可謂神而先知，與人卓異。今耳目聞見，與人無別，遭事睹物，與人無異，差賢一等爾，何以謂神而卓絶？

夫聖猶賢也，人之殊者謂之聖，則聖賢差小大之稱，非絶殊之名也。何以明之？

齊桓公與管仲謀伐莒，謀未發而聞於國。桓公怪之，問管仲曰：「與仲甫謀伐莒，未發聞於國，其故何也？」管仲曰：「國必有聖人也。」少頃，當東郭牙至，管仲曰：「此必是已。」乃令賓延而上之，分級而立。管仲曰：宗祥案：各本脱「仲」字，從宋本。「子邪，言伐莒？」對曰：「然。」管仲曰：「我不伐莒，子何故言伐莒？」對曰：「臣聞君子善謀，小人善意。臣竊意之。」管仲曰：「我不言伐莒，子何以意之？」對曰：「臣聞君子有三色：驩然喜樂者，鐘鼓之色；愁然清净者，衰绖之色；怫然充滿手足者，兵革之色。君口垂不噞，宗祥案：管子小問作「開而不闔」，呂覽重言作「呿而不唫」，説苑權謀作「吁而不吟」，顔氏家訓音辭作「開而不閉」。「噞」，「魚口上下貌」，見廣韻。此狀口發聲。所言莒也；君舉臂而指，所當又莒也。臣竊虞國小諸侯不服者，其唯莒乎！臣故言之。」夫管仲，上智之人也，其別物審事矣，云「國必有聖人」者，至誠謂國必有也。東郭牙至，云「此必是已」，謂東郭牙聖也。如賢與聖絶輩，管仲知時無十二聖之黨，當云「國必有賢者」，無爲言聖也。謀未發而聞於國，管仲謂「國必有聖人」，是謂聖人先知也。及見東郭牙，云「此必是已」，謂賢者聖也。東郭牙知之審，是與聖人同也。

客有見淳于髡於梁惠王者，再見之，終無言也。惠王怪之，以讓客曰：「子之稱淳于生，言管、晏不及。及見寡人，寡人未有得也。寡人未足爲言邪？」客謂髡。曰：「固也！吾前見王，志在遠；後見王，志在音。吾是以默然。」客具報，王大駭曰：「嗟乎！淳于生誠聖人也。前淳于生之來，人有獻龍馬者，寡人未及視，會生至。後來，人有獻謳者，未及試，亦會生至。寡人雖屏左右，私心在彼。」夫髡之見惠王在遠與音也，雖湯、禹之察，不能過也。志在胷臆之中，藏匿不見，髡能知之。以髡等爲聖，則髡聖人也。如以髡等非聖，則聖人之知，何以過髡之知惠王也？觀色以窺心，皆有因緣以准的之。

楚靈王會諸侯，鄭子産曰：「魯、邾、宋、衛不來。」及諸侯會，四國果不至。趙堯爲符璽御史，趙人方與公謂御史大夫周昌曰：「君之史趙堯，且代君位。」其後堯果爲御史大夫。然則四國不至，子産原其理也；趙堯之爲御史大夫，方與公睹其狀也。原理睹狀，處著方來，有以審之也。魯人公孫臣，孝文皇帝時，上書言漢土德，其符黄龍當見。後黄龍見成紀。然則公孫臣知黄龍將出，案律曆以處之也。

賢聖之知，事宜驗矣。賢聖之才，皆能先知。其先知也，任術用數，或善商而巧意，非聖人空知。神怪與聖賢殊道異路也。聖賢知不踰，故用思相出入；遭事無神怪，故名號相貿易。故夫賢聖者，道德智能之號；神者，眇茫恍惚無形之實。實異，質不得同；實鈞，效不得殊。聖神號不等，故謂聖者不神，神者不聖。東郭牙善意以知國情，子貢善意以得貨利，聖人之先知，子貢、東郭牙之徒也。與子貢、東郭同，則子貢、東郭之徒亦聖也。夫如是，聖賢之實同而名號殊，未必才相懸絶，智相兼倍也。

太宰問於子貢曰：「夫子聖者歟？何其多能也！」子貢曰：「故天縱之將聖，宗祥案：「固」、「故」通。國語周語「而咨於故實」，史記魯周公世家引作「固」。程刻「固」。又多能也。」將者，且也。不言已聖，言且聖者，以爲孔子聖未就也。夫聖若爲賢矣，治行厲操，操行未立，則謂且賢。今言且聖，聖可爲之故也。孔子曰：「吾十有五而志于學，三十而立，四十而不惑，五十而知天命，六十而耳順。」從知天命至耳順，學就知明，成聖之驗也。未五十、六十之時，未能知天命至耳順也，則謂之且矣。當子貢答太宰時，殆三十、四十之時也。

魏昭王問於田詘曰：「寡人在東宮之時，聞先生之議曰『爲聖易』，有之乎？」田詘對曰：「臣之所學也。」昭王曰：「然則先生聖乎？」田詘曰：「未有功而知其聖者，堯之知舜也。待其有功而後知其聖者，市人之知舜也。今詘未有功，而王問詘曰：『若聖乎？』敢問王亦其堯乎？」夫聖可學爲，故田詘謂之易。如卓與人殊，禀天性而自然，焉可學？而爲之安能成？田詘之言爲易，聖未必能。宗祥案：「能」下各本有「成田詘之言爲易未必能」十字。今從元本，無此十字。是言「臣之所學」，蓋其實也。賢可學爲，勞佚殊，故賢聖之號，仁智共之。子貢問於孔子：「夫子聖矣乎？」孔子曰：「聖則吾不能。我學不厭，而教不倦。」子貢曰：「學不厭者，智也；教不倦者，仁也。仁且智，夫子既聖矣。」由此言之，仁智之人，可謂聖矣。孟子曰：「子夏、子游、子張，得聖人之一體；冉牛、閔子騫、顔淵，具體而微。」六子在其世，皆有聖人之才，或頗有而不具，或備有而不明，然皆稱聖人，聖人可勉成也。孟子又曰：「非其君不事，非其民不使，治則進，亂則退，伯夷也。何事非君，何使非民，治亦進，亂亦進，伊尹也。可以仕則仕，可以已則已，可以久則久，可以速則速，孔子也。皆古之聖人也。」又曰：「聖人，百世之師也，伯夷、柳下惠是也。故聞伯夷之風者，頑夫廉，懦夫有立志；聞柳下惠之風者，薄夫敦，鄙夫寬。奮乎百世之上，百世之下，聞之者莫不興起，非聖而若是乎？而況親炙之乎！」夫伊尹、伯夷、柳下惠不及孔子，而孟子皆曰「聖人」者，賢聖同類，可以共一稱也。宰予曰：「以予觀夫子，賢於堯、舜遠矣。」孔子聖，宜言聖於堯、舜，而言賢者，聖賢相出入，故其名稱相貿易也。宗祥案：「賢，猶勝也」，儀禮鄉射禮「右賢於左，左賢於右」及論語陽貨「爲之猶賢乎已」，諸説可證。宰予亦言夫子勝於堯、舜耳，仲任直解爲「聖賢」之「賢」，此亦漢儒異説。

論衡卷第二十七

漢　會稽王充著　　海寧張宗祥校注

定賢篇

定賢篇

聖人難知，賢者比於聖人，爲易知。世人且不能知賢，安能知聖乎？世人雖言知賢，此言妄也。知賢何用？知之如何？

以仕宦得高官身富貴爲賢乎？則富貴者，天命也。命富貴不爲賢；命貧賤不爲不肖。必以富貴效賢不肖，是則仕宦以才不以命也。

以事君調合寡過爲賢乎？夫順阿之臣，佞倖之徒是也。准主而說，適時而行，無廷逆之郄，則無斥退之患。或骨體嫺麗，面色稱媚，上不憎而善生，恩澤洋溢過度，未可謂賢。

以朝庭選舉皆歸善爲賢乎？則夫著見而人所知者舉多，幽隱人所不識者薦少，虞舜是也。堯求則咨於鯀、共工，則嶽已不得。由此言之，選舉多少，未可以知實。或德高而舉之少，或才下而薦之多。明君求善察惡於多少之間，時得善惡之實矣。且廣交多徒，求索衆心者，宗祥案：「索，盡也」，見呂覽下賢注。人愛而稱之；清直不容鄉黨，志潔不交非徒，失衆心者，人憎而毀之。故名多生於知謝，毀多失於衆意。宗祥案：「謝，以辭相問也」，見漢書李陵傳注，訓此義亦可通，然意太晦。證之上文，知「謝」疑「衆愛」譌，「意」疑「憎」譌。齊威王以毀封即墨大夫，以譽烹阿大夫。即墨有功而無譽，阿無效而有名也。子貢問曰：「鄉人皆好之，何如？」孔子曰：「未可也。」「鄉人皆惡之，何如？」曰：「未可也。不若鄉人之善者好之，宗祥案：「曰」上宋、元有「子」字。「若」，宋本「如」。其不善者惡之。」夫如是，稱譽多而小大皆言善者，非賢也。善人稱之，惡人毀之，毀譽者半，乃可有賢。以善人所稱，惡人所毀，可以知賢乎？夫如是，孔子之言可以知賢。不知譽此人也者賢，毀此人者惡也？或時稱者惡而毀者善也？人眩惑無別也。

以人衆所歸附，賓客雲合者爲賢乎？則夫人衆所附歸者，或亦廣交多徒之人也，衆愛而稱之，則蟻附而歸之矣。或尊貴而爲利，或好士下客，折節俟賢。信陵、孟嘗、平原、春申，食客數千，稱爲賢君。大將軍衛青及霍去病，門無一客，稱爲名將。故賓客之會，在好下之君。利害之賢，或不好士，不能爲輕重，則衆不歸而士不附也。

以居位治人得民心歌詠之爲賢乎？則夫得民心者，與彼得士意者，無以異也。爲虛恩拊循其民，民之欲得，即喜樂矣。何以效之？齊田成子、越王句踐是也。成子欲專齊政，以大斗貸、小斗收而民悦。句踐欲雪會稽之耻，拊循其民，弔死問病而民喜。二者皆志有所欲爲於他，宗祥案：「志」，各本「自」，從元本。而僞誘屬其民，誠心不加，而民亦說。宗祥案：「説」，元本「喜」，下節提行另起。孟嘗君夜出秦關，雞未鳴而關不闓，下坐賤客鼓臂爲雞鳴，宗祥案：「臂爲」，元本「掌僞」。而雞皆和之，關即闓，而孟嘗得出。又雞可以姦聲感，宗祥案：「又」，藝文類聚引作「夫」，是。「姦」，元本作「僞」。則人亦可以僞恩動也。人可以僞恩動，則天亦可巧詐應也。動致天氣，宜以精神，而人用陽燧取火於天，消鍊五石，五月盛夏，鑄以爲器，乃能得火。今又但取刀、劍、恒銅鉤之屬，切磨以嚮日，亦得火焉。夫陽燧、刀、劍、鉤能取火於日，恒非賢聖，亦能動氣於天。若董仲舒信土龍之能致雲雨，蓋亦有以也。夫如是，應天之治，尚未可謂賢，況徒得人心，即謂之賢，如何？

以居職有成功見效爲賢乎？夫居職何以爲功效？以人民附之，則人民可以僞恩説也。陰陽和、百姓安者，時也。時和，不肖遭其安；不和，雖聖逢其危。如以陰陽和而效賢不肖，則堯以洪水得黜，湯以大旱爲殿下矣。如功效謂事也，身爲之者，功著可見。以道爲計者，效没不章。鼓無當於五音，五音非鼓不和；師無當於五服，五服非師不親；水無當於五采，五采非水不章。道爲功本，功爲道效，據功謂之賢，是則道人之不肖也。高祖得天下，賞羣臣之功，蕭何爲賞首，何則？高祖論功，比獵者之縱狗也。狗身獲禽，功歸於人。羣臣力戰，宗祥案：「力」，通津、程刻「手」，從宋、元。其猶狗也；蕭何持重，其猶人也。必據成功謂之賢，是則蕭何無功。功賞不可以效賢，一也。

夫聖賢之治世也有術，得其術則功成，失其術則事廢。譬猶醫之治病也，有方篤劇猶治，無方毚微不愈。宗祥案：「毚」，本義爲狡，此疑借作「纔」。「纔，淺也」，見漢書鼂錯傳集注。夫方猶術，病猶亂，醫猶吏，藥猶教也。方施而藥行，術設而教從，教從而亂止，藥行而病愈。治病之醫，未必惠於不爲醫者，然而治國之吏，未必賢於不能治國者，偶得其方，遭曉其術也。治國須術以立功，亦有時當自亂，雖用術，功終不立者；亦有時當自安，雖無術，功猶成者。故夫治國之人，或得時而功成，或失時而無效。術人能因時以立功，不能逆時以致安。良醫能治未當死之人命，如命窮壽盡，方用無驗矣。故時當亂也，堯、舜用術，不能立功；命當死矣，扁鵲行方，不能愈病。射御巧技，百工之人，皆以法術，然後功成事立，效驗可見。夫治國，百工之類也；宗祥案：「夫」，通津、程刻「觀」，從宋、元。功立，猶事成也。謂有功者賢，是謂百工皆賢人也。趙人吾丘壽王，武帝時待詔，上使從董仲舒受春秋，高才通明於事，後爲東郡都尉。上以壽王之賢，不置太守。時軍發，民騷動，歲惡，盜賊不息。上賜壽王書曰：「子在朕前時，輻湊並至，宗祥案：漢書吾丘壽王傳作「知略輻湊」。此疑有脱誤。以爲天下少雙，宗祥案：「少」，宋、元「無」。海内寡二，至連十餘城之勢，任四千石之重，而盜賊浮船行，攻取於庫兵，甚不稱在前時，何也？」壽王謝言難禁。復召爲光禄大夫，常居左右，論事説議，無不是者。才高智深，通明多見。然其爲東郡都尉，歲惡，盜賊不息，人民騷動，不能禁止。不知壽王不得治東郡之術邪？亡將東郡適當復亂，宗祥案：「亡，無也」，見國策齊策注。此言「亡將」，即「將無」也。而壽王之治，偶逢其時也？夫以壽王之賢，治東郡不能立功，必以功觀賢，則壽王棄而不選也。恐必世多如壽王之類，而論者以無功不察其賢。燕有谷，氣寒，不生五穀。鄒衍吹律致氣，既，寒更爲温。燕以種黍，黍生豐熟，到今名之曰「黍谷」。夫和陰陽當以道德至誠，然而鄒衍吹律，寒谷更温，黍穀育生。推此以況諸有成功之類，有若鄒衍吹律之法。故得其術也，不肖無不能；失其數也，賢聖有不治。此功不可以效賢，二也。

人之舉事，或意至而功不成，事不立而勢貫山。荆軻、醫夏無且是矣。荆軻入秦之計，本欲劫秦王生致於燕，邂逅不偶，爲秦所擒。當荆軻之逐秦王，秦王環柱而走，醫夏無且以藥囊提荆軻。宗祥案：「提，擲也。」見國策秦策注。既而天下名軻爲烈士，秦王賜無且金二百鎰。夫爲秦所擒，生致之功不立；藥囊提刺客，益於救主，宗祥案：證之下文，「益」上疑脱「無」字。然猶稱賞者，意至勢盛也。天下之士，不以荆軻功不成，不稱其義；秦王不以無且無見效，不賞其志。志善不效成功，義至不謀就事。義有餘，效不足，志巨大而功細，智者賞之，愚者罰之。必謀功不察志，論陽效不存陰計，是則豫讓拔劍斬襄子之衣，不足識也；伍子胥鞭笞平王尸，不足載也；張良椎始皇誤中副車，不足記也。三者道地不便，計畫不得，有其勢而無其功，懷其計而不得爲其事。是功不可以效賢，三也。

以孝於父、弟於兄爲賢乎？則夫孝弟之人，有父兄者也，父兄不慈，孝弟乃章。舜有瞽叟，參有曾皙，孝立名成，衆人稱之。如無父兄，父兄慈良，無章顯之效，孝弟之名，無所見矣。忠於君者，亦與此同。龍逢、比干，忠著夏、殷，桀、紂惡也；稷、契、皐陶，忠闇唐、虞，堯、舜賢也。故螢火之明，掩於日月之光；忠臣之聲，蔽於賢君之名。死君之難，出命捐身，與此同。臣遭其時，死其難，故立其義而獲其名。大賢之涉世也，翔而有集，孫詒讓曰：按「有」當作「後」。色斯而舉，亂君之患不累其身，危國之禍不及其家，安得逢其禍而死其患乎？齊詹問於晏子曰：宗祥案：「齊詹」，新序雜事作「齊侯」，此疑譌。「忠臣之事其君也，若何？」對曰：「有難不死，出亡不送。」詹曰：「列地而予之，疏爵而貴之，君有難不死，出亡不送，可謂忠乎？」對曰：「言而見用，臣奚死焉？諫而見從，終身不亡，臣奚送焉？若言不見用，有難而死，是妄死也；諫而不見從，出亡而送，是詐僞也。故忠臣者，能盡善於君，不能與陷於難。」案晏子之對，以求賢於世，死君之難、立忠節者不應科矣。是故大賢寡可名之節，小賢多可稱之行，可得箠者小，宗祥案：「箠」疑「錘」譌。「錘」，「稱錘也」，見廣韻集韻。而可得量者少也。

惡至大，宗祥案：「惡」疑「物」譌。箠弗能；數至多，升斛弗能。有小少異名之行，宗祥案：「異」，通津、程刻「易」，從宋、元。又發於衰亂易見之世，故節行顯而名聲聞也。浮於海者，迷於東西，大也。行於溝，咸識舟檝之跡，小也。小而易見，衰亂亦易察。故世不危亂，奇行不見；主不悖惑，忠節不立。鴻卓之義，發於顛沛之朝；清高之行，顯於衰亂之世。

以全身免害，不被刑戮，若南容懼「白圭」者爲賢乎？則夫免於害者幸，而命禄吉也，非才智所能禁，推行所能却也。神蛇能斷而復屬，不能使人弗斷；聖賢能困而復通，不能使人弗害。南容能自免於刑戮，公冶以非罪在縲紲，伯玉可懷於無道之國，宗祥案：「懷，安也」，見詩終風箋。文王拘羑里，孔子厄陳、蔡，非行所致之難，掩己而至，則有不得自免之患，累己而滯矣。夫不能自免於患者，猶不能延命於世也。命窮，賢不能自續；時厄，聖不能自免。

以委國去位，棄富貴就貧賤爲賢乎？則夫委國者，有所迫也。若伯夷之徒，昆弟相讓以國，耻有分争之名，及太王亶甫重戰其故民，皆委國及去位者，宗祥案：「故民」二字疑誤倒，「及」疑衍字。道不行而志不得也。如道行志得，亦不去位。故委國去位，皆有以也，謂之爲賢，無以者可謂不肖乎？且有國位者，故得委而去之，無國位者何委？夫割財用及讓下受分，與此同實。無財何割？口飢何讓？倉廩實，民知禮節；衣食足，知榮辱。讓生於有餘，争生於不足。人或割財助用，袁將軍再與兄子分家財多有，以爲恩義。宗祥案：「多」疑「己」譌。言再分己有之財也。崑山之下，以玉爲石；彭蠡之濱，以魚食犬豕。使推讓之人，財若崑山之玉、彭蠡之魚，家財再分，不足爲也。韓信寄食於南昌亭長，何財之讓？管仲分財取多，無廉讓之節，貧乏不足，志義廢也。

以避世離俗清身潔行爲賢乎？是則委國去位之類也。富貴人情所貪，高官大位，人之所欲樂，去之而隱，生不遭遇，志氣不得也。長沮、桀溺，避世隱居；伯夷、於陵，去貴取賤，非其志。

恬憺無欲，宗祥案：「憺，定也」，見淮南俶真注。志不在於位。苟欲全身養性爲賢乎？是則老聃之徒也。道人與賢殊科者，憂世濟民於難。是以孔子棲棲，墨子遑遑，不進與孔、墨合務，而還與黃、老同操，非賢也。

以舉義千里，師將朋友無廢禮爲賢乎？則夫家富財饒，筋力勁彊者能堪之。匱乏無以舉禮，羸弱不能奔遠，不能任也。是故百金之家，境外無絶交；千乘之國，同盟無廢贈：財多故也。使穀食如水火，雖貪恡之人，越境而布施矣。故財少則正禮不能舉一，有餘則妄施能於千家。貧無斗筲之儲者，難責以交施矣。舉檐千里之人，材策越疆之士，宗祥案：「檐」疑「擔」譌，古亦通。「材」疑「杖」譌。手足胼胝，面目驪黑，無傷感不任之疾，筋力皮革，必有與人異者矣。推此以況爲君要證之吏，身被疾痛，而口無一辭者，亦肌肉骨節堅彊之故也。

堅彊則能隱事而立義，軟弱則誣時而毁節。豫讓自賊，妻不能識；貫高被箠，身無完肉。實體有不與人同者，則其節行有不與人鈞者矣。

以經明帶徒聚衆爲賢乎？則夫經明，儒者是也。儒者，學之所爲也。儒者學，學儒矣，傳先師之業，習口説以教，無胷中之造，思定然否之論。郵人之過書，門者之傳教也，封完書不遺，教審令不遺誤者，宗祥案：「遺」字疑衍。則爲善矣。傳者傳學，宗祥案：「傳者」疑「儒者」之譌。不妄一言，先師古語，到今具存。雖帶徒百人以上，位博士、文學，郵人、門者之類也。

以通覽古今，祕隱傳記無所不記爲賢乎？是則傳者之次也。宗祥案：「傳」疑「儒」譌。才高好事，勤學不舍，若專成之苗裔，有世祖遺文，得成其篇業，觀覽諷誦。若典官文書，若太史公及劉子政之徒，有主領書記之職，則有博覽通達之名矣。

以權謀卓譎，能將兵御衆爲賢乎？宗祥案：「謀」，通津、程刻「詐」，從宋、元。是韓信之徒也。戰國獲其功，稱爲名將，世平能無所施，還入禍門矣。高鳥死，良弓藏；狡兔得，良犬烹。權詐之臣，高鳥之弓，狡兔之犬也。安平身無宜，則弓藏而犬烹。安平之主，非棄臣而賤士，世所用助上者，非其宜也。向令韓生用權變之才，爲若叔孫通之事，安得謀反誅死之禍哉？有功彊之權，宗祥案：「功」疑「攻」譌。無守平之智，曉將兵之計，不見已定之義，居平安之時，爲反逆之謀，此其所以功滅國絶，不得稱爲賢也。宗祥案：「稱」，通津、程刻「名」，從宋、元。

辯於口、言甘辭巧爲賢乎？宗祥案：證之上文，「辯」上疑脱「以」字。則夫子貢之徒是也。子貢之辯勝顔淵，孔子序置於下。實才不能高，口辯機利，人決能稱之。夫自文帝尚多虎圈嗇夫，少上林尉，張釋之稱周勃、張相如，文帝乃悟。夫辯於口，虎圈嗇夫之徒也，難以觀賢。

以敏於筆，文墨兩集爲賢乎？孫詒讓曰：按「兩」當爲「雨」，形近而誤。後自紀篇云：「筆瀧瀧而雨集。」文選王褒四子講德論云：「莫不風馳雨集。」夫筆之與口，一實也。口出以爲言，筆書以爲文。口辯，才未必高，然則筆敏，知未必多也。且筆用何爲敏，以敏於官曹事。事之難者，莫過於獄，獄疑則有請讞。蓋世優者，莫過張湯。張湯文深，在漢之朝，不稱爲賢。太史公序累以湯爲酷，酷非賢者之行。魯林中哭婦，虎食其夫，又食其子，不能去者，善政不苛，吏不暴也。夫酷，苛暴之黨也，難以爲賢。

以敏於賦頌，爲宏麗之文爲賢乎？則夫司馬長卿、楊子雲是也。文麗而務巨，言眇而趨深，然而不能處定是非，辯然否之實，雖文如錦繡，深如河漢，民不覺知是非之分，無益於彌爲崇實之化。

以清節自守，不降志辱身爲賢乎？是則避世離俗，長沮、桀溺之類也。雖不離俗，節與離世者鈞，清其身而不輔其主，守其節而不勞其民。大賢之在世也，時行則行，時止則止，銓可否之宜，以制清濁之行。子貢讓而止善，子路受而觀德。夫讓，廉也；受，則貪也。貪有益，廉有損，推行之節，不得常清眇也。伯夷無可，孔子謂之非，操違於聖，難以爲賢矣。或問於孔子曰：宗祥案：列子仲尼、説苑雜言均作「子夏問仲尼」。與此小異。「顔淵，何人也？」曰：「仁人也，丘不如也。」「子貢，何人也？」曰：「辯人也，丘弗如也。」「子路，何人也？」曰：「勇人也，丘弗如也。」客曰：「三子者皆賢於夫子，而爲夫子服役，何也？」孔子曰：「丘能仁且忍，辯且詘，勇且怯。以三子之能，易丘之道，弗爲也。」孔子知所設施之矣。有高才潔行，無知明以設施之，則與愚而無操者，同一實也。

夫如是，皆有非也。無一非者，可以爲賢乎？是則鄉原之人也。孟子曰：「非之無舉也，刺之無刺也，同於流俗，合於汚世，居之似忠信，行之似廉潔，衆皆説之，自以爲是，而不可與入堯、舜之道。」故孔子曰：「鄉原，德之賊也。」似之而非者，孔子惡之。

夫如是，何以知實賢？知賢竟何用？世人之檢，宗祥案：「檢，猶察也。」見後漢書周黄徐姜申屠傳注。苟見才高能茂，有成功見效，則謂之賢。若此甚易，知賢何難？書曰：「知人則哲，惟帝難之。」據才高卓異者，則謂之賢耳，何難之有？然而難之，獨有難者之故也。夫虞舜不易知人，而世人自謂能知賢，誤也。然則賢者竟不可知乎？曰：易知也。而稱難者，不見所以知之則難。聖人不易知也，及見所以知之，中才而察之。譬猶工匠之作器也，曉之則無難，不曉則無易。賢者易知於作器。

世無別，故真賢集於俗士之間。俗士以辯惠之能，據官爵之尊，望顯盛之寵，遂專爲賢之名。賢者還在閭巷之間，貧賤終老，被無驗之謗。若此何時可知乎？然而必欲知之，觀善心也。

夫賢者才能未必高也，而心明；智力未必多，而舉是。何以觀心？必以言。有善心則有善言。以言而察行，有善言則有善行矣。言行無非，治家親戚有倫，治國則尊卑有序。無善心者，白黑不分，善惡同倫，政治錯亂，法度失平。故心善無不善也；心不善無能善。心善則能辯然否。然否之義定，心善之效明，雖貧賤困窮，功不成而效不立，猶爲賢矣。故治不謀功，要所用者是；行不責效，期所爲者正。正是審明，則言不須繁，事不須多。故曰：「言不務多，務審所謂；行不務遠，務審所由。」言得道理之心，口雖訥不辯，辯在胷臆之内矣。故人欲心辯，不欲口辯。心辯則言醜而不違，口辯則辭好而無成。孔子稱少正卯之惡曰：「言非而博，順非而澤，内非而外以才能飭之，宗祥案：禮記「復亂以飭歸」，史記樂書作「飾歸」。「飭」、「飾」通。衆不能見，則以爲賢。」夫内非外飭是，世以爲賢，則夫内是外無以自表者，衆亦以爲不肖矣。

是非亂而不治，聖人獨知之。人言行多若少正卯之類，賢聖獨識之。宗祥案：「聖」，通津、程刻「者」，從宋、元。世有是非錯繆之言，亦有審誤紛亂之事。決錯繆之言，定紛亂之事，唯賢聖之人，爲能任之。聖心明而不闇，賢心理而不亂。用明察非，非無不見；用理銓疑，疑無不定。與世殊指，雖言正是，衆不曉見。何則？宗祥案：「則」，宋、元「者」。沉溺俗言之日久，不能自還以從實也。是故正是之言，爲衆所非；離俗之禮，爲世所譏。管子曰：「君子言堂滿堂，言室滿室。」怪此之言，何以得滿？如正是之言出，堂之人皆有正是之知，宗祥案：「堂」下疑脱「室」字。然後乃滿。如非正是，人之言剌異，安得爲滿？宗祥案：「言」，通津、程刻「乖」，從宋、元。若從通津，則「異」字疑衍。夫歌曲妙者，和者則寡；言得實者，然者則鮮。宗祥案：「然」，宋、元「信」。和歌與聽言，同一實也。曲妙人不能盡和，言是人不能皆信。魯文公逆祀，去者三人；定公順祀，畔者五人。貫於俗者，則謂禮爲非。曉禮者寡，則知是者希。君子言之，堂室安能滿？

夫人不謂之滿，世則不得見口談之實語。筆墨之餘跡，陳在簡筴之上，乃可得知。故孔子不王，作春秋以明意。案春秋虛文，業已知孔子能王之德。孔子，聖人也。有若孔子之業者，雖非孔子之才，斯亦賢者之實驗也。夫賢與聖同軌而殊名，宗祥案：「軌」，宋、元「實」。賢可得定，則聖可得論也。

問：「周道不弊，孔子不作春秋。春秋之作，起周道弊也。如周道不弊，孔子不作者，未必無孔子之才，無所起也。夫如是，孔子之作春秋，未可以觀聖；有若孔子之業者，未可知賢也。」曰：周道弊，孔子起而作之，文義褒貶是非，得道理之實，無非僻之誤，以故見孔子之賢，實也。夫無言則察之以文，無文則察之以言。設孔子不作，猶有遺言，言必有起，猶文之必有爲也。觀文之是非，不顧作之所起。世間爲文者衆矣，是非不分，然否不定，桓君山論之，可謂得實矣。論文以察實，則君山，漢之賢人也。陳平未仕，割肉閭里，分均若一，能爲丞相之驗也。夫割肉與割文，同一實也。如君山得執漢平，用心與爲論，不殊指矣。孔子不王，素王之業，在於春秋。然則桓君山不相，素相之跡，宗祥案：通津、程刻作「然則桓君山素丞相之跡」，從宋、元。存於新論者也。

論衡卷第二十八

漢 會稽 王充著
海寧 張宗祥校注

正説篇　書解篇

正説篇

儒者説五經，多失其實。前儒不見本末，空生虚説。後儒信前儒之言，隨舊述故，滑習辭語，苟名一師之學，趨爲師教授，及時蚤仕，汲汲競進，不暇留精用心，考實根核。故虚説傳而不絶，實事没而不見，五經並失其實。尚書、春秋事較易，略正題目麤粗之説，以照篇中微妙之文。原本段。

説尚書者，或以爲本百兩篇，後遭秦燔詩、書，遺在者二十九篇。夫言秦燔詩、書，是也；言本百兩篇者，妄也。蓋尚書本百篇，孔子以授也。遭秦用李斯之議，燔燒五經，濟南伏生，抱百篇藏於山中。孝景皇帝時，始存尚書。伏生已出山中，景帝遣鼂錯往從，受尚書二十餘篇。伏生老死，書殘不竟，鼂錯傳於倪寬。至孝宣皇帝之時，河内女子發老屋，得逸易、禮、尚書各一篇，奏之。宣帝下示博士，然後易、禮、尚書各益一篇，而尚書二十九篇始定矣。至孝景帝時，宗祥案：「景」疑「武」譌。魯共王壞孔子教授堂以爲殿，得百篇尚書於墻壁中。武帝使使者取視，莫能讀者，遂祕於中，外不得見。至孝成皇帝時，徵爲古文尚書學。東海張霸，宗祥案：漢書儒林傳作「東萊」，「海」字疑譌。案百篇之序，空造百兩之篇，獻之成帝。帝出祕百篇以校之，皆不相應，於是下霸於吏。吏白霸罪當至死，成帝高其才而不誅，亦惜其文而不滅。故百兩之篇，傳在世間者，傳見之人，則謂尚書本有百兩篇矣。原本段。

或言秦燔詩、書者，燔詩經之書也，其經不燔焉。夫詩經獨燔其詩。書，五經之總名也。傳曰：「男子不讀經，則有博戲之心。」子路使子羔爲費宰，孔子曰：「賊夫人之子。」子路曰：「有民人焉，有社稷焉，何必讀書，然後爲學。」五經總名爲書。傳者不知秦燔書所起，故不審燔書之實。秦始皇二十四年，宗祥案：史記秦始皇本紀「二」作「三」，此疑譌。置酒咸陽宫，博士七十人前爲壽。僕射周青臣進頌秦始皇。齊人淳于越進諫，以爲始皇不封子弟，卒有田常、六卿之難，無以救也；譏青臣之頌，謂之面諛。宗祥案：「面」，通津、程刻「爲」，從宋、元。史記亦「面」。秦始皇下其議丞相府。丞相斯以爲越言不可用，因此謂諸生之言，惑亂黔首，乃令史官盡燒五經，有敢藏諸書百家語者刑，宗祥案：「諸」疑「詩」譌。下「諸家」之「諸」同。史記作「天下敢有藏詩書百家語者」。唯博士官乃得有之。五經皆燔，非獨諸家之書也。傳者信之，見言詩書，則獨謂經謂之書矣。原本段。宗祥案：上「謂」字疑「詩」之譌。

傳者或知尚書爲秦所燔，而謂二十九篇，其遺脱不燒者也。審若此言，尚書二十九篇，火之餘也。七十一篇爲炭灰，二十九篇獨遺邪？夫伏生年老，鼂錯從之學，時適得二十餘篇。伏生死矣，故二十九篇獨見，七十一篇遺脱。遺脱者七十一篇，反謂二十九篇遺脱矣。原本段。宗祥案：史記儒林傳：「漢定，伏生求其書，亡數篇，獨得二十九篇，即以教于齊、魯之間。學者由是頗能言尚書。」是秦火之後，伏生所得以教於齊、魯之間及授鼂錯者，僅此殘存之二十九篇也。仲任前云伏生抱百篇藏於山中，此復言時適得二十餘篇，若伏生抱有尚書全帙者。此亦漢儒異説也。

或説尚書二十九篇者，法曰斗七宿也，宗祥案：「曰」字疑衍。四七二十八篇，其一曰斗矣，故二十九。夫尚書滅絶於秦，其見在者二十九篇，安得法乎？宣帝之時，得佚尚書及易、禮各一篇，禮、易篇數，亦始足，焉得有法？案：百篇之序，闕遺者七十一篇，獨爲二十九篇立法，如何？或説曰：孔子更選二十九篇，二十九篇獨有法也。蓋俗儒之説也，未必傳記之明也。二十九篇殘而不足，有傳之者，因不足之數，立取法之説，失聖人之意，違古今之實。夫經之有篇也，猶有章句也。有章句，宗祥案：各本作「猶有章句，有章句也」，從崇文本。猶有文字也。文字有意以立句，句有數以連章，章有體以成篇，篇則章句之大者也。謂篇有所法，是謂章句復有所法也。詩經舊時亦數千篇，孔子刪去復重，宗祥案：「『復』讀曰『複』。」見漢書郊祀志下集注。正而存三百篇，猶二十九篇也。謂二十九篇有法，是謂三百五篇復有法也。

或說春秋十二月也，春秋十二公，猶尚書之百篇。百篇無所法，十二公安得法？說春秋者曰：「二百四十二年，人道浹，王道備。善善惡惡，撥亂世反諸正，莫近於春秋。」若此者，人道、王道適具足也。三軍六師萬二千人，足以陵敵伐寇，橫行天下，令行禁止，未必有所法也。孔子作春秋，記魯十二公，猶三軍之有六師也；士衆萬二千，猶年有二百四十二也。六師萬二千人足以成軍，十二公二百四十二年足以立義。說事者好神道恢義，不肖以遭禍，是故經傳篇數，皆有所法。考實根本，論其文義，與彼賢者作書詩，無以異也。故聖人作經，賢者作書，義窮理竟，文辭備足，則爲篇矣。其立篇也，種類相從，科條相附。殊種異類，論說不同，更別爲篇。意異則文殊，事改則篇更。據事意作，安得法象之義乎？原本段。

或說春秋二百四十二年者，上壽九十，中壽八十，下壽七十。孔子據中壽三世而作，三八二十四，故二百四十年也。又說爲赤制之中數也。宗祥案：後漢書公孫述傳：「妄引讖記，以爲孔子作春秋，爲赤制，而斷十二公，明漢至平帝十二代，曆數盡也。」是赤制爲讖緯家言。又說二百四十二年，人道浹，王道備。夫據三世，則浹備之說非；言浹備之說爲是，則據三世之論誤。二者相伐而立其義，聖人之意何定哉？凡紀事言年月日者，詳悉重之也。洪範五紀，歲、月、日、星，紀事之文，非法象之言也。紀十二公享國之年，凡有二百四十二，凡此以立三世之説矣。實孔子紀十二公者，以爲十二公事適足以見王義邪？據三世，三世之數，適得十二公而足也。如據十二公，則二百四十二年，不爲三世見也。如據三世，取三八之數，二百四十年而已，何必取二？説者又曰：「欲合隱公之元也，不取二年。隱公元年不載於經。」夫春秋自據三世之數而作，何用隱公元年之事爲始？須隱公元年之事爲始，是竟以備足爲義，據三世之説，不復用矣。説隱公享國五十年，孫詒讓曰：「説」當爲「設」，形聲相近而誤。將盡紀元年以來邪，中斷以備三八之數也？如盡紀元年以來，三八之數則中斷；如中斷以備三世之數，則隱公之元不合，何如？且年與月、日，小大異耳，其所紀載，同一實也。二百四十二年謂之據三世，二百四十二年中之日、月，必有數矣。年據三世，月、日多少何據哉？夫春秋之有年也，猶尚書之有章。章以首義，年以紀事。謂春秋之年有據，是謂尚書之章，亦有據也。原本段。

説易者皆謂伏羲作八卦，文王演爲六十四。夫聖王起，河出圖，洛出書。伏羲王，河圖從河水中出，易卦是也。禹之時得洛書，書從洛水中出，洪範九章是也。故伏羲以卦治天下，禹按洪範以治洪水。古者烈山氏之王得河圖，夏后因之曰連山；烈山氏之王得河圖，殷人因之曰歸藏；伏羲氏之王得河圖，周人曰周易。孫詒讓曰：按此文多譌挩。夏、殷二易，不宜同出烈山下，「烈山氏」當作「歸藏氏」。下文「周人曰周易」，當作「周人因之曰周易」，朱震漢上易傳引姚信云：「連山氏得河圖，（「烈」、「連」一聲之轉。）夏人因之曰連山；歸藏氏得河圖，商人因之曰歸藏；伏羲氏得河圖，周人因之曰周易。」（玉海三十五同。）並與此說同，當據以校正。宗祥案：帝王世紀曰：「夏人因炎帝曰連山，殷人因黃帝曰歸藏。」亦可證。其經卦皆六十四，文王、周公因彖十八章究六爻。世之傳說易者，言伏羲作八卦，不實其本，則謂伏羲真作八卦也。伏羲得八卦，非作之；文王得成六十四，非演之也。演作之言，生於俗傳。苟信一文，使夫真是幾滅不存，既不知易之爲河圖，又不知存於俗何家易也，或時連山、歸藏，或時周易。案禮夏、殷、周三家相損益之制，較著不同。如以周家在後，論今爲周易，則禮亦宜爲周禮。六典不與今禮相應，今禮未必爲周，則亦疑今易未必爲周也。案左丘明之傳，引周家以卦，與今易相應，殆周易也。

說禮者皆知禮也，爲禮何家禮也？孔子曰：「殷因於夏禮，所損益可知也。周因於殷禮，所損益可知也。」由此言之，夏、殷、周各自有禮。方今周禮邪？夏、殷也？謂之周禮，周禮六典，案今禮經不見六典，或時殷禮未絕，而六典之禮不傳，世因謂此爲周禮也。案周官之法，不與今禮相應，然則周禮六典是也。其不傳，猶古文尚書、春秋左氏不興矣。原本段。

說論者皆知說文解語而已，不知論語本幾何篇；但周以八寸爲尺，不知論語所獨一尺之意。夫論語者，弟子共紀孔子之言行，勑記之時甚多，宗祥案：「勑」，「備也」。見方言。數十百篇，以八寸爲尺，紀之約省，懷持之便也。以其遺非經，傳文紀識恐忘，故以但八寸尺，不二尺四寸也。漢興失亡。至武帝發取孔子壁中古文，得二十一篇，齊、魯二，河間九篇，三十篇。宗祥案：「九」，元本空格。仲任説論語篇數，既與班志不同，且獨著河間之名，疑漢時所見論語，古文之外，各本不同也。至昭帝女讀二十一篇。宣帝下太常博士，時尚稱書難曉，名之曰傳，後更隸寫以傳誦。初，孔子孫孔安國，以教魯人扶卿，官至荆州刺史，始曰論語。今時稱論語二十篇，又失齊、魯、河間九篇。本三十篇，分布亡失，或二十一篇。目或多或少，文讚或是或誤。説論語者，但知以剥解之問，以纖微之難，不知存問本根，篇數章目。温故知新，可以爲師。今不知古，稱師如何？原本段。宗祥案：仲任述論語有「文讚或是或誤」之語，更足證與今本不同。

孟子曰：「王者之迹熄而詩亡，詩亡然後春秋作。晉之乘，楚之檮杌，魯之春秋，一也。」若孟子之言，春秋者，魯史記之名，乘、檮杌同。孔子因舊故之名，以號春秋之經，未必有奇説異意，深美之據也。今俗儒説之：「春者歲之始，秋者其終也，春秋之經，可以奉始養終，故號爲春秋。」春秋之經，何以異尚書？尚書者，以爲上古帝王之書，或以爲上所爲，下所書。授事相實而爲名，不依違作意以見奇。説尚書者，得經之實；説春秋者，失聖之意矣。春秋左氏傳：「桓公十有七年冬十月朔，日有食之。不書日，官失之也。」謂官失之言，蓋其實也。史官記事，若今時縣官之書矣。其年月尚大難失，日者，微小易忘也。蓋紀以善惡爲實，不以日月爲意。若夫公羊、穀梁之傳，日月不具，輒爲意使。失平常之事，孫詒讓曰：按「失」當爲「夫」。有怪異之説；徑直之文，有曲折之義，非孔子之心。夫春秋實及言夏，不言者，亦與不書日月，同一實也。原本段。

唐、虞、夏、殷、周者，土地之名。堯以唐侯嗣位，舜從虞地得達，禹由夏而起，湯因殷而興，武王階周而伐，皆本所興昌之地，重本不忘始，故以爲號，若人之有姓矣。説尚書謂之有天下之代號，唐、虞、夏、殷、周者，功德之名，盛隆之意也。故唐之爲言蕩蕩也，虞者樂也，夏者大也，殷者中也，周者至也。堯則蕩蕩民無能名；舜則天下虞樂；禹承二帝之業，使道尚蕩蕩，民無能名；殷則道得中；周武則功德無不至。其立義美也，其褒五家大矣，然而違其正實，失其初意。唐、虞、夏、殷、周，猶秦之爲秦，漢之爲漢。秦起於秦，漢興於漢中，故曰猶秦、漢。宗祥案：「猶」字疑衍。猶王莽從新都侯起，故曰亡新。使秦、漢在經傳之上，説者將復爲秦、漢作道德之説矣。原本段。

堯老求禪，四嶽舉舜，堯曰：「我其試哉！」説尚書曰：「試者，用也，我其用之爲天子也。」文爲天子也。文又曰：「女于時觀厥刑于二女。」觀者，觀爾虞舜於天下，宗祥案：段氏古文尚書撰異曰：「觀爾」應作「觀示」，緣「示」譌爲「尔」，「尔」又譌「爾」。不謂堯自觀之也。若此者，高大堯、舜，以爲聖人相見已審，不須觀試，精耀相炤，曠然相信。又曰：「四門穆穆，入于大麓，烈風雷雨不迷。」言大麓，三公之位也。居一公之位，大總録二公之事，衆多並吉，若疾風大雨。夫聖人才高，未必相知也。聖成事：舜難知佞，宗祥案：「聖」字疑衍。使皋陶陳知人之法。佞難知，聖亦難別。堯之才，猶舜之知也。舜知佞，堯知聖。堯聞舜賢，四嶽舉之，心知其奇，而未必知其能，故言「我其試我」。宗祥案：「我」疑「哉」譌，元本空格。試之於職，妻以二女，觀其夫婦之法，職事修而不廢，夫道正而不僻。復令人庶之野而觀其聖，孫詒讓曰：按此用書舜典「納于大麓」義。「人庶之野」，當作「入大麓之野」，「入」譌「人」，「鹿」譌爲「庶」，又捝「大」字。（「鹿」、「麓」字通。魏公卿上尊號奏受禪表竝作「大鹿」。前吉驗篇云：「堯使舜入于大麓之野。」）逢烈風疾雨，終不迷惑。堯乃知其聖，授以天下。夫文言「觀」「試」，觀試其才也。說家以爲譬喻增飾，使事失正是，誠而不存；曲折失意，使僞說傳而不絕。

造說之傳，失之久矣。後生精者，苟欲明經，不原實，而原之者，亦校古隨舊，重是之文，以爲說證。經之傳不可從，五經皆多失實之說。尚書、春秋行事成文，較著可見，故頗獨論。

書解篇

或曰：「士之論高，何必以文？」答曰：夫人有文質乃成。物有華而不實，有實而不華者。易曰：「聖人之情見乎辭。」出口爲言，集札爲文，文辭施設，實情敷烈。夫文德，世服也。空書爲文，實行爲德，著之於衣爲服。故曰：德彌盛者文彌縟，德彌彰者人彌明。大人德擴其文炳，小人德熾其文斑。官尊而文繁，德高而文積。華而睆者，大夫之簀，曾子寢疾，命元起易。由此言之，衣服以品賢，賢以文爲差。愚傑不別，須文以立折。宗祥案：「折，猶分也」，見楚詞惜誦注。非唯於人，物亦咸然。龍鱗有文，於蛇爲神；鳳羽五色，於鳥爲君。虎猛毛蚡蜦，宗祥案：「蚡蜦」疑即「紛綸」。龜知背負文。四者體不質，於物爲聖賢。且夫山無林則爲土山，地無毛則爲瀉土，宗祥案：「瀉」疑「潟」譌。「潟，鹵地也」，見周禮地官草人注。形近而譌，下同。人無文則爲樸人。宗祥案：「樸」，各本「僕」，從黃本。土山無麋鹿，瀉土無五穀，人無文德，不爲聖賢。上天多文，而后土多理，二氣協和，聖賢稟受，法象本類，故多文彩。瑞應符命，莫非文者。晉唐叔虞、魯成季友、惠公夫人號曰仲子，生而怪奇，文在其手。張良當貴，出與神會，老父授書，卒封留侯。河神故出圖，洛靈故出書。竹帛所記，怪奇之物，不出潢洿。物以文爲表，人以文爲基。棘子成欲彌文，宗祥案：「彌」讀爲「弭」，見漢書王莽傳集注。子貢譏之。謂文不足奇者，子成之徒也。原本段。

著作者爲文儒，説經者爲世儒。二儒在世，未知何者爲優。或曰：「文儒不若世儒。世儒説聖人之經，解賢者之傳，義理廣博，無不實見，故在官常位，位最尊者爲博士，門徒聚衆，招會千里，身雖死亡，學傳於後。文儒爲華淫之説，於世無補，故無常官，弟子門徒，不見一人，身死之後，莫有紹傳，此其所以不如世儒者也。」答曰：不然。夫世儒説聖情，共起並驗，俱追聖人。事殊而務同，言異而義鈞。何以謂之文儒之説，無補於世？世儒業易爲，故世人學之多，非事可析第，故官廷設其位。文儒之業，卓絶不循，人寡其書，業雖不講，門雖無人，書文奇偉，世人亦傳。彼虛説，此實篇。折累二者，孰者爲賢？案古俊乂著作辭説，自用其業，自明於世。世儒當時雖尊，不遭文儒之書，其跡不傳。周公制禮樂，名垂而不滅。孔子作春秋，聞傳而不絶。周公、孔子，難以論言。漢世文章之徒，陸賈、司馬遷、劉子政、楊子雲，宗祥案：「楊」或本作「揚」，誤。祕笈新書：「晉出公遜於齊，生伯僑。歸周，天子封爲楊侯，子孫以國爲氏。」「雄自叙云：『伯僑不知周何別也。』」可證。楊量買山碑亦作「楊」。其材能若奇，其稱不由人。世傳詩家魯申公，書家千乘歐陽、公孫，宗祥案：此僅列詩、書傳人，疑有脱。若「公孫」指公孫弘，則因傳春秋也。不遭太史公，世人不聞。夫以業自顯，孰與須人乃顯？夫能紀百人，孰與廑能顯其名？原本段。

或曰：「著作者思慮間也，未必材知出異人也。居不幽，思不至。使著作之人，總衆事之凡，典國境之職，汲汲忙忙，或暇著作？宗祥案：「或」疑「何」譌。試使庸人積閒暇之思，亦能成篇八十數。文王日昃不暇食，周公一沐三握髮，何暇優游爲麗美之文於筆札？孔子作春秋，不用於周也。司馬長卿不預公卿之事，故能作子虛之賦。楊子雲存中郎之官，宗祥案：「存」疑「任」譌。故能成太玄經，就法言。使孔子得王，春秋不作；長卿、子雲爲相，賦、玄不工。」籍答曰：宗祥案：「籍」疑衍字。文王日昃不暇食，此謂演易而益卦；周公一沐三握髮，爲周改法而制。周道不弊，宗祥案：「而，如也。」見易象下傳注；又「若也」，見管子山權數篇注。孔子不作，休思慮間也，周法闊疎，不可因也。夫稟天地之文，發於胷臆，豈爲間作不暇日哉？感僞起妄，源流氣烝。管仲相桓公，致於九合；商鞅相孝公，爲秦開帝業。然而二子之書，篇章數十。長卿、子雲，二子之倫也。俱感故才並，才同故業鈞，皆士而各著，不以思慮間也。問事彌多而見彌博，官彌劇而識彌泥。宗祥案：「泥」疑「渥」譌。渥，厚漬也。此書屢用。居不幽則思不至，思不至則筆不利。嚚頑之人，有幽室之思，雖無憂，不能著一字。蓋人材有能，無有不暇。有無材而不能思，無有知而不能著。有鴻材欲作而無起，細知以問而能記。蓋奇有無所因，無有不能言；兩有無所睹，無不暇造作。原本段。

或曰：「凡作者精思已極，居位不能領職。蓋人思有所倚着，則精有所盡索。著作之人，書言通奇，其材已極，其知已罷。案古作書者多位布散槃，解輔傾寧危，宗祥案：「槃，樂」，見詩考槃傳。「解，判也」，見說文。此言作書多位閒散，若能判傾危、輔之寧之，則非著作書之人所能。故「槃」字當句，「解」屬下讀。「解」若通「懈」，屬上讀，則與「散」義重矣。非著作之人所能爲也。夫有所偪，有所泥，則有所自，篇章數百。呂不韋作春秋，舉家徙蜀；淮南王作道書，禍至滅族；韓非著治術，身下秦獄。身且不全，安能輔國？夫有長於彼，安能不短於此？深於作文，安能不淺於政治？」

答曰：人有所優，固有所劣；人有所工，固有所拙。非劣也，志意不爲也；非拙也，精誠不加也。志有所存，顧不見泰山；思有所至，有身不暇徇也。宗祥案：「有身」二字疑倒。稱干將之利，刺則不能擊，擊則不能刺，非刃不利，不能一旦二也。蛢彈雀則失鷜，孫詒讓曰：「蛢」疑「羿」誤，下同。「鷜」，黃氏日鈔引作「鵱」，當據校正。宗祥案：「鵱」，「今之野鵝」，見爾雅釋鳥郭注。不正亦可。射鵲則失雁，方員畫不俱成，左右視不並見，人材有兩爲，不能成一。使干將寡刺而更擊，蛢捨鵲而射雁，則下射無失矣。人委其篇章，專爲攻治，宗祥案：「攻」疑「政」譌。則子產、子賤之跡，不足侔也。古作書者，多立功不用也。管仲、晏嬰，功書並作；商鞅、虞卿，篇治俱爲。高祖既得天下，馬上之計未改，宗祥案：「改」，通津、程刻「敗」，從宋、元。陸賈造新語，高祖粗納采。呂氏橫逆，劉氏將傾，非陸賈之策，帝室不寧。蓋材知無不能，在所遭遇，遇亂則知立功，有起則以其材著書者也。出口爲言，著文爲篇。古以言爲功者多，以文爲敗者希。呂不韋、淮南王，以他爲過，不以書有非，使客作書，不身自爲，如不作書，猶蒙此章章之禍。人古今違屬，宗祥案：「人」上疑脱「蒙禍之」三字。未必皆著作材知極也。鄒陽舉疏，免罪於梁；徐樂上書，身拜郎中。材能以其文爲功於人，何嫌不能營衛其身？韓蚤信公子非，國不傾危。及非之死，李斯如奇，非以著作材極，宗祥案：「『如』當爲『知』。」見荀子成相篇注。不能復有爲也。春物之傷，或死之也；殘物不傷，秋亦大長。假令非不死，宗祥案：「假」，宋、元「嚮」。秦未可知。故才人能令其行可尊，不能使人必法己；能令其言可行，不能使人必采取之矣。原本段。

或曰：「古今作書者非一，各穿鑿失經之實傳，宗祥案：「失」，通津、程刻「夫」，從宋、元。違聖人質，故謂之蕞殘，宗祥案：「蕞」疑「蕞」譌。「蕞，小貌」，見説文。「蕞，叢也」，見禮檀弓注。下同。比之玉屑。故曰蕞殘滿車，不成爲道；玉屑滿篋，不成爲寶。前人近聖，猶爲蕞殘，況遠聖從後復重爲者乎？其作必爲妄，其言必不明，安可采用而施行？」答曰：聖人作其經，賢者造其傳，述作者之意，採聖人之志，故經須傳也。俱賢所爲，何以獨謂經傳是，他書記非？彼見經傳傳經之文，經須而解，故謂之是。他書與書相違，更造端緒，故謂之非。若此者，韙是於五經。使言非五經，雖是，不見聽。使五經從孔門出，到今常令人不缺滅，謂之純壹，信之可也。今五經遭亡秦之奢侈，觸李斯之横議，燔燒禁防。伏生之休，孫詒讓曰：案「休」當爲「徒」。抱經深藏。漢興，收五經，經書缺滅而不明，篇章棄散而不具。鼂錯之輩，各以私意分拆文字，師徒相因相授，不知何者爲是。亡秦無道，敗亂之也。秦雖無道，不燔諸子。諸子尺書文篇具在，可觀讀以正説，可采掇以示後人。後人復作，猶前人之造也。夫俱鴻而知，皆傳記所稱，文義與經相薄，宗祥案：「薄，近也。」見淮南本經注。何以獨謂文書失經之實？由此言之，經缺而不完，書無佚本，經有遺篇，折累二者，孰與蕞殘？易據事象，詩采民以爲篇，樂須不驩，宗祥案：「須，待也」。見儀禮士昏禮注。「不」疑「民」譌。禮待民平。四經有據，篇章乃成。尚書、春秋，采掇史記。史記興無異書，以民、事一意。六經之作皆有據。由此言之，書亦爲本，經亦爲末，末失事實，本得道質，折累二者，孰爲玉屑？知屋漏者在宇下，知政失者在草野，知經誤者在諸子。諸子尺書，文明實是。説章句者，終不求解何明？宗祥案：「何」，通津、程刻「扣」。何，問也，義晦，故後人改「扣」。今從宋、元。師師相傳，初爲章句者，非通覽之人也。

論衡卷第二十九

漢　會稽王充著　海寧張宗祥校注

案書篇　對作篇

案書篇

儒家之宗，孔子也。墨家之祖，墨翟也。且案儒道傳而墨法廢者，儒之道義可爲，而墨之法議難從也。何以驗之？墨家薄葬右鬼，道乖相反，違其實，宜以難從也。乖違如何？使鬼非死人之精也，右之未可知；今墨家謂鬼審人之精也，宗祥案：「人」上疑脱「死」字。厚其精而薄其屍，此於其神厚，而於其體薄也。薄厚不相勝，華實不相副，則怒而降禍，雖有其鬼，終以死恨。人情欲厚惡薄，神心猶然。用墨子之法，事鬼求福，福罕至而禍常來也。以一況百，而墨家爲法，皆若此類也。廢而不傳，蓋有以也。原本段。

春秋左氏傳者，蓋出孔子壁中。孝武皇帝時，魯共王壞孔子教授堂以爲宫，得佚春秋三十篇，左氏傳也。公羊高、穀梁寘、胡毋氏皆傳春秋，孫詒讓曰：按漢書藝文志顏注云：「穀梁子名喜。」經典釋文序録引桓譚新論云：「穀梁赤。」又引七録及楊士勛疏，並云：「穀梁子名淑，字元始。」（孝經正義「淑」作「俶」。）陸淳春秋纂例引風俗通亦云：「名赤。」竝與此異。各門異户，獨左氏傳爲近得實。何以驗之？禮記造於孔子之堂，太史公漢之通人也，左氏之言，與二書合，公羊高、穀梁寘、胡毋氏不相合。又諸家去孔子遠，遠不如近，聞不如見。劉子政玩弄左氏，童僕妻子，皆呻吟之。光武皇帝之時，陳元、范叔上書，孫詒讓曰：按「范叔」當作「范升」，下並同。陳元與范升議立左氏博士事，並見後漢書本傳。「升」與「叔」草書相似，古書多互誤。後漢書周章傳：「字次叔。」李注云：「『叔』誤作『升』。」連屬條事是非，左氏遂立。范叔尋因罪罷。元、叔天下極才，講論是非，有餘力矣。陳元言訥，宗祥案：據後漢書陳范本傳：用陳言立左氏博士，范言廢而不用。是「訥」疑「納」譌。范叔章詘，左氏得實明矣。言多怪，頗與孔子「不語怪力」相違返也，宗祥案：「返」、「反」古通，其例至多。呂氏春秋，亦如此焉。國語、左氏之外傳也。左氏傳經，辭語尚略，故復選録國語之辭以實。然則左氏、國語，世儒之實書也。原本段。

公孫龍著堅白之論，析言剖辭，務折曲之言，無道理之較，無益於治。齊有三鄒衍之書，孫詒讓曰：按「三鄒衍」，當作「三鄒子」。史記孟子荀卿列傳：「齊有三騶子，衍其一也。」「騶」、「鄒」古通。宗祥案：「三騶子」者，鄒忌、鄒衍、鄒奭也。此文當作「齊有三鄒，（句。）衍之書（句。）」。蓋三鄒中著書言九州者，衍也。從孫校，則忌與奭混入其中矣，義未安。瀇洋無涯，其文少驗，多驚耳之言。案大才之人，率多侈縱，無實是之驗；華虛誇誕，無審察之實。商鞅相秦，作耕戰之術；管仲相齊，造輕重之篇。富民豐國，彊主弱原注：一作「威」。敵，公賞罰，與鄒衍之書並言，而太史公兩紀，世人疑惑，不知所從。案張儀與蘇秦同時，蘇秦之死，儀固知之。儀知各審，宗祥案：「各，異辭也。」見說文。此言審是而無異辭也。宜從儀言，以定其實，而說不明，兩傳其文。宗祥案：史記蘇秦傳秦死爲齊大夫所弒，而張儀傳則作：「張儀說楚王曰：『齊王大怒，車裂蘇秦於市。』」此所謂「兩傳」也。東海張商亦作列傳，宗祥案：漢書藝文志有馮商續太史公書七篇，無張商。馮爲長安人，非東海，疑非一人。豈蘇秦商之所爲邪？何文相違甚也？三代世表言五帝、三王皆黃帝子孫，自黃帝轉相生，不更稟氣於天。作殷本紀言，契母簡狄浴於川，遇玄鳥墜卵，吞之，遂生契焉。及周本紀言，后稷之母姜嫄野出，見大人跡履之，則妊身生后稷焉。夫觀世表，則契與后稷，黃帝之子孫也；讀殷、周本紀，則玄鳥、大人之精氣也。二者不可兩傳，而太史公兼紀不別。案帝王之妃，不宜野出、浴於川水。今言浴於川，吞玄鳥之卵；出於野，履大人之跡，違尊貴之節，誤是非之言也。原本段。

新語，陸賈所造，蓋董仲舒相被服焉，皆言君臣政治得失，言可采行，事美足觀。鴻知所言，參貳經傳，雖古聖之言，不能過增。陸賈之言，未見遺闕，而仲舒之言雩祭可以應天，土龍可以致雨，頗難曉也。夫致旱者以雩祭，不夏郊之祀，豈晉侯之過邪？以政失道，陰陽不和也。晉廢夏郊之祀，晉侯寢疾，用鄭子產之言，祀夏郊而疾愈。如審雩不修，龍不治，與晉同禍，爲之再也。以政致旱，宜復以政，政虧而復修雩治龍，其何益哉？春秋公羊氏之説，亢陽之節，足以復政。陰陽相渾，旱湛相報，天道然也，何乃修雩設龍乎？雩祀神喜，哉或雨至；宗祥案：「哉」，「閒也」。見爾雅釋詁。亢陽不改，旱禍不除，變復之義，安所施哉？且夫寒温與旱湛同，倶政所致，其咎在人。獨爲亢旱求福，不爲寒温求祐，未曉其故。如當復報寒温，宜爲雩、龍之事。鴻材巨識，第兩疑焉！原本段。

董仲舒著書不稱子者，意殆自謂過諸子也。漢作書者多，司馬子長、楊子雲，河、漢也，其餘涇、渭也。然而子長少臆中之説，子雲無世俗之論。仲舒説道術奇矣，北方三家尚矣。宗祥案：「北」疑「比」譌。各本皆誤。讖書云「董仲舒亂我書」，蓋孔子言也。讀之者或爲「亂我書」者，煩亂孔子之書也，或以爲「亂」者，理也，理孔子之書也。共一「亂」字，理之與亂，相去甚遠。然而讀者用心不同，不省本實，故説誤也。夫言煩亂孔子之書，才高之語也。其言理孔子之書，亦知奇之言也。出入聖人之門，亂理孔子之書，子長、子雲，無此言焉。世俗用心不實，省事失情，二語不定，轉側不安。案仲舒之書，不違儒家，不及孔子，孫詒讓曰：案「及」當爲「反」，形近而誤。宗祥案：「及」義亦通。其言煩亂孔子之書者，非也。孔子之書不亂，其言「理孔子之書」者，亦非也。孔子曰：「師摯之始，關雎之亂，洋洋乎盈耳哉！」「亂」者，於孔子言也。宗祥案：「於」疑「終」譌。孔子生周始其本，仲舒在漢終其末。盡也皮續太史公書，孫詒讓曰：「盡也」當作「班叔」。蓋其義也。賦頌篇下其有「亂曰」章，蓋其類也。孔子終論，定於仲舒之言，其修雩始龍，宗祥案：「始」，一本作「治」。必將有義，未可怪也。原本段。

顏淵曰：「舜何人也？予何人也？」五帝、三王，顏淵獨慕舜者，知已步騶有同也。知德所慕，默識所追，同一實也。仲舒之言道德政治，可嘉美也。質定世事，論說世疑，桓君山莫上也。故仲舒之文可及，而君山之論難追也。驥與衆馬絶跡，或蹈驥哉？有馬於此，足行千里，終不名驥者，與驥毛色異也。有人於此，文偶仲舒，論次君山，終不同於二子者，姓名殊也。故馬效千里，不必驥騄；人期賢知，不必孔、墨。何以驗之？君山之論難追也。兩刃相割，利鈍乃知；二論相訂，是非乃見。是故韓非之四難，桓寬之鹽鐵，君山新論之類也。世人或疑言非是僞，論者實之，故難爲也。卿決疑訟，宗祥案：「卿」疑「鄉」譌，下文「卿獄之吏」之「卿」同。說文：「鄉，國離邑，民所封鄉也。嗇夫別治。封圻之內，六鄉。六鄉治之。」漢書食貨志：「鄉萬二千五百戶也。」證之下文「鄉獄之吏」句，可知鄉有治獄決疑之職。獄定嫌罪，是非不決，曲直不立，世人必謂卿獄之吏才不任職。至於論，不務全疑，兩傳并紀，不宜明處，孰與剖破渾沌，解決亂絲，言無不可知，文無不可曉哉？案孔子作春秋，采毫毛之善，貶纖介之惡。可褒，則義以明其行善；可貶，則明其惡以譏其操。新論之義，與春秋會一也。夫俗好珍古不貴今，謂今之文不如古書。夫古今一也。才有高下，言有是非，不論善惡，而徒貴古，是謂古人賢今人也。按東番鄒伯奇，臨淮袁太伯、袁文術，會稽吴君高、周長生之輩，位雖不至公卿，誠能知之囊橐，文雅之英雄也。觀伯奇之元思，太伯之易章句，宗祥案：「章」，各本「童」，從崇文刻。文術之咸銘，宗祥案：「『咸』讀爲『函』。老臣杖於朝，有司以此函藏之。」見周禮秋官「伊耆氏共其杖咸」鄭注。此言銘其函也。君高之越紐録，宗祥案：越絶書載有隱語曰：「邦賢以口爲姓，丞（與「承」同。）之以天，楚相屈原，與之同名。」蓋隱吴姓平名也。或以爲越紐録即越絶書。君高爲平之字，平字君高，理無不宜。二書是否爲一書，則不可强定，詳見予校注越絶書中。長生之洞曆，宗祥案：史記留侯世家正義引周樹洞曆，則長生疑即樹字。劉子政、楊子雲不能過也。善才有淺深，無有古今；文有僞真，無有故新。廣陵陳子廻、顔方，宗祥案：揚州府志，陳子廻、顔方皆廣陵人，與王充同時。今尚書郎班固，蘭臺令楊終、傅毅之徒，宗祥案：後漢書楊終、傅毅二傳中，不載任蘭臺令，楊任校書郎，傅任令史。令下疑脱「史」字。雖無篇章，賦頌記奏，文辭斐炳。賦象屈原、賈生，奏象唐林、谷永，並比以觀好，其美一也。當今未顯，使在百世之後，則子政、子雲之黨也。韓非著書，李斯采以言事；楊子雲作太玄，侯鋪子隨而宣之。俞樾曰：「侯鋪子」，即侯芭，「芭」與「鋪」一聲之轉也。世知侯芭，不知侯鋪，故表而出之。宗祥案：侯鋪子即侯芭，見楊雄傳贊。又隋志有韓詩翼要十卷，侯芭撰。楊子法言六卷，侯芭注，亡。惠棟後漢書補注云：「侯芭，字鋪子。見論衡。」俞氏偶忘，遂以鋪爲芭聲之轉。非、斯同門，宗祥案：「斯」，通津、程刻「私」，從宋、元。李斯、韓非，俱師荀卿。雲、鋪共朝。覩奇見益，不爲古今變心易意；實事貪善，不遠爲術併肩以迹相輕。好奇無已，故奇名無窮。楊子雲反離騷之經，非能盡反一篇文，往往見非反而奪之。

六略之録萬三千篇，雖不盡見，指趣可知。略借不合義者案而論之。

對作篇

或問曰：「賢聖不空生，必有以用其心。上自孔、墨之黨，下至荀、孟之徒，教訓必作垂文，何也？」對曰：聖人作經，藝者傳記，宗祥案：「藝」疑「賢」譌。匡濟薄俗，驅民使之歸實誠也。案六略之書，萬三千篇，增善消惡，割截横拓，驅役遊慢，期便道善，歸正道焉。孔子作春秋，周民弊也，故采求毫毛之善，貶纖介之惡，撥亂世，反諸正，人道浹，王道備，所以檢押靡薄之俗者，悉具密致。夫防決不備，有水溢之害；網解不結，有獸失之患。是故周道不弊，則民不文薄，民不文薄，春秋不作。楊、墨之學，不亂傳義，宗祥案：「傳」疑「儒」譌。則孟子之傳不造。韓國不小弱，法度不壞廢，則韓非之書不爲。高祖不辨得天下，馬上之計未轉，則陸賈之語不奏。衆事不失實，凡論不壞亂，則桓譚之論不起。故夫賢聖之興文也，起事不空爲，因因不妄作。作有益於化，化有補於正，故漢立蘭臺之官，校審其書，以考其言。董仲舒作道術之書，頗言災異政治所失，書成文具，表在漢室。主父偃嫉之，誣奏其書。天子下仲舒於吏，當謂之下愚。仲舒當死，天子赦之。夫仲舒言災異之事，孝武猶不罪而尊其身，況所論無觸忌之言，核道實之事，收故實之語乎？故夫賢人之在世也，進則盡忠宣化，以明朝廷；退則稱論貶説，以覺失俗。俗也不知還，宗祥案：「也」字疑在上「俗」字下，誤倒。則立道輕爲非；論者不追救，則迷亂不覺悟。

是故論衡之造也，起衆書並失實，虛妄之言，勝真美也。故虛妄之語不黜，則華文不見息；華文放流，宗祥案：「文」下疑脱「不」字，則實事不見用。故論衡者，所以銓輕重之言，立真僞之平，非苟調文飾辭，爲奇偉之觀也。其本皆起人間有非，故盡思極心，以譏世俗。世俗之性，好奇怪之語，説虛妄之文。何則？實事不能快意，而華虛驚耳動心也。是故才能之士，好談論者，增益實事，爲美盛原注：一作「盛溢」。之語。用筆墨者，造生空文，爲虛妄之傳。聽者以爲真然，説而不舍；覽者以爲實事，傳而不絶。不絶，則文載竹帛之上；不舍，則誤入賢者之耳。至或南面稱師，賦姦僞之説；典城佩紫，讀虛妄之書。明辨然否，疾心傷之，安能不論？孟子傷楊、墨之議大奪儒家之論，引平直之説，褒是抑非，世人以爲好辯。孟子曰：「予豈好辯哉？予不得已！」今吾不得已也。虛妄顯於真，實誠亂於僞，世人不悟，是非不定，紫朱雜厠，瓦玉集糅，以情言之，豈吾心所能忍哉？衛驂乘者越職而呼車，惻怛發心，恐上之危也。宗祥案：「上」，各本「土」，從黄本。夫論説者閔世憂俗，與衛驂乘者同一心矣。愁精神而幽魂魄，動胷中之静氣，賊年損壽，無益於性，禍重於顔回，違負黄、老之教，非人所貪，不得已，故爲論衡。文露而旨直，辭姦而情實。宗祥案：「姦，猶犯也。」見左襄二十四年傳注。其政務言治民之道。論衡諸篇，實俗間之凡人所能見，與彼作者無以異也。若夫九虛、三增，論死、訂鬼，世俗所久惑，人所不能覺也。人君遭弊，改教於上；人臣愚惑，作論於下。實得，則上教從矣。宗祥案：通津、程刻無「下」字，從宋、元。冀悟迷惑之心，使知虚實之分。實虚之分定，而原注：一有「後」字。華僞之文滅。華僞之文滅，則純誠原注：「純誠」一作「純厚」。之化日以孳矣。原本段。

或曰：「聖人作，賢者述，以賢而作者非也。論衡、政務，可謂作者。」曰：非作也，宗祥案：「曰非」，通津、程刻作「非曰」，從元本。亦非述也，論也。論者，述之次也。五經之興，可謂作矣。太史公書、劉子政序、班叔皮傳，可謂述矣。桓山君新論，宗祥案：「山君」，疑「君山」二字之倒，各本皆誤。鄒伯奇檢論，可謂論矣。今觀論衡、政務，桓、鄒之二論也，非所謂作也。造端更爲，前始未有，若倉頡作書，奚仲作車是也。易言伏羲作八卦，前是未有八卦，伏羲造之，故曰作也。文王圖八，自演爲六十四，故曰衍。謂論衡之成，猶六十四卦，而又非也。六十四卦以狀衍增益，其卦溢，其數多。今論衡就世俗之書，訂其真僞，辯其實虚，非造始更爲，無本於前也。儒生就先師之説，詰而難之；文吏就獄卿之事，宗祥案：「卿」亦「鄉」譌，説見上。二字疑倒。覆而考之，謂論衡爲作，儒生文吏謂作乎？

上書奏記，陳列便宜，皆欲輔政。今作書者，猶上書奏記，宗祥案：通津、程刻無「上」字，從宋、元。説發胷臆，文成手中，其實一也。夫上書謂之奏，奏記轉易其名謂之書。建初孟年，中州頗歉，潁川、汝南，民流四散，聖主憂懷，詔書數至。論衡之人，奏記郡守，宜禁奢侈，以備困乏。言不納用，退題記草，名曰備乏。酒縻五穀，生起盜賊，沉湎飲酒，盜賊不絕，奏記郡守禁民酒，退題記草，名曰禁酒。由此言之，夫作書者，上書奏記之文也。記謂之造作上書，上書奏記是作也。

晉之乘，而楚之檮杌，魯之春秋，人事各不同也。易之乾坤，春秋之元，楊氏之玄，卜氣號不均也。由此言之，唐林之奏，谷永之章，論衡、政務，同一趨也。漢家極筆墨之林，書論之造，漢家尤多。陽成子張作樂，孫詒讓曰：按「張」當作「長」。超奇篇云「陽成子長作樂經」，即此。楊子雲造玄。二經發於臺下，讀於闕掖，卓絕驚耳，不述而作，材疑聖人，宗祥案：「疑」，宋、元「擬」。而漢朝不譏，況論衡細說微論，解釋世俗之疑，辯照是非之理，使後進曉然見然否之分，恐其廢失，著之簡牘，祖經章句之說，先師奇說之類也！其言伸繩，彈割俗傳。俗傳蔽惑，僞書放流，賢通之人，疾之無已。孔子曰：「詩人疾之不能默，丘疾之不能伏。」是以論也。玉亂於石，人不能別。或若楚之王尹，以玉爲石，卒使卞和受刖足之誅。是反爲非，虛轉爲實，安能不言？俗傳既過，俗書又僞。若夫鄒衍謂今天下爲一州，四海之外，有若天下者九州。淮南書言共工與顓頊争爲天子，不勝，怒而觸不周之山，使天柱折，地維絕。堯時十日並出，堯上射九日。魯陽戰而日暮，援戈麾日，日爲卻還。世間書傳，多若等類，浮妄虛僞，没奪正是。心濆涌，筆手擾，安能不論？論則考之以心，效之以事，浮虛之事，輒立證驗。若太史公之書，據許由不隱，燕太子丹不使日再中，讀見之者，莫不稱善。

政務爲郡國守相，縣邑令長陳通政事所當尚務，欲令全民立化，奉稱國恩。論衡九虛、三增，所以使俗務實誠也；論死、訂鬼，所以使俗薄喪葬也。孔子徑庭麗級，被棺斂者不省；劉子政上薄葬，奉送藏者不約；光武皇帝草車茅馬，爲明器者不姦。何世書俗言不載？信死之語，汶濁之也。今著論死及死僞之篇，明死無知，不能爲鬼，冀觀覽者，將一曉解約葬，更爲節儉。斯蓋論衡有益之驗也。言苟有益，雖作何害？倉頡之書，世以紀事；奚仲之車，世以自載；伯余之衣，以辟寒暑；桀之瓦屋，以辟風雨。夫不論其利害，而徒譏其造作，是則倉頡之徒有非，世本十五家皆受責也。故夫有益也，雖作無害也。雖無害，何補？宗祥案：二句間疑有脱文。

古有命使采爵，宗祥案：「爵，射爵也。」見詩「賓之初筵以祈爾爵」箋。此言采民間禮俗。欲觀風俗，知下情也。詩作民間，聖王可云「汝民也，何發作」，宗祥案：「發」疑「敢」譌。因罪其身，殁滅其詩乎？今已不然，故詩傳亞今。宗祥案：「亞」疑「至」譌。論衡政務，其猶詩也。冀望見采，而云有過。斯蓋論衡之書，所以興也。且凡造作之過，意其言妄而謗誹也。論衡實事疾妄，齊世、宣漢、恢國、驗符、盛褒、須頌之言。宗祥案：此皆論衡篇名，獨盛褒一篇不見，疑亦佚文。無誹謗之辭。造作如此，可以免於罪矣。

論衡卷第三十

漢　會稽王充著
海寧張宗祥校注

自紀篇

自紀篇

王充者，會稽上虞人也，字仲任。其先本魏郡元城，一姓孫。幾世嘗從軍有功，封會稽陽亭。一歲倉卒國絶，因家焉。以農桑爲業。世祖勇任氣，卒咸不揆於人。宗祥案：「揆」，度也。見爾雅釋言。歲凶，横道傷殺，怨讎衆多。會世擾亂，恐爲怨讎所害，宗祥案：「害」，通津、程刻「擒」，從宋、元。祖父汎舉家擔載，宗祥案：「擔」，通津、程刻「檐」，古二字通，從宋本。就安會稽，留錢唐縣，以賈販爲事。生子二人，長曰蒙，少曰誦。誦即充父。祖世任氣，至蒙、誦滋甚。故蒙誦在錢唐，勇勢凌人，末復與豪家丁伯等結怨，孫詒讓曰：按元本「末」作「本」，「伯」作「某」，「本」疑「卒」之誤。宗祥案：「卒」、「末」義同，孫校贅。舉家徙處上虞。建武三年，充生。爲小兒，與儕倫遨戲，不好狎侮。儕倫好掩雀、捕蟬、戲錢、林熙，孫詒讓曰：按「林熙」，「林」疑當作「休」，「熙」與「嫛」通。説文女部云：「嫛，説樂也。」戲錢，蓋即意錢，後漢書梁冀傳李注引何承天纂文云：「詭億，一曰射意，一曰射數，即攤錢也。」宗祥案：淮南修務篇：「木熙者，舉梧檟，據句枉。」高注：「熙，戲也。舉，援也。梧桐、檟梓，皆大木也。句枉，曲枝也。」是以攀援林木爲戲，故淮南曰「木熙」，論衡曰「林熙」。即如孫説，改「林熙」爲「休嫛」，亦非兒童之戲。孫校誤。「戲錢」，蓋包攤錢、簸錢種種錢戲，亦不能專指攤錢一種。充獨不肯。誦奇之。六歲教書，恭愿仁順，禮敬具備，矜莊寂寥，有巨人之志。宗祥案：「巨」，通津、程刻「臣」，從宋、元。父未嘗笞，母未嘗非，閭里未嘗讓。八歲，出於書館。書館小童百人以上，宗祥案：「童」，通津、程刻「僮」，從宋、元。皆以過失袒謫，或以書醜得鞭。充書日進，又無過失，手書既成，辭師受論語、尚書，日諷千字。經明德就，謝師而專門，援筆而衆奇。所讀文書，亦日博多。才高而不尚苟作，口辯而不好談對。非其人，終日不言。其論説始若詭於衆，極聽其終，衆乃是之。以筆著文，亦如此焉。操行事上，亦如此焉。在縣位至掾功曹，在都尉府位亦掾功曹，在太守爲列掾五官功曹行事，入州爲從事。不好徼名於世，不爲利害見將。常言人長，希言人短。專薦未達，解已進者過。及所不善，亦弗譽；有過不解，亦弗復陷。能釋人之大過，亦悲夫人之細非。好自周，宗祥案：「周，謂謹密也。」見管子入國注。不肯自彰，勉以行操爲基，耻以材能爲名。衆會乎坐，不問不言；賜見君將，不及不對。在鄉里慕蘧伯玉之節，在朝廷貪史子魚之行。見汙傷不肯自明，位不進亦不懷恨。貧無一畝庇身，志佚於王公；賤無斗石之秩，意若食萬鍾。得官不欣，失位不恨。處逸樂而欲不放，居貧苦而志不倦。淫讀古文，宗祥案：淫，溢也，過也。見書大禹謨注。甘聞異言。世書俗説，多所不安，幽居獨處，考論實虛。原本段。

充爲人清重，遊必擇友，不好苟交。所友位雖微卑，年雖幼稚，行苟離俗，必與之友。好傑友雅徒，不氾結俗材。俗材因其微過，蜚條陷之，然終不自明，亦不非怨其人。或曰：「有良材奇文，無罪見陷，胡不自陳？羊勝之徒，摩口膏舌；鄒陽自明，入獄復出。苟有全完之行，不宜爲人所缺；既耐勉自伸，不宜爲人所屈。」答曰：不清不見塵，不高不見危，不廣不見削，不盈不見虧。士茲多口，爲人所陷，蓋亦其宜。好進故自明，憎退故自陳，吾無好憎，故默無言。羊勝爲讒，或使之也；鄒陽得免，或拔之也。孔子稱命，孟子言天，吉凶安危，不在於人。昔人見之，故歸之於命，委之於時，浩然恬忽，無所怨尤。福至，不謂己所得；禍到，不謂己所爲。故時進，意不爲豐；時退，志不爲虧。不嫌虧以求盈，不違險以趨平，不鬻智以干祿，不辭爵以弔名，不貪進以自明，不惡退以怨人。同安危而齊死生，均吉凶而一敗成，遭十羊勝，謂之無傷。動歸於天，故不自明。原本段。

充性恬澹，不貪富貴。爲上所知，拔擢越次，不慕高官；不爲上所知，貶黜抑屈，不恚下位。比爲縣吏，無所擇避。或曰：「心難而行易，好友同志，仕不擇地，濁操傷行，世何效放？」答曰：可效放者，莫過孔子。孔子之仕，無所避矣：爲乘田委吏，無於邑之心；爲司空相國，無説豫之色。舜耕歷山，若終不免；及受堯禪，若卒自得。憂德之不豐，不患爵之不尊；耻名之不白，不惡位之不遷。垂棘與瓦同櫝，明月與礫同囊，苟有二寶之質，不害爲世所同。世能知善，雖賤猶顯；不能別白，雖尊猶辱。處卑與尊齊操，位賤與貴比德，斯可矣。原本段。

俗性貪進忽退，收成棄敗。充升擢在位之時，衆人蟻附；廢退窮居，舊故叛去。志俗人之寡恩，故閑居作譏俗節義十二篇，冀俗人觀書而自覺，故直露其文，集以俗言。或譴謂之淺。答曰：以聖典而示小雅，宗祥案：「雅」疑「稚」譌。以雅言而説丘野，不得所曉，無不逆者。故蘇秦精説於趙，而李兑不説；商鞅以王説秦，而孝公不用。夫不得心意所欲，雖盡堯、舜之言，猶飲牛以酒，啖馬以脯也。故鴻麗深懿之言，關於大而不通於小。不得已而强聽，入胷者少。孔子失馬於野，野人閉不與，子貢妙稱而怒，馬圄諧説而懿。孫詒讓曰：按「懿」，黄氏日鈔引作「喜」，疑當爲「熹」之誤。俗曉露之言，宗祥案：「曉」下疑脱「形」字。勉以深鴻之文，猶和神仙之藥，以治鼽欬；宗祥案：「鼽」疑「鼽」譌。「鼽，病寒鼻窒也」，見説文。制貂狐之裘，以取薪菜也。且禮有所不徛，宗祥案：「徛」，「具也」，見唐韻。事有所不須。斷決知辜，不必皋陶；調和葵韭，不俟狄牙；閭巷之樂，不用韶、武；里母之祀，不待太牢。既有不須，而又不宜。牛刀割雞，舒戟采葵，宗祥案：「舒」，「展也」，見廣雅釋言。此言戟刃形。鈇鉞裁箸，盆盎酌巵，大小失宜，善之者希。何以爲辯？喻深以淺。何以爲智？喻難以易。賢聖銓材之所宜，宗祥案：「銓，衡也。」見説文。言賢聖爲文，衡量讀者之材也。故文能爲深淺之差。原本段。

充既疾俗情，作譏俗之書。又閔人君之政，徒欲治人，不得其宜，不曉其務，愁精苦思，不睹所趨，故作政務之書。又傷僞書俗文，多不實誠，故爲論衡之書。夫賢聖殁而大義分，蹉跎殊趨，各自開門，通人觀覽，不能釘銓。孫詒讓曰：按「釘銓」當爲「訂詮」，薄葬篇云：「是非信聞見於外，不詮訂於内。」遥聞傳授，筆寫耳取，在百歲之前。歷日彌久，以爲昔古之事，所言近是，信之入骨，不可自解，故作實論。宗祥案：「實」，宋本「是」。其文盛，其辯争，浮華虚僞之語，莫不澄定。宗祥案：「澄」疑「證」譌。没華虚之文，存敦庬之朴，撥流失之風，反宓戲之俗。原本段。

充書形露易觀。或曰：「口辯者其言深，筆敏者其文沉。案經藝之文，賢聖之言，鴻重優雅，難卒曉睹。世讀之者，訓古乃下。蓋賢聖之材鴻，故其文語與俗不通。玉隱石間，珠匿魚腹，非玉工珠師，莫能采得。寶物以隱閉不見，實語亦宜深沉難測。譏俗之書，欲悟俗人，故形露其指，爲分别之文。論衡之書，何爲復然？豈材有淺極，不能爲覆？何文之察與彼經藝殊軌轍也？」答曰：玉隱石間，珠匿魚腹，故爲深覆。及玉色剖於石心，珠光出於魚腹，其隱乎？猶吾文未集於簡札之上，宗祥案：「其隱乎猶」四字，疑當作「其猶隱乎」，誤倒。藏於胷臆之中，猶玉隱珠匿也。及出荴露，宗祥案：「荴，荷葉未落時也。」見漢書外戚傳韋昭注。此借言如荷葉出水而顯露也。猶玉剖珠出乎？爛若天文之照，順若地理之曉，嫌疑隱微，盡可名處。且名白，事自定也。論衡者，論之平也，宗祥案：篇末「上自黃、唐，下臻秦、漢而來，折衷以聖道，析理於通材，如衡之平，如鑑之開，幼老生死古今，罔不詳該」三十八字，疑當在此，錯簡在後。口則務在明言，筆則務在露文。高士之文雅，言無不可曉，指無不可睹。觀讀之者，曉然若盲之開目，聆然若聾之通耳。三年盲子，卒見父母，不察察相識，安肯説喜？道畔巨樹，塹邊長溝，所居昭察，人莫不知。使樹不巨而隱，溝不長而匿，以斯示人，堯、舜猶惑。人面色部七十有餘，頰肌明潔，五色分別，隱微憂喜，皆可得察，占射之者，十不失一。使面黝而黑醜，垢重襲而覆部，宗祥案：「部，謂身形部分也。」見素問陰陽類論注。此言覆其部分之色。占射之者，十而失九。夫文由語也，或淺露分別，或深迂優雅，孰爲辯者？故口言以明志，言恐滅遺，故著之文字。文字與言同趨，何爲猶當隱閉指意？獄當嫌辜，卿決疑事，渾沌難曉，與彼分明可知，孰爲良吏？夫口論以分明爲公，筆辯以荴露爲通，吏文以昭察爲良。深覆典雅，指意難覩，唯賦頌耳！經傳之文，賢聖之語，古今言殊，四方談異也。當言事時，非務難知，使指閑隱也。後人不曉，世相離遠，此名曰語異，不名曰材鴻。淺文讀之難曉，名曰不巧，不名曰知明。秦始皇讀韓非之書，嘆曰：「猶獨不得此人同時。」其文可曉，故其事可思。如深鴻優雅，須師乃學，投之於地，何嘆之有？夫筆著者，欲其易曉而難爲，不貴難知而易造；口論務解分而可聽，不務深迂而難睹。孟子相賢，以眸子瞭者；察文，以義可曉。原本段。

充書違詭於俗。或難曰：「文貴夫順合衆心，不違人意，百人讀之莫譴，千人聞之莫怪。故管子曰：『言室滿室，言堂滿堂。』今殆説不與世同，故文刺於俗，不合於衆。」答曰：論貴是而不務華，事尚然而不高合。論説辯然否，安得不譎常心、逆俗耳？衆心非而不從，故喪黜其僞，而存定其真。如當從衆順人心者，循舊守雅，諷習而已，何辯之有？孔子侍坐於魯哀公，公賜桃與黍，孔子先食黍而啖桃。宗祥案：韓非子外儲説左作「先飯黍而後啗桃」，家語子路初見篇作「先食黍而後食桃」。皆有「後」字，「而」下疑脱「後」字。可謂得食序矣，然左右皆掩口而笑，貫俗之日久也。宗祥案：「貫，通也」，見淮南時則注。今吾實猶孔子之序食也，俗人違之，猶左右之掩口也。善雅歌，於鄭爲人悲；禮舞，於趙爲不好。堯、舜之典，五伯不肯觀；孔、墨之籍，季、孟不肯讀。寧危之計，黜於閭巷；撥世之言，訾於品俗。有美味於斯，俗人不嗜，狄牙甘食；有寶玉於是，俗人投之，卞和佩服。孰是孰非，可信者誰？禮俗相背，何世不然？魯文逆祀，畔者五人。宗祥案：「五」疑「三」譌，定賢篇作「去者三人」，公羊定七年傳亦「三人」。蓋獨是之語，宗祥案：「獨」，通津、程刻「猶」，從宋本。高人不舍，俗夫不好；感衆之書，宗祥案：「感」，通津、程刻「惑」，從宋本。賢者欣頌，愚者逃頓。原本段。宗祥案：「頓，猶捨也」，見文選七啓、七命注。

充書不能純美。或曰：「口無擇言，筆無擇文。文必麗以好，言必辯以巧。言瞭於耳，則事味於心；文察於目，則篇留於手。故辯言無不聽，麗文無不寫。今新書既在論譬，説俗爲戾，又不美好，宗祥案：「又」，宋本「文」。於觀不快。蓋師曠調音，曲無不悲；狄牙和膳，肴無澹味。然則通人造書，文無瑕穢。呂氏、淮南，懸於市門，觀讀之者，無一訾言。今無二書之美，文雖衆盛，猶多譴毀。」答曰：夫養實者不育華，調行者不飾辭。豐草多華英，茂林多枯枝。爲文欲顯白其爲，安能令文而無譴毀？救火拯溺，義不得好；辯論是非，言不得巧。入澤隨龜，不暇調足；深淵捕蛟，不暇定手。言姦辭簡，指趨妙遠；語甘文峭，務意淺小。稻穀千鍾，宗祥案：「稻」疑「舀」譌。「舀，抒臼也。」挹彼注此謂之舀。見説文。糠皮太半；閲錢滿億，穿決出萬。大羹必有澹味，至寶必有瑕穢，大簡必有大好，良工必有不巧。然則辯言必有所屈，通文猶有所黜。言金由貴家起，文糞自賤室出，淮南、呂氏之無累害，所由出者，家富官貴也。夫貴故得懸於市，富故有千金副。觀讀之者，惶恐畏忌，雖見乖不合，焉敢譴一字。原本段。

充書既成，或稽合於古，不類前人。或曰：「謂之飾文偶辭，或徑或迂，或屈或舒。謂之論道，實事委璅，文給甘酸，諧於經不驗，宗祥案：「諧，耦也。」見廣雅釋詁。集於傳不合，稽之子長不當，内之子雲不入。文不與前相似，安得名佳好、稱工巧？」答曰：飾貌以彊類者失形，調辭以務似者失情。百夫之子，不同父母，殊類而生，不必相似，各以所稟，自爲佳好。文必有與合，然後稱善，是則代匠斲不傷手，然後稱工巧也。文士之務，各有所從，或調辭以巧文，或辯僞以實事。必謀慮有合，文辭相襲，是則五帝不異事，三王不殊業也。美色不同面，皆佳於目；悲音不共聲，皆快於耳。酒醴異氣，飲之皆醉；百穀殊味，食之皆飽。謂文當與前合，是謂舜眉當復八采，禹目當復重瞳。原本段。

充書文重。或曰：「文貴約而指通，言尚省而趨明。辯士之言要而達，文人之辭寡而章。今所作新書，出萬言，繁不省，則讀者不能盡；篇非一，則傳者不能領。被躁人之名，以多爲不善。語約易言，文重難得。玉少石多，多者不爲珍；龍少魚多，少者固爲神。」答曰：有是言也。蓋寡言無多，而華文無寡。爲世用者，百篇無害；不爲用者，一章無補。如皆爲用，則多者爲上，少者爲下。累積千金，比於一百，孰爲富者？蓋文多勝寡，財寡愈貧。宗祥案：御覽六百二引作「財富愈貧」。是。世無一卷，吾有百篇；人無一字，吾有萬言，孰者爲賢？今不曰所言非，而云泰多；不曰世不好善，而云不能領，斯蓋吾書所以不得省也。夫宅舍多，土地不得小；户口衆，簿籍不得少。今失實之事多，華虚之語衆，指實定宜，辯爭之言，安得約徑？韓非之書，一條無異，篇以十第，文以萬數。夫形大，衣不得褊；事衆，文不得徧。事衆文饒，水大魚多。帝都穀多，王市肩磨。書雖文重，所論百種。按古太公望，近董仲舒，傳作書篇百有餘，吾書亦纔出百，而云泰多，宗祥案：此云「亦纔出百」當指仲任一生所著之書而言，若譏俗節義十二篇，養性之書十六篇及備乏、禁酒諸篇是也。倘專指論衡篇數，則所佚多矣。蓋謂所以出者微，觀讀之者，不能不譴呵也。河水沛沛，比夫衆川，孰者爲大？蟲繭重厚，稱其出絲，孰者爲多？原本段。宗祥案：通津、程刻作「孰爲多者」，從宋本。

充仕數不耦，而徒著書自紀。或虧曰：孫詒讓曰：按「虧」當爲「戲」。「戲」，隸書或作「戲」，見韓勑造禮器碑。「虧」，俗書通作「虧」，見干祿字書，左皆從「虚」。故古書多互譌。所貴鴻材者，仕宦耦合，身容說納，事得功立，故爲高也。今吾子涉世落魄，仕數黜斥，材未練於事，力未盡於職，故徒幽思屬文，著記美言，何補於身？衆多欲以何趨乎？答曰：材鴻莫過孔子。孔子才不容，斥逐，伐樹接浙，孫詒讓曰：按元本「接」作「浣」，當爲「滰」字。說文水部云：「滰，浚乾積米也。」孟子曰：「孔子去齊，滰淅而行。」元本「浣」，即「滰」之誤。明刻作「接」，乃淺學依今本孟子萬章篇文改。宗祥案：「浙」疑「淅」譌。見圍削迹，困餓陳、蔡，門徒菜色。今吾材不逮孔子，不偶之厄，未與之等，偏可輕乎？且達者未必知，窮者未必愚。遇者則得，不遇失之。故夫命厚祿善，庸人尊顯；命薄祿惡，奇俊落魄。必以偶合稱材量德，則夫專城食土者，材賢孔、墨。身貴而名賤，則居潔而行墨。食千鍾之祿，無一長之德，乃可戲也。若夫德高而名白，官卑而祿泊，非才能之過，未足以爲累也。

士願與憲共廬，不慕與賜同衡；樂與夷俱旅，不貪與蹠比迹。高士所貴，不與俗均，故其名稱，不與世同。身與草木俱朽，聲與日月並彰；行與孔子比窮，文與楊雄爲雙，吾榮之。身通而知困，官大而德細，於彼爲榮，於我爲累。偶合容說，身尊體佚，百載之後，與物俱歿，名不流於一嗣，文不遺於一札，官雖傾倉，文德不豐，非吾所臧。德汪濊而淵懿，知滂沛而盈溢，筆瀧漉而雨集，言溶淈原注：一有「窟」字。而泉出，宗祥案：「溶」疑「潏」譌。「潏潏」，「水微轉細涌之貌」，見史記司馬相如傳索隱引郭璞。「淈淈，決流也」，見索隱引廣雅。「溶，水盛也」，見說文。「溶」、「淈」不連用，「潏潏」、「淈淈」，古多連用。此狀泉，義更長。富材羡知，貴行尊志，體列於一世，名傳於千載，乃吾所謂異也。原本段。

充細族孤門。或啁之曰：宗祥案：「『啁』與『嘲』同。」見漢書東方朔傳顔注。「宗祖無淑懿之基，文墨無篇籍之遺，雖著鴻麗之論，無所稟階，終不爲高。夫氣無漸而卒至曰變，物無類而妄生曰異，不常有而忽見曰妖，詭於衆而突出曰怪。吾子何祖？其先不載。況未嘗履墨塗，出儒門，吐論數千萬言，宜爲妖變，安得寶斯文而多賢？」答曰：鳥無世鳳皇，獸無種麒麟，人無祖聖賢，物無常嘉珍。才高見屈，遭時而然。士貴故孤興，物貴故獨產。文孰常在，宗祥案：「孰」疑「族」譌。有以放賢。是則澧泉有故源，宗祥案：「澧」疑「醴」譌。而嘉禾有舊根也。屈奇之士見，倜儻之辭生，度不與俗協，庸角不能程。孫詒讓曰：「角」，元作「用」，按當作「甬」，

「庸甬」見方言。宗祥案：「甬，今斛也。」見禮記月令「角斗甬」注。是故罕發之迹，記於牒籍；希出之物，勒於鼎銘。五帝不一世而起，伊、望不同家而出。千里殊跡，百載異發。士貴雅材而慎興，不因高據以顯達。母驪犢騂，無害犧牲；祖濁裔清，不牓原注：「牓」讀爲「妨」。奇人。鯀惡禹聖，叟頑舜神。伯牛寢疾，仲弓潔全；顏路庸固，回傑超倫。孔、墨祖愚，丘、翟聖賢。楊家不通，卓有子雲；桓氏稽古，宗祥案：「古」，通津、程刻「可」，從宋、元。「稽，留止也」，見説文。此言桓氏世泥於古，君山獨識時事也。遹出君山。更禀於元，故能著文。原本段。

充以元和三年徙家，辟詣楊州部丹陽、九江、廬江，宗祥案：「楊」疑「揚」譌。後入爲治中。材小任大，職在刺割，筆札之思，歷年寢廢。章和二年，宗祥案：「元和三年」，意林、御覽六百二引均作「章和二年」，誤。罷州家居。年漸七十，時可懸輿。仕路隔絶，志窮無如。事有否然，身有利害。髮白齒落，日月踰邁，儔倫彌索，鮮可恃賴。貧無供養，志不娛快。曆數冉冉，庚辛域際，宗祥案：此爲和帝永元十二年庚子，十三年辛丑，仲任年約七十四、五。雖懼終徂，愚猶沛沛，乃作養性之書，凡十六篇。宗祥案：御覽六百二引，此句下有「論衡造於永平末，定於建初之年耳」二句。養氣自守，適食則酒，閉明塞聰，愛精自保，適輔服藥引導，宗祥案：「適輔」二字，疑有脱誤。庶冀性命可延，斯須不老。既晚無還，宗祥案：「還」，「歸也」。見廣雅釋詁。垂書示後。惟人性命，長短有期，人亦蟲物，生死一時。年曆但記，孫詒讓曰：按「記」當爲「訖」，形近而誤。孰使留之？猶入黃泉，消爲土灰。上自黄、唐，下臻秦、漢而來，折衷以聖道，析理於通材，如衡之平，如鑑之開，幼老生死古今，罔不詳該。宗祥案：自「上自黄、唐」起，至「罔不詳該」三十八字，前後不連，當爲錯簡。命以不延，吁嘆悲哉！

論衡附録

王充傳

王充，字仲任，會稽上虞人也。其先自魏郡元城徙焉。充少孤，鄉里稱孝，後到京師，受業太學，師事扶風班彪，好博覽而不守章句。家貧無書，常游洛陽市肆，閱所賣書，一見輒能誦憶，遂博通衆流百家之言。後歸鄉里，屏居教授，仕郡爲功曹，以數諫争不合，去。充好論説，始若詭異，終有理實。以爲俗儒守文，多失其實，乃閉門潛思，絶慶弔之禮，户牖牆壁，各著刀筆，著論衡八十五篇，二十餘萬言，釋物類同異，正時俗嫌疑。刺史董勤辟爲從事，轉治中，自免還家。友人同郡謝夷吾上書薦充才學，肅宗特詔公車徵，病不行。年漸七十，志力衰耗，乃造性書十六篇，裁節嗜欲，頤神自守。永元中，病卒于家。范曄後漢書王充傳。

謝夷吾薦充疏曰：「充之天才，非學所加，雖前世孟軻、孫卿，近漢楊雄、劉向、司馬遷，不能過也。」王充傳注引。

班固年十三，王充見之，拊其背，謂彪曰：「此兒必記漢事。」後漢書班固傳注引。

袁山松後漢書：「王充，字仲任，會稽上虞人。充幼聰明，詣太學，觀天子臨辟雍，作大儒論。」王充傳注引。

王充所作論衡，中土未有傳者，蔡邕入吳，始得之。恒秘玩以爲談助。其後王朗爲會稽太守，又得其書。及還許下，時人稱其才進。或曰：「不見異人，當得異書。」問之，果以論衡之益，由是遂見傳焉。王充傳注引。

謝承後漢書：「王充，字仲任，會稽上虞人也。少孤，鄉里稱孝，到京師，受業太學，博覽而不守章句。家貧無書，常遊洛陽市肆，閱所賣書，一見輒能誦憶，遂至博通衆流百家之言。於宅内門户墻柱，各置筆硯簡牘，見事而作，著論衡八十五篇。」藝文類聚三十五引，五十八引，初學記二十一引，二十四引，太平御覽四百三十二引，四百八十四引，六百十二引。

會稽典録：「王充年漸七十，乃作養生之書，凡十六篇。養氣自守，閉明塞聰，愛精自輔，服藥導引，庶幾獲道。」御覽七百二十引。

抱朴子曰：「余雅謂王仲任作論衡八十餘篇，爲冠倫大才。」葛洪抱朴子喻蔽篇。

王充所作論衡，北方都未有得之者。蔡伯喈嘗到江東，見之，嘆爲高文，度越諸子，恒愛玩而獨祕之。諸儒覺其談論更遠，嫌得異書，搜求其帳中，至隱處，果得論衡，捉取數卷而去。伯喈曰：「唯與爾共之，勿廣也。」北堂書鈔卷九十八引抱朴子。

宗祥案：以上爲仲任行述及著書大概。論衡篇數，自蔚宗以及稚川，或言八十五，或言八十餘，無超溢九十之言。而仲任自紀則云：「書雖文重，所論百種，按古太公望、近董仲舒傳作書篇百有餘，吾書亦纔出百，而云泰多。」是篇當過百，不止八十餘也。然自唐以前所記篇數，無出九十者，豈當時所見已非全書？或後人據所存篇數，自後漢書以至抱朴子，一一追改其數乎？是可疑也。今佚篇可考見於本書者四。答佞篇云：「故覺佞之篇曰：『人主好辯，佞人言利；人主好文，佞人辭麗。』」須頌篇云：「漢有實事，儒者不稱；古有虚美，誠心然之。信久遠之僞，忽近今之實。斯蓋三增、九虚所以成也，能聖、實聖所以興也。」對作篇云：「論衡實事疾妄，齊世、宣漢、恢國、驗符、盛褒、須頌之言，無誹謗之辭。造作如此，可以免於罪矣。」據此，覺佞、能聖、實聖、盛褒四篇，皆佚文也。其他非篇，遺文斷句載於他書者，馬總意林卷三引論衡曰：「亡獵犬于山林，大呼犬名。其犬則鳴號而應其主人。人犬異類而相應者，識其主也。」曰：「東風至，酒湛溢。按酒味從酸，東方木，其味酸，故酒湛溢。」曰：「將有赦，鑰動，感應也。」曰：「蠶合絲而商弦易，新穀登而舊穀缺。案子生而父母氣衰，新絲既發，故舊者自壞耳。」諸條周廣業意林注認爲招致篇佚文。曰：「天門在西北，地門在東南。地最下者，揚、兗二州。洪水之時，二州最被水害。」曰：「伯夷、叔齊爲叔兄奪國，餓死於首陽山。非讓國於庶兄也，豈得稱賢人乎？」曰：「天有日月星辰謂之文，地有山川陵谷謂之理。」段成式酉陽雜俎加十「石駝溺」條曰：「拘夷國北山，有石駝溺水。溺下，以金銀銅鐵瓦木等器盛之，皆漏，以掌盛之，亦漏，唯瓢不漏。服之令人身上臭毛盡落，得仙去。出論衡。」太平廣記四百十八靈應經引論衡曰：「蟬生於腹□，宗祥案：此即復育。開背而出，必因雨而蜕，而蛇之蜕皮云。近蒲州人家拆草屋，於棟上得龍骨，長一丈許，宛然皆具。」九條皆引論衡，今論衡均無其文，佚篇之文乎？存篇中之佚文乎？存篇之中，錯簡脱文，往往而有。僅憑臆度，未見全文，未敢必是。太平御覽九百六十八任昉述異記引王充果賦：「冬實之杏，春熟之甘。」仲任自紀未言造賦，此又何耶？讖俗節義，爲篇十二；養性之書，爲篇十六。備乏、禁酒，言政務者，亦各有篇。仲任未留一字，他書未引一言。此又何也？豈論衡隨蔡邕、王朗得行中土故傳，讖俗、養性沉埋越地，故不傳與？夫仲任所作，佚者頗多，論衡之篇，或可出百。然而稽之往籍，有據者四，他皆未定。且成書在永平、建初之間，距其歿時，將踰廿載，删節改造，亦有可能。出百之言，我故有疑於舉其一生所著而言也。

論衡三十卷，江蘇巡撫採進本。漢王充撰。充字仲任，上虞人，自紀謂在縣爲掾功曹，在都尉府位亦掾功曹，在太守爲列掾五官功曹行事。又稱永和三年，徙家，辟詣揚州部丹陽、九江、廬江，後入爲治中。章和二年，罷州家居。其書凡八十五篇，而第四十四招致篇有録無書，實八十四篇。考其自紀曰：「書雖文重，所論百種。案古太公望、近董仲舒傳作書篇百有餘，吾書亦纔出百，而云太多。」然則原書實百餘篇，此本目録八十五篇，已非其舊矣。充書大旨詳於自紀一篇，蓋内傷時命之坎坷，外疾世俗之虚僞，故發憤著書，其言多激。刺孟、問孔二篇，至於奮其筆端，以與聖賢相軋，可謂誖矣。又露才揚己，好爲物先。至於述其祖父頑狠，以自表所長，傎亦甚焉。其他論辨，如日月不圓諸説，雖爲葛洪所駁，載在晉志，然大抵訂譌砭俗，中理者多，亦殊有裨於風教。儲泳祛疑説，謝應芳辨惑編，不是過也。至其文反覆詰難，頗傷詞費，則充所謂「宅舍多土地不得小，户口衆簿籍不得少，失實之事多，虚華之語衆，指實定宜，辨争之言，安得約徑者？」固已自言之矣。充所作別有譏俗書政務書，晚年又作養性書，今皆不傳。惟此書存。儒者頗病其蕪雜，然終不能廢也。高似孫子略曰：「袁崧後漢書載：『充作論衡，中土未有傳者。蔡邕入吴始見之，以爲談助。』談助之言，可以了此書矣。」其論可云允愜。此所以攻之者衆，而好之者終不絶歟。四庫全書總目提要卷一百二十子部雜家四。

也。究昔人未言之意，豈視爲談助之書，佚與不佚，無關輕重歟？繆矣！

宗祥案：論衡之有佚文，昔人未言。四庫提要雖未舉證，獨能言之，亦指蹤之功

論衡三十卷，宋刻本。余聚書四十餘年，所見論衡，無逾此本，蓋真宋刻、元修、明補者，故中間每葉行款、字形各異，至文字之勝於他本者特多。其最著者，卷首至元七年仲春安陽韓性書二紙，第一卷多「七」下一葉，餘之佳處，不可枚舉。近始於校程榮本知之。程本實本通津草堂本。通津本乃出此本，故差勝程榮本。斷推此本爲第一本矣。通體評閲圈點，出東澗翁手跡。「言里世家」，其即此老印記乎？俟與月霄二兄質之。宋廛一翁。黄丕烈藏書題識。

宗祥案：蕘圃所記之本，蓋即韓氏所謂「番陽洪公重刻於會稽蓬萊閣下。歲月既久，文字漫滅，不可復讀。江南諸道行御史臺經歷克莊公，以所藏善本重加校正。紹興路總管宋公文瓚爲之補刻，而其本復完」之本也。現或名之曰三朝本。所修補者，爲洪刻本，即爲後來通津之祖本。

王氏論衡，通行本以通津草堂刊者爲勝，程榮本不及也。獨累害篇「汙爲江河」下，脱四百字。張氏藏書志亦云「而所闕之文，莫能考見」以爲憾。偶從西吴書舫購得元刻十五卷本有之，亟録以餉讀是書者，不欲爲帳後之祕也。蔣光煦東湖叢記。

宗祥案：生沐先生所記十五卷本，爲半頁十二行，行二十四字，大黑口。此書後歸其族衍芬草堂所藏，未罹别下火刼。今歸京師圖書館，實明初坊刻，非元本也。惟累害篇不脱。

王仲任論衡三十卷，自宋已無善本。慶曆五年，楊文昌合校諸本，改補一萬一千二百餘字，始爲完書。乾道乙亥，洪文惠重鋟諸會稽。至元間，劉氏又刊之。正德之初，板存南雍，今俱不可得見矣。世所通行者，通津草堂本爲最古，而脱誤無從是正。余得此本於京都書肆，尚是明人從宋槧本傳録。卷一累害篇，增多四百餘字。其餘異同，亦以鈔本爲長。然招致之缺，「倉光」之訛，則兩本俱同也。仲任自謂庶幾之才，正俗決疑，每多争辨，雖失之繁冗，而解頤者亦多。至謂：「孔壁中得尚書百篇，禮三百，左氏傳三十篇。」又謂：「壁中論語得二十一篇，齊、魯、河間得九篇，本三十篇。」此與晉楊方所謂周官出自孔壁中者，皆疏舛之甚。恐學者以仲任漢人，言其可信，故附辨之。庶考古者不爲所惑焉。同治四年六月甲辰仁和朱學勤跋。結一廬遺文。

今所通行明萬曆程榮刻三十八種漢魏叢書本，以嘉靖通津草堂本爲藍本。通津本根原於宋槧明成化修本；明修本則又基於是書。自宋槧明成化修本極多譌誤，後來諸本皆沿其謬。又加之以明人妄改增删，故有脱一張而强接上下者，有不可句者。諸子頗多粗本，論衡則其一也。是書左右雙邊，半頁十行，行十九、二十、二十一字，界高七寸一分五釐，横五寸。卷端題論衡卷第幾，王充，次行以下列篇目。版心記刻工氏名，王永、王林、王政、王存中、王珍、徐顔、徐亮、徐彦、陳俊、陳明、李憲、李文、趙通、高俊、許忠、方祐、楊昌、朱章、宋端、張謹、周彦、劉文、卓宥、卓宄、卓佑、潘亨、毛昌、洪新、洪悦、毛奇、梁濟等。卷中凡遇宋諱「完」、「慎」、「貞」、「桓」、「徵」、「懲」、「匡」、「筐」、「胤」、「朗」、「竟」、「境」、「恒」、「讓」、「牆」、「玄」、「鮌」、「弦」、「泫」、「殷」、「弘」、「煦」、「構」、「購」、「敬」、「驚」、「樹」、「豎」等字，皆闕末筆，蓋光宗時刻本也。後人遇宋諱闕畫，乃加朱圈，蓋五山僧徒所爲也。論衡一書，以是書爲最善。乃如累害篇「汙爲江河」下，宋本有「矣，夫如是」四百字，此一張今跳在命禄篇中，宜改裝也。宋槧明成化修本、嘉靖通津草堂本及程榮、何允中諸本俱闕。蓋明修本偶脱此一葉，通津本之所據，即佚茲一張。首尾文句不屬，淺人乃不得其意，妄改「毛」字爲「毫」

字，以曲成其義耳。愛日精廬藏書志所載元刊明修本，元至元刊本並有。今據祕府宋本補録。是書紙刻鮮明，字字員秀，脱胎於魯公，更覺有逸致。宋本之存于今日者，當奉是本爲泰、華矣。狩谷掖齋求古樓所收，後歸於況齋岡本逢殿之助。聞諸木村正辭氏，況齋之病將殁，屬之於木村正辭氏，且捺一小印，以爲左券，卷首所捺小圓印即是也。後十洲細川潤次郎先生介書肆琳琅閣而獲之，是書遂升爲祕府之藏。惜闕卷第二十六以下。案宋槧明成化修本者，首有目録，體樣一與前記宋槧本同；半版十行，行二十字，界長六寸九分。幅四寸七分五釐，長短不齊；其出於明時修版者，版心上方有成化九年補刻字，比宋槧高短三分，横減四分五釐。通津草堂本之稱，以其版心有「通津草堂」四字記，是嘉靖中袁褧所刻。首有嘉靖十年春三月吴郡袁褧引。體式行欵，與明修本相同，但界長六寸四分，幅四寸七分，是爲異耳。卷末題曰「周慈寫」。案嘉靖袁褧刻十一行本六家文選，世所稱以爲精絶，祕府收三通。亦有「周慈寫」三字。宜乎是書筆畫遒勁，可以接武於文選。程榮本者，萬曆中程榮所校。首有萬曆庚寅虞淳熙及戊子沈雲楫序。世多有之，故不詳說。日本島田翰日本古文舊書考。

論衡二十五卷，宋刊本，半頁十行，每行二十一字，白口，左右雙闌，版心上記字數，中記論衡幾，下記刊工姓名。刊工可辨者，有李文、李憲、王政、王永、陳長、陳振、楊昌、趙通、童志、卓佑、潘亨、章宥諸人名。書名標論衡卷第幾，下空五格，題王充。目録低二格，横列兩排，下接連正文。有細川潤次郎跋，言此書本狩谷掖齋與本村正辭各藏其半，幸得全璧。蓋久析而復完，然尚缺卷二十六至末五卷耳。傅增湘藏園東游別録。

宗祥案：沅叔先生東渡所見之本，即島田翰所記之本。島田翰所記之本，即洪氏乾道刊於會稽之本，而未經明修者也。故光宗諱「惇」、「惇」、「醇」、「淳」等字未避，其爲孝宗乾道本無疑。二人所記刊工姓名，略有參差，各記所見而已。島田翰以二十五卷殘本定爲光宗時刻，未細考也。

宣統二年冬十月，偶游廠市，見論衡殘本，自第二十六至三十，都五卷。每半葉十行，行二十字，版心有刻工毛奇、梁濟、卓佑、許中、陳俊、趙通、潘享、周彥、徐顔、李文等姓名，皆宋刻也，字體方正渾厚。間有元時修補者，刀口極鋭，筆畫瘦挺，版心亦有楊字昌字良字記之，印以延祐五六年牘背紙，雖闕版亦以此紙畫版匡式樣釘入，成書兩册。首尾有「鳳陽」朱文、「陳氏家藏」白文印。余乃知爲宋洪适會稽蓬萊本，元宋文瓚所補刻者也，遂以重值購歸。撿愛日精廬藏書志，於論衡有元至元刻本，小字十五卷本。載乾道丁亥五月十八日會稽太守洪适景伯跋，云：「右王充論衡三十卷。轉寫既久，舛錯滋甚，殆有不可讀者。以數本俾寮屬參校，猶未能盡善也。刻之木，藏諸蓬萊閣。庸見避疑有誤，蓋從此本傳寫所致。堂舍蓋之。」又有元刊明修本當即此本，而有弘治、正德修版。載至元七年仲春安陽韓性序，云：「番陽洪公，重刻於會稽蓬萊閣下。歲月既久，文字漫漶，不可復讀。江南諸道行御史臺經歷克莊公，以所藏善本，重加校正。紹興路總管宋公文瓚爲之補刻，而其本復完。」按性字可善，鄞人。見貝瓊清江集韓處士碣銘。據韓序，知元時洪本論衡仍在會稽蓬萊閣，故由紹興路補刊。而性序其事，所署至元，爲順帝後至元。其實六年之後，已改至正，性猶云「七年仲春」，詎紹興僻處海隅，未及知耶？從至正元年辛巳，上推延祐五年戊午，六年己未，相去二十餘年。以當時牘背紙印書，由其紙亦紹興路總管物，皆有「縣尹何玉給由」、「縣尹趙好禮給由」，並題「延祐六年上半年」可證。然則此殘宋刊本，尚是元修元印。鄉來藏書家於此書每謂元時重刻楊文昌本。豈知元時補刻而非重刻。且元時補刻乾道丁亥洪适本，而非重刻慶曆乙酉楊文昌本，皆可據此正之。又近時日本島田翰著古文舊書考，稱其國祕府有宋本論衡二十五卷。其行欵格式，並刻工姓名，與此悉合，而闕卷二十六已下，是彼之所闕，即此五卷，倘能牉合，豈非快事！因乞陳侍郎弢庵署檢，而自書其後，以諗將來。三年辛亥夏四，元忠京邸凌波榭寫記。曹元忠箋經室所見宋元書題跋。

宗祥案：據曹氏所載書式刊工姓名，無不與日本祕府藏本相同；所不同者，缺版元修耳。曹氏所得之書，碻爲元修洪本。故知日本所藏，亦爲洪本，而非光宗時刻也。日本書無元修，曹氏所得有元修，卷數缺佚相符者，偶合也，非真樂昌之鏡也。古者書版重印時或有損壞，則隨時修補，若大字本通鑑之類。自宋末迄於清初，歷年既久，宋刊面目，幾不可覩矣，於論衡何惑乎？

館藏宋版論衡殘本，民國十年清理清内閣檔案所得。原書僅存第十四卷至第十七卷一册，版匡高六寸五分，每半葉寬五寸，爲十行，行二十字至二十五字，間有雙行夾寫，則三四十字不等。書中「樹」缺爲「樹」，「殷」缺爲「殷」，「徵」缺爲「徵」，「恒」缺爲「恒」，而「旭」、「煦」等字皆不避，審爲熙寧以前刻本。爰取明通津草堂本校勘同異，其間脱誤補填，遜於通津本者，所在多有。以其爲古本，聊復刊布，以俟好古君子詳之。（國立歷史博物館叢刊第二册館藏宋本論衡殘卷校勘記小序。）

宗祥案：清内閣之書，來源至遠，胡元滅金、宋，汴梁、臨安之物，盡載而北，後走沙漠，棄於燕都。故往時京師圖書館所藏朱絲闌寫本天潢玉牒，大字北宋刊文選殘本，皆此類也。明修永樂大典，徵求書籍，書成之後，原本大都内閣儲藏。今所遺宋刻水經殘本，與大典本水經相同，又其徵也。清人代明，内閣圖籍，夙未清理。四庫編輯，問之大典，内閣所藏，視爲叢殘，任飽蠹鼠。而大典則固翰林院所藏，非内閣也。清亡數歲，方始清理。書積至梁，塵土盈寸，主者粗率，但求竣事。成册之書，偶檢一閲，實則斷紙殘卷，珍若璠璵，而乃袋裝繩束，盡售於人。羅振玉購此致富，至今口碑猶在也。此一册書，幸得脱網。余曾聞而往覽，洵北宋之物，楊氏之舊也。避諱及於英宗，人或疑之。實則板成後印，觸犯當今，刓而去之耳。惟此刻行欵，與南宋不同，惜無善字佳義，大宗告絶，有以哉！

讀論衡隨筆手抄六千卷樓讀書隨筆。

「或無伎妄以奸巧合上志，亦有以遇者，竊簪之臣，雞鳴之客是。竊簪之臣，親於子反；雞鳴之客，幸於孟嘗。子反好偷臣，孟嘗愛僞客也。」按此即王安石孟嘗君傳書後意所自出。

「籍孺幸於孝惠，鄧通愛於孝文。」此見漢時男寵。逢遇篇。

「仕者爭進，進者爭位，見將相毁。」按漢時刺史太守，俗稱曰將，非武官也。此書用之極多。王國之相，或稱曰將，或稱曰相。書中亦有之。

「偉士坐以俊傑之才，招致羣吠之聲。」注，「坐」或讀作「生」，非也；當如字讀，意若據有之義。此方言，至今仍用。累害篇。

「故夫臨事知愚，操行清濁，性與才也；仕宦貴賤，治產貧富，命與時也。」此仲任性命之辨。仲任學于班叔皮，叔皮有王命論，仲任言命，往往合於師訓。

「人不耐審。」按「耐」古用作「能」，此書用之至多。

「故曰：力勝貧，慎勝禍。勉力勤事以致富，砥才明操以取貴。廢時失務，欲望富貴，不可得也。」此勉人勤力求學之意。仲任命祿一篇，皆守儒家之説。命祿篇。

「若夫强弱夭壽，以百爲數，不至百者，氣自不足也。」此言人壽當以百歲爲正，故百歲曰期也。

「兒生，號啼之聲，鴻朗高暢者壽，嘶濁溼下者夭。何則？稟壽夭之命，以氣多少爲主也。婦人疏字者子活，數乳者子死。何則？疏而氣渥子堅强，數而氣薄子輭弱也。」此於生理實有至理。

「儒者説曰：太平之時，人民侗長，百歲左右。」此説未見他書。氣壽篇。

「至於富貴所稟，猶性所稟之氣，得衆星之精。衆星在天，天有其象。得富貴象則富貴，得貧賤象則貧賤。」人稟星氣，殆起於星有災祥，若彗，若熒惑，若景星，若老人，皆以謂各有所主。又星有帝座、薇垣、太子等名，亦各有所主。客星犯帝座，傅説騎箕，於是星遂與人事相應，而星氣亦可稟於人矣。其著者，若東方朔爲太白之精是也。抱朴子内篇塞難云：「命之修短，實由所值；受氣結胎，各有星宿。」蓋至晉而此説更盛。實爲後世小説家二十八宿、文曲、武曲下凡及世俗所傳「賊星照命」等説之祖。詩小弁所云：「天之生我，我辰安在？」此所謂「辰」，即屈原所云「惟庚寅我以降」之意，非指星言。康成箋云：「此言我生所值之辰安所在乎？爲六物之吉凶。」疏云：「六物：歲、時、日、月、星、辰也。」後人乃以此「辰」字作星辰解。其實此種説法，已與五行家相混。不知仲任何以取之。

「故孕婦食兔，子生缺唇。」現鄉間仍有此説。

「素女對黄帝陳五女之法。」今所傳素女經及孔子閉房經等書，有御女之術，無五女之法。「五」恐「御」誤。命義篇。

「孔子曰：『君子有不幸而無有幸，小人有幸而無不幸。』」此説未見他書。幸偶一篇，亦説儒者安命之理。幸偶篇。

無形篇駁仙家易形之説。其曰「圖仙人之形，體生毛，臂變爲翼，行於雲」，則無異釋氏之畫飛天，耶教之畫天使，可見世界人類思想發展相同。無形篇。

「凡人君父審觀臣子之性，善則養育勸率，無令近惡；近惡，則輔保禁防，令漸於善。」此即孔子性近習遠之説。

「道人消爍五石，作五色之玉，比之真玉，光不殊别。」此即當時製造琉璃之類，是漢時已有僞玉矣。琉璃之製，起於漢前，今戰國時古墓中時見之。

「楚、越之人，處莊、嶽之間，經歷歲月，變爲舒緩。」此與孟子語不同。孟子指言語，此指性質。「莊」爲街名，「嶽」爲里名，見日知録。

「禀氣有厚泊。」「泊」通「薄」。此書「泊」作「薄」，「渥」作「厚」，屢見。

率性篇所言，主性可善可惡，故須督率，而以率字冠篇名，此即中庸「率性爲道」之説也。率性篇。

「使入大麓之野，虎狼不搏，蝮虵不噬，逢烈風疾雨，行不迷惑。」此解「麓」字作山麓，不從「大録」之訓。

「后稷之時，履大人之跡，或言衣帝嚳之服，坐息帝嚳之處，姙身。怪而棄之隘巷，牛馬不敢踐之，寘之冰上，鳥以翼覆之，慶集其身。母知其神怪，乃收養之。長大佐堯，位至司馬。」按論衡一書，昔人認爲仲任間或自注。如此節「或言衣帝嚳之服，坐息帝嚳之處」十三字，疑亦自注，後人傳寫，併入正文。此例尚多，舉一以概其餘。又按：史記周本紀：「舉棄爲農師，播時百穀。」是則司馬之官，雖傳置自少昊，棄佐堯實未任此職。仲任屢用此事，想別有所本。

吉驗篇用意極似班彪王命論。吉驗篇。

偶會一篇，反覆説明孔子稱命，孟子言天之意。偶會篇。

史記孔子世家：「丘得其爲人，黯然而黑，幾然而長，眼如望羊，心如王四國，非文王其誰能爲之也？」釋名釋姿容：「望羊，羊，陽也。言陽氣在上，舉頭高，似若望之然也。」仲任云：「武王望陽。」語增篇則云：「武王之相，望羊而已。」是「羊」、「陽」二字通用，劉熙之言，與仲任同。惟史記作文王，此作武王，未知孰是。

孔子世家：「生而首上圩頂。」索隱云：「孔子頂如反宇。」仲任云：「孔子反羽。」「羽」、「宇」音相似，義實不通。講瑞篇又作「反宇」，此「羽」字當誤。

骨相篇就骨相立論，而終之以范蠡之斷越王，尉繚之論始皇。仲任無非相之論，則知自龍種以來，骨相之説，當時極盛矣。骨相篇。

初稟篇亦言命相稟於自然，非天以祥瑞之物命之。自吉驗篇至此，皆論富貴貧賤，出於偶會，駁一切符瑞之言。初稟篇。

「世子作養一篇。」按：世子名碩，陳人，七十子之弟子。漢志著録二十一篇，隋、唐志無。其書久佚，仲任時當存，故引之。「養」下奪「性」字。

本性篇首駁孟子性善之説，次駁告子可以爲善可以爲惡之説，次駁荀子性惡之説，次駁陸賈天地生人也以禮義爲性之説，次駁董仲舒以性爲陽，以情爲陰，劉子政以性爲陰，以情爲陽之説，而要其歸於公孫尼子。公孫尼子者，七十子之弟子，所著書漢志著録二十八篇，隋、唐志作一卷，今亦佚。由仲任之説求之，一則曰：「實者人性有善有惡，猶人才有高有下也。」再則曰：「余固以孟軻言性善者，中人以上者也；孫卿言性惡者，中人以下者也；楊雄言人性善惡混者，中人也。」則可略得公孫尼子論性之大概矣。本性篇。

「傳曰：『天地不故生人，人偶自生。』」此傳無考，極合於世界生物史。

「且一人之身，含五行之氣。」又曰：「如論者之言，含血之蟲，懷五行之氣，輒相賊害。一人之身，胷懷五藏，自相賊也。」仲任此言，駁五行家言，精確極矣。後世醫家，乃反借此以立説，愚而可憫。

「寅，木也，其禽虎也；戌，土也，其禽犬也。丑、未，亦土也，丑禽牛，未禽羊也。」「亥，水也，其禽豕也；巳，火也，其禽蛇也。子，亦水也，其禽鼠也；午，亦火也，其禽馬也。」「酉，雞也；卯，兔也。」「申，猴也。」十二生肖始見於此。惟辰禽爲龍，此處未見，見於後文言毒篇，有「辰爲龍」一語。漢墓中時有陶製小件，肖十二生肖之形，張菊生先生收求全備，人之云亡，不知物猶存否。

物勢一篇，專言物之强存弱亡，痛駁漢儒五行生剋之説。物勢篇。

「五帝、三王，皆祖黄帝。黄帝聖人，本禀貴命，故其子孫，皆爲帝王。」仲任此言，言本禀貴命者非也，然可證漢族世主中國之史。奇怪篇。

「籠總并傳。」「籠總」爲越方言，今仍用之。

書虚篇所言傳書各條，他書未見者多。

「舜南治水，死於蒼梧；禹東治水，死於會稽。」按史記舜紀：「舜年二十以孝聞，年三十堯舉之，年五十攝行天子事，年五十八堯崩，年六十一代堯踐帝位。踐帝位三十九年，南巡狩，崩於蒼梧。」夏本紀：「禹傷先人父鯀功之不成受誅，乃勞身焦思，居外十三年。」又曰：「於是帝錫禹玄圭，以告成功于天下。」是舜巡狩蒼梧，禹巡狩會稽之時，水土之平久矣，曰「南治水」，曰「東治水」，未知何本？

「濤之起也，隨月盛衰，小大滿損不齊同。」仲任未知離心向心二力，此言皆得之經驗，可見其格物精神。

「傳家左丘明、公羊、穀梁。」據此可證漢人皆以左氏傳爲丘明所作，史記亦同。書虚篇。

書虚一篇，不信傳記之言，歷舉而糾正之。仲任不爲古人所欺，治學精神，最爲難及。

「詩曰：『我無所(鑒)〔監〕，夏后及商。用亂之故，民卒流亡。』」此爲逸詩。變虚篇。

變虚一篇，專論宋景公熒惑退舍一事，蓋斥天變之説。

異虚篇一辨桑穀生庭，一辨白麟兩角共觝，一辨虵繞左輪，一辨黄龍負舟，一辨晉文公之夢，皆駁災異之説。異虚篇。

「儒者傳書言：『堯之時十日並出，萬物憔枯。堯上射十日，九日去，一日常出。』」按淮南本經注作：「十日並出，羿射去九。」他書亦作「羿射去九日」。作堯射者，獨見此書。且不一見，未知所本。

「凡變復之道，所以能相感動者，以物類也。有寒則復之以温，温復解之以寒。故以龍致雨，以刑逐暑，皆緣五行之氣，用相感勝也。」仲任用變復家之説，此爲僅見。

感虚一篇，自堯射十日，武王渡孟津麾風，至卓公爲緱氏令蝗不入境，凡十四事，皆駁歷來傳説之僞。倉頡造字天雨粟一則，論雨生於地；二千年時之言，已與現代科學説符，尤爲卓識。感虚篇。

福既虚僞，將阻人向善之路。故福虚篇首云：「斯言或時聖賢欲勸人爲善，著必然之語，以明德報。」蓋就勸善以言，福可歸於行善之報；由真理求之，實亦偶然耳。

「食生物者，無有不死，腹中熱也。初吞蛭時，未死而腹中熱，蛭動作，故腹中痛。須臾蛭死，腹中痛亦止。蛭之性食血，惠王心腹之積，殆積血也。故食血之蟲死，而積血之病愈。」此段言生理醫理，明切之至。

宋人白犢祭神，列子説符、淮南人間均載之。惟楚、宋相攻，不指實華元、子反之役，但泛言之。此云華元、子反，事在魯宣公十四年，前孔子之生四十四年，恐仲任誤記。

「誰而及之者。」「而」亦作「能」用。此書亦屢見，舉一爲例。

「儒家之徒董無心，墨家之徒纏子。」按：董子一篇，漢志著録，隋、唐志一卷，宋志無。明陳第世善堂藏書目有此書，今無傳本。墨家見漢志者，尹佚二篇，田俅子三篇，我子一篇，隋巢子六篇，胡非子三篇，墨子七十一篇。墨子之徒，見於莊子天下篇者，「相里勤之弟子，五侯之徒；南方之墨者，苦獲、已齒、鄧林子之屬，俱誦墨經，而倍譎不同，相謂別墨」。見於韓非子顯學者，「世之顯學，儒、墨也」，「有相里氏之墨，有相夫氏之墨，有鄧林氏之墨」。其徒見於墨翟書者十數人。見於呂覽者，有腹䵍、許犯、田繫、索盧參、孟(徐)〔勝〕、徐弱等百八十三人、田襄子、謝子、唐姑果。見於列子者，有東門賈。見於孟子者，有墨者夷之。纏子僅見於此，豈在「百八十三人」之中乎？唐馬總意林卷一引纏子。纏子之言，僅存此矣。福虛篇。

禍虛一篇亦與福虛同意。

「長平之戰，趙卒降者數十萬，我詐而盡坑之。」按戰國末年，迄秦、楚之際，坑降之風最盛，動輒數十萬，不知擇何地？用何法？能旦夕之間，造此浩刼，古無述者。予與百里談及，古兵書亦無載其詳者，莫能知也。

「案古人君臣，困窮後得達通，未必初有惡，天禍其前；卒有善，神祐其後也。一身之行，一行之操，結髮終死，前後無異。然一成一敗，一進一退，一窮一通，一全一壞，遭遇適然，命時當也。」此雖闢天神降福罰罪之說，亦開後世算命推數之門。禍虛篇。

「世俗畫龍之象，馬首虵尾。」此可見漢時畫龍之形。予新得漢刻二龍拓本，雄者有角，雌者無，首雖未全如馬，尾則均爲蛇形。

「慎子曰：『蜚龍乘雲，騰蛇游霧，雲罷雨霽，與蚓蟻同矣。』」按慎子名到，趙人，見史記孟荀列傳。書入法家，漢志著録四十二篇，隋、唐志皆十卷，崇文總目三十七篇，書録解題五篇。王應麟漢志考證云：「今三十七篇亡，惟有威德、因循、民雜、德立、思人五篇。」嚴可均從羣書治要寫出七篇，有注，即滕輔所注者；所益兩篇，爲知忠、君臣。龍虛篇。

「故尚書曰：『予惟率夷憐爾。』」此爲逸書。

「道士劉春熒惑楚王英，使食不清。」此古時金石之外，又一服食法。

「圖畫之工，圖雷之狀，纍纍如連鼓之形。又圖一人，若力士之容，謂之雷公，使之左手引連鼓，右手推椎若擊之狀。」此雷神之圖，至今未變。獨不知漢時雷公，是否尖嘴鳥足，身生兩翼耳。鼎彝上作回形相連者，謂之雷文，當即漢時連鼓所依據。下文又云：「如雷公與仙人同，宜復着翼。」則知當時畫雷公尚未有翼也。雷公之有翼，其起於封神榜之後乎？

「禮曰：『刻尊爲雷之形，一出一入，一屈一伸，爲相校軫則鳴。』」此「禮曰」不知何指，今禮經未見此文。

「人見之，謂天記書其過，以示百姓。」此即後世雷擊人，書字人體，以著其罪之説也。

「論語：『迅雷風烈必變。』禮記：『有疾風迅雷甚雨則必變，雖夜必興，衣服冠而坐。』」

斷爲「雷之所擊，多無過之人。君子恐偶遇之，故恐懼變動」。此真知雷之實況者。雷虛篇。

「太史公紀誄五帝，亦云：『黄帝封禪已，仙去。羣臣朝其衣冠，因葬埋之。』」及上文「儒書言：『黄帝採首山銅。鑄鼎於荆山下。』」一節，事均見史記孝武本紀，非儒書，亦非太史公五帝紀中語。此語不知所據。又按今所見鼎彝，至商器而止，夏器已不得見。如黄帝採銅鑄鼎，則青銅在中國發明更早，惜尚無實物可證。

「謚法曰：『静民則法曰黄。』」謚法解中未載此條。

「儒書言：盧敖游乎北海」云云。按此事見莊、列及淮南，未見儒書。

道虛一篇，專駁黄、老神仙之説，而所引儒書，皆非儒家之言，豈仲任時漢之儒者，曾有此種文字，以迎合世主者乎？道虛篇。

「傳語曰：『文王飲酒千鍾，孔子百觚。』」此語不知出何傳。語增篇。

「孔子曰：『言不文，或時不言。』」此語亦未見所出。

語增、儒增兩篇，大意相同，皆駁語過其實者。惟儒增所引，非盡儒家之言。儒增篇。

「詩曰：『惟周黎民，靡有孑遺。』」今大雅作「周餘黎民」。

藝增一篇，專辨經傳增飾之辭。藝增篇。

「智與仁，不相干也。」「不相干」，亦方言，今仍沿用。

「行事：雷擊殺人。」「成事：顏淵蚤死。」按：行事者，世間常行之事。成事者，往時已成之事。此二語書中亦屢用。

問孔篇所引，十九皆論語中事，獨「蘧伯玉使人於孔子」條，以「使乎使乎」爲貶辭，不解作褒辭，與後儒所説不同。問孔篇。

非韓專攻韓非子明法尚功之説，以儒家之言爲根據。此篇列於刺孟之前，以時代論，恐失其序；或者仲任視韓非重於孟軻。非韓篇。

刺孟篇多就孟子之語以駁孟子，極真切。惟所引皆七篇中語，無一語及外書者。按孟子外書四篇，曰性善辨、文説、孝經、爲正，相傳亦趙岐注。趙距王至近，而仲任未見其書，則外書之爲外書，趙注之爲趙注，學者斷爲僞書，非無因矣。刺孟篇。

談天篇駁共工折天柱、女媧鍊石補天之説及鄒衍九州之言。然天究何物，蒼蒼在上，尚無定論，故以談天名之。談天篇。

「使東井在極旁側，得無夜常爲晝乎？」又曰：「當日入西方之時，其下民亦將謂之日中。」此出仲任臆料之言，今皆驗矣。

談天、説日二篇，可見中國古代學人對於天、日二者之看法。説日篇。

「故覺佞之篇曰：『人主好辨，佞人言利；人主好文，佞人辭麗。』」覺佞篇當是論衡佚篇。答佞篇。

答佞篇有「佞人以人欺將，不毀〔人〕於將」之語，程材篇復有「見將不好用也」諸語，可見仲任時將權之重。

程材篇專論儒生文吏之得失。結論曰「東海相宗叔犀，犀廣召幽隱，春秋會饗，設置三科，以第補吏，一府員吏，儒生什九；陳留太守陳子瑀，開廣儒路，列曹掾吏，皆能教授，簿書之吏，什置一二。兩將知道事之理，曉多少之量」云云。仲任主張重儒輕吏可見。程材篇。

「工師鑿掘，鑪橐鑄鑠，乃成器。」可證漢時冶鍊尚無風箱，仍用皮橐鼓風助火。

「截竹爲筒，破以爲牒，加筆墨之跡，乃成文字，大者爲經，小者爲傳記。斷木爲槧，析之爲板，力加刮削，乃成奏牘。」此仲任時竹簡、木簡之制。竹簡寫書，木簡奏事。笏亦木簡之一矣。量知篇。

量知、謝短、効力三篇，皆繼程材之後，論儒生文吏之短長。而謝短一篇，又專攻當時儒生文吏之病者。

「年二十三儒，十五賦，七歲頭錢二十三。」此見當時丁稅制度。

「使立桃象人於門户，何旨？挂蘆索於户上，畫虎於門闌，何故？除牆壁書畫厭火丈夫，何見？步之六尺，冠之六寸，何應？有尉令史，無承長史，何制？兩郡移書曰『敢告卒人』，兩縣不言，何解？郡言事二府曰『敢言之』，司空曰『上』，何狀？賜民爵八級，何法？名曰簪裹、上造，何謂？吏上功曰伐閲，名籍墨將，何指？七十賜王杖，何起？」「吏衣黑衣，宫闕赤單，何慎？服革於腰，佩刀於右，（帶）〔舞〕劍於左，何人〔備〕？」此節見漢時習俗禮法。謝短篇。

謝短篇有曰：「漢事未載於經，名爲尺籍短書，比於小道，其能知，非儒者之貴也。」效力篇復曰：「秦、漢之事，儒生不見，力劣不能覽也。」觀此，知當日儒生不通世務。效力篇。「人好觀圖畫者，圖上所畫，古之列人也。」至「豈徒牆壁之畫哉？」此可見漢時畫壁之盛。

首論儒生與文吏之别，繼論文儒與儒生之别，此則專論文儒與通人之别。别通篇。「夫通人覽見廣博，不能掇以論説，此爲匿生書主人。」此名極妙，無異今以「字紙簍」稱人。

「故儒生過俗人，通人勝儒生，文人踰通人，鴻儒超文人。」此仲任數篇立論之旨。

「陽成子長作樂經。」按此書未見著録。

周長生「作洞曆十篇，上自黄帝，下至漢朝，鋒芒毛髮之事，莫不紀載，與太史公表、紀相似類也。上通下達，故曰『洞曆』」。按此書亦未傳。

「前世有嚴夫子，後世有吴君商，末有周長生。」按嚴夫子未舉名字，亦未列所著之書，未知指何人。吴君商，即書虚篇中所載之吴君高也，爲吴平之字；「商」字誤。超奇篇。

狀留篇言通儒之難進，故篇名取此二字。狀留篇。

「易京氏布六十四卦於一歲中，六日七分，一卦用事。卦有陰陽，氣有升降，陽升則温，陰升則寒。」又曰：「京氏占寒温，以陰陽升降。」此京氏易之本。

自寒温篇起，又爲闢五行變復之説。寒温篇。

「狄牙之調味也，酸則沃之以水，淡則加之以鹹。」此仲任想當然之言耳，未必有所本。

「故太伯曰：『天不言，殖其道於賢者之心。』」此言未知出於何書。譴告篇。

變動篇亦駁變復家之説，與變虚等篇，略有重複。變動篇。

「范蠡、計然曰：『太歲在子，水毁；金穰；木饑；火旱。』」見越絶書。

仲任解「浴乎沂，風乎舞雩」云：「周之四月，正歲二月也，尚寒，安得浴而風乾身？由此言之，涉水不浴，雩祭明矣。」漢儒如此解者頗多。明雩篇。

「雨不霽，祭女媧，於禮何見？」此知漢時大水，不止鼓用牲於社。

「俗圖畫女媧之象，爲婦人之形，又其號曰『女』。」仲舒之意，殆謂女媧，古婦人帝王者也。此漢人以女媧氏爲婦女之始。順鼓篇。

亂龍篇專爲董氏土龍致雨辨説。亂龍篇。

「謂虎食人者，功曹爲姦所致者。」此亦漢人傅會之説。遭虎篇。

「夫蟲，風氣所生，蒼頡知之，故『凡蟲』爲『風』之字。」按此説，「風」字之一解。

「神農、后稷藏種之方，煮馬屎以汁漬種者，令禾不蟲。」按神農書漢志載之，后稷無聞。此方亦未見他書。商蟲篇。

「鳳凰、麒麟，非中國之禽獸也。」按二物確皆熱帶動物，中國少見，故以爲瑞。講瑞篇。

指瑞承講瑞立言。是應駁箑脯、蓂莢、屈軼、觟𧣾、景星、甘露之説。指瑞篇、是應篇。

「詩曰：『周餘黎民，靡有孑遺。』」此引同詩大雅。治期篇。

自然一篇，取以駁耶教天主造萬物之説，最爲精碻。

此篇歸於黄、老之説，亦所僅見。自然篇。

「百兩篇曰：『伊尹死，大霧三日。』」按張霸造百兩篇，此即僞尚書也。

感類一篇，與書虚、語增同意。自寒温篇至此篇，意亦相同。感類篇。

齊世篇專爲尊古輕今而發，故接以宣漢、恢國、驗符、須頌諸篇。不信古，不薄今，此仲任最出色之處。齊世篇。

「論衡初(集)〔秉〕以爲王者生禀天命。」據此，則仲任此書首言天命，今之次第，或非其舊。恢國篇。

驗符一篇，一說金，二說芝草，三說鳳皇，四說龍，不駁其僞，而以爲瑞。仲任此言，既違著書本旨，且近諛矣。驗符篇。

「忽其父而稱異人之翁」，又曰：「先帝、今上，民臣之翁也。」是漢時君、父，亦通稱翁。

「漢家著書多，上及殷、周，諸子並作，皆論他事，無褒頌之言，論衡有之。」此言據下文求之，當是指齊世、宣漢、恢國、驗符諸篇。其他固未見有頌文也。如指諸文而言，則頌亦可用散文矣。

「陳平仲紀光武。」按此紀未傳。

「漢有實事，儒者不稱；古有虛美，誠心然之。信久遠之僞，忽近今之實。斯蓋三增、九虛所以成也；能聖、實聖，所以興也。」又云：「是故春秋爲漢制法，論衡爲漢平說。」據此，此篇實爲序述著書之意。能聖、實聖，亦爲佚篇。須頌篇。

楊子山爲哀牢傳。此傳不傳。

「文人宜遵五經、六藝爲文，諸子傳書爲文，造論著說爲文，上書奏記爲文，文德之操爲文。」此仲任分別文章之類。

「造論著說之文，尤宜勞焉。」此仲任自贊之辭。佚文篇。

「陰氣逆物而歸，故謂之鬼；陽氣導物而伸，故謂之神。神者，伸也。伸復無已，終而復始。人用神氣生，其死復歸神氣。」按宋儒之論鬼神，即本此意，而無此簡明。

「及巫叩玄絃下死人魂，因巫口談……」此即後世女巫闢亡之術。論死以下諸篇，專闢世俗之妄。論死篇。

「湯晳以長，頤以髯，鋭上而豐下，据身而揚聲。」「伊尹黑而短，蓬而髯，豐上而鋭下，僂身而下聲。」見晏子春秋。不知晏子何以知此二人容貌聲音，如此之詳，而湯臂再肘，却未道及。

「秦始皇葬於驪山，二世末，天下盜賊掘其墓。」是始皇之墓，先秦之亡，已被發矣。死僞篇。

紀妖者，辨妖也。然有不能詳辨者，故曰：「天道難知，使非，妖也；使是，亦妖也。」此所以以「紀」命篇乎？紀妖篇。

「凡天地之間有鬼，非人死精神爲之也，皆人思念存想之所致也。致之何由？由於疾病。」此與近世生理學説，正相符合。

「病者困劇，身體痛，則謂鬼持箠杖毆擊之，若見鬼把椎鎖繩纆，立守其旁。」按此説與後世所謂見鬼者，何其相類之甚也！

仲任以鬼爲妖之一類，故附紀妖之後。訂鬼篇。

言毒篇以毒爲生於陽火。此仲任臆斷之言。言毒篇。

儒家之説，非鬼而尚禮。尚禮則事死如事生，不能薄葬。墨家之説，有鬼而崇儉。崇儉則必薄葬，薄葬又反於右鬼之義。兩説皆不能通。故仲任之言曰：「實者死人闇昧，與人殊途。」又曰：「有知無知之情不可定，爲鬼之實不可是。」蓋必先使人知鬼之必無，然後知薄葬之非薄於其親也。薄葬篇。

「孝者怕入刑辟。」「怕」亦方言。

「一曰諱西益宅」，「二曰諱被刑爲徒」，「三曰諱婦人乳子」，「四曰諱舉正月、五月子」。此四諱，惟諱婦人乳子，今尚有存者。又參入釋氏之言。四諱篇。

讕時、譏日兩篇，駁太歲日禁之説。

「葬曆曰：『葬避九空、地臽，及日之剛柔、月之奇耦。』」按此即後世堪輿書也。葬曆殆專言陰宅吉凶者，託名甚古，究不知起於何時。

「沐書曰：『子日沐，令人愛之。卯日令人白頭。』」按沐不擇日已久，漢乃有書，足徵術數之盛。

「裁衣有書，書有吉凶。」又曰：「工技之書，起宅蓋屋，必擇日。」又曰：「又學書諱丙日，云倉頡以丙日死也。」又曰：「堪輿曆，曆上諸神非一。」觀以上諸條，乃知往時時憲書所載不宜上梁、入學、會親友諸事，自漢已然，且各有專書矣。譏日篇。

卜筮篇以死骨、枯草爲不足恃。

「辰日不哭，哭有重喪。戊、己死者，復尸有隨。」此可見漢時禁忌，且有回煞之説矣。辨祟篇。

「移徙法曰：『徙抵太歲凶，負太歲亦凶。』」此盡屬漢代術數之書。犯太歲之説，傳之數千年，解放之後，始一掃而空。難歲篇。

「圖宅術曰：『宅有八術，以六甲之名數而第之。第定名立，宮商殊別。宅有五音，姓有五聲。宅不宜其姓，姓與宅相賊，則疾病死亡，犯罪遇禍。』」又曰：「五音之家，用口調姓名及字，用姓定其名，用名正其字。口有張翕，聲有外內，以定五音宮商之實。」「圖宅術曰：『商家門不宜南向，徵家門不宜北向。』」觀此數條，則知漢世無地無時不用五行之説矣。詰術篇。

「解（祀）〔除〕初禮，先設祭祀。比夫祭祀，若生人相賓客矣。先爲賓客設膳，食已，驅以刃杖。」按：此風往時各省均有，而湘、蜀之間，跳神尤盛。

「世間繕治宅舍，鑿地掘土，功成作畢，解謝土神，名曰解土。爲土偶人，以像鬼神。」觀此，則知漢時造屋，作土偶以祭。後世乃代以馬甲也。解除篇。

「緣有飲食，則宜有衣服，故復以繒製衣。」又曰：「其製衣也，廣縱不過一尺，若五六寸。」觀此，則知漢時祭鬼神，且以繒製衣服矣。後世始有代之以紙者。

祀義一篇，并山川風雨諸神之祭，皆以爲不然。仲任之見卓矣。祀義篇。

「傳或曰：『炎帝作火，死而爲竈。禹勞力天下水，死而爲社。』」此傳不知出於何書。

「雖疏食菜羹，瓜祭，必齋如也。」按「瓜」字不當讀作「必」，漢人皆如字讀。祭意篇。

「案神怪之言，皆在讖記。」觀此，可知仲任一生不信讖緯。實知篇。

知實一篇，專論聖人不能神而先知。知實篇。

「然則桓君山素丞相之跡，存於新論者也。」仲任極推君山，屢見書中，此言尤著。按君山，名譚，相人，能文章，好古學。光武時，帝欲以讖決疑，譚直言讖之非經，著新論二十九篇。是君山與仲任，同爲漢儒中不信讖書者。定賢篇。

正説篇非書二十九篇爲法北斗，非春秋三世之説，最爲真碻。

「夫論語者，弟子共紀孔子之言行。勑記之時甚多，數十百篇，以八寸爲尺，紀之約省，懷持之便也。」觀此，可知論語一書，記者甚多。今所傳之本，或出於曾子、有子弟子之手耳。

「漢興失亡。至武帝發取孔子壁中古文，得二十一篇，齊、魯二，河間九篇，三十篇。至昭帝女讀二十一篇。」按河間之名，僅見此書。此句非「二」字衍文，則「九」字即「七」字之譌，否則數目不合。此九篇今不知下落，所傳皆二十一篇之書也。

「宣帝下太常博士，時尚稱書難曉，名之曰傳，後更隸寫以傳誦。初，孔子孫孔安國，以教魯人扶卿，官至荆州刺史，始曰論語。」此爲論語定名之始。今論語亦存二十篇，并序爲二十一篇，恐與仲任所見本，未必盡同。然論衡所引論語之言，今本皆具，别無佚文。是書實無異，惟卷數略有差别，或即仲任所謂篇目或多或少之故耶？又按漢書藝文志，齊論二十二篇，魯論二十篇，則今之篇目，遵魯論也。扶卿亦傳魯論者。惟藝文志叙傳授姓氏，無孔安國，且魯、齊兩論，分列傳授源流，此與仲任之言不同。

「若夫公羊、穀梁之傳，日月不具，輙爲意使。失平常之事，有怪異之説；徑直之文，有曲折之義，非孔子之心。」此漢儒非難公、穀至當之言。

「言大麓，三公之位也。居一公之位，大總録二公之事。」解「麓」爲「録」，爲漢儒曲説以媚新莽者，故仲任闢之。正説篇。

「鼂錯之輩，各以私意分拆文字，師徒相因相授，不知何者爲是。」仲任此説五經原委，最扼要。又可見文字變遷之際，最易紛亂，異説横生，而孔子删詩、書述易之功，尤不易也。

書解篇。

「公羊高、穀梁寘、胡母氏皆傳春秋，各門異户，獨左氏傳爲近得實。」又曰：「又諸家去孔子遠，遠不如近，聞不如見。」又曰：「國語，左氏之外傳也。左氏傳經，辭語尚略，故復選録國語之辭以實。然則左氏、國語，世儒之實書也。」按左氏立於學官最後，故漢儒尊之者少，仲任獨心折左氏如此。

「而仲舒之言雩祭可以應天，土龍可以致雨，頗難曉也。」此仲任有疑於董氏之説。

「觀伯奇之元思，太伯之易章句，（「章」原誤「童」。）文術之咸銘，君高之越紐録，長生之洞曆，劉子政、楊子雲不能過也。」按諸書皆佚，越紐録有疑即爲越絶書者。案書篇。

「六略之録萬三千篇，雖不盡見，指趣可知。」又曰：「案六略之書，萬三千篇。」今按劉向所校諸書，其子歆總羣書奏七略。七略，隋志尚存七卷，今久佚；所存者，班書藝文志而已。藝文志即出自七略者。計藝文志所收書，凡萬三千二百六十九卷，與仲任所言相符。乃云「六」而非「七」，當舍劉氏輯略一篇，舉六藝、諸子、詩賦、兵書、術數、方技諸略而言乎？

「退題記草，名曰備乏。」又曰：「退題記草，名曰禁酒。」按此二篇未傳。

對作一篇，詳論著書之旨，實爲後序。對作篇。

「就安會稽，留錢唐縣。」是充〔祖〕父曾居於杭。

「故閑居作譏俗節義十二篇。」此文亦不傳。

「故作政務之書。又傷僞書俗文，多不實誠，故爲論衡之書。」據此，則論衡之外，尚有政務之書，不徒量知、謝短等篇，略及政務已也。

「吾書亦纔出百。」據此，仲任之文，佚者多矣。

「乃作養性之書，凡十六篇。」按論衡存者八十四篇，合其他著作，備乏、禁酒各一篇，譏俗節義十二篇，養性之書十六篇，可記者，已百有十四篇。政務之書，篇數不詳，論衡尚有佚篇。此仲任著書大略也。自紀篇。

論衡自逢遇篇至率性篇，皆守身安命之理。自吉驗篇至初禀篇，則言貴賤出於偶會，非難符瑞之說。本性，論性之善惡不一定，亦承上文偶會之說。物勢、奇怪二篇，駁變復五行之説。書虛至道虛九篇，語增至藝增三篇，皆駁傳記之不可信者。問孔、非韓、刺孟三篇，則指三家之失。天日不經之談，古記至多。故又著談天，説日二篇。自此而下，荅佞、程材、量知、謝短、效力、别通、超奇、狀留八篇，論人才長短，既與上文不連，又與下文寒温、譴告等篇異趣，頗疑篇第有錯誤之處。

以上諸條，一九四二年寫於紅岩山角草屋中，無書可查，不能詳確。今録附書後，留一紀念。

本文原載張宗祥手抄六千卷樓讀書隨筆。文後還有一段附録，特抄録如下：

予向校此書，手爲寫定。商務書館擬印之，旋遭一二八之變，稿燬於館中，後重寫一部，周姓學生攜去，付商務館重印。周生以事入獄，稿亦不知下落。三次，寫成校刊記三卷，略去本文。今此稿存白沙中央圖書館中。本年秋，有暇復讀一過，取其可記者，隨手記之如上。至文中字義，則校刊記中盡之矣，故不復録。

鄭紹昌抄補

紹昌案：此爲先生抗戰避寇，寓重慶時所記。先生之學生蔣夢麟時任中央圖書館館長。先生抄校之古籍六千餘卷，藏於該館，抗戰勝利東還，書隨館藏書起運，一船沉於三峽，損失三千九百餘卷。其中僅分類抄校之太平御覽即逾千卷。

張宗祥論衡校注標點書後

論衡向無佳本，張宗祥搜羅自宋以來幾乎所有刊本、校本，徵引資料數百種，歷六十餘年始成論衡校注，堪稱是書之最善本。

張宗祥（一八八二——一九六五）浙江海寧人，幼即熟誦經、史、百家，年十七海寧州試秀才第一，譽爲神童；二十歲鄉試中舉，與陳叔通、邵力子同牓；二十五歲被聘爲浙江高等學堂（今浙江大學）教授，陳布雷、蔣夢麟輩皆爲其學生；一九一九年任京師圖書館（今國家圖書館）館長，清史館清史委員會委員；歷任浙江省教育廳廳長，甌海道道尹；建國後任浙江圖書館館長，浙江文史館副館長，西泠印社社長等職。張宗祥一生讀遍經史子集所有典籍，且辨析各種版本；其於經學、史學、文學皆有極高造詣，尤精考據校勘之學；至於岐黄、詩詞、書畫、戲曲，雖爲餘技，亦各登峰造極。

張宗祥保護中國文化典籍厥功至偉，二十世紀二十年代在浙江省教育廳廳長任内，私人募款抄補文瀾閣四庫全書二一一〇種，二〇四六册，四四九八卷；又手自校定丁抄本五六六〇卷;今文瀾閣本,爲四庫七閣中唯一一部有閣有書、且閣書相符之本。張宗祥著書六十多種、五〇〇餘卷;手自抄校宋版以下珍、善、孤本近萬卷;今存二百八十多種、二一〇〇餘卷。故其校注之書與别本不同,可謂巨細靡遺,毫髮無遺憾者也!

是本之善,一曰版本蒐羅至廣。宋本以下,罔不備列;計有宋本(日本二十五卷殘本、三朝本,兩種皆出自洪适之蓬萊閣本)、元本(即衍芬草堂十五卷本)、通津(通津草堂本)、程刻(程榮刻本)、崇文本(崇文書局本)、何本(何允中本)、黄本(黄丕烈本)、顧本(顧汝珪本);又參互俞曲園、孫詒讓校釋兩種。其餘各本及有關論衡版本源流,詳見附録。

是本之善,二曰徵引至博。凡論衡所引之書,必考其淵源,辨别異同,酌定是非。凡後人節引論衡之文,無不盡收,因得論衡佚篇之名四:覺佞篇、能聖篇、實聖篇及盛褒篇;佚文九則:出馬總意林者七,中有四則,據周廣漢意林注,定爲招致篇佚文(招致篇向來有目無文),另出段成式酉陽雜俎及太平廣記各一則。又,宋余允文尊孟續辯,引刺孟甚詳,皆據以細校。

是本之善,三曰注釋至精。凡地理、名物、文字、音韵、訓詁,除迻引卜文、金文,及説文、山海經、水經注、爾雅、小爾雅、一切經音義、廣韵、集韵等書外,復扒梳四部典藏,詳加辨析;若「越嘗獻雉」,前人皆誤作「越嘗獻雉」;乃據孝經注及文選東京賦注,越嘗即越裳，係南蠻，今之九真也。此類比比，不繁贅述。

是本之善，四曰抉隱發微。商蟲篇之「神農、后稷藏種之方，煮馬屎漬種者，令禾不蟲。」（漢書藝文志載神農二十篇，而后稷無書）譴告篇之「故太伯曰：『天不言，殖其道於賢人之心。』」幸偶篇之「孔子曰：『君子有不幸而無有幸，小人有幸而無不幸。』」語增篇之「孔子曰：『言不文，或時不言。』」（以上皆不見他書）變虛篇之「詩曰：『我無所鑒，夏后及商。周亂之故，民卒流亡。』」（是爲詩經佚詩）雷虛篇之「故尚書曰：『予惟率夷憐爾。』」（此爲尚書佚文）同篇之「禮曰：『刻尊爲雷之形，一出一入，一屈一伸，爲相較軫則鳴。』」（此爲今本禮記所無）道虛篇之「謚法曰：『靜民則法，曰黄。』」（此條謚法解中未載）超奇篇中陽成子長之樂經，周長生之洞曆，二書均未見著録。凡此種種，枚不勝舉。是本之善，概言之曰：廣博精微；學者展讀，必有會心之得。

張宗祥先生，自青少年時購得王謨刻漢魏叢書，得讀論衡，至一九五八年第三次寫定校注論衡，已時逾周甲而年登耄耋矣！觀其遒麗之書，作蠅頭小楷，洋洋六十餘萬言，一筆不苟，一字不疏，治學之精勤嚴謹，足啓後昆向學之心。余不敏，早歲幸忝列門墻，得蒙先生耳提面命；今整理標點遺稿竟，不禁掩卷長思，撫今追昔，夫復何言哉！

戊子夏　鄭紹昌記

《中華要籍集釋叢書》已出書目

論語彙校集釋（全二册）　黄懷信主撰　周海生、孔德立參撰
文子校釋　［戰國］文子著　李定生、徐慧君校釋
墨子集詁（全二册）　王焕鑣撰
公孫龍子校釋　［戰國］公孫龍著
吴毓江校釋　吴興宇標點
荀子校釋（全二册）　［戰國］荀况著　王天海校釋
韓非子新校注（全二册）　［戰國］韓非著　陳奇猷校注
韓非子校疏（全二册）　張覺撰
吕氏春秋新校釋（全二册）　［戰國］吕不韋著　陳奇猷校釋
逸周書彙校集注（修訂本）（全二册）　黄懷信、張懋鎔、田旭東撰
黄懷信修訂　李學勤審定
易林彙校集注（全三册）　舊題［漢］焦延壽撰
徐傳武、胡真校點集注
老子指歸校箋　［漢］嚴遵撰　樊波成校箋
戰國策箋證（全二册）　［西漢］劉向集録
范祥雍箋證　范邦瑾協校
論衡校注　［漢］王充著　張宗祥校注　鄭紹昌標點
金匱要略校注集解　［漢］張仲景著　劉藹韻校注
世説新語彙校集注　［南朝宋］劉義慶撰　［梁］劉孝標注
朱鑄禹彙校集注